KB069516

2판

특수교육공학

SPECIAL EDUCATION TECHNOLOGY

김남진 · 김용욱 공저

학지사

이 저서는 2016년 대한민국 교육부와 한국연구재단의 지원을 받아 수행된 연구임.
(NRF-2016S1A5B8913807)

● 2판 머리말 ●

 개인적으로 이력서의 학력 란에 '박사'라는 수식어를 쓰기 시작하고 얼마 되지 않아, 우리나라 토종 『특수교육공학』(2010) 대학교재를 집필하였다. 당시 초보학자였던 저자의 심정은 부담감과 기대감의 양가감정으로 가득 찼었는데, 솔직히 부담감이 조금 더 많았던 것이 사실이다. 책이 발행된 후 수년 동안 해당 교재로 강의를 진행했고, 선배님과 동료들로부터 많은 격려를 받았다. 그리고 때로는 고언(苦言)도 있었다. 시간의 흐름에 따른 지식의 변화 그리고 그로 인한 내용상의 오류 등이 자꾸만 눈에 거슬리고 신경을 건드렸으나, 이런저런 이유로 개정을 미루어 왔다. 바쁘다는 이유로 6년을 버티어 왔던 것이다. 이에 이번 2판은 그간 행해 온 학문에 대한 무관심, 내려놓음에 대한 반성과 함께 저자가 아끼는 용어인 '묵내뢰(默內雷)'를 실천하고자 하였다. 특수교육공학이라는 큰 틀을 유지하면서 6년간 꾸준히 수집한 내용을 단원별 목표에 맞춰 선정·조직함으로써 그간의 과오에 대해 답하고자 노력하였다.

 의당 '새 술은 새 포대에 담아야 한다'지만 책의 전체적인 틀, 즉 형식을 변경한다는 것은 너무나 힘든 작업이다. 새로워진 형식에 맞춰 새로운 내용을 채워야 할 것 같은 부담감이 심해질 것은 당연하기 때문이다. 이에 2판은 초판의 형식은 그대로 유지하면서 내용을 추가 혹은 수정·삭제하는 형식을 취함으로써 내실을 기하였다. 따라서 전체 6부 12장의 구성은 유지하면서 '제4장 보편적 학습설계' '제8장 보조공학의 이해' 단원을 대대적으로 보강하였다. 특히, 보편적 학습설계는 초판 당시만 하더라도 학문적으로 기초 단계에 있었으나 짧은 시간 동안 급격히 진보한 분야에 해당된다. 더구나 보편적 학습설계는 특수교육대상자를 포함한 모든 학생의 학습권을 보장하는,

교수적(교육과정적) 통합을 위한 수단으로 (특수)교육학의 관심이 집중된 분야이기도 하다. 반면, 보조공학은 초판의 내용 중 보조공학 기기에 대한 설명은 충분하나 사정에 대한 내용이 다소 부족하다는 의견이 있었다. 이에 최근 많이 활용되고 있는 사정 관련 이론을 추가함으로써 현장의 요구를 반영함과 동시에 예비특수교사를 포함한 후속 학문세대에게 관련 지식을 확산시키고자 노력하였다. 이외에도 내용의 일부를 수정·보완하거나 경우에 따라서는 단원 전체를 과감히 삭제하기도 하였다. 이와 같은 일련의 과정을 거쳐 2판이 완성되었다.

저자로서 초판이 완성되었을 때 그리고 이번 2판을 집필하면서도 공히 느끼는 것은 목표에 맞춰 교육내용을 선정하고 조직한다는 것은 무척이나 힘든 과정이라는 것이다. 수없이 많은 특수교육공학 관련 사실과 개념을 분량제한 없이 모두 포함시킬 수는 없는 만큼, 다양한 요소를 고려하여 책의 내용에 포함할 것인지에 대한 여부는 전적으로 저자의 판단에 따를 수밖에 없다. 이는 곧 해당 교재로 공부하게 될 모든 독자를 충족시킬 수는 없음을 의미한다. 따라서 내용에 대한 선배님, 동료, 후학들의 질책과 비난 등을 겸허히 받아들일 마음가짐은 초판과 다르지 않다. 앞으로 이어질 평가에 대한 두려움보다는 조금이나마 도움이 되는 책이 되었으면 하는 바람이 크다.

초판 발행 당시 일곱 살이었던 큰 딸 지윤이는 이제 중학교에 입학한다. 그리고 세 살이었던 둘째 채은이는 초등학교 3학년이 된다. 그 만큼 많은 시간이 흘렀다. 다행히도 두 딸 모두 남부럽지 않게 자신들의 역할을 충실히 해 주고 있어 고맙고 행복할 따름이다. 아빠로서 많이 부족한 저자는 머리말에 두 딸의 이름을 한 번씩 언급해 주는 것으로 그간의 미안한 마음을 전할 뿐이다. 마지막으로 이와 같은 공간을 마련해 주신 학지사 김진환 사장님을 비롯하여 편집부 유가현 대리님에게도 진심으로 고마움을 전하는 바이다.

2017년 3월
저자 대표 김남진

● **1판 머리말** ●

과목 명칭에 부합하는 적절한 교재가 없다는 것은 수업을 진행해야 하는 교수자에게 방향을 알 수 없는 사막 혹은 망망대해에 홀로 남겨진 듯한 느낌을 준다. 번역서가 있기는 하지만 수업시간에 다루고자 하는 내용이 많이 생략되어 있거나 지나치게 미국 중심으로 되어 있는 경향이 있었다. 또한 학부 수업에서 원서를 본다는 것은 한 학기 동안 많은 과목을 수강해야 하는 학생들에게는 적잖은 부담을 지우는 일이기 때문에 결코 쉬운 일은 아니었다.

학생들도 수업용 교재의 유무에 따라 상당히 다른 느낌을 받는 것 같다. 즉, 교재를 선정하고 해당 교재를 통해 한 학기 동안 진도를 나간 경우, 학기를 마무리할 시점에 학생들은 왠지 모를 뿌듯함을 느낀다고 했다. 아마도 일종의 성취감이 아닐까 싶다. 반면, 아무리 좋은 내용의 강의가 이루어졌다 하더라도 교재가 없으면 종국에는 한 학기 동안 무엇을 했는지에 대한 의구심이 든다는 것이다. 수업을 하는 입장이나 듣는 입장 모두 가시적인 무엇인가가 있을 때와 없을 때 느끼는 감정에는 분명한 차이가 있음을 보여 주는 것 같다.

이와 같은 개인적 경험 때문인지 『특수교육공학』이라는 교재는 저자가 책을 집필할 시점이 된다면 가장 먼저 쓰고 싶었던 책이었다. 그러나 저자의 실력이 못 미칠 뿐 아니라 바쁘다는 이유로 차일피일 미루다 보니 이제야 세상의 빛을 보게 되었다.

이 책의 집필을 가장 주저하게 했던 것은 저자가 다루고 있는 내용이 특수교육공학의 범주에 부합하는가 하는 의문이었다. 그리고 혹여 책이 출판된 이후 쏟아질지도 모를 세상의 비난이 내심 두려웠는지도 모른다.

저자가 책을 집필하기까지 고민했던 사항은 다음과 같다. 우선 원서들은 지나치게 보조공학 쪽으로 설명하는 경향이 있었기 때문에 학문적으로 중첩된 성격의 인접 학과에서 다루는 과목과 차별성이 없었다. 그리고 일반교육공학의 내용을 동시에 다루기에는 특수교육공학이라는 과목에서 다루어야할 내용이 지나치게 광범위해지는 동시에 중복되는 경향이 있었다. 여기에 한 가지 더 욕심을 냈던 바가 특수교육을 전공하지 않은 독자들이 읽더라도 기본적으로 이해할 수 있는 내용이어야 하고, 개념적 틀을 형성할 수 있도록 전개되어야 한다는 것이었다. 마지막으로 외국, 특히 미국 중심이 아닌 우리나라 중심으로 내용을 전개하자는 것이다. 많은 특수교육 관련 교재에서 미국의 「장애인교육법(IDEA)」 관련 조항을 이야기하고 특수교육의 발전과정을 언급하지만, 결국 이는 우리의 것이 아닌 참고사항에 지나지 않는다는 생각을 늘 해 왔다.

첫 번째 그리고 두 번째 문제는 특수교육공학이 일반교육공학과 보조공학을 모두 아우른다는 데 토대를 두고 교재를 크게 이원화함으로써 해결하고자 하였다. 그리고 교육적인 측면을 강조함과 동시에 일반교육공학의 내용은 전반적인 내용을 간략하게 소개하되 특수교육과 밀접히 관련되는 부분은 다시 한 번 다룸으로써 그 범위를 조절하였다. 세 번째 염려했던 바에 대한 문제는 가급적 쉬운 용어의 선정과 다양한 보기, 구체적인 설명, 명확한 범주화 등 내용의 기술 방식과 편집적인 면을 동시에 고려함으로써 최소화하였다. 그리고 마지막에 고민했던 문제는 국내의 연구결과 및 연구경향 등을 파악하여 정리·제시하였다. 물론 여러 가지 이유로, 특히 국내 관련 연구의 부족으로 인해 미국의 법률과 외국 학자들의 연구결과를 언급할 수밖에 없는 경우가 있기는 하였으나 가급적이면 많은 부분 국내의 관련 논의를 추가하고자 하였다.

이와 같은 산고의 과정을 거쳐 이 책은 전체 6부 12장으로 구성되었다. 제1장부터 제7장까지는 일반교육공학의 영역을 특수교육과 관련지어 설명한 부분이다. 그리고 제8장부터 제11장까지는 혹자들에 의해 특수교육공학의 독자적 영역이라고 표현되는 보조공학을 다루었다. 마지막 제12장은 최근 특수교육 분야에서 이슈화되고 있는 공학 관련 내용을 간략히 언급하였다. 여기에 임용을 준비하는 학생들을 위해 각 장의 마지막에는 주요 용어를 통해 해당 단원을 정리할 수 있도록 하였으며, 2000년도 이후의 관련 공립학교 임용 기출문제를 제시하여 조금이나마 학습에 도움을 주고자 하였다.

 이 책으로 공부하는 학부생 혹은 대학원생들은 제1장부터 제12장에 이르기까지 차근차근 살펴볼 것을 권한다. 왜냐하면 특수교육 대상 학생들에게 적용 가능한 공학이라는 것도 결국은 보편성을 근간으로 해야 한다는 것을 우선적으로 파악할 필요가 있으며, 보편성을 통한 문제해결의 어려움을 극복하기 위한 방안으로 특수성을 고려해야 한다는 절차상의 과정을 인식했으면 하기 때문이다. 이는 곧 특수교육 대상 학생을 다른 모든 학생들과 마찬가지로 개인차가 존재하는 학생으로 보고 처음부터 차별화하여 접근하지 않았으면 하는 의도에서다. 뿐만 아니라 특수교육공학에 대한 편협한 시각을 갖지 않기 위해서도 이 책을 차례로 읽을 것을 권장한다.

 책의 마지막 장을 마무리하고 출판사에 마지막 교정지를 넘길 때면 매번 느끼는 것이지만, 한편으로는 홀가분한 마음이 들고 다른 한편으로는 내가 아직도 많이 부족하구나 하는 깨달음을 얻게 된다. 유독 이번 『특수교육공학』은 애정을 많이 갖고 있던 분야를 정리하는 것이라 마음에 와 닿는 정도가 더욱 크게만 느껴진다. 그래서인지 언젠가 교재 선정을 위해 뒤적이던 중 어떤 책의 서문에서 본 "연구자는 아는 것을 자랑하는 것이 아니라 모르는 것을 반성해야 한다."라는 글귀가 새삼 가슴에 와 닿는다.

 학지사와 원고를 넘기기로 약속한 기일을 한 달여가량 넘긴 시점까지 계속 원고작업을 하고 이제야 마치게 되었다. 여전히 손대야 할 많은 부분이 남아 있음을 인정하지 않을 수 없다. 지금부터는 선배님들과 후학들의 비판을 최대한 수용하여 더욱 내실 있는 책으로 수정 · 보완해 나갈 것을 약속하는 수밖에는 없는 듯하다.

 한 권의 책이 출판되어 나오기까지는 생각지도 못한 많은 사람들의 희생과 노고가 뒤따르기 마련이다. 무엇보다 가족들이 가장 큰 희생을 감내해야 했다. 하숙생인지 한 집의 가장인지 혼동되는 남편을 변함없이 격려해 주는 아내, 매번 놀아 줄 것을 약속하지만 번번이 그 약속을 지키지 못하는 아빠에게 에너지가 되어 주는 두 딸 지윤이와 채은이에게 이 기회를 빌려 고마움과 사랑을 전하고 싶다. 끝으로 국내에는 전무한 토종 특수교육공학 전공도서의 출판이 가능하도록 도와주신 학지사 김진환 사장님과 원고 기한을 지키지 못한 저자들을 배려해 주신 김은석 차장님께 감사드린다. 더불어 책의 편집과 교정을 위해 수고해 주신 학지사 편집부 직원들에게도 진심으로 고마움을 전한다.

2010년 2월
삼계동 연구실에서
저자 대표 김남진

● 차 례 ●

제1부

교육공학과 특수교육공학

제1장 교육공학 및 특수교육공학 기초

　교육이란 인간의 행위와 인지구조를 변화시키는 목적적 행위로서 이를 실현하기 위한 합리적인 수단과 방법을 필요로 한다. 교육공학이란 이와 같이 교육목표에 이르기 위해 교육의 내적·외적 현상 및 문제에 과학적이며 조직적인 지식을 체계적으로 적용하는 것이라고 할 수 있다. 특수교육공학은 교수의 대상을 장애학생에 두고 있는 만큼 내용과 방법에 있어서의 특수성은 있으나, 과학적이며 조직적인 지식을 체계적으로 적용시킴으로써 장애학생들의 학습목표를 효과적이고 효율적으로 달성하고자 하는 근본적인 원리에 있어서는 교육공학과 큰 차이가 없다. 이 장에서는 교육공학 및 특수교육공학의 기초를 형성하고 있는 (특수)교육공학의 정의, 유형 그리고 장단점 등에 대해 살펴보고자 한다.

제1절 **교육공학의 정의 및 영역**

1. 교육공학의 정의

1) 공학

교육공학의 정의를 살펴보기에 앞서 우선적으로 공학 혹은 테크놀로지 (technology)가 의미하는 바를 살펴볼 필요가 있다. 테크놀로지란 기예(art)나 기술(craft)을 의미하는 'techne'와 이성(理性)을 의미하는 'logos'에서 비롯된 것으로, 학자들마다 다양하게 정의하고 있다. 그러나 흔히 인용되고 있는 바는 Galbraith(1967: 12)에 의한 것으로 그는 공학을 다음과 같이 정의하였다.

> 실제적 과제를 해결하기 위한 과학적이며 조직화된 지식을 체계적으로 적용하는 것

따라서 공학이란 기계류나 장치 또는 여타의 무엇인가를 만드는 기술 (technique) 혹은 하드웨어적인 의미에 한정되지 않음을 알 수 있다.

Heinich, Molenda, Russell 그리고 Smaldino(2002)는 보편적으로 수용되고 있는 공학의 정의를 바탕으로 공학을 하드 테크놀로지(hard technology)와 소프트 테크놀로지(soft technology)로 구분하였다. 하드 테크놀로지란 기술의 결과로 만들어지는 물리적 성격의 하드웨어를, 그리고 소프트 테크놀로지란 과정 (process)이나 문제에 대해 생각하는 방식을 의미하며, '과정 테크놀로지(process technology)'라고도 부른다(백영균 외, 2006).

2) 교육공학

소프트 테크놀로지 혹은 과정 테크놀로지는 교육 분야에서 교육공학을 정의하는 데 있어 매우 강조되고 있다. 즉, 우리나라 교육학 용어사전(서울대학교교육연구소, 1994)에는 이와 같은 관점을 반영하여 교육공학을 다음과 같이 정의하고 있다.

> 교육에 있어서의 하드 · 소프트 공학을 총칭하는 말로, 하드 공학이라 하면 교실수업에서 활용되는 각종 시청각 기자재 그리고 텔레비전, 라디오, 컴퓨터 등의 원격통신기구나 컴퓨터, CD-ROM, 상호작용 비디오 등의 상호작용 매체 등의 하드웨어를 교육에 도입 · 활용하는 것을 의미하며, 소프트 공학이라 하면 교육의 실제적인 문제를 해결하기 위하여 과학적인 지식을 교육현실에 적용하는 방식에 관한 학문을 일컫는다. 시청각교육이 중요시되던 시절에는 교육공학이 보다 더 하드 공학에 가까운 개념을 가졌으나 현재는 소프트 공학이 중심이 되고 있다(p. 100).

일반적으로 교육공학의 정의에 대해서는 미국교육공학회(Association for Educational Communications and Technology: AECT)의 관점을 따르는 경향이 있다. 1977년 미국교육공학회에 의하면, 교육공학은 인간 학습에 관련된 문제점을 어떻게 파악하고 해결하느냐에 관한 하나의 이론 분야이고, 그 문제점 분석과 해결에 요구되는 지적 기법과 실제 적용으로 접근하는 실천 분야이며, 그러한 기능을 수행하기 위해 조직적이고 윤리적인 노력을 끊임없이 추구하는 전문 분야임을 명시하고 다음과 같이 교육공학을 정의했다(한국교육공학회, 2005: 66-67 재인용).

> 교육공학은 인간 학습에 관련된 모든 향상의 문제들을 분석하고, 이에 대한 해결책을 고안, 실행, 평가, 관리하기 위하여 요원, 절차, 아이디어, 장치, 조직 등을 포

> 함하는 복합적이고 통합된 과정이다. 이러한 과정은 크게 ① 학습자원(learning resources), ② 교육개발기능(educational development function), ③ 교육관리 기능(educational management function)으로 구성된다.

이상의 개념 정의를 토대로 볼 때, 교육공학은 전체적인 교육과정 개발과 수업체제 개발을 근간으로 누구에게, 무엇을, 어떻게, 왜 교육시키는가라는 총체적인 맥락(whole context) 속에서 교육 및 수업의 과정을 체계적으로 접근해 들어감과 동시에, 무엇이 문제이며 어떤 요구가 존재하는지에 관한 보다 근본적인 물음을 제기하고, 그에 따른 최적의 해결 방안 및 전략을 선정, 실행, 평가, 수정함으로써 문제를 해결하고 요구를 충족시켜 나가는 이론적 · 실천적 · 전문적 연구 영역이라고 할 수 있다(한국교육공학회, 2005).

이후 미국교육공학회는 『Instructional technology: The definition and domains of the field』(Seels & Richey, 1994)를 통해 지난 17년간에 있었던 교육공학 관련 학문의 발전과 테크놀로지의 발달에 따른 분야의 활동 영역과 관심 분야 확대 그리고 이에 따른 이론과 실제의 다양화를 반영하는 새로운 정의를 발표하였다.

> 수업공학(instructional technology)* 이란 학습을 위한 과정과 자원의 설계, 개발, 활용, 관리 및 평가에 관한 이론과 실제다(p. 4).

---

* 우리나라에서는 일반적으로 교육공학(educational technology)과 수업공학(instructional technology)을 동의어로 사용하고 있으며, 미국에서는 instructional technology란 용어를 보편적으로 사용하고 있다(조규락, 김선연, 2006). 그러나 번역과정에서 instruction을 '교수(敎授)'로 할 것인지 '수업(授業)'이라고 할 것인지에 대한 논의가 있어 왔으며, 실질적으로 instructional technology를 교수공학으로 옮기는 경우도 많은 것이 사실이다. 그러나 이 책에서는 instruction을 계획적 · 의도적인 '수업'으로 teaching은 포괄적 의미의 '교수'로 번역하는 것이 적절하다는 한국교육공학회(2005)의 의견을 반영하여 teaching technology를 '교수공학'으로, instruction technology는 '수업공학'으로 하였으며, 특별히 구분을 요하는 경우는 원어를 추가하였다.

이상의 정의는 다음과 같은 특징을 갖는다.

첫째, 교육공학은 인간의 학습활동과 결과, 즉 학습이 실제로 일어나도록 하는 데 관심이 있다.

둘째, 학습을 위한 과정과 그 과정의 산출물로서의 교수자료와 지원환경 모두를 다루고 있다.

셋째, 교육공학은 설계, 개발, 활용, 관리, 평가라는 다섯 가지 영역이 있음을 밝히고 있다.

넷째, 교육공학은 학습과 관련된 문제해결을 위한 지식의 적용 분야이자 실제를 뒷받침하는 지식을 생성해 내는 이론이다.

과거와는 비교할 수 없을 정도의 급격한 시대 변천으로 인해 교육공학을 다시 새롭게 정의해야 될 필요성이 대두됨에 따라 2004년 미국교육공학회의 교육공학정의연구위원회(AECT Definition and Terminology Committee, 2004)는 다음과 같은 정의를 제시하였다.

> 교육공학이란 적절한 공학적 과정 및 자원을 창출, 활용, 관리함으로써 학습을 촉진하고 수행을 개선하는 연구와 윤리적 실천이다(백영균 외, 2006: 27 재인용).

2. 교육공학의 영역

교육공학의 영역은 교육공학의 영역과 해당 하위 요소를 명확히 한 AECT의 1994년 정의에 [그림 1-1]과 같이 제시되어 있다.

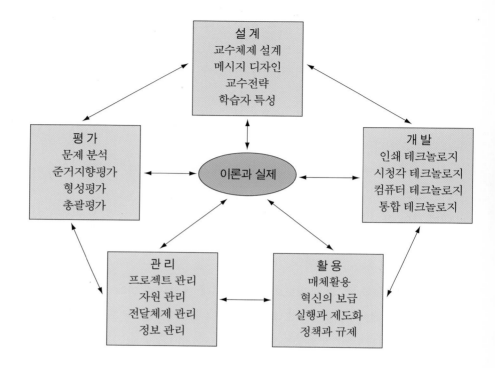

‖ 그림 1-1 ‖ **교육공학의 영역**

　　교육공학의 각 영역은 상호 보완적이며 서로 영향을 주고받기는 하지만, 반드시 연속적인 관계에 있는 것은 아닌데, 영역별 특성을 간략히 정리하면 다음과 같다.

① 설계(design): 학습에 관한 조건을 구체화하는 과정
② 개발(development): 설계에서 구체화된 내용을 물리적으로 완성하는 것
③ 활용(utilization): 학습을 위해 과정과 자원을 사용하는 행위
④ 관리(management): 계획, 조직, 조정, 감독 등을 통해 교육공학을 통제하는 것
⑤ 평가(evaluation): 교수와 학습의 적절성을 결정하는 과정

3. 교육과 교육공학

1) 교육에서의 공학

교육에서의 공학(technology in education)은 정보통신기술의 결과물, 즉 하드웨어와 소프트웨어를 교육장면 안에서 수단으로 사용하는 것을 말한다. 달리 표현하면 장기적인 교육적 목적이나 교육현상 전반에 대한 고려를 통해 공학을 활용하는 것이 아니라 단순히 매체를 수업시간에 이용하는 것, 즉 산물로서의 공학(technology as products)을 의미한다. 따라서 교육에서의 공학적 접근은 학습자의 특성, 요구, 흥미 등을 고려하지 않으며 전달되는 학습내용의 특성에 대해서도 고려하지 않는다. 예를 들면, 교수자가 학습자 분석, 과제 분석, 수업 전개의 전체적인 맥락을 고려하지 않고 자신의 필요에 의해 프로젝션 TV나 빔 프로젝터, VCR 등의 매체를 채택, 활용하는 것이다.

교수매체의 장점 그리고 이를 활용한 수업의 이점을 부인할 수는 없으나 학습자의 선행학습 정도, 학습 특성, 학습부진 정도, 교과 특성, 교과내용 특성, 매체 특성 등을 간과한 접근, 그리고 교육 혹은 수업의 전반적인 흐름과는 별개로 존재하는 적절한 프로그램의 부족 문제는 공학에의 새로운 접근을 요구하게 되었다. 따라서 단순한 기계적인 접근을 지양하고 보다 이론적이고 체계적으로 교육의 질을 개선하려는 노력이 자연스럽게 이루어지게 되었는데 이러한 접근이 교육의 공학적 접근이다(강이철, 2009).

2) 교육의 공학

교육의 공학이란 교육의 전 과정을 체계적으로 계획, 실행, 평가하는 것으로 과정으로서의 공학(technology as process)을 의미한다. 따라서 각종 시청각매체를 교육적 필요에 의해 단편적으로 활용하는 것이 아니라, 교육의 전 과정을 하

나의 체제로 보고, 체제의 유기적 적합성에 근거하여 교수매체를 선정한다. 무
엇보다도 학습자의 학습효과를 극대화할 수 있는 최적의 매체를 선정하는 데 초
점을 둔다. 그리고 시청각매체 그 자체의 기술적 특성뿐만 아니라 소프트웨어에
포함된 교육내용 및 목표와의 적합성이 매체 선정의 가장 중요한 기준이 된다
(권성호, 2006).

　즉, 교육의 공학은 교육문제의 해결에 있어 공학의 총체적이고 통합적인 측
면을 강조하고 있다고 할 수 있다(강이철, 2009). 교육이라는 행위를 서로 상호작
용하는 요소들로 구성되어 있으면서 정해진 기능을 협동적으로 수행하는 하나
의 조직체 또는 통일체로 인식하며, 교육적 목적이나 목표를 달성하기 위해 각
요소적 활동이 전체 교육체제에 주는 효과와 영향을 감안하면서 문제해결 기법
을 활용하는 하나의 과정인 체제적 접근(systems approach) 방식을 강조하고 있
다([그림 1-2] 참조).

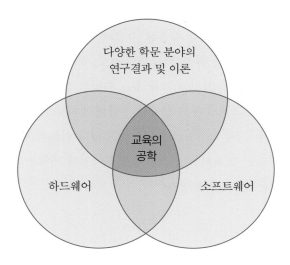

‖ 그림 1-2 ‖ **교육의 공학**

제2절 **특수교육공학의 정의 및 영역**

1. 특수교육공학의 정의

1) 정의

특수교육공학의 정의와 관련하여 지금까지도 법률적으로 그 의미가 명확히 제시되어 있지 않으며, 뿐만 아니라 학자들 간에도 합의된 바가 없는 상황이다. 따라서 학자들마다 그리고 용어가 사용되고 있는 맥락에 따라 조금씩 다른 의미로 사용되고 있는 것이 사실이다. 이에 우선적으로 우리나라 특수교육의 법적 토대가 되었던 「특수교육진흥법」과 이를 대체한 「장애인 등에 대한 특수교육법」을 중심으로 특수교육공학을 법률적으로 해석해 보자.

2) 법률상 정의

(1) 특수교육진흥법

1994년 개정‧공포된 「특수교육진흥법」에 따르면 "특수교육이라 함은 특수교육대상자의 특성에 적합한 교육과정‧교육방법‧교육매체 등을 통하여 특수교육‧치료교육 및 직업교육 등을 실시하는 것을 말한다."(제2조 제1항)라고 정의하고 있다. 이상의 정의를 살펴보면 교육매체가 곧 특수교육공학의 의미와 유사함을 알 수 있는데, 따라서 법률을 통해 알 수 있는 특수교육공학의 고전적 의미는 다음과 같다.

특수교육, 치료교육, 직업교육 등에 활용되는 교육매체

그러나 이상의 정의에 문제가 없는 것은 아니다. 가장 우선적으로 지적할 수 있는 바는 법률에 표현된 교수매체의 범위와 관련된 것이다. 교수매체 혹은 수업매체(instructional media)라고 할 때 매체란 일반적으로 수단, 매개물을 의미하며, 협의의 개념과 광의의 개념으로 구분하여 설명할 수 있다(제5장 참조). 즉, 협의의 개념으로서의 교수매체란 시각 또는 언어 정보를 파악하고 처리하여 재현시키는 데 사용되는 각종 시청각자료를 비롯하여 전자식 또는 기계적인 수단을 의미한다. 이 경우 교수매체란, 교수활동을 하는 데 있어서 내용을 구체화하거나 보충하여 학습자가 학습내용을 명확히 이해할 수 있도록 도와주기 위하여 사용하는 모든 기계나 자료를 의미한다. 반면에 교수매체를 광의의 개념으로 볼 때는 학습자에게 지식 · 기능 · 태도를 습득시킬 때 조건을 제시해 주는 인물이나 사물을 가리킨다. 이러한 광의의 개념에 따르면 교육목표를 달성하기 위하여 학습자와 교수자 간에 사용되는 모든 수단을 교수매체라고 할 수 있다(윤광보, 김용욱, 최병옥, 2008).

그러나 「특수교육진흥법」에 제시되어 있는 교수매체의 범위가 정확하게 무엇을 의미하는지 알 수 없을 뿐만 아니라 관련 서비스에 대한 규정이 없으며 교수매체의 의미는 교육공학의 발달과 함께 변화되어 왔음을 감안한다면 특수교육공학의 의미를 명확히 하기는 어렵다. 그러나 동법 제3조(국가 및 지방자치단체의 임무)의 내용을 보면 특수교육에 필요한 교재 · 교구의 연구 · 개발 및 보급에 대해서만 언급되고 있는 것으로 봐서는 교수매체가 협의의 개념으로 사용되고 있음을 유추할 수 있다.

(2) 장애인 등에 대한 특수교육법

2007년 개정된 「장애인 등에 대한 특수교육법」에 의하면 특수교육이란 특수교육대상자의 교육적 요구를 충족시키기 위하여 특성에 적합한 교육과정 및 특수교육 관련 서비스 제공을 통하여 이루어지는 교육(제2조 제1항)으로 정의되고 있다. 그리고 특수교육대상자에게 제공되는 특수교육 관련 서비스란 특수교육대상자의 교육을 효율적으로 실시하기 위하여 필요한 인적 · 물적 자원을 제공하는 서비스로서 상담지원·가족지원·치료지원·보조인력지원·보조공학 기기지원·학습보조기기지원·통학지원 및 정보접근지원 등을 말한다(제2조 제2항). 여기서 특수교육대상자의 교육을 위하여 필요한 장애인용 각종 교구, 학습보조기, 보조공학 기기 등의 설비 제공과 특수교육대상자의 장애 유형에 적합한 정보의 제공 책임은 각급 학교의 장(長)에게 있음(제28조)을 명시하고 있다. 따라서 「장애인 등에 대한 특수교육법」에 한정해서 특수교육공학을 정의하면 다음과 같다.

> 특수교육대상자의 교육을 효율적으로 실시하기 위하여 각급 학교의 장에 의해 제공되는 장애인용 각종 교구, 학습보조기, 보조공학 기기 그리고 정보접근 기회

그러나 「장애인 등에 대한 특수교육법」에 명시된 바를 토대로 특수교육공학을 제한적으로 정의할 경우 다음과 같은 문제점이 발생한다.

첫째, 특수교육공학의 하드웨어적인 측면만 강조된다는 점이다. 즉, 장애인용 각종 교구 및 학습보조기 그리고 보조공학 기기와 정보접근 기회 등은 모두 특수교육대상자의 효율적 학습을 위한 물적 자원에 해당되는 것들이다. 따라서 교육공학의 영역 중 활용 측면만을 강조함으로써 설계, 개발, 관리, 평가 등과 같은 그 외의 영역은 도외시된다.

둘째, 앞서 지적된 물적 자원에 대한 강조는 교육공학에 있어 강조되고 있는 체제접근의 개념을 반영하지 못한다. 체제접근과 관련하여 미국수업공학위원회(Commission on Instructional Technology: CIT)는 "교수공학은 특정한 매체나 장치를 넘어서서 수업을 구성하는 부분적 요소들의 집합체 이상이다. 즉, 교수공학은 인간 학습과 통신이론에 기초한 구체적 교수목표에 의해 교수-학습의 전 과정을 설계, 실행, 평가하는 체제적 방법이며, 이것은 보다 효과적인 수업을 전개하기 위하여 인적·비인적 자원을 적절히 결합하여 사용하는 방법으로서 이

해된다."라고 정의하고 있다(김종량, 1994). 또한 Dick과 Carey(1994)는 "체제란 상호 관련된 구성요소들의 집합이며, 이 구성요소들이 어떤 목표를 향하여 유기적으로 상호작용하는 과정이 체제접근이다."라고 하였다. 따라서 「장애인 등에 대한 특수교육법」을 토대로 특수교육공학을 정의하는 경우 초기의 체제접근에서와 같이 체제를 산물로 간주하게 되는 것이다. 이는 곧 교육공학 분야에서의 전체적인 흐름에 역행하게 되는 것이다.

3) 기타 정의

과거 특수교육 분야에서는 특수교육공학과 함께 보조공학(assistive technology), 보편적 설계(universal design) 등의 용어가 혼용되었으나 최근에는 특수교육공학이란 용어가 일반적으로 사용되고 있다. 이는 특수교육공학을 장애인을 위해 사용되는 보조공학 및 일반공학을 포함하는 것으로 본 Lewis(1993)의 입장을 수용함으로써 특수교육공학을 보다 넓게 정의하고자 하는 것이라고 볼 수 있다. 그러나 앞서 언급한 바와 같이 국내에서는 특수교육공학의 정의는 물론 범위에 대해 합의된 바가 없으며, 따라서 학자에 따라, 맥락에 따라 각기 다르게 사용되고 있는 실정이다. 이를 살펴보면 다음과 같다.

- 한성희는 특수교육대상자를 위한 공학적 접근을 특수교육 과학기술(special education technology)이라는 용어로 번역하여 정의하였는데 그 내용을 살펴보면, "특수교육을 요하는 학생들과 특수교육 관련 인사들이 마주치는 곤란한 문제를 개선하기 위하여 착상되거나 적용되는 장치, 서비스, 전략 수단 등등"이라고 하였다(교육학 대백과사전, 1997; 강혜정, 박은혜, 2002 재인용).
- 강혜정, 박은혜(2002)는 공학 및 교육공학 그리고 혼용하여 사용되고 있는 관련 용어들에 대한 정의들을 바탕으로 "특수교육공학이란 지식이나 기능의 부족으로 인해 정상적인 학습이나 활동에 제한을 받는 모든 교육대상자

들이 그들의 실제적인 목적을 달성하기 위해 필요로 하는 모든 장치나 도구 및 그에 관련된 서비스"라고 정의한다.

● 특수교육에서 테크놀로지를 말할 때에는 교육을 위한 테크놀로지인 교수공학(instructional technology)과 장애아동의 능력을 유지 혹은 개발시키기 위한 모든 기구들을 통칭하는 보조공학을 함께 이야기하는 경우가 많으며, 넓게 보면 보조공학의 개념 안에도 장애아동의 교육을 위한 테크놀로지가 포함되므로 보조공학 안에서 함께 이야기하기도 한다(박은혜, 2002).

● 김용욱(2005)은 특수교육공학을 장애를 가진 학생들에게 적절한 교수방법 및 관련 공학 서비스를 제공하여 특수교육의 질적 효율성을 제고할 수 있는 체계적이고 종합적인 서비스로 보고 "특수교육공학은 장애를 가지고 있는 아동(학습자)의 효율적인 교육과 생활을 위해 사용되는 공학기기, 서비스, 수업의 전략과 실제"라고 정의하였다.

● 2007학년도 공립 특수학교(중등) 교사임용 후보자 선정 경쟁시험에서는 특수교육 현장에서 활용되는 특수교육공학을 묻는 문항에 "특수교육공학 프로그램은 교수-학습과정을 보조하는 도구의 하나로 활용된다." 그리고 "특수교육공학은 장애학생 교육에 사용되는 공학기기와 서비스, 그리고 이를 이용한 수업전략을 포함한다."라는 보기들이 제시되기도 하였다.

이상의 사례와 학자들의 논의를 토대로 특수교육공학을 정의하면 다음과 같다.

> 특수교육대상자의 학습을 촉진하고 수행을 유지 혹은 개선하기 위해 제공되는 공학기기 및 이를 이용한 교수전략 그리고 관련 서비스에 대한 이론과 실제

이를 정의에 포함된 부분별로 나눠 살펴보면 다음과 같다.

● 특수교육대상자: 「장애인 등에 대한 특수교육법」 제2조 제3항 및 제15조 제
  1항에 따라 교육장 또는 교육감에 의해 특수교육을 필요로 하는 사람으로
  진단·평가된 사람을 말한다. 그리고 특수교육대상자는 시각장애, 청각장
  애, 지적장애, 지체장애, 정서·행동장애, 자폐성장애, 의사소통장애, 학
  습장애, 건강장애, 발달지체, 그 밖에 대통령령으로 정하는 장애로 분류한
  다. 단, 진단·평가 결과를 기초로 하여 고등학교 과정은 교육감이 시·도
  특수교육운영위원회의 심사를 거쳐, 중학교 과정 이하의 각급 학교는
  시·군·구특수교육운영위원회의 심사를 거쳐 이를 결정하도록 법률(「장
  애인 등에 대한 특수교육법」 제15조 제2항)로 정하고 있다.

● 학습: 행동주의에서 이야기하는 자극에 의한 반응으로서의 수동적 학습만
  을 의미하는 것이 아니라 인지주의 및 구성주의에 기반하여 이루어지는 주
  도적 학습을 포함하며, 최근에는 전자보다 후자의 의미가 강조되고 있다.
  그러나 특수교육대상 학생들에게 있어 학습이란 기본적으로는 자극에 대
  해 반응하고 이를 정보로 저장하는 것 외에도, 제시되는 정보를 이해하고
  이를 실생활에 활용함으로써 건강한 삶을 영위하게 하는 데 궁극적인 목적
  을 두고 있다.

● 촉진: 인식론적 패러다임의 변화와 더불어 공학의 역할 역시 학습자의 학습
  을 일방적으로 지시하고 통제하는 역할에서 학습자의 학습이 더욱 잘 일어
  나도록 지원하는 조력자의 역할로 바뀌었다. 촉진의 개념에는 특수교육대
  상자의 학습환경을 설계하고, 지원체제와 수업자료 그리고 수업환경과 같
  은 자원을 조직하며, 장치 및 기기를 제공하는 것이 포함된다.

● 유지: 특수교육공학은 특수교육대상자의 현재 상태가 더욱 악화되는 것을
  방지하거나 2차 장애가 수반되지 않도록 하는 예방적 중재의 역할을 한다.

● 수행: 특수교육대상자의 효과적·효율적 학습을 촉진하기 위해서는 단순
  히 장치 및 기기 그리고 전략을 제공하는 데서 끝낼 것이 아니라, 실질적으

로 활용할 학습자들이 이를 충분히 숙지하고 있어야 한다. 즉, 수행이란 특수교육대상자가 제공되는 공학기기 및 전략을 가상환경이 아닌 실제 환경에서 사용하고 적용하는 것을 말한다.

● 개선: 수행의 개선을 위해서는 효과성과 효율성의 개념을 고려해야 한다. 효과성은 특수교육대상자의 능력 변화를, 그리고 효율성이란 최소한의 시간과 노력 그리고 비용의 소요를 의미한다.

● 공학기기: 디지털 및 컴퓨터를 기반으로 하는 첨단공학(high technology)기기에서부터 휠체어와 같이 일반적으로 많이 활용되고 있는 기계류 중심의 일반공학(medium technology)기기, 개조된 책상 및 식사도구와 같이 간단한 개조 및 장치 추가만으로 특수교육대상자들의 교육적 요구를 수용할 수 있는 기초공학(low technology)기기 등이 포함된다.

● 교수전략: 교수전략이란 한 학습단위 내에서 일어나는 사건과 학습활동을 선택하고 순서화하여 정하는 것을 의미한다. 따라서 교수전략은 특수교육대상자의 학습상황 및 학습내용 그리고 기대하는 학습결과 등에 따라 차별화되어야 한다. 이에 특수교육교사는 학습자의 학습양식, 학습환경, 선택적 주의집중, 과제분석과 준거 측정, 과제의 난이도, 학습비율, 의도적 학습과 기억의 범주, 집중적 연습과 분산적 연습, 대안적 반응패턴, 독립적 학습자, 송신자와 수신자 간의 의사소통, 기본 감정에 대한 반응, 즉각적 피드백과 지연된 피드백, 긍정적 학생 행동의 촉진, 책임 있는 행동의 개발 등에 대한 전문적 지식을 갖추어야 한다.

● 특수교육 관련 서비스: 공학을 활용한 특수교육대상자의 교육을 효율적으로 실시하기 위해 필요한 인적·물적 자원을 제공하는 서비스를 뜻한다. 여기에는 특수교육대상자의 공학 활용과 관련된 상담지원, 가족지원, 치료지원, 보조인력지원, 통학지원, 정보접근지원 등이 포함된다. 즉, 공학기기 및 이를 이용한 교수전략의 효과성 및 효율성을 극대화하고 결과적으로 특수교육대상자의 학습을 촉진시키기 위해 필요한 여타의 관련 범주들이 이에 해당된다.

● 이론과 실제: 공학기기 및 교수전략을 '언제' '어떻게' 그리고 '왜' 적용해야 하는가에 대한 이론 및 실제 적용을 의미한다. 공학기기의 실질적 사용은 물론 특수교육대상자들에게 요구되는 교수-학습환경, 교수-학습전략, 공학기기의 개발 및 활용을 위한 이론적 접근 등이 포함된다.

4) 특수교육공학과 특수교육과의 관계

특수교육의 목적은 일반교육의 목적을 바탕으로 하는 보편성, 그리고 대상자의 특성에 맞도록 구체적이며 특수한 특수교육의 목표를 설정해야 한다는 특수성을 모두 가지고 있다. 따라서 특수교육은 이러한 보편성과 특수성을 감안하여 특수교육을 필요로 하는 대상자의 잠재성과 가능성을 최대한으로 신장시키는 것을 목표로 하며, 자아실현과 사회통합을 목적으로 하는 교육활동이라고 할 수 있다(김원경 외, 2009).

이와 같은 특수교육의 목표와 목적을 염두에 둘 때, 특수교육공학은 특수교육의 목표와 목적의 실현을 위한 수단 혹은 도구적 기능을 수행한다고 할 수 있을 것이다. 특수교육공학의 제공은 학습을 촉진하고 수행을 유지 · 개선해 줌으로써 특수교육대상자의 교육적 요구를 충족시켜 준다. 학습자의 학습 촉진 및 수행의 유지 · 개선은 특수교육공학의 목표인 동시에 특수교육의 목표인 특수교육대상자의 잠재성과 가능성을 극대화시켜 주기 위한 토대가 되는 것이며, 궁극적으로는 자아를 실현하고 사회를 통합하기 위한 필요조건이 되는 것이다. 정리하면 특수교육공학은 특수교육의 목적을 실현하기 위한 수단으로서의 역할을 담당하고 있다고 볼 수 있다.

특수교육과 특수교육공학과의 기능적 관계를 도식화하면 [그림 1-3]과 같다.

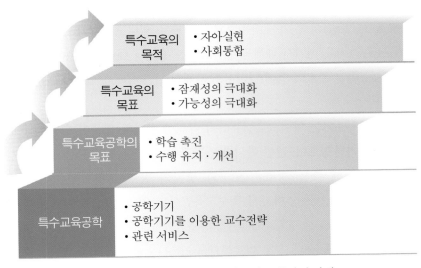

∥ 그림 1-3 ∥ **특수교육공학과 특수교육과의 관계**

2. 특수교육공학의 영역

1926년에 Pressey가 최초로 교수기계(teaching machine)를 개발한 이후, 교육에서의 공학의 적용은 필름 프로젝터, 오디오, 비디오, OHP 그리고 컴퓨터 등과 같은 장치의 구입과 사용에 초점이 맞춰져 왔다. 그러나 1960년대가 되면서는 교육공학에 대한 개념을 고려하기 시작했고 기존의 관점에 변화가 일기 시작했다. 많은 논의 끝에 미국수업공학위원회는 공학은 하드웨어 그 이상을 포함한다는 결론을 제시하였다. 즉, 공학이란 기계와 장치의 사용은 물론 교수의 설계 및 전달에 있어서의 조직적인 방법을 포함한다는 것이다. 동일한 시기에 Haring(1970)은 특수교육 분야에 있어서의 교수공학을 전반적으로 연구한 후 특수교육에서의 공학 역시 수업공학위원회에서 제시한 공학의 의미와 유사하다는 결론에 도달하였다.

이와 같은 공학의 특징은 점차 포괄적으로 검토되었으며 최종적으로 특수교육에 있어 공학의 적용은 크게 ① 매체공학(media technology)과 ② 체제공학(systems technology)의 두 가지 유형으로 구분될 수 있다고 결론지었다(Blackhurst & Hofmeister, 1980). 여기서 매체공학은 다양한 장치나 매체의 사용에 초점을 둔 반면, 체제공학은 주로 수업에 있어서의 체계적 접근(systematic approach)을 의미한다.

1980년 이후부터는 마이크로컴퓨터의 급격한 발달과 더불어 수업과정에 대한 연구도 증가하였으며, 뿐만 아니라 건강장애, 지체장애, 감각장애가 있는 장애인들을 지원해 주는 새로운 도구와 장치의 발명이 활발히 진행되었다(Blackhurst & Cross, 1993). 따라서 특수교육공학의 영역 역시 [그림 1-4]와 같이 ① 교수공학(technology of teaching), ② 수업공학(instructional technology), ③ 보조공학(assistive technology), ④ 의료공학(medical technology), ⑤ 생산적 도구공학(technology productivity tool), ⑥ 정보공학(information technology) 등으로 확장되었다(Blackhurst, 1997).

각 영역의 구체적인 특성을 살펴보면 다음과 같다(김용욱, 2005: 30-34; Blackhurst & Lahm, 2000: 6-8).

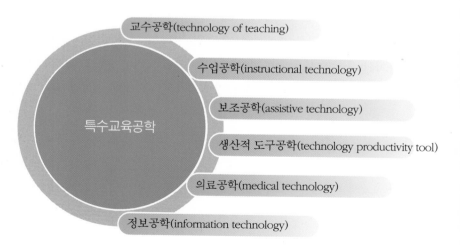

‖ 그림 1-4 ‖ **특수교육공학의 영역**

1) 교수공학

교수공학이란 정확한 방법에 의해 체계적으로 설계되고 적용된 수업 접근으로, 전형적으로 잘 정의된 교재, 학습자의 학습요구에 기반한 정확한 수업절차, 연속적이고 세분화된 수업단위, 교사의 높은 활동수준, 학생들의 적극적인 참여도, 풍부한 강화의 활용, 아동의 수행에 대한 면밀한 관찰 등을 포함한다. 이는 곧 교수자의 체계적이고 효과적인 교수방법에 많은 비중을 두는 것이다. 교수공학의 원리를 구체화시키는 방법으로는 직접교수, 응용행동분석, 능력중심수업(competency-based instruction), 학습전략 그리고 반응촉진전략 등이 있다. 그러나 다양한 교수공학을 수행하는 과정에 사용되는 기계 및 장치들, 즉 우리가 교수매체라고 언급하는 컴퓨터, OHP, 빔 프로젝터 등은 교수공학의 영역에 해당되지 않는다.

2) 수업공학

수업공학의 본질에 대해서는 다양한 의견들이 있지만, 미국수업공학위원회(1970)는 다음과 같이 정의하였다.

> 수업공학이란 특별한 목적을 위한 교수 및 학습의 전반적 과정에 대한 체계적인 설계 및 수행 그리고 평가를 의미하는 것으로, 인간의 학습과 의사소통에 관한 연구를 기초로 하며, 더욱 효과적인 수업을 위해 인적 그리고 물적 자원을 결합하는 것이다(p. 199).

수업공학의 전형적인 적용은 전통적인 교수매체, 즉 비디오, 컴퓨터 보조수업 혹은 더욱 복잡한 시스템에 해당하는 하이퍼미디어(hypermedia) 프로그램 등을 이용하는 것이다. 특히, 인터넷과 월드와이드웹(World Wide Web) 구성요소와 같은 통신체계들은 점차 교실은 물론 원격교육에 활용될 것으로 예상되었으며 현재는 보편적으로 사용되고 있다. 이제 컴퓨터 소프트웨어 체계는 웹을 통해 전달되는 수업을 통제할 수 있게 된 것이다. 이와 같은 시스템은 특수교육과 관련된 주제를 성공적으로 전달하는 데 사용되어 왔다.

수업공학위원회의 수업공학에 대한 정의의 다양한 구성요소에 주목하고, 공학은 실질적으로 수업을 전달하는 도구임을 인식하는 것이 매우 중요하다. 즉, 공학적 장치는 목적을 위한 수단으로 고려되어야 할 뿐 그 자체가 목적은 아니라는 것이다. 공학의 활용이 잘못 설계된 혹은 잘못 수행되는 수업을 보상하는 것은 아니다.

정리하면 수업공학은 점차 확장되어 온 교육공학의 정의와 일맥상통하는 것으로 수업에 대한 체제적 접근을 의미하며, 이를 위해 공학을 수단으로 활용하는 것이다. 또한 교수방법에 초점을 맞추고 있는 교수공학과의 관계를 살펴보면, 수업공학은 교수공학적 요소는 물론 수업의 목적을 효과적이고 효율적으로 달성하기 위해 모든 인적·물적 요소를 체계적으로 활용하는 것이라고 할 수 있다. 이는 곧 교수공학은 실제 수업현장에서 교수방법의 의미를 갖고 있는 좁은 의미의 교육방법(educational method)에, 그리고 수업공학은 교육공학(educational technology)에 근접하는 개념임을 의미한다.

3) 보조공학

보조공학은 특정 환경 안에서 장애인의 기능을 돕기 위해 설계된 다양한 유형의 서비스와 장치를 포함한다. 즉, 기계적, 전자적 그리고 마이크로프로세서가 내장된 장치뿐만 아니라 비기계적, 비전자적 그리고 특별히 고안된 교수매체, 서비스, 전략도 포함한다.

장애인들은 다음의 목적을 위해 보조공학을 활용할 수 있다.

① 학습상의 보조

② 환경에의 접근성 강화

③ 직장에서의 경쟁력 강화

④ 독립성 강화

⑤ 삶의 질 향상

　보조공학의 수단은 상업적인 제품 혹은 개인의 특별한 요구에 맞춰 직접적으로 설계된 것들을 모두 포함한다. 예를 들면, 의사소통 보조기기, 대안적인 컴퓨터 키보드, 적응적인 스위치 그리고 언어치료사에 의해 제공되는 서비스 등이 이에 해당된다. 보조공학에 대해서는 이 책의 전반에 걸쳐 설명되지만 구체적인 논의는 제8장에서 살펴보도록 하자.

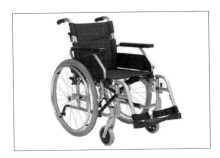 

‖ 그림 1-5 ‖ **보조공학의 예**

4) 의료공학

　의료공학에 있어서도 지속적인 발전이 있어 왔다. 더구나 공학이 뒷받침된 외과 분야의 비약적인 발전으로 인해 많은 장애인들이 병원이나 다른 여타의 의료적 환경 밖에서도 기능적으로 생활할 수 있도록 하는 데 있어 의료공학에 의존하고 있다.

　의료공학을 이용하고 있는 사람들은 가정은 물론 일상생활에서도 쉽게 볼 수 있으며, 학교에도 그런 학생들이 있다. 예를 들어, 호흡을 보조해 주는 산소공급

기를 사용하거나 기계적 인공호흡기(mechanical ventilation)를 이용하는 학생들을 볼 수 있다. 이 밖에도 잠재적인 생명의 문제에 대해 보호자에게 경고해 주는 심박수 모니터(cardiorespiratory monitor), 산소포화도 측정기(pulse oximeter)가 이용되기도 한다. 어떤 학생의 경우는 영양공급 보조기를 통해 영양을 공급받거나 인공항문으로 배설을 하기도 한다. 신장 투석기(kidney dialysis machine)를 통해 정맥내 주사요법(intravenous therapy)을 시행할 수도 있다. 의료공학은 사람들의 삶을 활기차게 해 줄 뿐만 아니라, 학교와 지역사회 그리고 직장에서의 완전한 참여를 가능하게 해 준다.

산소포화도 측정기
출처: http://kr.aving.net

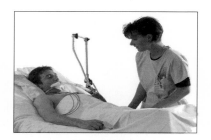
기계적 인공호흡기
출처: www.intelligentventilation.org

‖ 그림 1-6 ‖ **의료공학의 예**

5) 생산적 도구공학

'생산적 도구공학'이라는 용어에 함축되어 있는 바와 같이, 생산적 도구공학이란 사람들이 업무를 보다 효과적이고 효율적으로 수행할 수 있도록 해 주는 컴퓨터 소프트웨어, 하드웨어 그리고 관련 시스템을 말한다. 예를 들어, 데이터베이스(database) 프로그램과 같은 컴퓨터 소프트웨어는 정보의 저장 및 빠른 인출을 위해 사용될 수 있다. 그리고 워드프로세서(word processor) 프로그램은 텍스트 자료를 쉽게 편집할 수 있도록 해 주며, 팩시밀리는 원거리 간의 문서 전송을 원활하게 해 주고, 일기예보와 같은 전문가 시스템(expert system) 컴퓨터 프

‖ 그림 1-7 ‖ **생산적 도구공학의 예**

로그램은 의사결정에 많은 도움을 제공한다. 그리고 화상회의는 이동의 필요성을 감소시킨다.

6) 정보공학

정보공학은 앞서 살펴본 다섯 가지 유형의 공학에 대한 이용을 더욱 촉진시킬 수 있는 지식과 자료에의 접근을 용이하게 해 준다. 정보공학이 적용된 사례로는 해당 분야, 즉 교육 관련 문헌과 컴퓨터 하드웨어·소프트웨어·의료공학·보조공학 관련 정보들을 한곳에 정리하여 제공하는 인터넷 웹 사이트를 들수 있다. 일반교사 및 특수교사 그리고 학생에 이르기까지 자신의 요구에 맞추

‖ 그림 1-8 ‖ **정보공학의 예**

어 수록된 자료를 자유롭게 활용할 수 있는 한국교육학술정보원의 에듀넷 (http://www.edunet.net), 장애인의 일상생활 및 직업생활에 필요한 보조공학 기기의 제품 정보 및 무상임대, 지원 신청과 관련한 자료를 전체적으로 제공하는 한국장애인고용촉진공단의 장애인고용포털(http://www.worktogether.or.kr) 등 이 대표적인 예다.

이상에서 논의된 각각의 공학 유형은 특수교육 서비스의 전달에 있어 중요한 의미를 함축하고 있다. 그러나 각각의 유형은 통합적으로 사용되는 경우가 많음을 유의할 필요가 있다. 예를 들어, 호흡에 어려움이 있는 학생은 당연히 컴퓨터 키보드를 조작함에 있어 곤란함을 경험할 것이며, 이 경우 인공호흡장치(의료공학)와 음성인식 컴퓨터(보조공학)의 사용은 많은 도움이 될 것이다. 이와 같은 유형의 컴퓨터는 철자법 수업을 전달하도록 설계된 소프트웨어 프로그램을 통해 수업내용을 전달하며(수업공학), 해당 프로그램은 시간지연반응의 수업과정을 이용하여 제작되었다(교수공학). 교사는 학생의 진도 보고서를 전자 성적관리기록(gradebook) 프로그램에 저장하고, 워드프로세서 프로그램을 이용해 해당 학생의 학부모를 위한 보고서를 작성한다(생산적 도구공학). 또한 교사는 수업에 이용할 수 있는 추가적인 정보를 찾기 위해 웹 사이트에 접속할 수도 있다 (정보공학).

3. 특수교육공학의 장점

특수교육공학의 활용은 특수교육대상자들에게 직 · 간접적인 효과를 제공할 수 있다. 미국의회 공학사정국(U. S. Congress, Office of Technology Assessment, 1988)은 컴퓨터 및 관련 공학을 활용했을 때 일반학생, 장애학생 그리고 교사 모두가 긍정적인 효과를 얻을 수 있는 영역으로 다음을 제시하였다.

- 기본적인 학습능력을 향상시키기 위한 훈련과 연습
- 쓰기 능력의 신장
- 추상적인 수학 및 과학 개념에 대한 이해
- 과학, 수학, 사회 분야의 시뮬레이션
- 자료 처리 및 다루기
- 일반적 용도, 사무적 혹은 직업을 위한 컴퓨터 기술 습득
- 장애를 가지고 있는 학생들을 위한 접근과 의사교환
- 도서벽지 지역의 교사와 학생들을 위한 접근과 의사교환
- 개별화 교육
- 협동학습
- 학습자들의 학습활동 관리와 관련 기록 저장

이와 같이 공학은 모든 이들에게 많은 영역에 걸쳐 적잖은 도움을 제공하는데, 특히 Lewis(1993)는 특수교육대상자들에게 제공할 수 있는 특별한 이점을 ABC모델로 제시하였다.

- 능력의 신장(Augment abilities)
- 매체로의 대체(Bypass)
- 장애의 보상(Compensate for disabilities)

능력의 신장은 인지적·신체적 손상으로 인해 저하된 능력을 공학기기를 이용하여 증진시키는 것을 의미하는 것으로, 저시력인 경우 문자 확대기를 이용함으로써 잔존능력을 적절히 이용할 수 있게 되는 경우가 이에 속한다. 그리고 매체의 대체에는 정보의 입출력과 관련하여 정보의 입력이 불가능한 경우, 혹은 정보를 시각적으로 확인할 수 없는 경우 음성을 통한 입력 그리고 청각적 부호에 의한 출력을 제공하는 경우 등이 속한다. 마지막으로 장애의 보상이란 장애로 인한 비효율성을 최소화하는 것으로, 철자를 자동으로 점검하게 하는 프로그

램이나 문장을 자동으로 완성하게 하여 학습자의 신체적 수고를 최소화하는 프로그램 등이 이에 해당한다.

ABC모델을 토대로 특수교육공학의 이점을 확장해서 살펴보면 다음과 같다 (김용욱, 2005).

첫째, 특수교육공학은 특수교육대상자들에게 개별적인 교수를 가능하게 하여 학습 관련 수행능력을 향상시킬 수 있다. 특수교육대상자는 각각에게 부여된 컴퓨터를 이용하여 학습을 할 수 있으며, 또는 몇 명이 함께 모둠학습을 할 수도 있다. 이때 제공되는 학습 프로그램은 교수자가 학습자들의 수준에 맞게 학습내용, 난이도 등을 조절할 수 있으며, 또는 간단한 조작을 통해 학습자에게 적합한 새로운 학습 프로그램을 설계 · 제작할 수도 있다. 이러한 학습 프로그램은 학습자들의 개별적인 수행능력을 지원하며, 관련 수행능력을 고양시킬 수 있다.

둘째, 특수교육대상자들에게 동기를 부여하고 그들의 학습태도를 향상시킬 수 있다. 컴퓨터와 관련된 공학 관련 기기는 새로운 교수-학습도구로서 학습자들의 흥미를 유발시킬 수 있으며, 이러한 흥미는 학습동기로 직접 연결될 수 있다. 특히, 멀티미디어 요소를 이용하여 컴퓨터에서 제공되는 학습에 대한 흥미와 관심을 배가시킬 수 있다. 또한 멀티미디어 교수-학습자료를 이용한 학습은 일반적인 교실수업과는 다른 형식, 예를 들면 게임이나 시뮬레이션 형식 등으로 진행될 수 있기 때문에 학습자들의 동기부여는 물론 학습태도를 좀 더 긍정적으로 개선시킬 수 있다.

셋째, 장애를 보완하거나 이전에 하지 못했던 것들을 할 수 있도록 하는 새로운 능력을 부여할 수 있다. 장애를 가진 학습자들은 그들이 가진 신체적 장애로 인하여 학습이나 생활에서 기능적으로 상당한 제한을 받는다. 그러나 이들의 기능적 장애를 보완 · 보상할 수 있는 보조공학 서비스를 제공하면 일반 학습자들과 같은 학습경험과 생활을 할 수 있다. 예를 들어, 오른쪽 손과 팔의 사용이 곤란한 뇌성마비 학습자는 키보드나 마우스와 같은 일반적인 입력기기의 사용이 곤란하기 때문에 일반 학습자들에 비하여 워드프로세서와 같은 필수적인 프로그램 사용, 인터넷 활용 등의 능력이 비교적 떨어진다. 그러나 왼쪽 손과 팔을 주로 사용하도록 개조한 대체 키보드를 제공하거나, 오른손과 팔로 컴퓨터 입력기기를 사용할 수 있는 보조공학 기기를 제공하면 일반 학생들과 같은 학습경험을 할 수 있으며, 예전에는 곤란했던 인터넷 검색이나 메일 사용 등이 용이해진다.

넷째, 장애로 인하여 낮게 생각했던 자아상과 자신의 가치를 향상시킬 수 있다. 특수교육자대상자들은 자신의 장애로 인하여 일반 동료들이 할 수 있는 것을 잘하지 못하거나 뒤떨어져 자아상이 긍정적이지 않거나 자신감이 낮은 편이다. 이러한 부정적 자아상과 낮은 자신감은 학습능력에 많은 영향을 미쳐 자신이 가진 능력이나 소질을 적절히 개발하지 못하는 경우가 많다. 그러나 특수교육대상자들에게 적절한 공학 서비스를 제공하면 이전에는 불가능했던 것들을 할 수 있거나 일반 학습자들과 같이 학습이나 생활의 여러 가지 면들을 공유할 수 있게 된다. 예를 들어, 의사소통장애를 가지고 있는 특수교육대상자들은 수업에서 혹은 또래 동료들과의 일상생활 장면에서 원활한 의사소통을 할 수 없기 때문에 위축되는 경우가 많다. 그러나 이들의 의사소통을 지원할 수 있는 공학기기, 즉 보완대체 의사소통 기기를 제공하면 교사, 동료 그리고 주변 다른 이들과도 쉽게 의사소통을 할 수 있어 사회성도 향상될 수 있을 뿐만 아니라 다른 동료들보다 열등하다는 생각도 변화시킬 수 있게 된다.

4. 공학적 지원을 위한 고려사항

앞서 살펴본 특수교육공학의 이점은 모든 특수교육대상자와 맥락에서 나타나는 것이 아닌 만큼 특수교육대상자의 교수-학습 및 실생활의 문제해결에 있어 공학이 모든 것을 해결할 수 있을 것이란 지나친 믿음을 가져서는 안 된다. 따라서 특수교육공학의 이점을 극대화시키기 위해서는 무엇보다도 개인의 요구 및 맥락 등을 고려하여 적절한 특수교육공학 유형을 선택하는 것이 중요하다. 특수교육대상자에 대한 공학적 지원을 위해서는 다음과 같은 점들이 고려되어야 한다.

첫째, 특수교육공학은 특수교육대상자의 수업 혹은 교육의 효과성·효율성을 위한 수단으로서의 기능을 수행하는 것이지 그 자체가 목적이 아님을 우선적으로 유의해야 한다. 교수-학습 장면에서 공학의 활용은 반드시 필요한 것이 아닐 수도 있으며, 때로 바람직하지 않은 경우도 있기 때문이다. 따라서 교사는 교수-학습에서 공학의 적용과 활용의 적절성을 충분히 검토하여야 한다.

둘째, 특수교육공학의 적용이 장애의 치료 혹은 완치를 의미하는 것은 아닌 만큼 지나치게 이에 의존해서는 안 된다.

셋째, 개개인의 욕구 및 그가 가지고 있는 기능에 대한 평가가 선행되어야 할 것이다. 즉, 공학의 선택과 사용은 학생의 개인적 요구에 부합해야 함을 의미한다. 특히, 장애학생에게 보조공학 및 기술·정보를 이용한 프로그램을 적용할 때에는 그들의 특성상 장애학생 개인뿐만 아니라 가족의 요구를 반영한 진단이 필수적이다. 즉, 새로운 기술과 소프트웨어를 발달시키기 위해서는 고유한 장애와 관련된 개인과 가족의 필요를 살필 수 있는 새로운 접근이 필요함을 의미한다. 또한 이들의 능력을 보완 또는 대체할 수 있는 장치를 선택할 때는 개인의 나이와 성장 상태, 신체적 능력, 현재의 욕구 및 앞으로의 욕구 등을 고려하여야 하며, 기기 사용의 환경 안에서 학생과 가족, 교사뿐 아니라 필요에 따라 의료계 전문가, 물리치료사, 언어치료사, 임상전문가나 공학을 전공한 사람도 함께 접근을 하여야 할 것이다.

넷째, 다양한 학습이론과 결합된 소프트웨어가 개발되어야 한다. 이론적 배경 없이 쉽게 만들어지는 소프트웨어의 교육적 가치에 대한 검증을 할 수 있는 제도적 장치가 필요하다. 이를 달리 표현하면, 교실에서 사용되는 모든 소프트웨어는 사용에 있어 어느 정도의 융통성을 가져야 함을 의미한다. 즉, 어떤 학생에게 유익한 프로그램이 다른 학생에게는 별 효과가 없을 수도 있는 만큼 다른 학생들에게 다른 방법으로 공학을 적용해야 한다.

　다섯째, 특수교육을 담당하고 있는 모든 교사가 컴퓨터를 특수교육에 활용할 수 있어야 한다(강혜경, 박은혜, 2002). 교사의 준비뿐만 아니라 특수교육대상자나 그 보호자에게 컴퓨터 사용법을 지도하고, 그들의 컴퓨터 관련 욕구를 파악하여 컴퓨터와 관련 기기에 관한 정보를 제공할 수 있는 제도적 뒷받침이 있어야 할 것이다.

기출문제

중등, 07   특수교육 현장에서 활용되는 특수교육공학에 대한 설명으로 적절하지 않은 것은?

① 특수교육공학 프로그램은 교수-학습 과정을 보조하는 도구의 하나로 활용된다.

② 특수교육공학 기기를 활용할 때는 장애학생의 학습기술 향상을 최우선 목표로 한다.

③ 특수교육공학은 장애학생 교육에 사용되는 공학기기와 서비스, 그리고 이를 이용한 수업전략을 포함한다.

④ 특수교육공학 기기 및 프로그램의 적용을 위해서는 과제와 학생의 교육적 요구를 체계적으로 사정(assessment)하는 것이 중요하다.

정답 (중등, 07) ②

제2부

교수-학습이론

제2장 특수교육공학의 인식론적 기반

특수교육공학의 인식론적 기반

　특수교육공학의 인식론적 토대를 구성하고 있는 행동주의와 인지주의 그리고 구성주의에 대한 이해는 특수교육공학 관련 이론을 이해하는 데 있어 많은 도움이 된다. 인식론적 패러다임은 교수방법 및 전략 그리고 공학적 프로그램들의 구성에 있어 결정적 역할을 하기 때문이다. 이 장에서는 특수교육공학의 인식론적 토대를 구성하고 있는 행동주의와 인지주의 그리고 구성주의에 대해 살펴보고, 이와 같은 인식론의 주요 이론들이 특수교육 분야의 교수설계에 시사하는 바에 대해 알아보도록 한다.

제1절 **객관주의**

1. 행동주의

1) 주요 학습원리

행동주의는 인간의 행동을 정신의 구조를 통해 밝히려고 했던 구조주의와 인간의 정신을 전체적이고 기능적으로 밝히려고 한 기능주의에 대한 반발로서 20세기 초에 등장하였다. 학습의 결과로 나타나는 외현적인 행동의 변화에 관심을 두는 행동주의 학습이론은 인간의 행동을 자극과 반응의 심리과정으로 파악하려고 하였다. Pavlov의 고전적 조건형성이론(classical conditioning theory), Thorndike의 시행착오설(trial-and-error learning), Skinner의 조작적 조건형성이론(operant conditioning theory) 등으로 대표되는 행동주의는 초기 교육공학의 성립과 발전에 있어 매우 중요한 위치를 차지하고 있을 뿐만 아니라, 현재까지도 행동수정을 비롯한 직접교수법 등과 같은 특수교육의 많은 원리들이 행동주의에 이론적 기초를 두고 있다.

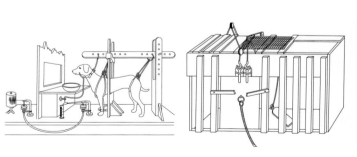

‖ 그림 2-1 ‖ **주요 행동주의 학습이론의 실험실 상황**

출처: Olson & Hergenhan(2009).

주요 행동주의 학습이론의 일반적인 학습원리는 다음과 같이 정리할 수 있다.

첫째, 조건자극과 무조건자극이 반복 제시될 때 무조건자극은 조건자극에 대한 강화의 기능을 갖게 된다. 이들 간의 연합 횟수가 증감됨에 따라 연합 강도는 커지며, 일정 횟수 이상 증가하면 연합의 강도는 일정하게 된다(강화의 원리).

둘째, 조건자극과 무조건자극 간의 시간 간격이 조건반응에 영향을 준다. 조건자극과 무조건자극이 거의 동시에 결합될 때 조건형성이 가장 효과적으로 이루어진다. 무조건자극이 조건자극보다 선행하는 경우는 조건반응이 성립하지 않는다(간격의 원리).

셋째, 학습 도중에 주어지는 피드백은 학습내용에 대한 효과를 자각시켜서 학습의욕을 높인다. 즉, 만족을 주었던 반응들은 학습되고, 불만족을 가져오는 반응들은 배제되는 경향이 있다고 보며, 학습의 과정이나 결과가 만족스러울 때는 결합이 더욱 강화되는 데 반해 불만족스러울 때는 결합이 약해진다(효과의 원리).

넷째, 모든 학습은 단번에 성과를 거두기보다는 꾸준하고 반복적인 연습의 결과로 목표에 도달하고 성공하게 되며, 연습을 통해 향상되고 바람직한 행동의 변화를 가져온다. 즉, 학습은 강화와 함께 계속적이며 단계적인 반복 연습을 통해 이루어진다(연습의 원리).

다섯째, 사전에 충분히 준비된 학습활동은 만족스러운 결과를 가져오지만, 준비가 되어 있지 않을 때에는 학습의 경과가 만족스럽지 않게 되고 실패하기 쉽다(준비성의 원리).

여섯째, 조건반응이 형성된 후에라도 강화가 계속적으로 주어지지 않으면 그 반응이 사라져 버리는 소거현상이 나타난다(소거의 원리).

일곱째, 일단 습득된 행동은 만족스러운 결과가 주어지지 않는다고 하여 즉시 소거되지는 않는다. 즉, 한번 습득된 행동은 보상이 주어지지 않더라도 똑같은 상황에 직면하게 되면 다시 나타난다(자발적 회복의 원리).

앞서 살펴본 행동주의 학습이론의 주요 학습원리로부터 다음과 같은 교수설계상 기본 원칙을 도출할 수 있다.

첫째, 행동목표를 명확하게 제시해야 한다. Skinner의 이론에 의하면 행동 이전에 제시되는 자극은 단서의 역할을 함으로써 학생들의 바람직한 수행을 촉진할 수 있다. 그러므로 초기에 교수자가 바람직한 학습을 유도하기 위해 학습하기를 원하는 정확한 수행을 미리 제시하는 것은 중요한 교수설계의 원리가 된다. 따라서 학습목표는 수업이 끝났을 때 학습자가 성취해야 하는 결과를 관찰 가능한 행동목표로 진술해야 한다.

둘째, 외재적 동기를 강화해야 한다. 학습과정에서 학습자가 정반응을 보인 경우는 칭찬, 미소, 상과 같은 긍정적 결과를 주고, 이와 반대로 오반응인 경우에는 무시한다. 부정적이고 혐오적인 통제보다는 긍정적인 강화를 사용하는 것이 효과적이다. 또한 반응의 초기에는 즉각적이고 긍정적인 강화를 지속적으로 제공해야 하며, 이후 반응이 향상되면 일관된 강화를 간헐적으로 준다.

셋째, 수업내용은 쉬운 것에서부터 어려운 것으로 점진적으로 제시하고, 복잡하고 어려운 것은 단순한 것으로 세분화하여 제시해야 한다.

넷째, 수업목표에서 진술된 행동은 계속적으로 평가되어야 하며, 평가결과에 대해서는 바람직한 행동을 유도할 때까지 지속적으로 피드백을 제공하여야 한다. 또한 평가를 위해서는 학습자에게 능동적 반응의 기회를 제공해야 한다.

2) 직접교수

행동수정의 원리와 함께 행동주의적 접근 방법의 치료적 교수방법 중 하나인 직접교수(direct instruction)는 특수교육과 일반교육 학생들에게 그 효과가 보고된 교수방법으로 교사와 학생 모두의 명확한 학습목표 인식을 핵심요소로 한다.

학생들이 보이는 학습상의 어려움을 개인의 내적 요인보다는 학습기술의 문제로 접근하는 직접교수를 Rosenshine(1978)은 다음과 같이 정의한다.

직접교수는 학업에 초점을 맞추어 학생들이 고도로 참여하며, 교사가 구조적으로 위계화한 교재를 사용하는 교사 주도적인 수업을 말한다. 직접교수는 학생들에게 학습목표를 분명하게 하면서 학업에 초점을 맞추는 교사의 활동으로 수업을 위한 시간 배당이 충분하면서도 지속적이고, 내용 전달 범위는 확장적이며, 낮은 수준의 인지적 능력으로 질문하는 학생들에게 적합하다. 학생의 수행을 지속적으로 모니터링해야 하며, 학생에게 주는 피드백은 교정적이면서도 학업적인 것이어야 한다. 직접교수에서는 교사가 교수목표를 통제하며, 학생의 능력수준에 맞는 교재를 선택하고, 수업진도를 일정한 속도로 하여 보조를 맞춘다.

직접교수는 고도의 구조화된 수업, 적절한 반응의 강화, 수행의 지속적인 평가를 특징으로 하는 만큼, 효과적인 교사는 직접교수를 통해 최종 학업활동에 초점을 두고 이를 위해 시범과 독립적 연습 등의 절차를 강하게 고수한다. 직접교수를 적용하기에 적절한 시기는 다음과 같다(김윤옥, 2005).

첫째, 교사의 목적이 교재나 학습지에 아직 나타나 있지 않은 정보를 제공하려고 할 때 가장 적절하다.

둘째, 교사가 학생들의 흥미나 의욕을 불러일으키고 싶을 때 적절하다. 학생들이 과제를 완수하는 데 실패해서 포기하고 노력할 만한 가치가 없다고 여길 때, 교사가 내용을 구체적이고 적극적으로 제시하면서 그러한 태도를 바꾸어 줄 수 있다.

셋째, 기초 지식, 규칙, 행동위계 등을 과잉학습 혹은 완전학습할 필요가 있을 때 적절하다.

넷째, 통합학급에 소속된 특수교육대상 학생들에게 일반 교육과정을 수정해서 그 단원에 필수적인 '큰 개념'을 가르쳐야 할 때 적절하다. 또래친구들이 배우고 심화학습하는 단원의 내용 중 최소한의 개념이면서도 중요한 개념을 통합된 특수교육대상 학생들도 배우도록 해야만 통합교육의 목적을 이룰 수 있을 것이다.

Cartwright와 Cartwright, 그리고 Ward(1995)에 의하면 직접교수는 다음과 같은 절차에 따라 이루어진다.

① 학생 평가하기
② 목표 수립하기
③ 교수 프로그램 설계 · 개발하기
④ 교수자료 선택하기
⑤ 직접교수 실행하기

직접교수를 위한 마지막 절차인 직접교수 실행하기는 일반적으로 다음과 같은 단계에 따라 수행될 때 학생들이 잘 받아들인다(Rosenshine, 2002).

첫째, 학생들에게 처리과정을 안내할 수 있는 절차적 지원을 제공한다.
둘째, 시범과 소리 내어 보여 주기를 통하여 학습을 유도한다.
셋째, 과제의 어려움을 줄이는 기법을 통하여 처음 해 보는 연습을 제공한다. 처음에는 쉽게 제시하면서 피드백을 제공하며 가능한 문제점을 논의하면서 필요할 때마다 암시 카드를 제공한다.
넷째, 피드백 제공과 자기점검 절차가 필요하다.
다섯째, 새로운 예제를 제공하여 독립적인 연습의 기회를 제공한다.
여섯째, 학생의 동기를 유발할 수 있는 요소를 확보한다.
일곱째, 학생의 향상 정도를 평가한다.

2. 인지주의

인지주의는 행동주의가 인간을 환경에 의해 수동적으로 결정되고 반응하는 피조물로 보는 것에 대한 비판으로서 대두되었다. 따라서 인지주의 학습이론은 인간의 외적 행동을 유발시키는 내적 과정에서 학습의 의미를 구명하며, 직접적으로 관찰할 수는 없지만 인간의 뇌 속에서 진행되는 외부 감각자극의 변형, 부호화 혹은 기호화, 파지, 재생 또는 인출이라는 일련의 정보처리 과정을 연구한다.

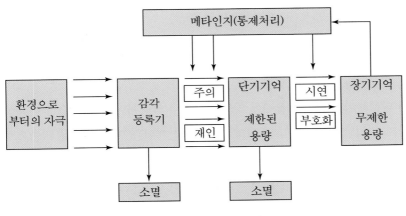

‖ 그림 2-2 ‖ **정보처리이론**

[그림 2-2]와 같은 정보처리이론으로 대표되는 인지주의 학습이론의 일반적인 학습원리 중 단기기억의 활성화에 영향을 미치는 요소는 다음과 같다.

첫째, 학습자에게 유의미한 정보일수록 기억이 용이해진다.

둘째, 일반적으로 연습량이 많을수록 더 많이 기억된다. 특히 분산된 연습은 반복학습 효과가 있어 밀집된 연습보다 더 효과적이다.

셋째, 순서적 위치는 목록에서 항목이 놓인 위치에 의해 발생한다. 일반적으로 목록의 처음에 나오는 항목과 마지막에 나오는 항목을 더 많이 기억하는 경향이 있다.

넷째, 단기기억은 수용능력이 제한적이지만 여러 조각의 정보가 정보분할과 같은 기술에 의해 하나의 단위로 조직될 수 있는 경우 더 많은 정보를 기억하게 된다.

다섯째, 부정적 전이와 간섭효과를 최소화하기 위해서는 간헐적인 연습을 사용하고 단순 암기보다는 유의미 학습에 초점을 두면서 기억전략을 사용해야 한다.

여섯째, 의미가 없는 자료를 유의미하고 기억하기 쉬운 이미지나 단어, 어구 등과 연결시킴으로써 기억을 도울 수 있다.

인지주의 학습이론으로부터 도출된 일반적인 학습원리는 유의미 학습과 메타인지 과정과도 관련이 있다. 정보가 장기기억에 저장되기 위해서는 유의미 학습이 발생해야 한다. Ausubel에 의하면 유의미 학습이란 새로 학습할 내용이 학습자의 인지구조 속에 존재하고 있는 기존의 개념과 어떤 연관을 지음으로써, 학습에 의해 어떤 '의미'를 갖게 되는 것을 의미한다. 장기기억에 부호화되어 저장된 정보를 회상하기 위해서는 체계적인 과정을 필요로 하는데, 이러한 과정을 메타인지(metaconition)라고 하며 발췌(abstracting), 정교화(elaboration), 도식화(schematizing), 조직화(organizing), 인지적 감지(monitoring) 등이 포함된다(박성익, 임철일, 이재경, 최정임, 2009: 73-77).

첫째, 발췌의 목적은 내용을 쉽게 이해할 수 있도록 정보를 조절 가능한 양으로 줄이는 것이다.

둘째, 정교화는 발췌와는 반대로 정보를 더 늘려 가는 것이다. 그러나 첨가된 정보는 학습자 스스로 만든 것인 만큼 최초의 정보보다 학습자 자신에게 더욱 명확한 의미를 지닌다는 점에서 최초의 정보와는 다르다. 더욱이 최초의 아이디어에 비해 새롭게 정교화된 정보는 일반적으로 더욱 구체적이고, 실제적이며, 친근하다.

셋째, 도식은 정보를 이해하고 장기기억에 저장하기 위해 그 정보를 구조화할 때 사용하는 기본 틀이나 부호를 의미한다. 정보가 부호화되면 그것을 필요로 할 때 쉽게 찾아낼 수 있다.

넷째, 조직화는 내부의 구조를 발견하기보다는 자료에 구조를 부과하려는 노력으로, 자료가 잘 조직화되어 있을수록 학습이 더욱 용이하다. 하지만 자료가 잘 조직되어 있지 않은 경우는 학습자가 조직화를 할 때 학습이나 기억이 더 용이하게 된다. 조직화는 정보처리를 쉽게 하기 위해서 내용을 묶음으로 나누고 도식화하는 하나의 방법이 된다.

다섯째, 인지적 감지란 자신이 이해하고 있는지, 결과를 예측하고 효과적으로 과제를 수행하는지를 평가하고, 다음 단계를 계획하며, 적절한 시간과 노력을 결정하고, 어려움이 발생했을 때 그것을 극복하기 위해 다른 전략을 사용하거나 기존의 전략을 수정하는지 등을 점검하는 것이다. 효과적인 학습이 이루어지기 위해서는 학생들이 자신의 학습상황을 정기적으로 계속 감지하는 것이 바람직하다.

인지주의 학습이론이 교수설계에 주는 시사점을 요약하면 다음과 같다.

첫째, 교육에서 사고의 과정과 탐구의 기능을 강조해야 한다.

둘째, 학습자 스스로가 새로운 정보를 처리할 수 있도록 인지처리 전략을 가르쳐 주거나 그것을 개발할 수 있는 교수방법이 모색되어야 한다.

셋째, 학습의 내재적 동기를 유발하기 위한 교수전략을 강조한다. 내재적 동기유발을 위하여 학습자의 현재 수준보다 높은 문제상황에 직면하게 하여 학습의욕을 촉진할 때, 학습자는 성취감을 맛보게 될 것이며 내재적 동기는 강화될 수 있다.

넷째, 학습자의 인지발달 수준에 맞춰 적절하게 학습내용을 조직하여 제시해야 한다.

다섯째, 인지주의는 행동의 결과가 아닌 과정적 측면에 초점을 두는 만큼, 평가대상 역시 기억력이 아닌 탐구력이어야 한다.

지금까지 살펴본 행동주의와 인지주의를 비교하면 〈표 2-1〉과 같다.

‖표 2-1‖ **행동주의와 인지주의의 비교**

요소	행동주의	인지주의
인간	환경의 영향에 수동적으로 반응	기존의 지식을 재조직하는 능동적 학습자
학습의 전제	새로운 행동 그 자체가 학습됨	지식이 학습되고, 지식의 변화가 행동의 변화를 가능케 함
연구대상	동물	인간
연구장면	통제된 실험실	다양한 학습상황
연구목적	일반적인 학습법칙의 발견	인지의 개인차와 발달적 차이 발견
강화	강화가 반응의 강도를 강하게 함	행동 후에 일어날 일을 알려 주는 신호 역할을 함
동기	외적 강화에 의해 형성	내적 동기 중시
기본 학파	연합주의	형태주의 심리학
특수교육에의 영향	행동수정, 직접교수 등	인지적 행동수정, (초)인지전략 등

출처: 윤광보, 김용욱, 최병옥(2008), p. 85 수정 후 인용

제2절 **구성주의**

1. 이론적 가정

전통적인 인식론인 객관주의는 지식을 절대적인 것으로 보고 인식의 주체인 인간과는 분리된 외적 실체와 일치하는 것으로 본다. 그러나 객관주의에 대한 대안적 인식론인 구성주의는, 우리가 경험하는 세계는 객관적으로 존재하지만 그 의미는 개별 인간들에 의해 부여되고 구성되는 것이기 때문에 세계를 조직하고 이해하는 방식은 다양할 수 있으며 옳은 의미로서의 객관적인 실체란 존재하

지 않는다고 본다(Bednar, Conningham, Duff, & Perry, 1992).

구성주의에 관한 기본 가정은 학자들에 따라서 다소 다르지만, 지식은 인식의 주체에 의해서 구성되고, 맥락적이어서 발생하는 상황에 영향을 받으며, 사회적 협상을 통해서 형성된다는 것이다(백영균 외, 2006).

- 지식은 인식 주체에 의해 구성된다. 개인이 지식을 구성한다는 가정에는 인식 주체의 능동성을 포함한다. 즉, 지식은 개인이 수동적으로 구성하는 것이 아니라 스스로의 경험을 바탕으로 능동적으로 구성하는 것이다.
- 지식은 맥락적이다. 지식은 인식 주체에 의해 구성되고 항상 상황 내에서 이루어지며, 그것이 습득된 상황과 관련된다. 따라서 우리가 습득하는 지식은 지식 습득의 맥락과 개인의 선수지식, 경험 등에 따라 다르게 학습되며, 전이도 그 상황에 좌우된다. 이것을 '상황적 인지(situated cognition)'라고 한다.
- 지식은 사회적 협상을 통해 이루어진다. 인식 주체에 의해 주관적으로 구성되고 상황에 따라 상이하게 구성되는 지식은 타인과의 상호작용 속에서 그 타당성이 검토되어 지식으로 형성된다.

결국, 구성주의는 학습자들의 요구와 흥미, 관심 등에 가치를 두면서 궁극적으로 그들에게 많은 자율성과 선택권을 줌과 동시에 책임감을 주자는 인본주의 입장, 그리고 학교교육은 학습자들이 실제 사회에서 직접 경험하게 되는 상황이나 환경과 연계된 능력을 잘 갖춘 사회인으로서의 기능을 잘할 수 있도록 준비시켜야 한다는 기능주의적인 관점을 지닌 학습이론이라고 할 수 있다(윤광보 외, 2008).

객관주의와 구성주의의 인식론적 차이는 〈표 2-2〉와 같다.

‖표 2-2‖ **행동주의와 인지주의의 비교**

요소	객관주의	구성주의
지식	개인의 정신과 독립적으로 존재하는 고정적이고 확인할 수 있는 객체로서 내부로 전달되는 것	사회적 경험을 바탕으로 개인의 인지적 작용에 의하여 지속적으로 구성, 재구성되는 것
학습	교사에 의해 이미 존재하는 지식이 전달되는 것이고, 모든 학습자들은 획일적인 방법으로 실재를 알게 된다.	학습자들이 자신이 위치한 물리적, 사회적 세계와 능동적으로 상호작용하는 해석적, 순환적, 구성적인 의미를 만드는 과정
교수 목적	학습자에게 가장 효과적이고 효율적인 방법으로 지식을 알리거나 전달하는 것	개인의 아이디어를 이해하고 사용할 수 있도록 그 아이디어가 포함되어 있는 경험의 제공
최종 목표	시·공간을 초월해서 적용할 수 있는 탈역사적, 탈공간적, 범주주의적인 진리와 지식의 추구	개인의 의미 있고 타당하며, 적합한 지식의 구성
교사	미리 준비된 내용을 일방적으로 제시하는 역할	학생들이 개인적으로 지식을 이해하고 구성하도록 보조하는 학습 안내자, 조언자, 동등한 학습자의 역할

출처: 윤광보 외(2008), p. 85 수정 후 인용

2. 구성주의이론

1) 인지적 도제이론

Brown 등에 의해 제안된 인지적 도제이론(cognitive apprenticeship)은 전통적 도제방법의 장점을 살려 현실과 괴리되지 않은 실제 상황에서 전문가의 과제수행 과정을 관찰하고 실제로 과제를 수행해 보는 가운데 자신의 지식상태의 변화를 경험할 수 있도록 하는 것이다.

인지적 도제이론과 고전적 도제이론은 다음과 같은 공통점이 있다.

- 특정 사회집단에서 필요한 실제 과제의 문제해결 전 과정을 전문가가 시범
해 보이는 모델링(modeling) 단계가 있다.
- 문제해결을 위한 인지적 틀을 제시하는 기반구축(scaffolding) 단계가 있다.
- 학습자 스스로 문제해결을 할 수 있도록 한다.
- 학습이나 지식습득은 반드시 체험을 통해 이루어져야 한다.
- 특정 사회집단의 문화적 양상이 내재되어 있는 특정 상황과 맥락에서 이루
어져야 한다.

그러나 인지적 도제이론에서 '인지적'이라는 용어는 고전적 의미의 도제 형
태와 구분되어 쓰인다는 것을 시사하고 있다(강인애, 2001). 고전적 의미의 도제
이론에서는 어떤 물리적 기술과 지식의 습득을 목표로 하는 반면, 인지적 도제
이론에서는 인지적, 더 나아가서 메타인지적인 기술과 지식의 습득을 목표로 한
다. 뿐만 아니라 인지적 도제이론에서 추구하는 기술과 지식은 단순히 외부에서
관찰이 가능하고 정형화될 수 있는 과정만으로는 충분히 습득될 수 없다고 본
다. 따라서 이와 같은 (메타)인지적 기술을 습득하고 배양하기 위한 방법으로 학
습자의 내부 인지작용과 활동을 자극하는 '지속적인 자아성찰'을 강조한다. 지
속적인 자아성찰의 방법으로는 내부 인지적 작용을 필요로 하는 실제 과제에 참
여함에 있어서 자신의 행동을 관찰하고 조정하기, 자신의 행동을 전문가의 행동
과 비교하기, 교사와 학생의 역할을 바꾸어 실행하기 등의 세 가지가 있다.

이 이론에서는 교수방법으로 여섯 가지를 절차적으로 제시하는데, 이러한 절
차적 방법은 다음의 세 단계로 구분된다(백영균 외, 2006).

- 1단계 모델링(modeling)과 코칭(coaching) 그리고 인지적 기반구축(scaffolding): 인
지적 도제 학습활동의 핵심과정으로 관찰, 안내, 지원이 제공되는 실제 수
행을 통해 인지와 메타인지가 통합된 기술을 획득하는 데 도움을 줄 수 있
도록 설계한다.
- 2단계 명료화(articulation)와 반성적 사고(reflection): 전문가의 문제해결 과정에

대한 관찰에 초점을 두고, 학습자는 이 과정을 통해 자신의 문제해결 전략을 조절할 수 있도록 설계한다.

- 3단계 탐색(exploration): 학습자 스스로 문제해결을 위한 가설의 수립과 해결을 위한 탐색을 격려하는 독립적인 학습을 제공하도록 설계한다.

2) 상황학습이론[*]

(1) 개념

상황학습이론(situated learning theory)은 구성주의 관점에서 매체를 이용하여 실제 상황에서 일어날 수 있는 문제해결 환경을 제공해 주어 다양한 문제들을 경험하게 함으로써 전문가들의 문제해결 방법을 습득하도록 하는 교수방법으로, 지식이나 기능이 고유한 맥락 안에 정착되어 있는 교수란 의미에서 '앵커드 수업모형(anchored instruction model)' 혹은 '맥락정착적 교수' '앵커링 교수법 (anchoring instruction)'이라고도 한다. 특히 상황학습이론은 다양한 교수매체를 활용하여 실제와 유사한 학습환경을 제공하고, 이를 통해 학습자에게 단순한 사실적 지식을 제공하기보다는 현실 상황에서 활용 가능한 지식을 제공해 주어 문제해결력을 증진시키는 데 그 목적이 있다.

이와 같은 교수방법은 신체적, 인지적 결함으로 인해 이동이 제한적이어서 다양한 경험을 할 수 없는 장애학생들에게 공학의 활용을 통해 선행지식을 구축하고 실제와 유사한 환경을 제시하는 모델링 혹은 지역사회 참조 수업(community-referenced instruction)을 통해 기술 일반화를 이룰 수 있는 만큼 특수교육에 시사하는 바가 크다.

상황학습이론은 다음과 같은 특징을 지니고 있다(권성호, 1990; 최정임, 1997).

첫째, 학습자가 배운 지식을 다양한 환경에서 도구를 활용하여 새로운 문제

---

[*] Bryant & Bryant(2003: 174-193)을 참고하였음.

해결의 연결고리로 활용할 수 있게 한다. 학습자가 실제 상황에서 직면하게 되는 복잡한 문제를 경험해 보고 이를 해결할 수 있는 능력을 갖게 되는 것을 무엇보다 중요시하고 있다.

둘째, 개인이 경험한 사실들이 집단에 반영되는 협동학습을 지향한다. 특히 공학을 이용한 학습상황에서 개인이 경험의 선택과 조절을 통해 습득한 지식이 집단에 전달되도록 하고 있다.

셋째, 정착점은 실제적 과제와 목적을 강조한다. 실제적 과제는 환경에서의 사물과 자료의 실제성과 문제상황의 실제성 두 가지 수준으로 간주될 수 있다.

넷째, 수업은 상당한 양의 숨어 있는 자료를 포함한다. 상황학습이론은 학생들이 해결할 문제를 만들고, 그 이야기 상황 내에서 관련된 정보를 찾도록 요구한다.

다섯째, 단편적인 문제를 독립적으로 제시하기보다 중다맥락적으로 제시함으로써 문제해결에 필요한 지식이 일련의 학문적 연계성을 이루고, 학습자의 인지활동이 활발해지도록 돕는다. 다양한 관점에서 문제를 탐구함으로써 학습자는 다양한 관점에서 문제와 상황을 분석하는 방법뿐만 아니라 다양한 상황에서 왜, 언제, 어떻게 지식을 사용하는가를 보다 잘 이해할 수 있게 된다.

(2) 설계 및 절차
① 설계의 원리
상황학습이론을 효과적으로 적용하기 위해서는 학습내용 및 과제 설계원리와 교수방법 설계원리의 두 측면을 고려해야 한다(박성익 외, 2009: 240-247).

우선 학습내용 및 과제 설계의 원리는 다음과 같다.

첫째, 지식이나 기능은 그것이 사용되는 맥락과 함께 제시하라. 지식이나 기능은 고립된 것이 아니라 그것이 사용되는 보다 광범위한 맥락의 일부다. 따라서 교수자는 학생들에게 단지 교과서의 연습문제를 풀도록 시키는 데 그치는 것이 아니라, 그 지식이 관련된 보다 광범위한 맥락을 포함하는 프로젝트나 환경을 조성해야 한다.

둘째, 실제적인 과제(authentic task)를 사용하라. 실제적인 과제는 사실성에 기초를 두기 때문에 사실과 유사한 논리를 요구하며, 또한 사실적인 복잡성을 갖게 된다. 이러한 사실성은 복잡한 상황에서 핵심적인 원리나 기능을 분석하고 구별하는 기능을 익히게 함으로써 실제 상황에서 지식의 전이를 촉진할 수 있다.

셋째, 전문가의 수행과 사고과정을 반영하라. 학교에서 다루어지는 지식은 그 지식의 의미를 결정하도록 도와주는 맥락적인 단서가 결여되어 있는 경우가 많다. 따라서 실제적인 과제는 그 지식이 사용되는 분야의 전문가들이 사용하는 체계적인 문제해결 방법과 사고과정을 반영해야 한다. 즉, 수학자들이나 과학자들이 사용하는 사고방법과 같은 방법으로 수학 또는 과학적 지식이 활용되어야 한다.

넷째, 구체적이고 다양한 사례를 사용하라. 지식의 전이는 구체적이고 다양한 사례들을 활용함으로써 촉진될 수 있다. 순수하게 논리적이고, 추상적인 원리만을 학습하는 것만으로는 전이가 일어나지 않는다.

다섯째, 실제적인 평가를 설계하라. 상황학습이론에서는 학습자들의 능력이 향상되기 위해서 학습자들이 실제적인 문제를 해결하고 복잡한 과제를 이해하는 경험이 필요하다고 전제한다. 그러므로 평가는 실생활의 과제에 더 근접하고, 보다 복잡하며, 도전적인 정신과정을 유도할 필요가 있다. 상황학습 상황에서 평가는 다음의 세 가지 원리를 포함해야 한다.

- 평가는 학습에 통합되어야 하고 실제적이어야 한다.
- 측정기준은 문제해결의 다양성과 다양한 시각을 반영해야 한다.
- 평가는 아이디어의 생성과 계획, 수행, 수정과 같은 문제해결 과정의 표현을 강조해야 한다.

교수방법 설계원리는 다음과 같다.

첫째, 인지적 전략의 시연과 관찰의 기회를 제공하라. 근대의 공교육에서는 문제의 피상적인 측면에만 초점을 두고, 전문가들이 복잡하고 실제적인 과제를 수행할 때 적용하는 사고과정과 전략에 대해서는 충분한 주의를 기울이지 않고 있다. 따라서 지식이 실제 사용되는 맥락과는 분리되어 가르치게 되는 것이다. 상황학습이론에서는 이에 대한 대안으로 인지적 도제제도를 강조한다. 인지적 도제제도는 전문가가 복잡한 과제를 수행하기 위해 사용하는 내용지식과 사고 과정 간의 상관관계를 강조하는 것이다.

둘째, 협동, 반성, 명료화의 기회를 제공하라. 실생활에서의 학습은 부분적으로 사회적 논의와 합의의 과정을 통해 촉진되므로 상황학습환경에서 사회적 상호작용은 필수적인 과정이다. 또한 학생들은 확인하고, 다듬고, 설명하고, 비교하고, 협의하는 과정을 통해 다양한 경험의 의미에 대한 합의점에 도달하게 된다. 그리고 자신의 생각을 발표하고 토론하는 과정을 통해 자신의 아이디어를 반성하고 명료화하게 된다.

셋째, 교사는 지식 전수자가 아니라 학습 촉진자의 역할을 담당하라. 상황학습환경에서는 실제적인 과제를 통해 학생들이 직접 문제를 해결하는 과정을 강조하므로 수업의 형식은 일방적인 지식의 전달이 아니라 학습자의 능동적인 참여를 요구하게 된다. 따라서 교사는 학습자들이 문제를 해결하는 과정을 관찰하고, 어려움을 겪을 때 조언을 해 주며, 필요한 경우에는 도움을 제공하는 학습 촉진자나 보조자의 역할을 담당해야 한다.

② 절차

비디오나 컴퓨터와 같은 매체를 기반으로 하는 경우 상황학습이론은 다음의 4단계를 거쳐 적용된다(Reith & Kinzer, 2000).

- 1단계: 비디오 앵커 시청하기(watching the video anchor)
- 2단계: 이야기 개작하기 및 단편화(retelling and segmenting)
- 3단계: 특징짓기(characterization)

● 4단계: 학생의 연구(student research)

전체 학급은 모든 학생들이 같은 정보를 보고 모두가 이해할 만한 맥락을 만들어 나가기 위해 비디오를 함께 본다. 따라서 비디오 내용의 선택은 매우 중요하다. 비디오 내용은 다음과 같은 점을 고려하여 선택해야 한다.

● 학습자에게 풍부한 맥락을 제공하는 것
● 교실에서 모든 아동들이 같은 내용을 보고 누구나 이해할 수 있는 맥락을 제공하는 것
● 아동들이 다양한 관점으로부터 학습맥락을 찾아내고 탐구할 수 있게 하면서도 교육과정 안에서 흥미를 끌 수 있는 것

이야기 개작하기 단계에서는 학생들이 사건 또는 장면을 비디오에서 뽑아내어 이야기를 이해하는 데 중요하다고 생각되는 순서대로 열거한다. 그리고 단편화 활동은 앵커에 대해 모두가 공유하는 전문지식을 발달시킬 수 있도록 디자인된다. 일반적으로 행해지는 단편화 전략으로는 첫째, 비디오의 장면 변화에 따른 전환점 찾아보기, 둘째, 한 장면 내에서 주인공의 등장에 따른 전환점 찾아보기, 셋째, 전체적인 내용 구성상 변화에 따른 전환점 찾아보기가 있다.

특징 분석을 위해 각각의 학생들을 다섯 명으로 구성되는 소집단으로 나눈다. 각 집단은 이야기에서 하나의 캐릭터를 추출하여 자세히 검토한다. 학생들은 자신이 속한 집단이 맡은 캐릭터의 기본적 성격 특성, 캐릭터의 성격과 태도의 형성에 영향을 미친 사회적 영향 등을 확인한다. 계속해서 학생들은 그들이 분석한 각 개인의 성격 특성을 입증하기 위한 짧은 동영상을 만든다. 각 집단은 집단이 담당한 인물 분석 자료를 전체 학생들에게 제시하고 이를 보조하는 동영상을 보여 준다. 이후 학생들은 질문을 하고, 학생들의 분석을 비판적으로 생각하며, 비디오에 포함된 관련 사건과 행동에 대해 논의한다.

학생들은 각 프로그램의 토론에서 발생한 쟁점들에 대한 문제해결을 위해 소

집단으로 나뉜다. 집단의 구성원들은 집단의 개개 구성원들이 조사작업과 최종 멀티미디어 프레젠테이션을 만드는 작업에 기여할 수 있도록 작업을 분배하려고 노력한다. 각 집단들은 그들의 작업을 소개하고 그들이 이해하는 것을 학급 친구들과 공유하게 된다.

③ 적용 사례

살펴본 바와 같이 상황학습이론의 적용은 비디오나 매체를 기반으로 하는 경우와 일반적인 교실 상황에 적용하는 경우 등 두 가지로 나눠 살펴볼 수 있다. 각각의 적용 사례를 설명하면 다음과 같다.

교수매체를 활용하여 실제와 유사한 학습환경을 제공함으로써 현실 상황에서 활용 가능한 지식을 제공해 주고자 하는 경우 일반 교실에서 적용할 수 있는 사례는 다음과 같다.

> 장애학생들에게 화폐의 가치와 덧셈, 뺄셈을 가르치기 위해 특수학급 교사인 김 선생님은 교실을 일반적인 슈퍼마켓과 유사한 환경으로 꾸며 놓았다. 즉, 벽 쪽으로 책상을 붙여 그 위에 과자, 사탕, 문구류 등을 진열하고 각 물건마다 가격표를 붙여 놨다. 교실 입구에는 별도의 책상을 준비하여 계산대로 활용하였으며, 김 선생님이 계산원의 역할을 담당하였다. 모든 학생들은 5,000원에 해당하는 지폐모형을 지급받았으며, 자신이 원하는 물건을 지폐 한도 내에서 구입할 수 있고 남는 돈은 거스름돈으로 돌려받을 수 있다고 했다. 이와 같은 상황에서 학생들은 자신이 원하는 물건의 구매를 결정해야 하며 동시에 물건값을 더하고 전체 금액에서 자신의 물건값을 빼는 유의미한 경험을 할 수 있게 된다.

비디오를 활용한 상황학습이론의 적용 사례는 미국 밴더빌트대학교의 학습공학센터(The Cognition and Technology Group of Vanderbilt University: CTGV)에서 개발한 프로그램인 재스퍼 시리즈(Jasper series)를 통해 살펴보도록 하자(박성익 외, 2009: 248-249).

재스퍼 시리즈는 여섯 가지의 모험 이야기로 구성되어 있다. 각각의 이야기에서 재스퍼와 그의 친구들은 수학적 기능을 사용하여 해결해야 하는 실제 생활의 문제에 부딪히게 된다. 예를 들어, 재스퍼의 친구 래리는 캠핑을 하던 중 응급처치가 필요한 부상당한 독수리 한 마리를 발견한다. 래리는 응급처치를 위해 재스퍼와 다른 친구 에밀리에게 연락을 하고, 그들은 부상당한 독수리가 있는 곳으로 가장 빨리 갈 수 있는 방법을 모색한다. 비디오에는 이용 가능한 교통수단과 거리, 연료 등 문제해결을 위한 여러 가지 단서가 암시적으로 제공된다. 학습자들은 비디오에서 제시된 단서에 근거하여 문제해결 방법을 모색하게 된다. 이 문제의 해결을 위해 다양한 수학적 지식이 적용된다. 각 에피소드는 교실 학습과 실제 상황 간의 간격을 좁힘으로써 학생들이 복잡한 문제를 풀 수 있도록 격려한다. 각 이야기들은 학습자들이 팀을 이루어 학습을 해결하고 해결책을 발견하기 위해 많은 하위 단계의 문제들을 개발하도록 요구한다. 각 이야기의 끝에 하나의 복잡한 문제가 제시되고, 학생들은 그 문제를 풀기 위해 열다섯 혹은 그 이상의 단계의 하위 문제들을 풀어야 한다.

문제해결에 필요한 단서들은 모두 비디오의 내용 안에 내재되어 있고, 학생들은 필요한 경우 비디오를 반복해서 보면서 필요한 단서들을 찾아낼 수 있다. 비디오디스크로 제작된 프로그램은 필요한 단서를 쉽게 찾을 수 있게 해 준다. 즉, 프로그램과 함께 제시된 학습 가이드에는 각 이야기에 포함된 단서들이 열거되어 있고, 그 옆에 바코드가 있어 레이저펜으로 긁으면, 바로 그 단서가 화면으로 이동하게 된다. 학생들은 그 단서가 있는 화면을 다시 한 번 봄으로써 문제해결에 필요한 자료를 찾을 수 있게 된다.

(3) 장단점

상황학습이론의 장점은 다음과 같다.

- 맥락적 학습기회 제공
- 학습의 장려
- 학습활동에 활발한 참여
- 지식의 사회적 구성

● 문제해결 능력 개발
● 지식 전이의 강화
● 학생들의 지식 소유권 촉진

상황학습이론은 맥락적 학습을 특징으로 한다. 앵커로 사용되는 구조화된 환경과 비디오의 장면들은 모든 학생들을 위해 통일성 있는 문맥을 제공하고, 그것으로부터 교사들은 학생들의 선행지식에 새로운 정보를 연결시켜 주면서 학급 토론의 기반을 가져다줄 수 있다. 그리고 상황학습이론은 교수와 학습과정의 중심을 학생에게 두기 때문에 교사의 역할은 지식의 주 전달자에서 학생들에게 질문하고, 학습의 방향을 제시해 주며, 학생들의 학습을 장려하는 촉진자로 바뀌고 있다. 이와 같은 역할의 변화과정에서 학생들은 학습활동에 활발히 참여함으로써 새로운 정보를 이해하기 위해 기존의 정보와 새로운 정보 간의 연결고리를 끊임없이 재조직하여 지식을 구성하게 하는 지식의 사회적 구성(social construction of knowledge)에 초점을 둔다. 그리고 다양한 측면의 문제를 해결하는 데 있어, 학생들은 전체 교과 영역과 문제해결 상황 전체에 지식을 전이시킬 수 있는 기회를 갖게 된다. 이와 같은 전반적 과정에서 학생들은 연구 프로젝트와 수행에 관한 선택을 할 수 있고, 사건과 활동에 대한 재해석을 하게 된다. 이러한 선택의 기회는 학생의 학습 주제의식과 학습동기 유발을 증진시킨다.

반면, 상황학습이론이 해결해야 될 난제는 다음과 같다.

● 교사와 학생들의 역할 변화에 따른 교사의 거부감
● 앵커링 수업 단원 개발에 필요한 시간
● 앵커링 교수법을 선택한 교사들을 보조하는 데 필요한 내용과 비디오 자료들 그리고 어떤 장애인들도 뒤처지지 않고 장비를 조작할 수 있는 상품과 기술에 대한 검증
● 앵커링 수업 단원 개발에 필요한 자료에 대한 접근
● 집단 아동들과 개별 아동의 수행평가를 위한 전략

● 협의적으로 정의되는 실제적 성격(authenticity)

상황학습이론에 따르면 수업 동안 교사와 학생의 역할이 바뀌게 된다. 이 과정에서 교사들은 자신들의 중요한 통제적 역할을 포기해야 한다는 것과 관련해 도전감을 느끼게 되는데, 자신의 지시적 수업이 성공적이라고 느끼는 교사들에게는 매우 어려운 일이 된다. 상황학습 단원 개발과 관련하여 교수법 실시를 위해 요구되는 교육과정 자료 개발 및 적절한 비디오 내용의 선정과 배치 역시 많은 시간을 필요로 한다. 뿐만 아니라 장애학생의 접근을 도와줄 수 있는 비디오 자료를 개발하는 것도 만만치 않은 문제점이다. 평가에 있어서 상황학습이론은 자주 소집단활동으로 진행되기 때문에 평가를 위해 교사는 집단별 평가뿐만 아니라 개별 학생의 집단에 공헌하는 정도도 평가해야 하는 어려움이 남아 있다. 마지막으로 실제적 성격이 너무 협의적 의미에서 정의되고 있다는 점이다(강인애, 2001). 과제의 실제적 성격은 문제해결에 필요한 자료가 자세히 그리고 사실적 정확성에 기인하여 확실하게 그 프로그램 속에 내재되어 있어야 한다는 의미와 학생들에 의해 문제해결의 전 과정이 주도된다는 두 가지 의미가 있다. 그러나 상황학습이론은 과제의 실제적 성격을 규명할 때 빼놓을 수 없는 요소인 예측할 수 없는 복잡성과 다양성에 대한 관심이 상대적으로 약하게 다루어진 것으로 평가되고 있다. 즉, 상황학습이론에서 활용되는 과제들은 어떤 특정 개념을 가르치기 위한 학습목표 아래 상당히 인위적으로 다듬어지고 통제된 것들이라고 할 수 있다.

3) 인지적 유연성이론

인지적 유연성이론(cognitive flexibility theory)은 미국 일리노이대학교의 Spiro와 그의 동료들이 지식 습득에 관한 구성주의적 접근의 하나로 제안한 이론으로, 지식의 특성과 지식의 구성과정을 기본 전제로 한다. 이때 인지적 유연성이란 여러 지식의 범주를 넘나들고 연결 지으면서, 다양한 방법으로 급격하게 변화해 가는 상황적 요구에 탄력성 있게 대처하는 능력을 의미한다.

인지적 유연성이론은 상황성이 깃들어 있는 학습환경, 복잡하고 실제적 성격의 과제 등을 강조한다는 점에서 앞서 살펴본 다른 구성주의이론과 유사하지만, 다음과 같은 점에서 인지적 유연성이론은 다른 두 이론과 구별된다.

- 지식의 재현과 그 과정에 최대 관심을 둔다.
- 지식의 사회적 측면은 거의 연구되지 않는다.

즉, 인지적 유연성이론은 앞서 설명한 바와 같이 지식의 특성과 지식의 구성과정을 기본 전제로 하고 있다. 이는 지식이란 복잡하고 다차원적 개념으로 형성되어 있으므로 일차적 개념으로 표현될 수 있는 것이 아님을 의미한다. 따라서 상황 의존적 스키마의 연합체(situation-dependent schema assembly)를 형성함으로써 복잡하고 다원적 개념의 지식을 올바르게 재현할 수 있도록 해야 한다는 것이다. 이는 곧 전통적 교수-학습원칙에 의거한 단순한 지식습득을 지양하고, 특정 학문 분야의 가장 초보적 단계에서부터 지식의 복잡성과 비규칙성을 포함시킨 과제와 학습환경을 제공해서 복잡성과 불규칙함의 특성을 지닌 고급 지식 단계에서도 순조로운 학습이 이루어질 수 있어야 함을 의미한다.

인지적 유연성이론이 강조하는 바와 같이 지식을 다양한 차원에서 다양한 성격을 지닌 것으로 인식하고 상황성에 기초한 스키마의 연합체를 형성하기 위한 교수원리는 다음과 같다.

- 주제 중심의 학습을 한다.
- 학습자가 충분히 다룰 수 있는 정도의 복잡성을 지닌 과제로 작게 세분화한다.
- 다양한 소규모의 예를 제시한다.

Spiro는 이와 같은 복잡하고 다양한 학습환경의 조성과 인지적 유연성이 있

‖표 2-3‖ **구성주의 모델의 이론적 특성**

구분	인지적 도제이론	상황학습이론	인지적 유연성이론
학습의 주도권	• 문제해결의 주변적 참여에서 시작하여 전반에 대한 완전한 참여와 주도	• 다룰 문제 자체의 형성에서 시작하여 문제해결 방안을 제시	• 거의 언급이 되고 있지 않은 부분
인지적 자기성찰	• 메타인지적 능력 강조: 과제해결 대안들에 대한 탐색, 명료화, 비교분석 능력	• 인지적 도제이론과 동일	• 인지적 도제이론과 동일
협동학습	• 동료 학생, 교사와의 사회적 관계에서 토론을 통한 사회적 학습행위를 익히고 자신의 인지적 활동을 통제하는 능력을 습득	• 인지적 도제이론과 동일	• 거의 언급되지 않고 있는 부분
교사의 변화된 역할	• 학생들의 학습을 도와주는 촉매자의 역할 강조	• 학생들의 학습을 도와주는 촉매자 역할과 동료 학습자로서의 역할 강조	• 인지적 도제이론과 거의 유사한 역할 강조
복잡하고 실제 상황성이 담긴 과제	• 학습하려는 과제의 배경이 되는 사회집단에 문화적 동화가 이루어질 수 있도록 실제 상황성이 깃들어 있는 과제를 다룸	• 여러 상황이 함축되어 학제 간 지식의 활용을 필요로 하는 복잡한 문제를 다룸	• 구조화되거나 정형화하기 힘든 복잡한 과제를 다룸
상황성이 강조되는 학습환경	• 특정 사회집단에서 필요로 하는 실제적이고, 다양한 상황적 특이성이 포함되어 있고 복잡한 문제해결 전 과정에 참여, 관찰, 실습함	• 다양한 영역의 지식을 연결해야 해결할 수 있는 복잡하고 실제적인 문제가 하이퍼미디어 프로그램을 통해 서술적 형태로 제시됨	• 다양한 각도에서 접근이 가능한 실제적 과제를 단편적으로 나누어서 여러 차례 다른 각도와 의도에서 접근하여 그 과제에 깃들어 있는 복잡함을 학습
주안점	• 복잡한 상황성이 깃들어 있는 과제에 참여 • 세 단계에 의한 진행: 문제해결 전 과정 제시, 교수적 참여, 완전 독자적 문제해결	• 학생 주도적(생성적) 학습 • 협동학습의 활용 • 탐구적 학습환경	• 임의적 접근학습: 비순차적이고 다원적인 지식구조 • 십자형 학습: 한 사례를 여러 관점에서 다양한 목표로 접근
결과	• 전문성(지식, 기술) • 문화적 동화	• 독자적인 사고능력 • 협동적인 학습능력	• 구체적인 상황성이 깃들어 있는 스키마(지식구조)의 연합체 구성
제한점	• 새로운 정체성 확보를 통한 새로운 힘의 구조 재편성 개념의 결여	• 교사와 학생 간의 힘의 불균형에 대한 인식 결여	• 협동학습을 통한 지식 구성의 사회성에 대한 인식 결여 • 학생들의 인지적 능력에 대한 가치인식 부족

출처: 강인애(2001), pp. 84, 108 수정 후 인용

는 환경 구성을 위하여 컴퓨터를 통한 다차원적이고 비선형적인 하이퍼텍스트 시스템을 활용할 것과 하이퍼텍스트를 활용한 다차원적 접근과 비선형적 접근이 되도록 하기 위한 임의적 접근학습(random access instruction) 혹은 십자형(criss-crossing) 접근을 권장하고 있다.

지금까지 살펴본 구성주의 모델의 대표적 이론인 인지적 도제이론, 상황학습이론, 인지적 유연성이론의 특성을 정리하면 〈표 2-3〉과 같다.

각각의 이론적 모델이 강조하는 바에 있어서는 차이가 있으나 구성주의 이론이 교수설계에 시사하는 점은 다음의 몇 가지로 요약할 수 있다.

- 수업목표는 학습 전에 수업설계자나 교사에 의해 미리 결정되는 것이 아니라, 학생이 과제를 해결하는 도중에 도출되며 학생 스스로 수립한다.
- 구조화되지 않은 자연적 상태의 과제를 학습내용으로 하여, 학습자가 자신의 현 지식과 경험의 수준 및 관심에 따라 문제를 선택, 설정, 해결하도록 한다.
- 협동학습을 통한 학습, 학습과정에의 적극적인 참여를 통해 학습자는 학습에 대한 흥미를 불러일으킬 수 있다.
- 지식은 개인의 경험으로 구성되며 학습은 개인의 경험을 통해 이루어진다. 그러므로 지식은 교사에 의해 일방적으로 전달되는 것이 아니라 학습자가 능동적으로 구성하는 것이다. 따라서 교사는 학습자 개개인의 수준을 고려하여 그들 스스로에게 맞는 학습내용을 선정할 수 있도록 조언해 주는 조언자 혹은 조력자의 역할을 수행할 수 있어야 한다.
- 수업평가는 최종적인 성취도 한 가지에만 국한되는 것이 아니라 과제의 수행과정에서 연속적으로 이루어지도록 해야 한다.

기출문제

※ 인식론적 기반과 관련한 기출문제는 상당히 많으나, 이 책에서는 특수교육 공학과 직접적인 관련이 있는 문항을 우선적으로 소개하고, 나머지에 대해서 는 몇몇 사례만 소개하도록 한다.

중등, 10   다음은 고등학교 1학년 통합학급에 배치된 시각장애 학생과 청각 장애 학생을 위해 일반교사와 특수교사가 앵커드 교수–학습모형을 적용하여 계획한 교수–학습활동의 일부이다.

> • 교과: 과학
> • 소단원: 지구 온난화에 의한 환경 변화와 대책
> • 교수–학습활동
> – 지구 온난화에 의한 환경 변화와 관련된 비디오 앵커를 보고 문제 파악하기
> – 소집단 내 구성원의 역할 정하기
> – 개인별로 관련 자료(인터넷, 신문, 백과사전, TV 프로그램 등)를 조사하 고 요약·정리하기
> – 소집단 토론하기

다음 조건에 따라 앵커드 교수–학습모형의 장단점을 서술한 후, 시각장애 학 생과 청각장애 학생이 위의 교수–학습활동에 참여할 수 있도록 지원하는 보 조공학 기기를 선정하고, 기기별 선정 이유를 교수–학습활동과 관련지어 논 하시오.

> 1) 모형의 장단점을 세 가지씩 서술할 것
> 2) 장애 유형별로 기능이 다른 보조공학 기기(상품명 제외)를 세 가지씩 선 정할 것

중등, 08   주의력결핍과잉행동장애 학생을 위한 중재 모델에 대한 설명으로 적절하지 않은 것은?

① 생태학적 모델은 가족지원을 포함한다.
② 행동주의적 모델은 토큰체계를 포함한다.
③ 신체생리적 모델은 약물치료를 포함한다.
④ 인지주의적 모델은 반응대가를 포함한다.

중등, 07   학습장애 학생이 학습 시에 겪는 어려움을 개인의 내적 요인보다는 학습기술의 문제로 보고 직접교수법 등으로 해결하려는 교수적 접근은?

① 심리교육적 접근
② 인지발달적 접근
③ 정보처리적 접근
④ 행동주의적 접근

중등, 06   김 교사는 정서장애 학생인 창호가 자신으로부터 관심을 받기 위해 연필로 책상을 두드린다는 사실을 알았다. 김 교사는 소거(extinction)를 사용하여 창호의 행동을 감소시키려고 한다. 김 교사가 사용하려고 하는 소거의 일반적인 장점은?

① 소거의 효과는 지속적이다.
② 소거의 효과는 즉시 발생한다.
③ 자발적 회복 현상이 나타난다.
④ 소거의 효과는 쉽게 일반화된다.

중등, 05-1   농학생의 단기기억은 부호화 과정에 결함이 있는 것으로 밝혀져 있다. 이것이 농학생의 교육에 주는 시사점으로 적절하지 않은 것은?

① 농학생은 다양한 부호화 수단을 사용하며 그 효율성이 각각 다르다.
② 수화 등에 의한 시각적 부호화(visual coding)는 단기계열기억의 용량을

떨어뜨린다.

③ 음성언어는 발음명료도가 높아야만 음운적 부호화(speech coding)의 수
단으로 활용된다.

④ 학력과 언어능력이 평균 이상인 농학생은 그 이하인 농학생에 비해서 시
각적 부호화보다는 음운적 부호화를 많이 사용하는 경향이 있다.

중등, 05-2 학습장애 학생을 위한 교육계획 시 고려해야 될 사항으로 적절하
지 않은 것은?

① 독해수준이 낮은 경우, 단서를 제공하고 충분한 시간을 배려해야 한다.
② 학습된 능력의 일반화를 위해서는 강화의 시간을 점차 줄여야 한다.
③ 강점을 이용하는 동시에 약점을 보완하여 균형 있는 학습이 될 수 있도록
한다.
④ 주의집중력을 극대화시키기 위해서는 과제의 난이도를 적절하게 조절하
여 제시한다.

중등, 00 Vygotsky의 근접발달(zone of proximal development: ZPD)
이론에 기초하여 장애아동의 교수계획을 구안할 때 고려해야 할 사항 중 바
르게 설명한 것은?

① 아동의 지능지수와 근접발달대의 폭은 동일한 개념으로 보아야 한다.
② 아동에게 제공할 단서의 내용은 교과내용과 관계없이 동일하게 적용한
다.
③ 또래 학습이나 교사의 도움으로 일어날 수 있는 발달수준의 폭을 고려
한다.
④ 동일한 지능을 가진 아동은 동일한 학습결과가 나온다는 입장에서 접근
해야 한다.

정답 (중등, 10) 본문 참조 (중등, 08) ④ (중등, 07) ④ (중등, 06) ① (중등, 05-1) ③
(중등, 05-2) ② (중등, 00) ③

제3부

접근성

제3장 접근성에 대한 이해

제4장 보편적 학습설계

제3장 접근성에 대한 이해

접근권이란 사전적으로 어떠한 비밀이나 정보에도 접근할 수 있는 국민의 권리를 의미하는데, 이는 곧 사회 전반에 걸쳐 모든 국민의 기회 균등과 적극적 사회 참여를 보장하기 위해, 교육ㆍ노동ㆍ문화생활을 향유할 수 있는 근본적 권리임을 말한다. 국민의 근본적 권리인 접근권은 헌법에서는 인간의 존엄과 가치, 행복추구권(「헌법」 제10조), 평등권(「헌법」 제11조) 및 인간다운 생활권(「헌법」 제34조) 등을 토대로 보장되고 있으며, 모든 기본권의 실질화를 확보하기 위해서 필요한 권리라고 할 수 있다. 1997년 제정된 「장애인, 노인, 임산부 등의 편의증진 보장에 관한 법률」은 "장애인 등은 인간으로서의 존엄과 가치 및 행복을 추구할 권리를 보장받기 위하여 장애인 등이 아닌 사람들이 이용하는 시설과 설비를 다른 사람의 도움 없이 동등하게 이용하고 장애인 등이 아닌 사람이 접근할 수 있는 정보에 다른 사람의 도움 없이 자유롭게 접근할 수 있는 권리를 가진다."(제4조)라고 규정함으로써, 장애인의 접근권을 보장하고 있다. 이 조항에 따르면 장애인의 접근권을 크게 시설과 설비에 대한 접근권과 정보에 대한 접근권으로 구분하고 있음을 알 수 있는데, 이 장에서는 특수교육대상자의 정보접근권과 시설 및 설비에 대한 접근권에 대해 살펴보도록 한다.

제1절 **정보접근권**

1. 정보격차

정보화가 급진전되는 현재의 사회적 과정을 고찰해 보면, 정보화가 지향하는 바와는 달리 정보사회가 성숙될수록 경제적·육체적·지리적 또는 여러 가지 이유로 정보통신에의 접근과 활용에 있어 차이가 발생한다. 이와 같은 차이를 정보격차(information divide 혹은 digital divide)라고 하며, 정보격차로 인하여 정보통신 서비스와 정보통신제품 등을 이용하기 어려운 계층을 정보 소외계층이라고 한다. 「정보격차 해소에 관한 법률」에 의하면 정보격차는 다음과 같이 정의되어 있다.

> 경제적·지역적·신체적 또는 사회적 여건으로 인하여 정보통신망을 통한 정보통신 서비스에 접근하거나 이용할 수 있는 기회에 있어서의 차이(「정보격차 해소에 관한 법률」 제2조)

그러나 최근에는 정보격차의 개념을 정보기술에 대한 접근(access), 이용(use), 활용(meaningful use)으로 구분하여 제시하는 경향이 우세하다.

● 정보 접근: 공공장소에서의 정보기기 제공과 더불어 개인이 정보접근을 할 수 있다고 느낄 수 있는 환경을 구축하는 것
● 정보 이용: 정보를 어느 정도나 사용하느냐 하는 정보 이용량
● 정보 활용: 개인과 공동체의 생산·소비 및 정치·사회에서의 삶의 질을 향상시킬 수 있도록 정보를 유용하게 활용하는 것

정보격차의 과정에서 발생하는 정보격차는 정보 소외계층들에게 개인적인 삶의 여건을 악화시키고, 사회적으로도 유용한 자원을 낭비하는 결과를 가져온다. 따라서 정보격차의 해소는 과거 산업사회가 갖고 있던 주요 사회문제의 해결은 물론 사회발전과 사회구성원들의 삶의 질을 향상시키기 위해 중요한 사회적 과제다(유지열, 2002).

최소한 지금까지의 변화 양상으로 볼 때 정보기술의 도입으로 산업사회와는 전혀 다른 새로운 사회의 등장(Negroponte, 1995), 정보 접근성 향상, 권력의 이동(Toffler, 1990) 등 향후 정보격차가 축소될 것이라는 확산가설의 입장을 주장한 학자들의 예견은 많은 비판을 면할 길이 없어 보인다. 왜냐하면 정보격차가 점차 확대되는 추세이기 때문이다.

정보격차의 문제는 1998년 7월 미국 상무부가 정보화 추진과정에서 나타나는 정부 차원의 대책 마련 필요성을 최초로 제기함으로써 표면화된 최근의 일이다(손연기, 2001). 우리나라에서 정보격차 해소에 관한 정책이 실시된 것은 「정보화촉진기본법」이 제정되고(1995. 8. 4.) 국가사회정보화가 추진된 1996년부터라고 볼 수 있다. 그러나 실질적인 정보격차 해소 정책이 시행되기 시작한 것은 통신 서비스에 대한 보편적 서비스 정책이 실시되기 시작한 2000년 1월부터다.

정보통신부는 21세기 지식정보화사회 전환과정에서 자칫 소외되기 쉬운 장애인과 주부, 노인들을 위해 1988년 농어촌컴퓨터교실을 시작으로 정보화교육사업을 추진하였다. 이들에 대한 정보화 지원사업을 확대, 추진키로 하면서 1999년부터 2003년까지 5년간 장애인에 대한 정보화교육을 위해 모두 100억 원을 지원하기로 했었다. 이렇듯 정보화 취약계층에 대한 정부의 지속적인 무료 정보화교육 등 정보격차 해소 정책의 시행으로 장애인·고령층의 정보화 수준은 큰 폭으로 상승하였다. 그리고 거동이 불편하여 교육장 교육에 참가하기 어려운 중증 장애인을 위한 장애인 방문 정보화교육 계획을 2002년 10월에 수립하였다.

꾸준히 전개된 정보화교육의 결과, 장애인 계층의 컴퓨터 및 인터넷 이용률은 크게 증가하였다. 그러나 장애인의 정보화 수치가 증가했다고 하여 비장애인과의 정보격차가 감소되었다고 단정 짓기는 어렵다. 이는 같은 기간 국민 전체의 정보화 수준은 그 이상으로 대폭 상승하였기 때문이다. 장애인의 정보화가 진척된 만큼 비장애인의 정보화도 같은 속도 혹은 그보다 빠른 폭으로 증가함으로써 국민 전체, 비장애인과 정보화 취약계층 특히 장애인과의 정보격차는 여전히 존재함을 알 수 있다. 따라서 정보화 과정에서의 지속적 문제는 정보 소외계층을 정보화의 흐름에 최대한 참여시킴으로써 정보격차를 최소화하는 것으로 귀결된다(김용욱, 김남진, 오세웅, 2003).

2. 보편적 서비스

정보사회에서 구성원들의 '삶의 질'과 '삶의 기회' 증대는 정보에 대한 접근 기회, 정보 이용 능력 등에 달려 있다. 따라서 정보접근 기회와 정보 이용 능력을 포함하는 정보에 대한 보편적 접근이 이루어지지 않는다면 산업사회와는 성격과 정도를 달리하는 새로운 불평등 사회가 형성될 것이다. 피할 수 없는 조류인 정보화로 인해 사회적 불평등을 해소하고 국가의 최종적 정책목표인 모든 국민의 삶의 질을 향상시키기 위해서는 다양한 응용 서비스를 개발하는 목표체계를 분명히 할 필요가 있다. 이러한 의미에서 정보 서비스의 복지적 성격을 규명하기 위한 노력과 관심이 높다. 정보 서비스의 복지적 성격 규명이란 목적을 위하여 보편적 서비스(universal service) 개념이 주로 사용되고 있는데, 보편적 서비스 다음과 같이 정의된다.

보편적 서비스란 원하는 모든 곳까지 공중전화망을 연결해 주고, 기본 음성 서비스에 대하여 이용구간·이용량 등에 따른 가격차별을 배제하되, 특히 시내통화료를 값싸게 유지하며, 저소득층에 대해서는 전화기 및 전화 서비스의 가격을 보조해 주는 것을 의미한다(한국정보문화센터, 1995; 한국전산원, 1997).

역사적으로 볼 때 보편적 서비스라는 말은 원래 AT&T(미국전신전화회사)의 선전문구로서 20세기 초에 만들어진 개념인데, 그것은 AT&T가 제시한 "하나의 정책, 하나의 시스템, 보편적 서비스(One Policy, One System and Universal Service)"라는 모토하에서 "하나의 통신계가 일정한 방침하에 전국적으로 널리 서비스를"이라는 사고였지만 그것은 독립계 전화회사와 전신회사 웨스턴유니온사의 매수를 적극적으로 추진해 나가는 동향 속에서 AT&T의 독점을 정당화하는 논리였음이 지적되고 있다. 이 슬로건의 세 가지 요소는 논리적으로 삼위일체가 아니다. 오늘날의 관점에서 보았을 때, '하나의 정책' '하나의 시스템'은 수단적 가치이고 '보편적 서비스'가 목적적 가치임을 명백히 알 수 있다. 이 시기의 보편적 서비스 개념은 거주지의 지리적 차이와 무관하게 특정한 국가 상황에 따라 허용할 수 있는 가격으로 모든 사용자가 이용할 수 있는 특정한 질적 수준의 최소한의 서비스 체계로 정의되지만, 기본 전화 서비스의 보편성(universality)은 지리적으로 가용하고(available), 경제적으로 허용할 수 있으며(affordable), 신체적으로 접근할 수 있는(accessible) 특징을 갖는 것으로서 서비스의 확대라기보다는 접근 기회의 확대에 그 초점이 있다(김남진, 2002).

우리나라에서의 보편적 서비스는 1990년대 초반에 그 역사와 정책적 의미 등이 구체적으로 정리되면서 정보격차 해소를 위한 하나의 대안으로 되었다. 그리고 21세기에 접어든 최근까지도 정보격차 완화를 위한 기본적 정책들 중의 하나로 꾸준히 제시되고 있다.

그러나 다양한 정보통신기기와 디지털 정보통신망 등 최근의 기술 환경과 서비스의 변화는 보편적 서비스의 개념 확장을 필요로 한다. 이는 그 정의의 토대가 다르기 때문인데 기존 보편적 서비스의 정의는 전화 서비스, 즉 기본적인 음성 통신 서비스만을 토대로 하였다. 그러나 초고속 정보통신망을 통한 서비스에는 단순한 음성 서비스를 뛰어넘어 고속의 데이터 및 영상 서비스 등 고도 정보통신 서비스가 포괄되어 있다. 이에 따라 기존의 보편적 서비스의 정의는 다음의 세 가지 측면으로 확장될 필요가 있다(한국전산원, 1997).

① 이용능력에 의하여 차별받지 않도록 수혜자를 확장
② 전화 이외의 최신 정보통신 서비스를 대상에 추가
③ 통신시장이 경쟁상황으로 변함으로써 이에 맞도록 정책을 재조정

우리나라는 「정보화촉진기본법」과 「정보격차 해소에 관한 법률」을 통해 정보의 보편적 서비스를 규정하고, 필요한 정책적 접근을 추진하여 왔다. 그러나 동 법률에서 규정하고 있는 보편적 서비스의 적용기준은 법적 구속력을 가지고 의무적으로 적용되기보다는 선택적으로 적용되는 부분이므로 실제적인 정보의 보편적 서비스 제공에는 한계가 있다.

따라서 장애인이 보다 쉽고 편리하게 정보에 접근할 수 있도록 하는 것이 국가적 의무인 동시에 장애인의 권리라는 것에 대한 공감대가 형성될 수 있도록 보편적 서비스에 대한 선언적 의미의 법률이 아니라 구체적이고 의무적인 법률을 제정하고 또한 정부가 국민들의 인식개선에 앞장서서 보편적 서비스의 기반을 조성해야 한다(나운환, 유명화, 2002).

3. 장애인의 정보접근권 관련 법률

각국 정부는 정보격차가 야기하는 여러 사회문제를 경험하기 시작하면서 이를 최소화하기 위한 방안을 다각적으로 모색하고 있다. 정보통신기기의 가격 인하와 보급, 보편적 서비스의 범위 확장이라는 인프라적인 측면과 함께 장애인의

정보접근권을 보장하기 위한 정책적 대안이 바로 그것이다.

정부의 정보접근성 규제 혹은 보장을 위한 제도적 기반은 다음과 같이 세 가지로 구분된다(한국전산원, 2001).

첫째, 장애인에게 어떤 종류의 정보를 가질 수 있는 권리를 부여하는 것이다. 이것은 가장 일반적인 유형으로 주로 장애인 관련 법률을 바탕으로 장애인의 정보접근권을 보장하고자 하는 시도이다.

둘째, 보편적 서비스의 관점에서 정보통신 관련 제조업자나 서비스 제공자가 접근성을 보장하기 위한 기준을 충족하도록 하는 것이다.

셋째, 공공부문에 한정시켜 정보기술과 정보 서비스의 접근성을 보장하도록 하는 것이다. 즉, 정부에 조달되는 정보기술은 모두 접근성이 보장되어야 하며, 정부의 웹 사이트도 접근성을 확보하게끔 하는 것이다. 이를 유도하기 위하여 각국은 구체적인 실천 지침인 접근성 지침을 마련하여 사업자들로 하여금 따르도록 권고하고 있다.

접근성 보장과 관련하여 국내에서 관련 법률의 제정을 고려하지 않았던 것은 아니다(김남진, 2007). 1997년 정보통신부는 선진국의 사례와 국내 장애인 단체의 요구에 따라 정보접근성 지침의 제정을 시도한 적이 있다. 그러나 1997년 말부터 시작된 IMF의 영향으로 접근성 지침이 기업의 부담요소로 작용될 수 있다는 판단하에 이 제도의 시행은 장기간 보류되었다.

1997년 접근성 보장지침(안)은 총칙, 입력 및 제어 기능에 대한 요구사항, 출력 및 디스플레이 기능에 대한 요구사항, 전기통신사업자 및 방송법인 등에 대한 요구사항, 기타 요구사항, 정보통신 접근성 위원회, 부칙으로 이루어져 있다. 총칙 제1조(목적)에서는 신체적, 정신적 제약으로 정보통신에의 접근 및 이용에 어려움을 겪는 장애인 및 노인이 각종 정보통신에 쉽게 접근하여 활용할 수 있도록 제조업자, 전기통신사업자 및 방송법인 등이 준수해야 할 사항을 정하여 권장함을 목적으로 한다는 것을 명시하고 있다. 제2조에서는 이 지침에서 사용되는 용어들, 즉 접근성, 정보통신제품, 제조업자, 복지정보통신, 보편적 요구사항, 선택적 요구사항 등이 정의되고 있는 바 접근성은 '이용자가 전기통신역무 및 정보통신제품에 용이하게 접근하여 이용할 수 있음'으로 표현되고 있다. 설계지침에서는 특별히 보편적 설계와 선택적 설계의 권고를 별도로 제시하고 있는 표를 제공하고 있어 보편적 설계의 개념이 이미 반영되고 있음을 알 수 있다.

1997년에 작성된 접근성 지침(안)의 제4조 기본 원칙(보편적 기능을 우선적으로 수용하되 그것이 곤란한 경우)에 의하면 제조업자는 장애인 및 노인이 정보통신에의 접근 및 이용을 위해 보편적으로 사용하는 기존의 주변기기 또는 특수기기들과 호환되도록 제품을 설계·개발하여야 한다. 이러한 조항은 보편적 설계에 대한 새로운 인식의 계기가 되기는 하지만 보편적 설계의 대안인 특수기기가 개발·보급되지 않은 국내 상황에서 장기간에 걸쳐 단계적으로 접근성 지침을 강화한다는 것은 그 장기간 동안 장애인의 정보접근은 이루어질 수 없을 의미하는 문제점을 내포하고 있었다(한국전산원, 2001).

「정보격차 해소에 관한 법률」이 제정, 공포되기 전인 1997년 3월에 제정된 「장애인, 노인, 임산부 등의 편의증진 보장에 관한 법률」은 제4조(접근권)에서 건물 및 시설 그리고 정보에의 접근권 보장을 명시하고 있다. 그러나 동법의 시행령은 장애인의 정보통신에 대한 접근에 대해서는 언급하지 않고 건축물에 대해서만 다루고 있다. 이는 해당 법률이 장애인 등이 생활을 영위함에 있어 안전하고 편리하게 시설 및 설비를 이용하고 정보에 접근하도록 보장함으로써 이들의 사회활동 참여와 복지 증진에 이바지함을 목적(제1조)으로 밝히고는 있으나 건축물(편의시설)에의 접근을 우선시하기 때문이다.

2001년 1월에는 저소득자, 농어촌지역 주민, 장애인, 노령자, 여성 등 경제적, 지역적, 신체적 또는 사회적 여건으로 인하여 생활에 필요한 정보통신 서비스에 접근하거나 이용하기 어려운 자에 대하여 정보통신망에 대한 자유로운 접근과 정보 이용을 보장함으로써 이들의 삶의 질을 향상하게 하고 균형 있는 국민 경제의 발전에 이바지함을 목적으로 「정보격차 해소에 관한 법률」이 제정되었다. 이 법률은 제7조에서 장애인, 노령자 등의 정보접근 및 이용 보장에 대해 언급하고는 있으나 구체적인 실행 방안은 제시되지 않고 있다. 그러나 이 법률은 정부가 모든 국민이 정보통신 서비스에 자유롭게 접근하고 이를 이용하여 삶의 질을 향상할 수 있도록 지원하기 위하여 한국정보문화진흥원을 설립할 것을 명시하고 있다는 점에서 의의가 있다. 이어 2002년에는 「정보격차 해소에 관한 법률」을 모법(母法)으로 하면서 미국의 보편적 설계 관련 제도를 본떠 장애인, 노인 등의 정보통신 접근성 향상을 위한 권장지침을 정보통신부 고시로 제정하였다. 그러나 권장지침에는 제조업자가 제품이나 서비스 설계에 반영할 수 있는 구체적인 접근성 가이드라인이 제대로 갖춰져 있지 못할 뿐만 아니라, 구매자나 정부가 제품과 서비스 평가에 반영할 수 있는 구체적이고 실질적인 평가방법이 결여되어 있는 것으로 평가되고 있다(디지털타임스, 2009년 1월 4일 기사).

2005년 12월 한국정보통신접근성향상표준화포럼 산하 웹접근성분과위원회는 국제 표준화 기구인 웹 컨소시엄(World Wide Web Consortium: W3C)의 WAI(Web Accessibility Initiative)에서 1995년 5월 제정한 웹 콘텐츠 접근성 가이드라인(Web Content Accessibility Guideline 1.0: WCAG 1.0)과 WCAG 2.0 초안 및 「미국재활법」 508조를 참고로 국내 상황에 맞게 구성하여 국가 표준인 '인터넷 웹 콘텐츠 접근성 지침'(KCS.OT-10.0003)을 마련하였다. 이 지침에 의하면 웹 접근성(web accessibility)은 다음과 같이 정의되고 있다.

> 웹 콘텐츠에 접근하려는 모든 사람들이 어떤 컴퓨터나 운영체제 또는 웹 브라우저를 사용하든지 또는 어떤 환경에 처해 있든지 구애받지 않고 웹 사이트에서 제공하는 모든 정보에 접근하고 이용할 수 있도록 보장하는 것

이후 웹 접근성 표준으로 사용되어 온 정보통신 단체 표준인 '한국형 웹 콘텐츠 접근성 지침 1.0'(TTAS.OT-10.0003, 2004. 12. 23)과 이를 바탕으로 제정된 국가 표준인 인터넷 웹 콘텐츠 접근성 지침에 해외 웹 관련 표준 및 기술 동향을

최대한 반영한 '한국형 웹 콘텐츠 접근성 지침 2.0'(KCS.OT-10.0003/R1)을 2010
년 12월에 발표하였다. 이는 학계, 연구계, 장애인 단체, 웹 관련 기업 등의 전문
가들로 웹 접근성 표준화 위원회를 구성하여 연구한 결과를 토대로 개정한 것이
다. 특히, 한국형 웹 콘텐츠 접근성 지침 2.0은 2008년 12월에 제정된 웹 접근성
관련 국제 표준인 월드 와이드 웹 컨소시엄의 '웹 콘텐츠 접근성 가이드라인
2.0(Web Content Accessibility Guidelines 2.0: WCAG 2.0)'을 국내 실정에 맞게 반영
한 것이다.

개정된 웹 접근성 표준은 원칙(Principle), 지침(Guideline), 검사 항목
(Requirement)의 3단계로 구성되었다. 각각의 내용은 웹 접근성 제고를 위한 4가
지 원칙과 각 원칙을 준수하기 위한 13개 지침 및 해당 지침의 준수 여부를 확인
하기 위해 22개의 검사 항목으로 구성되어 있다. 웹 접근성이 인정되는 웹 콘텐
츠로 인정받기 위해서는 표준에서 제시된 총 22개의 검사 항목들을 모두 만족
해야 한다. 만약 어떤 웹 콘텐츠가 22개 항목 중 어느 하나라도 만족하지 못하면
해당 웹 콘텐츠는 '웹 접근성이 없다' 또는 '웹 접근성 지침을 준수하지 못하는
웹 콘텐츠'라고 할 수 있다. 즉, 표준에 제시된 모든 검사 항목들은 필수적으로
준수해야 하는 것이다(웹접근성연구소, www.wah.or.kr).

한국형 웹 콘텐츠 접근성 지침(KCS.OT-10.0003/R1, 2010. 12. 31.)은 터치스크린
기반의 기기가 보편화됨에 따라 모바일 웹의 장애인 접근성을 보장하기 위한 검
사 항목의 추가 필요성에 따라 2015년에 '한국형 웹 콘텐츠 접근성 지침 2.1'
(KCS.OT-10.0003/R2, 2015. 3. 31.)로 재개정되었다. 기존 표준과 비교했을 때 4가
지 원칙, 13개 지침(단, 원칙 2의 하위 지침 중 '키보드 접근성'은 '입력장치 접근성'
으로 변경됨)은 그대로 유지하면서, 22개였던 검사항목이 24개로 증가하였다(미
래창조과학부 국립전파연구원, 2015).

2007년부터는 웹 접근성 품질마크 인증 제도를 신설하여 웹 접근성을 준수하
는 사이트에 대해서는 웹 접근성 정보품질마크([그림 3-1] 참조)를 부여하고 있는
데, 〈표 3-1〉과 같이 한국형 웹 콘텐츠 접근성 지침 2.1의 24개 검사항목에 근거
하여 전문가 조사 및 평가를 통해 이루어진다(웹접근성연구소, www.wah.or.kr).

한국형 웹 콘텐츠 접근성 지침 2.1(KICS.OT-10.0003/R2)

• 원칙 1. 인식의 용이성(Perceivable): 모든 콘텐츠는 사용자가 인식할 수 있어야 한다.

인식의 용이성은 사용자가 장애 유무 등에 관계없이 웹 사이트에서 제공하는 모든 콘텐츠를 동등하게 인식할 수 있도록 콘텐츠를 제공하는 것을 의미한다. 인식의 용이성은 대체 텍스트, 멀티미디어 대체 수단, 명료성의 3가지 지침으로 구성되어 있다.

1.1(대체 텍스트) 텍스트가 아닌 콘텐츠에는 대체 텍스트를 제공해야 한다.
1.2(멀티미디어 대체 수단) 동영상, 음성 등 멀티미디어 콘텐츠를 이해할 수 있도록 대체 수단을 제공해야 한다.
1.3(명료성) 콘텐츠는 명확하게 전달되어야 한다.

• 원칙 2. 운용의 용이성(Operable): 사용자 인터페이스 구성 요소는 조작 가능하고 내비게이션할 수 있어야 한다.

운용의 용이성은 사용자가 장애 유무 등에 관계없이 웹 사이트에서 제공하는 모든 기능들을 운용할 수 있게 제공하는 것을 의미한다. 운용의 용이성은 입력장치 접근성, 충분한 시간 제공, 광과민성 발작 예방, 쉬운 내비게이션의 4가지 지침으로 구성되어 있다.

2.1(입력장치 접근성) 콘텐츠는 키보드로 접근할 수 있어야 한다.
2.2(충분한 시간 제공) 콘텐츠를 읽고 사용하는 데 충분한 시간을 제공해야 한다.
2.3(광과민성 발작 예방) 광과민성 발작을 일으킬 수 있는 콘텐츠를 제공하지 않아야 한다.
2.4(쉬운 내비게이션) 콘텐츠는 쉽게 내비게이션할 수 있어야 한다.

- 원칙 3. 이해의 용이성(Understandable): 콘텐츠는 이해할 수 있어야 한다. 이해의 용이성은 사용자가 장애 유무 등에 관계없이 웹 사이트에서 제공하는 콘텐츠를 이해할 수 있도록 제공하는 것을 의미한다. 이해의 용이성은 가독성, 예측 가능성, 콘텐츠의 논리성, 입력 도움의 4가지 지침으로 구성되어 있다.

  3.1(가독성) 콘텐츠는 읽고 이해하기 쉬워야 한다.
  3.2(예측 가능성) 콘텐츠의 기능과 실행결과는 예측 가능해야 한다.
  3.3(콘텐츠의 논리성) 콘텐츠는 논리적으로 구성해야 한다.
  3.4(입력 도움) 입력 오류를 방지하거나 정정할 수 있어야 한다.

- 원칙 4. 견고성(Robust): 웹 콘텐츠는 미래의 기술로도 접근할 수 있도록 견고하게 만들어야 한다.

  견고성은 사용자가 기술에 관계없이 웹 사이트에서 제공하는 콘텐츠를 이용할 수 있도록 제공하는 것을 의미한다. 견고성은 문법 준수, 웹 애플리케이션 접근성의 2가지 지침으로 구성되어 있다.

  4.1(문법 준수) 웹 콘텐츠는 마크업 언어의 문법을 준수해야 한다.
  4.2(웹 애플리케이션 접근성) 웹 애플리케이션은 접근성이 있어야 한다.

‖ 표 3-1 ‖ **인터넷 웹 콘텐츠 접근성 지침 2.1 검사 항목**

원칙	지침	검사 항목
1. 인식의 용이성	1.1. 대체 텍스트	1.1.1. 적절한 대체 텍스트 제공
	1.2. 멀티미디어 대체 수단	1.2.1. 자막제공
	1.3. 명료성	1.3.1. 색에 무관한 콘텐츠 인식
		1.3.2. 명확한 지시 사항 제공
		1.3.3. 텍스트 콘텐츠의 명도 대비
		1.3.4. 자동 재생 금지

		1.3.5. 콘텐츠 간의 구분
2. 운용의 용이성	2.1. 입력장치 접근성	2.1.1. 키보드 사용 보장
		2.1.2. 초점 이동
		2.1.3. 조작 가능
	2.2. 충분한 시간 제공	2.2.1. 응답시간 조절
		2.2.2. 정지 기능 제공
	2.3. 광과민성 발작 예방	2.3.1. 깜빡임과 번쩍임 사용 제한
	2.4. 쉬운 내비게이션	2.4.1. 반복 영역 건너뛰기
		2.4.2. 제목제공
		2.4.3. 적절한 링크 텍스트
3. 이해의 용이성	3.1. 가독성	3.1.1. 기본 언어 표시
	3.2. 예측 가능성	3.2.1. 사용자 요구에 따른 실행
	3.3. 콘텐츠의 논리성	3.3.1. 콘텐츠의 선형 구조
		3.3.2. 표의 구성
	3.4. 입력 도움	3.4.1. 레이블 제공
		3.4.2. 오류 정정
4. 견고성	4.1. 문법 수준	4.1.1. 마크업 오류 방지
	4.2. 웹 애플리케이션 접근성	4.2.1. 웹 애플리케이션 접근성 준수

출처: 미래창조과학부 국립전파연구원(2015), p.8, 15, 23, 28.

‖ 그림 3-1 ‖ **웹 접근성 품질마크**

2007년 4월 정부는 민간부문의 노력과 협조를 이끌 제도적 틀을 구축하고 이를 통하여 장애를 사유로 한 차별을 금지하고 장애인들의 권리를 구제하고자 「장애인차별금지 및 권리구제 등에 관한 법률」을 공포하고 2008년 4월 11일부터 시행에 들어갔다. 장애인에 대한 직접차별, 간접차별, 정당한 편의제공 거부, 광고를 통한 차별, 장애아동의 보호자 또는 후견인 등과 보조견 및 장애인 보조기구 등에 대한 부당한 처우를 금지대상 차별행위로 규정하고 있다. 그리고 차별의 영역을 고용, 교육, 재화와 용역의 제공 및 이용, 사법 · 행정절차 및 서비스와 참정권, 모 · 부성권 · 성 등, 가족 · 가정 · 복지시설 및 건강권 등의 여섯 가지 영역으로 규정하여 생활상의 다양한 영역에 걸친 차별을 금지토록 하고 있다. 법률 및 시행령에 제시되어 있는 장애인의 정보접근권 관련 내용을 살펴보면 다음과 같다(「장애인 등에 대한 특수교육법」의 정보접근권 관련 내용은 해당 법률이 정보접근권과 시설 및 설비에 대한 접근권을 동일 법조항 내에서 설명하는 경우가 많으므로 이 장의 제2절 '시설 및 설비에 대한 접근권'에서 같이 소개하였다).

장애인차별금지 및 권리구제 등에 관한 법률

제20조(정보접근에서의 차별금지) ① 개인 · 법인 · 공공기관(이하 이 조에서 '개인 등'이라 한다)은 장애인이 전자정보와 비전자정보를 이용하고 그에 접근함에 있어서 장애를 이유로 제4조 제1항 제1호 및 제2호에서 금지한 차별행위를 하여서는 아니 된다.
② 장애인 관련자로서 수화통역, 점역, 점자교정, 낭독, 대필, 안내 등을 위하여 장애인을 대리 동행하는 등 장애인의 의사소통을 지원하는 자에 대하여는 누구든지 정당한 사유 없이 이들의 활동을 강제 방해하거나 부당한 처우를 하여서는 아니 된다.

제21조(정보통신 의사소통에서의 정당한 편의제공의무) ① 제3조 제4호 · 제6호 · 제7호 · 제8호 가목 후단 및 나목 제11호 · 제18호 · 제19호에 규정된 행위

자, 제12호 · 제14호부터 제16호까지의 규정에 관련된 행위자, 제10조 제1항의 사용자 및 같은 조 제2항의 노동조합 관계자(행위자가 속한 기관을 포함한다. 이하 이 조에서 '행위자 등'이라 한다)는 당해 행위자 등이 생산 배포하는 전자정보 및 비전자정보에 대하여 장애인이 장애인 아닌 사람과 동등하게 접근 · 이용할 수 있도록 수화, 문자 등 필요한 수단을 제공하여야 한다. 이 경우 제3조 제8호 가목 후단 및 나목에서 말하는 자연인은 행위자 등에 포함되지 아니한다.

② 공공기관 등은 자신이 주최 또는 주관하는 행사에서 장애인의 참여 및 의사소통을 위하여 필요한 수화통역사 · 문자통역사 · 음성통역자 · 보청기기 등 필요한 지원을 하여야 한다.

③ 「방송법」에 따라 방송물을 송출하는 방송사업자 등은 장애인이 장애인 아닌 사람과 동등하게 제작물 또는 서비스를 접근 · 이용할 수 있도록 자막, 수화, 점자 및 점자 변환, 보청기기, 큰 문자, 화면읽기 · 해설 · 확대프로그램, 인쇄물 음성변환출력기, 음성 서비스, 전화 등 통신중계 서비스를 제공하여야 한다.

④ 제1항에 따른 필요한 수단을 제공하여야 하는 행위자 등의 단계적 범위 및 필요한 수단의 구체적인 내용과 제2항에 따른 필요한 지원의 구체적인 내용 및 범위와 그 이행 등에 필요한 사항은 대통령령으로 정한다.

제23조(정보접근 의사소통에서의 국가 및 지방자치단체의 의무) ① 국가 및 지방자치단체는 장애인의 특성을 고려한 정보통신망 및 정보통신기기의 접근 이용을 위한 도구의 개발 보급 및 필요한 지원을 강구하여야 한다.

② 정보통신 관련 제조업자는 정보통신제품을 설계 · 제작 · 가공함에 있어서 장애인이 장애인 아닌 사람과 동등하게 접근 · 이용할 수 있도록 노력하여야 한다.

③ 국가와 지방자치단체는 장애인이 장애의 유형 및 정도, 특성에 따라 수화, 구화, 점자, 큰 문자 등을 습득하고 이를 활용한 학습지원 서비스를 제공받을 수 있도록 필요한 조치를 강구하여야 하며, 위 서비스를 제공하는 자는 장애인의 의사에 반하여 장애인의 특성을 고려하지 않는 의사소통양식 등을 강요하여서는 아니 된다.

장애인차별금지 및 권리구제 등에 관한 법률 시행령

제14조(정보통신·의사소통에서의 정당한 편의 제공의 단계적 범위 및 편의의 내용) ① 법 제21조 제1항 전단에 따라 장애인이 접근·이용할 수 있도록 수화, 문자 등 필요한 수단을 제공하여야 하는 행위자 등의 단계적 범위는 별표 3과 같다.

② 법 제21조 제1항에 따라 제공하여야 하는 필요한 수단의 구체적인 내용은 다음 각 호와 같다.

1. 누구든지 신체적·기술적 여건과 관계없이 웹 사이트를 통하여 원하는 서비스를 이용할 수 있도록 접근성이 보장되는 웹 사이트
2. 수화통역사, 음성통역사, 점자자료, 점자정보단말기, 큰 활자로 확대된 문서, 확대경, 녹음테이프, 표준텍스트파일, 개인형 보청기기, 자막, 수화통역, 인쇄물음성변환출력기, 장애인용 복사기, 화상전화기, 통신중계용 전화기 또는 이에 상응하는 수단

③ 제2항 제2호에 따른 필요한 수단은 장애인이 요청하는 경우 요청받은 날부터 7일 이내에 제공하여야 한다.

④ 공공기관 등은 법 제21조 제2항에 따라 장애인이 행사 개최하기 7일 전까지 지원을 요청하는 경우에는 수화통역사, 문자통역사, 음성통역사 또는 보청기기 등 필요한 수단을 제공하여야 한다.

1995년 제정된 「정보화촉진기본법」을 전부 개정한 「국가정보화 기본법」 역시 장애인의 정보접근 및 이용을 보장하고 있다. 정보화를 촉진하고 정보통신사업의 기반을 조성하며 정보통신기반의 고도화를 실현함으로써 국민생활의 질을 향상하고 국민경제의 발전에 이바지함을 목적으로 제정되었던 「정보화촉진기본법」은 이후 2009년 5월, 「국가정보화 기본법」으로 전부 개정되면서 제32조에 장애인·고령자 등의 정보접근 및 이용 보장에 관한 다섯 가지 사항을 새롭게 포함시켰다. 또한 제33조(정보격차의 해소와 관련된 기술 개발 및 보급지원)를

통해서는 국가기관과 지방자치단체는 장애인·고령자 등의 정보 접근 및 이용 환경 개선을 위한 관련 기술 개발을 위해 필요한 시책을 마련하여야 함을 명시 하였다.

국가정보화 기본법

제32조(장애인·고령자 등의 정보 접근 및 이용 보장) ① 국가기관 등은 인터 넷을 통하여 정보나 서비스를 제공할 때 장애인·고령자 등이 쉽게 웹사이트를 이용할 수 있도록 접근성을 보장하여야 한다.

② 「정보통신망 이용촉진 및 정보보호 등에 관한 법률」 제2조 제3호에 따른 정보통신서비스 제공자(이하 "정보통신서비스 제공자"라 한다)는 그 서비스를 제공할 때 장애인·고령자 등의 접근과 이용의 편익을 증진하기 위하여 노력하여야 한다.

③ 정보통신 관련 제조업자는 정보통신기기 및 소프트웨어(이하 "정보통신제품"이라 한다)를 설계, 제작, 가공할 때 장애인·고령자 등이 쉽게 접근하고 이용할 수 있도록 노력하여야 한다.

④ 국가기관 등은 정보통신제품을 구매할 때 장애인·고령자 등의 정보 접근과 이용 편의를 보장한 정보통신제품을 우선하여 구매하도록 노력하여야 한다.

⑤ 행정안전부장관은 장애인·고령자 등의 정보 접근 및 이용 편의 증진을 위한 정보통신서비스 및 정보통신제품 등의 종류·지침 등을 정하여 고시하여야 한다.

제33조(정보격차의 해소와 관련된 기술 개발 및 보급지원) ① 국가기관과 지방자치단체는 장애인·고령자 등의 정보 접근 및 이용환경 개선을 위한 관련 기술을 개발하기 위하여 필요한 시책을 마련하여야 하며, 행정안전부장관은 관련 기술의 개발을 지원할 수 있다.

② 국가기관과 지방자치단체는 다음 각 호의 사업자에게 재정 지원 및 기술적 지원을 할 수 있다.

1. 장애인·고령자 등의 정보 접근 및 이용환경 개선을 위하여 정보통신제품

을 개발 · 생산하는 사업자

2. 장애인 · 고령자 · 농어민 · 저소득자를 위한 콘텐츠를 제공하는 사업자

3. 제1항에 따른 관련 기술을 개발 · 보급하는 사업자

③ 제2항에 따른 지원대상자의 선정 · 지원 방법 및 절차 등에 관한 사항은 대통령령으로 정한다.

4. 웹 접근성 준수의 필요성

앞서 살펴본 바와 같이 국가적 수준에서 각종 법률을 통해 웹 접근성을 보장하려는 이유는 무엇일까? 웹의 창시자인 Tim Berners-Lee에 따르면, 웹의 힘은 보편성에 있으며 장애에 구애됨이 없이 모든 사람이 접근할 수 있는 가장 중요한 요소라고 지적하였다. 웹 사이트에서 접근성이 보장되어야 하는 당위성으로는 다음과 같이 일곱 가지를 들 수 있다(현준호, 2006: 31-34).

① 규정과 법적 요구사항에 대한 준수

② 장애인, 노인 등을 포함한 다양한 범위의 이용자 확대

③ 새로운 장소, 새로운 기기 개발 등 이용 상황의 확대

④ 디자인 및 설계에 있어서의 효율성 제고

⑤ 비용 절감의 효과

⑥ 홍보 효과 향상

⑦ 균등기회 보장

첫째, 법적인 규정을 통해 접근성 보장에 대한 동기를 유발시키고, 이로 인해 웹 사이트를 사용할 수 있는 이용자의 범위를 확대시키는 등의 이윤발생 효과를 얻을 수 있다면, 강제성을 띤 규정에 의한 것이라 하더라도 웹 사이트를 구축한

조직이나 단체에 결과적으로 많은 도움을 주게 된다는 것이다.

둘째, 웹 접근성이 확보되면 웹 사이트를 효과적으로 이용할 수 있는 사람의 수가 증가되며, 이는 결국 대상 고객 및 이용 환경의 범위를 보다 확대시키는 결과를 얻을 수 있게 되는 것이다. 비즈니스 측면에서 볼 때, 웹 접근성에 대한 보장으로 고객들의 웹 사이트 이용을 제한하는 장애 요인들이 제거됨으로써 웹 사이트를 통한 매출이 증대되는 효과가 나타나게 된다는 것이다.

셋째, 접근성이 확보된 웹 사이트는 효과적으로 이용될 수 있는 상황들이 확대됨에 따라, 결국 이러한 경우의 수가 증가되어 이용의 확대를 가져올 수 있다는 것이다. 접근성의 기법을 이해하고 이를 웹 사이트에 적용하게 되면, 현재의 최신 기기뿐만 아니라 향후 등장하게 될 어떤 정보기기에서도 큰 불편 없이 해당 사이트를 제공할 수 있는 장점이 있다.

넷째, 접근성의 수준을 향상시키면 웹 사이트의 디자인 및 작업 설계에 있어서 상당한 효과를 가져올 수 있다. 이는 궁극적으로 검색엔진(search engine)의 색인과정에도 편의성을 도모할 수 있으며, 또한 이미지 및 멀티미디어 등의 검색에도 도움을 줄 수 있는 장점이 있다.

다섯째, 초기에는 접근성의 개념을 이해하고 이를 구현하기 위해 많은 비용과 시간이 투입되지만, 접근성 개선으로 사이트 제작에 소요되는 총비용은 절감되는 효과를 얻을 수 있다. 접근성의 향상을 통해 유용성도 확보될 수 있기 때문에 온라인 쇼핑의 매출이 증가하고 사이트 운영에 필요한 비용은 감소하며, 따라서 장기적인 관점에서 비용 절감 효과를 거두게 되어, 접근성에 투자한 만큼 수익이 증대되는 효과를 얻을 수 있다.

여섯째, 웹 접근성을 고려한 웹 사이트라는 인식이 제고되면 사이트의 주체가 되는 조직이나 단체의 이미지에 긍정적인 영향을 줄 수 있다. 기업의 사회적 책임이 중요하게 부각되고 있는 시점에서 웹 접근성 준수는 기업의 주요 홍보수단으로도 큰 역할을 할 수 있다. 특히 웹을 통해 이윤을 창출하는 기업에 있어서는 다른 사회적인 활동보다 우선적으로 자신의 홈페이지 접근성을 제고하는 것이 보다 적극적인 사회공헌 활동이 될 수 있다.

일곱째, 웹 접근성을 고려하여 웹 사이트를 제작하게 되면 사용자 누구에게 나 균등하게 기회를 제공하게 된다. 그리고 조직의 목적과 비즈니스를 위하여 웹 사이트의 활용 범위와 활용 가능 상황을 확대하면 보다 많은 이용자에게 보 다 많은 이용 기회를 부여하게 된다는 것이다. 웹 사이트의 접근성을 보장한 디 자인은 해당 조직이 새롭게 등장하는 기술을 이용할 수 있도록 준비시키는 역할 도 할 수 있다. 또한 장애인에게 업무, 여가, 사회적 활동에 참여할 기회를 제공 할 뿐만 아니라 보다 많은 사람들이 필요한 일을 보다 쉽게 처리할 수 있도록 도 와줄 것이다.

살펴본 바와 같은 웹 접근성 준수 필요성에 대한 인식을 확산시키기 위해서 는 웹 사이트 제작 담당 실무자 몇 사람이 아니라 웹 사이트를 구축하는 주체인 조직이나 단체에서 자발적인 관심을 가지는 것이 바람직하다. 개인과 조직이 접 근성 확보로 인해 얻어지는 혜택을 인지한다면, 자발적으로 접근성 확보를 위해 노력할 것이다.

제2절 시설 및 설비에 대한 접근권

특수교육대상자들의 정보접근권을 보장하기 위해서는 학교에의 통학은 물 론, 학교 건물 등에의 접근, 접근 가능한 교재 및 교구의 지원 등이 우선적으로 해결되어야 한다. 그럼에도 불구하고 특수교육대상자들은 여태껏 이와 같은 교 수-학습환경에 대한 접근에 있어서도 많은 부분 차별의 대상이 되어 왔다. 이하 에서는 특수교육대상자들의 교육과 직접적으로 관련이 되는 「장애인 등에 대한 특수교육법」 그리고 「장애인차별금지 및 권리구제 등에 관한 법률」 등 관련 법 률을 토대로 특수교육대상자들의 시설 및 설비에 대한 접근권 그리고 교육을 위 해 필요한 접근권에 대해 살펴보도록 하자. 교수-학습환경과 관련하여 보편적 설계(Universal Design: UD) 및 보편적 학습설계(Universal Design for Learning: UDL)에 대해서는 제4장에서 구체적으로 살펴보도록 한다.

1. 학령기

「장애인 등에 대한 특수교육법」은 특수교육 기관의 설치·운영 및 시설·설비의 확충·정비 그리고 특수교육에 필요한 교재·교구의 연구·개발 및 보급을 국가 및 지방자치단체의 임무(제2장 제5조)로 규정하고 있다. 그리고 특수교육대상자의 배치 및 교육(제17조)에 있어 교육장 또는 교육감은 특수교육대상자를 배치할 때에는 특수교육대상자의 장애 정도·능력·보호자의 의견 등을 종합적으로 판단하여 거주지에서 가장 가까운 곳에 배치하도록 하고 있다. 특수교육대상자를 배치받은 일반학교의 장은 교육과정의 조정, 보조인력의 지원, 학습보조기기의 지원, 교원연수 등을 포함한 통합교육계획을 수립·시행하여야하며(제21조 제2항), 통합교육을 실시하는 경우에 일반학교의 장은 특수학급을 설치·운영하고, 대통령령으로 정하는 시설·설비 및 교재·교구를 갖추도록 명시하고 있다(제21조 제3항).

이외에 법률에서 정하고 있는 특수교육대상자들에 대한 시설 및 설비 그리고 관련 서비스 제공 내용은 다음과 같다.

장애인 등에 대한 특수교육법

제28조(특수교육 관련 서비스)
④ 각급 학교의 장은 특수교육대상자의 교육을 위하여 필요한 장애인용 각종 교구, 각종 학습보조기, 보조공학 기기 등의 설비를 제공하여야 한다.
⑤ 각급 학교의 장은 특수교육대상자의 취학 편의를 위하여 통학차량 지원, 통학비 지원, 통학 보조인력의 지원 등 통학지원 대책을 마련하여야 한다.
⑧ 각급 학교의 장은 각급 학교에서 제공하는 각종 정보(교육기관에서 운영하는 인터넷 홈페이지를 포함한다)를 특수교육대상자에게 제공하는 경우 특수

교육대상자의 장애 유형에 적합한 방식으로 제공하여야 한다.

장애인 등에 대한 특수교육법 시행령

제16조(통합교육을 위한 시설·설비 등) ① 일반학교의 장은 법 제21조 제2항에 따라 통합교육을 실시하는 경우에는 특수교육대상자의 교내 이동이 쉽고, 세면장·화장실 등과 가까운 곳에 위치한 66제곱미터 이상의 교실에 특수학급을 설치하여야 한다. 다만, 배치된 특수교육대상자의 수 및 그 학교의 여건 등을 고려하여 시·도 조례로 정하는 바에 따라 44제곱미터 이상의 교실에 학급을 설치할 수 있다.
② 일반학교의 장은 법 제21조 제2항에 따라 통합교육을 실시하는 경우에는 배치된 특수교육대상자의 성별, 연령, 장애의 유형·정도 및 교육활동 등에 맞도록 정보접근을 위한 기기, 의사소통을 위한 보완·대체기구 등의 교재·교구를 갖추어야 한다.

제27조(통학지원) ① 교육감은 각급 학교의 장이 법 제28조 제5항에 따른 통학지원을 원활하게 할 수 있도록 통학차량을 각급 학교에 제공하거나 통학지원이 필요한 특수교육대상자 및 보호자에게 통학비를 지급하여야 한다.
② 각급 학교의 장은 특수교육대상자가 현장체험학습, 수련회 등 학교 밖 활동에 참여할 수 있도록 조치를 취하여야 한다.

2008년 4월부터 단계적으로 확대 시행된 「장애인차별금지 및 권리구제 등에 관한 법률」은 「장애인 등에 대한 특수교육법」보다 교육 분야의 차별금지 내용과 교육기관의 편의제공 내용을 보다 구체적으로 제시하고 있다. 즉, 입학을 거부하거나 전학을 강요하는 행위를 금지하고 있으며, 특수교육대상자의 편의제공 요청에 대해 정당한 사유 없이 거절하는 것을 금하고 있다. 뿐만 아니라 보조학습기기, 보조인력 배치, 접근성 및 이동성 보장, 수화통역 등 의사소통 수단 등의 편의를 제공해야 함은 물론 원활한 교수 또는 학습 수행을 위한 지도 자료를 제공하도록 규정하였다. 구체적인 내용은 다음과 같다.

장애인차별금지 및 권리구제 등에 관한 법률

제14조(정당한 편의제공 의무) ① 교육책임자는 당해 교육기관에 재학 중인 장애인의 교육활동에 불이익이 없도록 다음 각 호의 수단을 적극적으로 강구하고 제공하여야 한다.

1. 장애인의 통학 및 교육기관 내에서의 이동 및 접근에 불이익이 없도록 하기 위한 각종 이동용 보장구의 대여 및 수리

2. 장애인 및 장애인 관련자가 필요로 하는 경우 교육 보조인력의 배치

3. 장애로 인한 학습 참여의 불이익을 해소하기 위한 확대 독서기, 보청기기, 높낮이 조절용 책상, 각종 보완대체 의사소통 도구 등의 대여 및 보조견의 배치나 휠체어의 접근을 위한 여유 공간 확보

4. 시청각 장애인의 교육에 필요한 수화통역, 문자통역(속기), 점자자료, 자막, 큰 문자자료, 화면낭독 확대프로그램, 보청기기, 무지점자단말기, 인쇄물 음성변환출력기를 포함한 각종 장애인 보조기구 등 의사소통 수단

5. 교육과정을 적용함에 있어서 학습진단을 통한 적절한 교육 및 평가방법의 제공

6. 그 밖에 장애인의 교육활동에 불이익이 없도록 하는 데 필요한 사항으로서 대통령령으로 정하는 사항

② 교육책임자는 제1항 각 호의 수단을 제공하는 데 필요한 업무를 수행하기 위하여 장애학생 지원부서 또는 담당자를 두어야 한다.

③ 제1항을 적용함에 있어서 그 적용대상 교육기관의 단계적 범위와 제2항에 따른 장애학생 지원부서 및 담당자의 설치 및 배치, 관리 감독 등에 필요한 사항은 대통령령으로 정한다.

장애인차별금지 및 권리구제 등에 관한 법률 시행령

제8조(정당한 편의의 내용) 법 제14조 제1항 제6호에 따라 교육책임자가 제공하여야 하는 사항은 다음 각 호와 같다.
1. 원활한 교수 또는 학습 수행을 위한 지도자료 등
2. 통학과 관련된 교통편의
3. 교육기관 내 교실 등 학습시설 및 화장실, 식당 등 교육활동에 필요한 모든 공간에서 이동하거나 그에 접근하기 위하여 필요한 시설·설비 및 이동수단

제10조(장애학생 지원부서 및 담당자) ① 교육책임자는 법 제14조 제3항에 따라 해당 교육기관에 재학 중인 장애인의 교육활동에 불이익이 없도록 다음 각 호에서 정하는 바에 따라 장애학생지원부서 또는 담당자를 두어야 한다.
1. 「초·중등교육법」 및 「고등교육법」에 따른 학교의 경우: 독립된 장애학생 지원부서 또는 담당자를 두어야 한다.
2. 「영유아보육법」에 따른 보육시설과 「유아교육법」에 따른 유치원의 경우: 장애아동을 위한 담당자를 두어야 한다.
3. 「평생교육법」에 따른 평생교육시설, 「학점인정 등에 관한 법률」에 따른 교육훈련기관, 「직업교육훈련 촉진법」에 따른 직업교육 훈련기관 및 제4조에 따른 교육기관의 경우: 장애학생을 위한 담당자를 두어야 한다.
② 교육책임자는 제1항에 따른 장애학생 지원부서 또는 담당자의 활동 내용 및 장애인의 이용 실태를 정기적으로 점검하여야 한다.

2. 고등교육 및 평생교육

1) 장애인의 고등교육

「장애인 등에 대한 특수교육법」은 과거의 「특수교육진흥법」과는 달리 장애

인의 고등교육 및 평생교육 분야에 대해서도 다루고 있다. 특히 대학의 경우 장애학생의 교육 및 생활 지원을 총괄·담당하는 전담기구를 두어 장애로 인한 교육활동상의 불이익이 없도록 하여 장애인에 대한 고등교육 기회를 확대하고 궁극적으로는 장애인들의 사회진출 기회를 확대(교육과학기술부, 2008)하고자 하였다. 이를 위해 대학의 장은 장애학생의 교육 및 생활에 관한 지원을 총괄·담당하는 장애학생지원센터를 설치·운영하도록 하였다. 다만, 장애학생이 재학하고 있지 아니하거나 대통령령으로 정하는 바에 따라 장애학생 수가 일정 인원(9명) 이하인 소규모 대학 등은 장애학생 지원부서 또는 전담직원을 둠으로써 이에 갈음할 수 있도록 했다(제30조 제1항). 이와 같은 기준은 법 제정 당시 대학 장애학생 재학 현황을 토대로 한 것으로 10명 미만인 경우가 25%, 10명 이상은 28%, 그리고 재학하고 있지 않은 학교가 나머지 47%를 차지하고 있음을 감안하여 규정한 것이다. 이에 10명 이상 재학 중인 대학에서는 특별지원위원회를 설치·운영하도록 하고, 10명 미만인 경우에 대해서는 장애학생 지원부서 또는 전담직원이 위원회의 기능을 수행하도록 하였다.

「장애인 등에 대한 특수교육법」 그리고 「장애인 등에 대한 특수교육법 시행령」에 제시되어 있는 장애인의 고등교육을 위한 접근권 관련 사항은 다음과 같다.

장애인 등에 대한 특수교육법

제29조(특별지원위원회) ① 대학의 장은 다음 각 호의 사항을 심의·결정하기 위하여 특별지원위원회를 설치·운영하여야 한다.
1. 대학의 장애학생 지원을 위한 계획
2. 심사청구 사건에 대한 심사·결정
3. 그 밖에 장애학생 지원을 위하여 대통령령으로 정하는 사항
② 특별지원위원회의 설치·운영 등에 관하여 필요한 사항은 대통령령으로 정한다.

제30조(장애학생지원센터) ② 장애학생지원센터(제1항에 따라 장애학생 지원부서 또는 전담직원으로 갈음하는 경우에는 이를 말한다)는 다음 각 호의 업무를 담당한다.

1. 장애학생을 위한 각종 지원에 관한 사항
2. 제31조에서 정하는 편의제공에 관한 사항
3. 교직원·보조인력 등에 대한 교육에 관한 사항
4. 장애학생 교육복지의 실태조사에 관한 사항
5. 그 밖에 대학의 장이 부의하는 사항

제31조(편의제공 등) ① 대학의 장은 해당 학교에 재학 중인 장애학생의 교육활동의 편의를 위하여 다음 각 호의 수단을 적극적으로 강구하고 제공하여야 한다.

1. 각종 학습보조기기 및 보조공학 기기 등의 물적 지원
2. 교육 보조인력 배치 등의 인적 지원
3. 취학편의 지원
4. 정보접근 지원
5. 「장애인·노인·임산부 등의 편의증진 보장에 관한 법률」 제2조 제2호에 따른 편의시설 설치 지원
※ 「장애인·노인·임산부 등의 편의증진 보장에 관한 법률」 제2조 제2호: '편의시설'이라 함은 장애인 등이 생활을 영위함에 있어 이동과 시설이용의 편리를 도모하고 정보에의 접근을 용이하게 하기 위한 시설과 설비를 말한다.

장애인 등에 대한 대한 특수교육법 시행령

제30조(특별지원위원회의 설치·운영) ① 대학의 장은 그 대학에 장애학생이 10명 이상 재학하는 경우에는 법 제29조에 따른 특별지원위원회를 설치·운영하여야 한다.

② 장애학생이 10명 미만인 대학의 장은 법 제30조 제2항에 따른 장애학생지원부서 또는 전담직원이 법 제29조 제1항 제1호 및 제3호에 관한 특별지원

위원회의 기능을 수행할 수 있도록 한다.

제31조(장애학생지원센터의 설치 · 운영 등) ① 법 제30조 제1항 단서에서 '일정 인원'이란 9명을 말한다.

2) 장애인의 평생교육

지식기반사회의 도래로 평생학습의 욕구가 증대하고 있으며, 특히 장애성인의 경우 학령기에 장애로 인해 교육 기회를 놓친 사례가 많으므로 장애성인들의 평생교육에 대한 지원 근거가 필요하게 되었다. 이에「장애인 등에 대한 특수교육법」은 일반 평생교육시설에서 장애인 평생교육과정을 운영할 수 있도록 하고, 장애인만을 위한 별도의 시설로서 학교 형태의 장애인 평생교육시설을 설치할 수 있도록 하면서 일반 평생교육시설이 기본적으로 갖추어야 하는 시설 · 설비 외에 장애인 편의시설을 갖추도록 하였다. 이와 같은 법률 정비를 통해 교육 분야의 상대적 소외계층인 장애인들의 평생학습 인프라를 구축함에 따라 장애인들의 교육 기회가 확대되고 삶의 질 향상 및 사회통합에 기여할 수 있을 것이다(교육과학기술부, 2008).

「장애인 등에 대한 특수교육법」「장애인 등에 대한 특수교육법 시행령」그리고 관련 법률에 명시되어 있는 장애인의 평생교육을 위한 접근권 관련 사항은 다음과 같다.

장애인 등에 대한 특수교육법

제33조(장애인 평생교육과정) ① 각급 학교의 장은 해당 학교의 교육환경을 고려하여「장애인복지법」제2조에 따른 장애인의 계속교육을 위한 장애인 평

생교육과정을 설치·운영할 수 있다.

제34조(장애인 평생교육시설의 설치) ① 국가 및 지방자치단체는 초·중등교육을 받지 못하고, 학령기를 지난 장애인을 위하여 학교 형태의 장애인 평생교육시설을 설치·운영할 수 있다.

② 국가 및 지방자치단체 외의 자가 제1항에 따른 장애인 평생교육시설을 설치하고자 하는 때에는 대통령령으로 정하는 시설과 설비를 갖추어 교육감에게 등록하여야 한다.

장애인 등에 대한 특수교육법 시행령

제32조(학교 형태의 장애인 평생교육시설) ① 법 제34조 제2항에서 '대통령령으로 정하는 시설과 설비'란 다음 각 호에 해당하는 시설·설비를 말한다.

1. 49.5제곱미터 이상의 수업실
2. 학습에 필요한 시설 및 설비
5. 「장애인·노인·임산부 등의 편의증진 보장에 관한 법률 시행령」 별표 2에 따라 교육연구시설에 설치하여야 하는 편의시설

※ 「장애인·노인·임산부 등의 편의증진 보장에 관한 법률 시행령」 별표 2: 대상시설별 편의시설의 종류 및 설치기준

② 교육감은 법 제34조 제2항에 따른 장애인 평생교육시설을 설치·운영하는 사람이 교육감이 관리하는 공공시설을 이용하려는 경우, 그 공공시설의 본래 이용 목적을 해치지 않는 범위에서 이용할 수 있도록 지원하여야 한다.

앞에서 살펴본 바에 따르면 「장애인 등에 대한 특수교육법 시행령」 제32조 제1항 제5호에 장애인의 평생교육을 위해 「장애인·노인·임산부 등의 편의증진 보장에 관한 법률 시행령」 별표 2에 제시된 편의시설을 제공하도록 하고 있다. 별표 2에는 공원 그리고 공공건물 및 공중이용시설에의 편의시설 종류 및 설치기준, 대상 시설별로 설치하여야 하는 편의시설의 종류가 제시되어 있으

며, 이들 중 장애인과 관련한 공공건물 및 공중이용시설에 대한 편의시설 종류
및 설치기준 그리고 교육연구시설에 설치하여야 하는 편의시설의 종류는 〈표
3-2〉, 〈표 3-3〉과 같다.

‖표 3-2‖ 공공건물 및 공중이용시설 설치기준

편의시설의 종류	설치기준
(1) 장애인 등의 통행이 가능한 접근로	(가) 대상 시설 외부에서 건축물의 주출입구에 이르는 접근로는 장애인 등이 안전하고 편리하게 통행할 수 있도록 유효폭·기울기와 바닥의 재질 및 마감 등을 고려하여 설치하여야 한다. (나) 접근로를 (가)의 주출입구에 연결하여 시공하는 것이 구조적으로 곤란하거나 주출입구보다 부출입구가 장애인 등의 이용에 편리하고 안전한 경우에는 주출입구 대신 부출입구에 연결하여 접근로를 설치할 수 있다.
(2) 장애인전용 주차구역	(가) 부설주차장에는 장애인전용 주차구역을 주차장법령이 정하는 설치비율에 따라 장애인의 이용이 편리한 위치에 구분·설치하여야 한다. 다만, 부설주차장의 주차대수가 10대 미만인 경우는 제외하며, 산정된 장애인전용 주차구역의 주차대수 중 소수점 이하의 끝수는 이를 1대로 본다. (나) 자동차 관련 시설 중 특별시장·광역시장·시장·군수·구청장이 설치하는 노외주차장에는 장애인전용 주차구역을 주차장법령이 정하는 설치기준에 따라 장애인의 이용이 편리한 위치에 구분·설치하여야 한다.
(3) 높이 차이가 제거된 건축물 출입구	(가) 건축물의 주출입구와 통로에 높이 차이가 있는 경우에는 턱 낮추기를 하거나 휠체어리프트 또는 경사로를 설치하여야 한다. (나) (가)의 주출입구의 높이 차이를 없애는 것이 구조적으로 곤란하거나 주출입구보다 부출입구가 장애인 등의 이용에 편리하고 안전한 경우에는 주출입구 대신 부출입구의 높이 차이를 없앨 수 있다.
(4) 장애인 등의 출입이 가능한 출입구 등	(가) 건축물의 주출입구와 건축물 안의 공중의 이용을 주목적으로 하는 사무실 등의 출입구(문) 중 적어도 하나는 장애인 등의 출입이 가능하도록 유효폭·형태 및 부착물 등을 고려하여 설치하여야 한다. (나) 교통시설의 승강장에 이르는 개찰구 중 적어도 하나는 장애인 등의 출입이 가능하도록 너비 등을 고려하여 편리한 구조로 설치하여야 한다.

(5) 장애인 등의 통행이 가능한 복도 등	(가) 복도는 장애인 등의 통행이 가능하도록 유효폭, 바닥의 재질 및 마감과 부착물 등을 고려하여 설치하여야 한다. (나) 교통시설의 주출입구로부터 대합실 및 승강장에 이르는 통로는 유효폭, 바닥의 재질 및 마감과 부착물 등을 고려하여 설치하여야 한다.
(6) 장애인 등의 통행이 가능한 계단, 장애인용 승강기, 장애인용 에스컬레이터, 휠체어리프트, 경사로 또는 승강장	(가) 장애인 등이 건축물의 1개 층에서 다른 층으로 편리하게 이동할 수 있도록 그 이용에 편리한 구조로 계단을 설치하거나 장애인용 승강기, 장애인용 에스컬레이터, 휠체어리프트 또는 경사로를 1대 또는 1곳 이상 설치하여야 한다. 다만, 장애인 등이 이용하는 시설이 1층에만 있는 경우에는 그러하지 아니하다. (나) (가)의 건축물 중 6층 이상의 연면적이 2천 제곱미터 이상인 건축물(층수가 6층인 건축물로서 각층 거실의 바닥면적 300제곱미터 이내마다 1개소 이상의 직통계단을 설치한 경우를 제외한다)에 근린공공시설, 노유자시설 중 장애인시설 및 노인시설, 의료시설, 교육연구시설 중 학교 및 도서관, 공공업무시설, 숙박시설, 판매시설, 관람집회시설 중 공연장 및 관람장, 전시시설, 방송통신시설 중 방송국, 청소년수련시설이 있는 경우에는 장애인용 승강기, 장애인용 에스컬레이터, 휠체어리프트 또는 경사로를 1대 또는 1곳 이상 설치하여야 한다. (다) 층수가 2층 이상인 교통시설에는 장애인 등이 주출입구로부터 대합실 및 승강장이 있는 층까지 편리하게 이동할 수 있도록 장애인용 승강기, 장애인용 에스컬레이터, 휠체어리프트 또는 경사로를 1대 또는 1곳 이상 설치하여야 한다. (라) 교통시설의 승강장은 장애인 등이 안전하게 승·하차할 수 있도록 기울기, 바닥의 재질 및 마감과 차량과의 간격 등을 고려하여 설치하여야 한다. (마) 교통시설 중 택시 승강장과 차도의 경계에 높이 차이가 있는 때에는 턱 낮추기를 하거나 연석경사로를 설치하여야 한다.
(7) 장애인 등의 이용이 가능한 화장실	(가) 화장실은 장애인 등이 편리하게 이용할 수 있도록 구조, 바닥의 재질 및 마감과 부착물 등을 고려하여 설치하되, 장애인용 대변기는 남자용 및 여자용 각 1개 이상을 설치하여야 한다. (나) 여성용 화장실은 영유아용 거치대 등 임산부 및 영유아가 안전하고 편리하게 이용할 수 있는 시설을 구비하여 설치하여야 한다.
(8) 장애인 등의 이용이 가능한 욕실	욕실은 1개실 이상을 장애인 등이 편리하게 이용할 수 있도록 구조, 바닥의 재질 및 마감과 부착물 등을 고려하여 설치하여야 한다.

(9) 장애인 등의 이용이 가능한 샤워실 및 탈의실	샤워실 및 탈의실은 1개 이상을 장애인 등이 편리하게 이용할 수 있도록 구조, 바닥의 재질 및 마감과 부착물 등을 고려하여 설치하여야 한다.
(10) 점자블록	건축물의 주출입구와 도로 또는 교통시설을 연결하는 보도에는 점자블록을 설치하여야 한다.
(11) 시각 및 청각장애인 유도·안내설비	(가) 시각장애인의 시설이용 편의를 위하여 건축물의 주출입구 부근에 점자안내판, 촉지도식 안내판, 음성안내장치 또는 기타 유도신호장치를 1개 이상 설치하여야 한다. (다) 공원·근린공공시설·장애인시설·교육연구시설·공공업무시설, 시각장애인 밀집 거주지역 등 시각장애인의 이용이 많거나 타당성이 있는 설치요구가 있는 곳에는 교통신호기가 설치되어 있는 횡단보도에 시각장애인을 위한 음향신호기를 설치하여야 한다. (라) 청각장애인의 시설이용 편의를 위하여 청각장애인 등의 이용이 많은 곳에는 전자문자안내판 또는 기타 전자문자안내설비를 설치하여야 한다.
(12) 시각 및 청각장애인 경보·피난설비	(가) 시각 및 청각장애인 등이 위급한 상황에 대피할 수 있도록 청각장애인용 피난구유도등·통로유도등 및 시각장애인용 경보설비 등을 설치하여야 한다. (나) 교통시설의 승강장에서 장애인 등이 추락할 우려가 있는 경우에는 난간 등 추락방지설비를 갖추어야 한다.
(13) 장애인 등의 이용이 가능한 객실 또는 침실	기숙사 및 숙박시설 등의 전체 침실수 또는 객실의 1퍼센트 이상(숙박시설은 0.5퍼센트 이상)은 장애인 등이 편리하게 이용할 수 있도록 구조, 바닥의 재질 및 마감과 부착물 등을 고려하여 설치하되, 산정된 객실 또는 침실수 중 소수점 이하의 끝수는 이를 1실로 본다.
(14) 장애인 등의 이용이 가능한 관람석 또는 열람석	관람장 및 도서관 등의 전체 관람석 또는 열람석 수의 1퍼센트 이상(전체 관람석 또는 열람석 수가 2천 석 이상인 경우에는 20석 이상)은 장애인 등이 편리하게 이용할 수 있도록 구조 등을 고려하여 설치하되, 산정된 관람석 또는 열람석 수 중 소수점 이하의 끝수는 이를 1석으로 본다.
(15) 장애인 등의 이용이 가능한 접수대 또는 작업대	읍·면·동사무소 및 장애인시설 등의 접수대 또는 작업대는 장애인 등이 편리하게 이용할 수 있도록 형태·규격 등을 고려하여 설치하여야 한다. 다만, 동일한 장소에 각각 2대 이상을 설치하는 경우에는 그중 1대만을 장애인 등의 이용을 고려하여 설치할 수 있다.

(16) 장애인 등의 이용이 가능한 매표소·판매기 또는 음료대	교통시설 등의 매표소(장애인 등의 이용이 가능한 자동발매기를 설치한 경우와 시설관리자 등으로부터 별도의 상시서비스가 제공되는 경우를 제외한다), 판매기 및 음료대는 장애인 등이 편리하게 이용할 수 있도록 형태·규격 및 부착물 등을 고려하여 설치하여야 한다. 다만, 동일한 장소에 2곳 또는 2대 이상을 각각 설치하는 경우에는 그중 1곳 또는 1대만을 장애인 등의 이용을 고려하여 설치할 수 있다.

‖ 표 3-3 ‖ 교육연구시설에 설치하여야 하는 편의시설의 종류

편의시설 대상시설	매개시설			내부시설			위생시설				안내시설			비고
	주출입구 접근로	장애인전용 주차구역	주출입구 높이 차이 제거	출입구(문)	복도	계단 또는 승강기	화장실			점자블록	유도 및 안내설비	경보 및 피난설비	
							대변기	소변기	세면대				
교육연구시설	학교 (특수학교 포함)	의무	의무	의무	의무	의무	의무	의무	의무	권장	의무	의무	의무	
	교육원·직업훈련소·학원 기타 이와 유사한 용도의 시설	의무	의무	의무	의무	의무	의무	의무	의무	권장	권장	권장	권장	500㎡ 이상
	도서관	의무	의무	의무	의무	의무	의무	의무	의무	의무	권장	권장	권장	1000㎡ 이상

기출문제

초등, 09 〈보기〉에서 현행 「장애인 등에 대한 특수교육법」에 따라 각급 학교의 장이 장애학생에게 반드시 제공하여야 할 특수교육 관련 서비스를 〈보기〉에서 모두 고른 것은?

ㄱ. 특수교육대상자를 위하여 보조인력을 제공하여야 한다.
ㄴ. 특수교육대상자의 생활지도 및 보호를 위하여 기숙사를 설치·운영하여야 한다.
ㄷ. 특수교육대상자와 그 가족에 대하여 가족상담 등 가족지원을 제공하여야 한다.
ㄹ. 특수교육대상자가 필요로 하는 경우에는 물리치료, 작업치료 등 치료지원을 제공하여야 한다.
ㅁ. 특수교육대상자의 교육을 위하여 필요한 장애인용 각종 교구, 각종 학습보조기, 보조공학 기기 등의 설비를 제공하여야 한다.

---

① ㄱ, ㄴ   ② ㄱ, ㅁ   ③ ㄴ, ㄷ
④ ㄷ, ㄹ   ⑤ ㄹ, ㅁ

초등, 05 「특수교육진흥법」에서는 통합교육의 확대를 위하여 각급 학교에 편의시설을 설치하도록 규정하고 있다. 이 규정에 따라 일반학교에서 의무적으로 설치해야 할 편의시설의 종류 4가지를 쓰시오.

① _____
② _____
③ _____
④ _____

중등, 12 H특수학교에서 장애학생들의 정보 접근을 지원하기 위해 홈페이지를 제작하였다. 웹 접근성 지침에 따른 것만을 〈보기〉에서 모두 고른 것은?

ㄱ. 반복적인 네비게이션 링크를 뛰어넘어 핵심 부분으로 직접 이동할 수 있도록, 건너뛰기 링크를 제공하였다.

ㄴ. 빠른 탐색을 돕기 위해서 동영상, 음성 등의 멀티미디어 콘텐츠에 자막이나 원고 대신 요약 정보를 제공하였다.

ㄷ. 주변 상황에 관계없이 링크의 목적지를 찾아갈 수 있도록, '여기를 클릭하세요'와 같은 링크 텍스트를 제공하였다.

ㄹ. 회원가입 창의 필수항목은 색상을 배제하고도 구분할 수 있도록, '＊' 등의 특수문자와 색상을 동시에 제공하였다.

ㅁ. [Tab] 키를 이용하여 웹을 탐색하는 장애학생들을 위해 오른쪽에서 왼쪽, 위에서 아래로의 일반적인 순서에 따라 논리적으로 이동할 수 있도록 콘텐츠를 선형화하였다.

① ㄱ, ㄹ   ② ㄱ, ㅁ   ③ ㄱ, ㄹ, ㅁ
④ ㄴ, ㄷ, ㄹ   ⑤ ㄴ, ㄷ, ㅁ

중등, 11 현행 「장애인 등에 대한 특수교육법」과 동법 시행령 및 시행규칙에 제시된 특수교육공학 관련 내용에 대한 설명으로 옳은 것만을 〈보기〉에서 모두 고른 것은?

ㄱ. 각급학교의 장은 특수교육대상자의 보조공학 기기 지원을 결정하기 위하여 특별지원위원회를 설치·운영하여야 한다.

ㄴ. 일반학교의 장은 특수교육대상자를 배치받은 경우 학습 보조기기의 지원을 포함한 통합교육계획을 수립·시행하여야 한다.

ㄷ. 각급학교의 장은 학교에서 제공하는 각종 정보를 특수교육대상자에게 제공하는 경우 특수교육대상자의 장애유형에 적합한 방식으로 제공하여야 한다.

ㄹ. 특수교육대상자에게 보조공학 기기 지원, 학습보조 기기 지원, 통학지원 및 정보접근 지원이 필요한 경우 개별화교육계획에 그 내용과 방법이 포함되어야 한다.

① ㄱ, ㄹ   ② ㄴ, ㄷ   ③ ㄱ, ㄴ, ㄷ
④ ㄱ, ㄷ, ㄹ   ⑤ ㄴ, ㄷ, ㄹ

중등, 10-1   장애학생을 대상으로 웹기반 수업을 하기 위해 웹 접근성 지침에 따른 사이트를 구축하고자 한다. 이때 고려해야 할 웹 접근성 지침의 내용으로 옳은 것을 〈보기〉에서 모두 고른 것은?

ㄱ. 웹에서 프레임의 사용은 많아야 한다.
ㄴ. 웹상의 동영상에는 자막이 있어야 한다.
ㄷ. 웹의 운용이 키보드만으로도 가능해야 한다.
ㄹ. 웹에서 변화하는 문자의 사용은 적어야 한다.
ㅁ. 웹의 정보는 색깔만으로도 구분할 수 있어야 한다.

① ㄱ, ㅁ   ② ㄴ, ㄷ   ③ ㄱ, ㄴ, ㄹ
④ ㄴ, ㄷ, ㄹ   ⑤ ㄴ, ㄷ, ㅁ

중등, 10-2   특수교육 관련 서비스에 대한 설명으로 옳은 것을 〈보기〉에서 모두 고른 것은?

ㄱ. 학생에 대한 특수교육 관련 서비스의 지원 내용은 학교장이 결정한다.
ㄴ. 공립 및 사립학교의 기숙사 시설 · 설비 기준은 시 · 도 교육규칙으로 정한다.
ㄷ. 학생 개인별로 특수교육 관련 서비스의 제공 여부, 내용, 방법 등이 다를 수 있다.
ㄹ. 치료지원은 관계 법률에서 정하는 건강가정지원센터나 장애인복지시설과 연계하여 제공할 수 있다.
ㅁ. 교육감은 학교장이 각종 교수, 학습보조기, 보조공학 기기를 제공할 수 있도록 특수교육지원센터에 필요한 기구를 갖추어 두어야 한다.

① ㄱ, ㄴ, ㄷ   ② ㄱ, ㄷ, ㅁ   ③ ㄴ, ㄷ, ㄹ
④ ㄴ, ㄷ, ㅁ   ⑤ ㄴ, ㄹ, ㅁ

중등, 07   A고등학교에 특수교육 대상자로 배정된 철수의 교육비 지원에 관한 내용이다. 국가 및 지방자치단체가 부담 또는 보조해야 할 사항으로 바른 것은?

① 수업료, 가정 학습비, 교통비, 간식비
② 도우미 지원비, 방과 후 교육비, 의료비
③ 입학금, 수업료, 교과용 도서대, 학교 급식비
④ 무상 · 의무교육인 고등학교 과정의 모든 교육비

정답   (초등, 09) ②   (초등, 05) 주출입구 접근로, 장애인전용 주차구역, 주출입구의 높이차이 제거, 장애인 등의 출입이 가능한 출입구(문)   (중등, 12) ①   (중등, 11) ⑤   (중등, 10-1) ④   (중등, 10-2) ④   (중등, 07) ③

제4장 보편적 학습설계

접근성을 내포하고 있는 보편적 설계라는 용어는 특수교육 좁게는 특수교육공학의 내용을 구성하고 있는 한 부분에 지나지 않는다고 인식하고 있는 경우가 많다. 그러나 현재 보편적 설계는 장애인뿐만 아니라 비장애인들에게도 편의를 제공하며, 이제 일반 건축에서의 적용 단계를 넘어 교육에서의 환경과 교수에 까지 확장·적용되고 있는 개념이다. 특히, 보편적 교육설계(Universal Design in Education: UDE) 혹은 보편적 학습설계(Universal Design for Learning: UDL)는 교육 전반에 걸쳐 강조되고 있는 통합교육의 방법과 함께 평생학습사회에의 교육환경을 준비하고 갖춰 나가는 데 필요한 대안을 제시해 주고 있다. 뿐만 아니라 일반교육 장면에서 교육받고 있는 다양한 학습양식의 아동들에 대해서도 다시 한 번 생각하게 하는 기회를 제공하며, 이를 통해 교수방법, 교수자료, 평가방법의 개선 방향을 제시할 것이다. 이 장에서는 보편적 설계의 개념 및 원리에 대해 알아보고 이를 토대로 확장된 개념인 보편적 학습설계의 원리에 대해서 살펴보도록 한다.

제1절 **보편적 설계**

1. 보편적 설계의 정의

무장애설계, 통합설계, 모든 이를 위한 설계 등 다양하게 불리는 보편적 설계는 건축가이면서 노스캐롤라이나주립대학교 보편적설계센터(Center for Universal Design: CUD)의 센터장이었던 Ron Mace에 의해 대중화되었다. 9세 때 소아마비에 걸려 휠체어를 사용해야 했던 Mace는 자신의 이동을 가로막는 장애물들로 인해 좌절하지 않고 이를 제거하기 위해 노력했다. 1966년에 노스캐롤라이나주립대학교의 디자인학교(School of Design)에서 학위를 받고 이후 4년간 실제 건축경험을 쌓았는데, 당시의 경험을 토대로 보편적 설계를 적용한 건축물 및 편의시설을 설계하였다.

보편적 설계의 개념은 1985년 Ron Mace가 Designers West에 기고한 글에서 처음으로 찾아볼 수 있으며 "보편적 설계란 단순히 건물이나 편의시설을, 추가비용 없이 혹은 거의 없이 설계함으로써, 장애의 유무에 상관없이 모든 사람들에게 매력적이고 기능적이도록 설계하는 것이다."라고 소개했다. 이와 같이 보

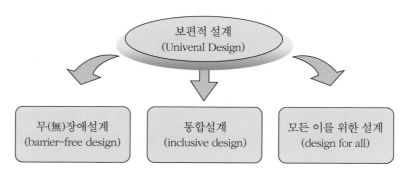

‖ 그림 4-1 ‖ **보편적 설계의 동의어들**

편적 설계의 초기 개념은 건축학을 토대로 하고 있으나 점차 도시 설계를 비롯하여 상품 설계와 같은 영역으로 적용 분야를 확장시켜 나갔다. 그리고 정의에 대한 이후의 계속된 논의를 토대로 1998년 보조공학법(Assistive Technology Act: ATA)은 다음과 같이 보편적 설계를 정의하였다.

> 보편적 설계란 가능한 기능적 능력으로 가장 광범위한 범주의 사람들에 의해 사용 가능한 제품과 서비스를 디자인하고, 전달하는 개념 또는 철학을 의미하며, 직접 사용할 수 있는(보조공학이 필요 없는) 제품과 서비스 그리고 보조공학과 함께 사용할 수 있는 제품과 서비스를 포함한다.

이상의 정의에서 제시되고 있는 '보조공학' '보조공학 기기' 그리고 '보조공학 서비스'의 의미를 구체적으로 살펴보면 다음과 같다.

- 보조공학: 보조공학 기기나 보조공학 서비스에 이용되도록 고안된 공학
- 보조공학 기기: 상업적으로 개조된, 혹은 주문 제작하여 구입하였는지를 막론하고 장애인 개개인의 기능적 능력을 증진, 유지, 혹은 향상시키기 위해 사용되는 어떤 부품, 장비의 일부분, 생산 시스템
- 보조공학 서비스: 장애인이 보조공학 기기를 선택, 획득, 또는 사용할 수 있도록 직접적으로 도와주는 서비스

정리하면, 보편적 설계란 건축학에서 모든 제품과 건축물들을 개조하거나 특수한 디자인 없이 모든 사람들이 사용할 수 있도록 디자인 한다는 것에서 비롯된 개념으로, 사람들의 다원적인 요구와 변화하는 유동적 요구를 포용할 수 있는 공통 설계요인을 최대한 반영한 디자인으로 제품, 통신수단, 건축 환경 등을 추가적인 비용 없이, 또는 최소한의 비용만으로, 유용하게 만듦으로써 장애인

이나 노약자만이 아니라 남녀노소, 장애 유무와 관계없이 모든 사람들의 생활을 간편하게 하는 데 있다(김용욱, 2005).

이와 같은 보편적 설계의 가장 큰 이점은(「보조공학법」, section 2 제10항) 제품의 생산 후보다는 생산 전에 장애인을 위한 편의를 만듦으로써 많은 특별한 종류의 보조공학 기기와 보조공학 서비스에 대한 요구를 줄인다는 것이다. 또한 보편적 설계 원리의 사용은 기존의 보조공학과 호환할 수 있는 제품(서비스 포함)을 증가시킬 것이다.

현재는 보편적 설계의 개념이 물리적인 공간의 구성에만 국한하거나, 일부 사회계층이나 집단을 위해서 고려되는 것에서 사회 전반적인 모든 요소에서 고려되어야 한다는 하나의 운동 혹은 기준으로 자리 잡혀 있는데, 이하에서는 구체적인 원리 및 지침에 대해 살펴보도록 하자.

2. 보편적 설계의 원리

1998년 미국 노스캐롤라이나주립대학교의 보편적 설계센터가 제시한 보편적 설계의 일곱 가지 원리들은 다음과 같다.

- 원리 1: 공평한 사용
- 원리 2: 사용상의 융통성
- 원리 3: 단순하고 직관적인 사용
- 원리 4: 지각할 수 있는 정보
- 원리 5: 오류에 대한 관용
- 원리 6: 낮은 신체적 수고
- 원리 7: 접근과 사용에 적절한 크기와 공간

1) 공평한 사용

이 원리가 제시하고 있는 바는 장애인만을 위한 별도의 설계를 지양함으로써 장애인이 비장애인이 분리되거나 낙인찍힘이 없도록 해야 할 뿐만 아니라 모든 사용자들에게 매력적인 요소를 추가함으로써 일반 대중들의 접근성을 향상시켜야 한다는 것이다.

- 정의: 설계는 다양한 능력을 가진 사람들에게 유용하고 시장성이 있어야 한다.

  - 지침 1a: 모든 사용자들에게 동일한 사용수단을 제공하라: 가능하면 똑같이, 가능하지 않다면 등가로.
  - 지침 1b: 어떠한 사용자도 분리되거나 낙인찍히지 않도록 하라.
  - 지침 1c: 사생활, 보장성, 그리고 안전성에 대한 조항은 모든 이용자들에게 공평하게 제공되어야 한다.
  - 지침 1d: 모든 사용자들의 흥미를 끌도록 설계해야 한다.

2) 사용상의 융통성

앞서 살펴본 공평한 사용의 원리가 적용된 보편적 설계가 일반 대중의 흥미를 끌기 위해서는 아동에서부터 노인 그리고 남성과 여성, 장애인과 비장애인 등 다양한 사람들의 욕구를 충족시킬 수 있어야 한다. 즉, 사용상의 융통성을 제공함으로써 대부분의 사람이 아닌 모든 이들이 바라는 바를 충족시켜 줄 수 있어야 한다는 것으로 해당 원리의 정의와 이를 실현시키기 위한 구체적인 지침은 다음과 같다.

- 정의: 디자인은 광범위한 개인적 성향과 능력을 수용해야 한다.

  - 지침 2a: 사용방법상의 선택권을 제공하라.
  - 지침 2b: 오른손잡이 또는 왼손잡이가 접근하고 이용할 수 있도록 편의를 도모하라.
  - 지침 2c: 사용자의 정확성과 정밀도를 촉진하라.
  - 지침 2d: 사용자의 속도를 위해 적응성을 제공하라.

시각장애 또는 학습장애를 가진 이들도 접근가능한 발신자 번호 문자 및 음성 안내기능이 내장된 일반 전화기(좌), 뇌성마비인들의 컴퓨터 사용에 대한 정확성과 정밀도를 촉진시켜 주는 키가드(우)

‖ 그림 4-2 ‖ **사용상 융통성의 예**

3) 단순하고 직관적인 사용

원리 3은 우리가 일상에서 사용하는 개인용 컴퓨터, 현금 자동 입출금기 그리고 다른 장치와 같이 고객과 사무실 제품에 가장 직접적으로 적용할 수 있는 것으로(Bowe, 2000), 다음과 같이 정의된다.

- 정의: 사용자의 경험, 지식, 언어 기술 또는 현재의 주의집중 수준에 관계없이 이해하기 쉬운 디자인을 이용해야 한다.

- 지침 3a: 불필요하게 복잡한 것을 제거하라.
- 지침 3b: 사용자의 기대와 직관에 일치되게 하라.
- 지침 3c: 광범위한 문해력과 언어 기술을 수용하라.
- 지침 3d: 그것의 중요성과 일치하는 정보를 배열하라.
- 지침 3e: 과제수행 중 그리고 과제수행 후에는 효과적인 촉진과 피드백을 제공하라.

4) 지각할 수 있는 정보

이 원리는 신체적인 장애가 없는 사람들이 접근 가능한 특징에 대해 관심을 가져야 하는 이유를 설명해 주는 매우 대단한 원리이다(Bowe, 2000). 예를 들어, 건청인의 경우도 환경적인 이유로 인해 소리를 듣지 못하는 경우가 있으며, 마찬가지로 시각장애인이 아님에도 불구하고 표시되어 있는 사항들에 대해 의미를 파악하지 못하는 경우도 있다. 따라서 모든 경우에 있어 정보는 다양한 방식으로 제공되어야 함을 의미한다.

- 정의: 주의의 조건 또는 사용자의 지각능력에 관계없이 사용자에게 필요한 정보를 효과적으로 전달해야 한다.

  - 지침 4a: 필수적인 정보를 풍부하게 표현하기 위해 다양한 방식(그림, 음성, 촉감)을 사용하라.
  - 지침 4b: 필수적인 정보의 '가독성'을 최대화하라.
  - 지침 4c: 기술할 수 있는 다양한 방법으로 요소들을 차별화시켜라.
  - 지침 4d: 지각이 제한적인 사람들이 사용하는 공학제품 또는 기기들에 호환성을 제공하라.

가독성을 최대화한 화장실 표시(좌), 일반적인 청각경보기(중)와 이의 문제점을 보완하는 시각경보기(우)

‖ 그림 4-3 ‖ **지각할 수 있는 정보의 예**

5) 오류에 대한 관용

오류에 대한 관용은 많은 경우 전자제품에 적용된다. 가장 흔히 볼 수 있는 예로 윈도 10을 운영체제로 하는 컴퓨터는 전원을 끌 경우 다시 한 번 사용자의 의도인지 아닌지를 묻는다. 또한 최근 많이 이용되고 있는 터치 스크린 방식의 휴대전화는 의도하지 않은 버튼의 조작으로 인해 발생할 수도 있는 곤란함을 막기 위한 버튼 잠금 장치가 있다.

- 정의: 우발적이거나 의도하지 않은 행동으로 인해 발생할 수 있는 위험한 그리고 부정적인 결과를 최소화해야 한다.

  - 지침 5a: 가장 많이 쓰는 요소, 가장 접근 가능한 요소에 대해서는 위험과 오류를 최소화하기 위한 요소를 배열하라; 이와는 반대로 위험요소들은 제거하고, 격리시키고, 혹은 보호장치를 하라.
  - 지침 5b: 위험과 오류에 대한 경고를 제공하라.
  - 지침 5c: 안전구조의 특징을 제공하라.
  - 지침 5d: 주의를 필요로 하는 과제수행시 무의식적인 행동을 하지 않도록 하라.

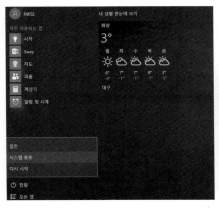
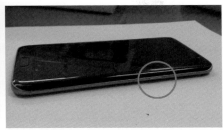

사용자의 의도를 재확인하는 윈도 10의 확인창(좌), 의도하지 않은 부정적 결과를 방지하기 위한 스마트폰의 잠금 장치 버튼(우)

‖ 그림 4-4 ‖ **오류에 대한 관용의 예**

6) 낮은 신체적 수고

이 원리는 노인을 제외한 많은 보행 가능자의 요구와 일치하며, 실제적인 관심사는 아동들이라고 간주한다. 이러한 특징은 보편적 설계가 보편적이고 매력적이도록 도울 것이다(Bowe, 2000). 낮은 신체적 수고의 정의 및 해당 지침은 다음과 같다.

- 정의: 효율적이고 편리하게 그리고 최소한의 신체적 노동으로 사용할 수 있어야 한다.

  - 지침 6a: 사용자가 자연스런 신체적 자세를 유지할 수 있도록 하라.
  - 지침 6b: 작동시키는 데 있어 적당한 힘을 사용하게 하라.
  - 지침 6c: 반복적인 동작을 최소화하라.
  - 지침 6d: 지속적인 신체적 수고를 최소화하라.

사용자가 최소한의 신체적 노동으로 사용할 수 있도록 하는 자동차의 버튼시동 장치(좌), 인체공학적 키보드(중), 사용자의 힘에 맞춰 압력 조절이 가능한 출입문(우)

‖ 그림 4-5 ‖ **낮은 신체적 수고의 예**

낮은 신체적 수고의 원리는 실질적으로 자동차의 편의시설은 물론 컴퓨터의 키보드 그리고 가정에서 사용되고 있는 세탁기에도 적용된 원리다. 우리나라의 경우 일부 고급 승용차종에 적용되고 있는 버튼시동 장치가 키를 돌려 시동을 거는 자동차보다, 인체공학적인 요소를 고려하여 설계된 키보드가 일반 키보드에 비해 그리고 어른들의 힘이 아닌 아동들의 힘에 맞춰 조절된 문의 압력이 낮은 신체적 수고의 원리를 적용한 경우에 속한다.

7) 접근과 사용에 적절한 크기와 공간

접근과 사용에 적절한 크기와 공간의 원리는 주로 신체적 이상으로 인해 생길 수 있는 문제들을 다루고 있다. 이때 신체적 이상이라 함은 왜소증과 같이 신장의 문제, 이동상의 문제, 접근의 문제 등을 포함하며, 이들을 위한 적절한 높이 및 공간 등을 고려해야 함을 지적하고 있다. 특히 보조공학 기기를 사용해야 하는 경우는 설계과정에서부터 이를 충분히 고려하여 이용에 불편함이 없도록 해야 한다.

• 정의: 사용자의 신체적 크기, 자세 혹은 이동성에 상관없이 접근, 도달, 작동 그리고 활용할 수 있는 적절한 크기와 공간이 제공되어야 한다.

- 지침 7a: 사용자가 앉거나 혹은 서 있더라도 주요 요소에 대한 뚜렷한 시야를 제공하라.
- 지침 7b: 모든 구성 요소를 앉아 있거나 서 있는 사용자가 편안하게 도달할 수 있도록 제작하라.
- 지침 7c: 손이나 악력의 크기에 따라 조절이 가능하도록 하라.
- 지침 7d: 보조공학 기기의 사용 혹은 개인적 지원을 위한 적절한 공간을 제공하라.

교실 및 가정에서 콘센트의 위치를 결정할 때 사용자의 신장, 보조공학 기기 사용 여부 등을 고려하여, 높은 곳에 설치하는 콘센트는 왜소증과 같이 키가 매우 작은 경우 그리고 휠체어에 착석한 상태에서도 닿을 수 있어야 하며, 낮은 곳은 휠체어 이용자가 몸을 구부려 사용하는 만큼 안정적 자세를 유지한 상태에서 이용가능한 안전한 높이여야 한다. 일례로 미국은 이와 같은 사항이 지침으로 제시되어 있는데, 최소 : 최대 도달 높이(바닥으로부터 측정)는 학령기 이전 약 51cm : 91cm, 9～12세는 약 41cm : 112cm이다. 문손잡이 역시 둥근 손잡이보다는 레버식 손잡이를 설치함으로써 뇌성마비인과 악력이 약한 이들도 충분히 쉽게 문을 여닫을 수 있도록 해야 할 것이다. 뿐만 아니라 휠체어 사용자들이 충분히 드나들 수 있는 넓이의 출입구와 서로 다른 방향으로 이동하는 휠체어 두 대가 서로 부딪히지 않을 정도의 복도 넓이를 고려하는 것도 이 원리에 해당된다.

‖ 그림 4-6 ‖ **손이나 악력의 크기와는 상관없이 쉽게 이용할 수 있는 레버식 문손잡이**

제2절　**보편적 학습설계**

1. 보편적 학습설계의 정의

컴퓨터를 이용한 학습장애 학생의 학습 강화를 주된 목적으로 Meyer, Rose, Meo 그리고 Stahl에 의해 비영리 단체인 미국의 응용특수공학센터(Center for Applied Special Technology, 이하 CAST)가 1984년에 설립되었다. 그리고 이후 장애인을 포함한 모든 사람들에게 교육기회를 확장시키기 위해 테크놀로지를 사용할 것을 주장하면서 연구 영역을 확장시켜 나갔다. 노스캐롤라이나주립대학교(North Carolina State University)의 Ron Mace 등이 보편적 설계를 정의한 이후, CAST는 보편적 설계의 원리를 학습환경에 적용하는 방안을 보다 적극적으로 모색하였다.

1990년대 초반까지만 하더라도 CAST는 보편적 설계의 개념을 교육과정에 적용하기 시작하면서 만든 학습교재와 학습방법을 'Universal Design for Learning'으로 명명하였다(Rose, Meyer, & Hitchcock, 2010). 그리고 1995년에서부터 CAST는 각종 강연과 발표회를 통해 UDL의 개념을 명확히 해 나갔다(http://www.cast.org).

〈보편적 학습설계의 초기 개념〉
"일반교육과정에 접근할 수 있도록 하기 위한 교재 및 교육방법"

다음의 〈표 4-1〉은 CEC(2006)가 보편적 설계의 7가지 원리가 어떤 방식으로 교육에 적용되는지를 제시한 것이다.

‖표 4-1‖ 보편적 설계의 7가지 원리와 교육적 활용

물리적 원리	교육적 활용
1. 공평한 사용: 설계는 모든 사용자가 공평하게 접근할 수 있도록 하며, 어느 누구도 차별을 받거나 낙인찍히지 않도록 한다.	1. 공평한 교육과정 교수는 매우 다양한 능력을 가진 학습자가 접근 가능한 단일 교육과정을 사용한다. 즉, 교육과정은 학습자를 불필요하게 차별하거나 '차이점'에 지나친 관심을 불러일으켜서는 안 된다. 교육과정은 모든 학습자가 참여할 수 있도록 설계한다.
2. 사용 시 융통성: 설계는 광범위한 개인적 선호도와 능력을 수용한다.	2. 융통성 있는 교육과정 교육과정은 광범위한 개인의 능력과 선호도를 수용하기 위해서 융통성 있게 제시될 수 있도록 설계한다. 따라서 언어, 학습 수준, 표현의 복잡성이 조절될 수 있어야 하며, 필요한 경우 학습자의 진도가 목적과 교수방법이 재설정될 수 있도록 지속적으로 검토한다.
3. 간단하고 직감적: 설계는 이해하기 쉬워야 한다.	3. 간단하고 직감적인 교수 교수는 간단해서 학습자가 가장 쉽게 접근 가능한 양식(mode)으로 제공한다. 언어, 학습 수준, 제시의 복잡성은 조정될 수 있다. 학습자의 진도는 필요한 경우 목적과 교수방법을 재설정하기 위해 계속적으로 모니터링된다.
4. 인식 가능한 정보: 설계는 사용자의 지각 능력에 상관없이 다양한 양식(그림의, 언어적, 촉각의)을 통해 사용자에게 필요한 정보를 효과적으로 전달한다.	4. 다양한 표현수단들 교육과정은 지각능력, 이해도, 주의집중도에 상관없이 학습자에게 가장 효과적으로 도달할 수 있는 방법으로 그를 가르치기 위해 다양한 표현수단을 제공한다.
5. 실수에 대한 포용: 설계는 우발적이거나 의도하지 않은 행동으로 인해 발생할 수 있는 위험과 부정적인 결과를 최소화한다.	5. 성공 지향적(success-oriented) 교육과정 교사는 참여에 대한 불필요한 장애를 제거함으로써 교육과정에 참여할 수 있도록 독려한다. 필요한 경우 교사는 효과적인 교육과정 설계의 원리를 적용한[예: 대요(big ideas) 가르치기, 배경지식 제공하기, 교수를 비계하기(scaffolding) 등] 계속적인 지원을 통해 지원적인 학습환경을 제공한다.

6. 적은 신체적 노력 설계는 효율적이고 편안하게, 피로를 최소화하면서 사용되어야 한다.	6. 적절한 학습자의 노력 수준 교실환경은 다양한 학습자의 반응수단을 수용함으로써 교육과정 교수자료에 대한 접근의 용이성을 제공하고, 편안함을 증진하며, 동기를 촉진하고, 학습자의 참여를 독려한다. 평가는 지속적으로 행해져야 하며, 수행을 측정한다. 교수는 평가결과에 근거해서 바꿀 수 있다.
7. 접근과 사용을 위한 크기와 공간 사용자의 신체 크기, 자세, 혹은 운동성에 상관없이 접근, 도달, 작동, 사용할 수 있는 적절한 크기와 공간을 제공한다.	7. 학습을 위한 적절한 환경 교실환경과 교육과정 교수자료의 조직은 교수방법에 있어서의 변화뿐만 아니라 학습자에 의한 물리적·인지적 접근에 있어서의 변화를 허용한다. 교실환경은 다양한 학습자의 집단화(grouping)를 허용한다. 교실 공간은 학습을 독려한다.

출처: Council for Exceptional Children (2006), p. 32.

이질적 특성을 지닌 학습자들이 일반교육과정으로의 접근, 참여, 진전도를 촉진시키기 위한 방법으로 제안된 UDL은 전 범위의 학습자, 즉 장애 혹은 비장애 학습자, 평균 이하나 그 이상의 학습자뿐만 아니라 보통의 학습자를 적절하게 자극하고 효과적으로 참여시키는 것을 목적으로 한다(Rose & Gravel, 2010). 목적 실현을 위해 UDL은 ① 접근 가능한 자료 패키지와 다양한 학습자가 동시에 접근할 수 있도록 해 주는 내장형 도구와 ② 개별 학습자의 요구를 충족시킬 수 있는 일반교육과정의 융통성 있는 제시라는 두 가지를 핵심적 특성으로 하며 다음과 같은 네 가지 기본 가정에 토대를 두고 있다(CEC, 2006).

첫째, UDL은 교실에서의 학습 차이의 연속성을 가정한다. 즉, 학습자는 학년 수준과 동일한 수준에서 혹은 그보다 낮은 수준에서, 그리고 그보다 상위의 수준에서 학습할 것이며, 개별 학습자는 개인적인 장·단점을 가지고 있다.

둘째, UDL은 융통성 있게 제시된 일반교육과정에 의존한다. 그래서 UDL은 모든 학습자를 적절하게 포함하고 참여시키며 도전하게 한다.

셋째, 특정 학생만을 위한 대안적 교육과정이나 기준을 제시하기보다는 모든 학생을 동일한 기준에 근거하여 평가한다. 이는 장애학생에게 성취기준을 낮게 떨어뜨려 적용하는 것을 지양하고 모든 학생에게 높은 기대수준을 갖게 할 수 있다.

넷째, 교수와 관련된 제반 사항이 설계 단계부터 포함된다. 교사가 교육방법이나 교육공학 기제들을 인위적으로 추가하지 않아도 되도록 설계 단계부터 미리 포함시켜 사용이 가능하도록 한다.

미국 특수교육 역사에서 볼 때, 1997년 「장애인교육법(Individuals with Disabilities Education Act: IDEA)」의 재승인은 일반교육과정에 참여하고 진전을 이루고자 하는 특수교육대상 학생들의 권리를 명확하게 표현하고, 그러한 학생들을 비장애 또래들과 동일한 책무성 체제 내에서 평가하기 위한 수준을 요구함으로서 새로운 지평을 열었다(Rose, Meyer, & Hitchcock, 2010). 이와 같은 변화 분위기 속에 1998년 Meyer와 Rose는 CAST가 발행한 최초의 단행본 『Learning to Read in the Computer Age, at the Invitation of Legendary Reading Scholar Jeanne Chall』을 통해 UDL의 틀이 될 기본적인 세 가지 원리에 대해 소개하였다. 그리고 같은 해 흔히 UDL에 관한 최초의 발표 논문으로 언급되는 『Design Principles for Student Access』가 미국 특수아동학회(Council for Exceptional Children, 이하 CEC)에 의해 출판되었다(http://www.cast.org). 이어서 2002년에는 처음으로 UDL의 개념 설명을 주된 내용으로 하는 『Teaching Every Student in the Digital Age: Universal Design for Learning』이 출간되었다(Meyer et al., 2014).

이와 같은 일련의 역사적 흐름 속에서 UDL의 개념은 점차 확장되는 경향을 보였다. 즉, 일반교육과정에 접근하고 학습을 지원하기 위한 교수매체와 교육방법 중심의 협의의 개념에서 학습자들의 학습국면 모두에서 모든 학생들의 접근과 참여, 진전을 완전히 지원하는 교육과정 개발이라는 광의의 개념으로 변화되는 모습을 보여 준 것이다. Rose(2002: CEC, 2006에서 재인용)는 UDL을 ① 정보를

다양한 형식과 매체로 표현하고 ② 학습자의 행동과 표현을 위한 다양한 통로를
제공하며 ③ 학습자의 관심과 동기를 유발시키는 다양한 방법을 제공하는 특성
을 지닌 교육과정이라고 정의하였다. Hall 등(2003)은 "모든 학습자들이 활용할
수 있는 교육방법이나 자료, 교육평가적 특성을 지닌 융통성 있는 교육과정을 설
계·개발할 수 있도록 도와주는 이론적 틀"로 UDL을 정의하였다. 뿐만 아니라
2008년에 CAST는 UDL Guideline 1.0을 발표하면서 UDL의 정의를 "모든 학습자
들을 학습전문가(expert learning)가 되도록 하는 데 방해가 되는 주요 장애, 즉 학
습에 대해 의도하지 않은 장애들을 야기하는 융통성 없고 획일적인(one-size-fits-
all) 교육과정을 다루거나 시정하기 위한 접근법"으로 제시하였다(노석준, 2012).
따라서 이상의 다양한 정의를 정리하면 UDL의 최근 개념은 UDL의 원리를 반영
하는 교육과정 개발의 준거틀로서의 의미로 확장되었다고 할 수 있다.

〈보편적 학습설계의 최근 개념〉
모든 학습자들의 학습전문가(expert learning) 양성을 목적으로
① 정보를 다양한 형식과 매체로 표현하고
② 학습자의 행동과 표현을 위한 다양한 통로를 제공하며
③ 학습자의 관심과 동기를 유발시키는 다양한 방법을 제공하는
　　교육과정 개발의 준거틀

〈표 4-2〉는 이와 같은 보편적 학습설계의 특성을 보편적 설계와 비교·정리
한 것이다.

보편적 설계 그리고 보편적 학습설계 모두 접근과 참여의 수단 측면에서 추
가적인 조정의 필요가 없도록 사전에 설계되어야 한다는 점에서는 공통적이다.
그러나 활용 측면에서 보편적 설계는 남의 도움 없이 본인 스스로가 사용 가능
하도록 하지만, 보편적 학습설계는 학생들 스스로가 접근수단을 조정하되, 교
사는 학생들의 학습 진도를 점검하고 어떤 속성들을 활성화할 수도 있다. 이는
곧 교육과정 설계는 학습자에게 자기충족적이며 교사는 학습자의 학습을 지도

‖표 4-2‖ 보편적 설계와 보편적 학습설계의 차이

	보편적 설계	보편적 학습설계
접근과 참여의 수단	생산물과 환경은 부가적인 조정의 필요 없이 모든 사람들에 의하여 사용될 수 있게 한다.	교육과정은 교사에 의한 추가적인 조정의 필요 없이 모든 학습자들에 의해 활용 가능해야 한다.
활용	사용자들이 모든 접근을 통제하며 다른 사람들의 도움이 없거나 거의 필요하지 않다.	학습자들이 접근 수단을 통제하지만 교사들은 교수와 촉진, 학습자들의 학습에 대한 평가를 계속한다.
도전	• 만약 제거할 수 없다면 최소화한다. • 접근에 대한 장애는 가능한 한 많이 없어진다. • 가장 좋은 설계는 가장 쉽고 광범위한 접근을 제공한다.	• 몇몇 인지적인 도전들이 여전히 유지되어야 한다. • 접근에 대한 장애들은 없어져야 하지만 적합하고 적당한 도전은 유지되어야 한다. • 만약 접근이 너무 없다면, 학습은 더 이상 일어나지 않을 것이다.

출처: 노석준(2006); Orkwis, R., & McLane, K. (1998:10) 수정 후 인용

하고, 촉진하며 평가하는 데 있어 적극적일 수 있음을 의미한다. 그리고 도전의 측면은 일반적인 보편적 설계에서는 모든 장벽을 제거하여 가장 손쉽게 접근할 수 있도록 하는 데 초점을 두고 있지만, 보편적 학습설계는 접근의 장벽은 제거하되 학습자의 분발을 위한 적절한 도전이 있도록 해야 한다는 차이가 있다.

2. 보편적 학습설계의 이론적 배경

보편적 학습설계는 기본적으로 모든 학습자들은 개인적인 요구와 흥미, 강점과 제한점을 가진 개인이라고 가정하기 때문에 학습자들 간의 차이와 다양성을 인정하고, 모든 학생들이 교육과정에 접근하고 학습을 할 수 있도록 해 주는 대안을 포함하고 있어야 한다는 것을 전제로 한다. 그리고 테크놀로지를 사용하여

개인 학습자들 간의 개인차를 해결하려는 것을 근간으로 한다. 이에 이하에서는 보편적 학습설계의 이론적 배경이 되는 학습자의 학습 특성을 결정짓는 뇌의 사고 시스템과 다중지능이론 및 테크놀로지의 특성이라는 세 가지 측면을 살펴보자(윤광보, 김용욱, 권혁철, 2002: 266-270).

1) 뇌의 사고 시스템

우리는 스스로 학습을 하면서도 우리의 뇌가 어떻게 학습하고 있는지를 자기 자신은 물론 다른 사람에게 명확히 설명할 수 없다. 이것은 현재 많은 학습이론과 원리들이 통일되어 있지 않고 다양한 이론들이 서로 다른 이론적 입장을 나타내고 있다는 사실만 봐도 알 수 있다.

그러나 과학의 급속한 발전에 의하여 뇌가 어떻게 사고하는지에 대한 많은 비밀들이 밝혀지고 있다. 뇌가 어떻게 학습하는가에 대한 새로운 통찰은 우리에게 학습에서의 개인차를 이해하는 데 있어 새로운 방식을 제공한다(Meyer & O'Neill, 2000a). 지금까지 심리학자들은 학습에 있어서 개인간 차이를 지능과 같은 단일 측면의 기초를 토대로 평가하여 왔지만, 오늘날의 개인차는 여러 세분화된 기능과 능력의 합성물 혹은 많은 종류의 마인드의 합성물이라는 맥락에서 이해하는 것이 더욱 일반적이다.

의학 분야에 있어 영상과학의 발달로 인해 학습을 할 때 우리의 뇌가 어떻게 작용하는지를 객관적, 가시적으로 확인할 수 있게 되었으며 인간의 뇌가 학습할 때 어떤 부분이 어떤 작용을 하는지도 알게 되었다(Caine & Caine, 1994; Jenson, 1988). 그리고 뇌에 대한 연구를 통해 인간의 뇌는 많은 세분화된 요소들의 집합체라는 것을 알게 되었고, 그것은 하나의 보편적이고 일반적인 목적의 학습 장치가 아니라 특정 목적에 각각 기여하는 많은 다른 종류의 신경 중추 학습도구들로 채워진 하나의 도구상자라는 것이다(Rose & Meyer, 2001). 학습자들 간의 개인차는 그러한 세분화, 전문화를 반영하는 것이라고 한다. 즉, 개인들은 지능과 같은 어떤 보편적인 연속체선상에서 다른 사람들과 다른 것이 아니라, 뇌의 많은 세분화된 일면들에 따라서 다른 사람과 다르다는 것이다.

인간이 학습과제를 수행하는 데 있어서 수반되는 뇌의 시스템에는 기능적 공간적으로 구별이 가능한 인지 시스템과 전략 시스템 그리고 정서적 시스템이 있다고 한다. 인지 시스템은 우리에게 물체가 무엇이며 어디에 있는지를 말해 주는 유형을 확인하고, 전략 시스템은 우리에게 일을 하는 방법에 대하여 말해 주는 유형을 산출하며, 정서적 시스템은 어느 대상이 중요하고 흥미로운지를 말해 주는 우선권을 결정하는 시스템(Meyer & O'Neill, 2000a)으로 신경망에서 개인차를 이해하는 데 매우 중요하며 학습을 위해 필수적이다. 이러한 세 가지 시스템은 상호 연결되어 상호작용하지만 각기 독특하기 때문에, 세분화된 뇌에 의하여 이루어지는 여러 종류의 학습은 교수 적용과 매체 사용에서 다른 접근을 필요로 한다. 그러므로 뇌의 세 가지 시스템 각각에서의 개인차에 부응하는 교수-학습을 위해서는 모든 학습자의 개인차를 인정하고 그들이 사고하는 뇌의 시스템에 기초한 보편적 학습설계가 필요함을 정당화할 수 있다. 뇌의 신경 네트워크에 대해서는 다음의 'UDL의 원리와 가이드라인'에서 구체적으로 살펴보도록 하자.

2) 다중지능이론

Caine과 Caine(1991)은 인간의 뇌는 선천적으로 어떤 대상자 간의 공통의 유형이나 관련성을 찾게 되며, 같은 것이라도 다른 방법으로 포장될 경우 그 내용에 대하여 보다 잘 이해할 수 있다고 한다. 이러한 측면은 다중지능이론의 입장으로도 정당화할 수 있다.

Gardner(1993)는 지금까지의 지능에 대한 연구는 인간의 지능을 너무 좁은 안목으로 정의하였다고 지적하면서, 인간의 지능을 '문제해결 능력 또는 가치 있게 여기는 어떤 결과를 만들어 내는 능력'으로 정의한다. 그는 인간은 적어도 언어적, 논리-수학적, 공간적, 신체적, 음악적, 인간관계, 내적 지능의 7가지의 기본 지능이 있다는 다중지능이론을 주장하였다. 최근에 자연관찰 지능과 실존 지능을 추가함으로써 인간의 지적활동을 서로 독립적인 9개의 분야로 구분하고 각 분야에 대응하는 9가지 지능으로 구분했다.

이러한 다중지능이론의 기본적 원리는 지능은 단일한 능력 요인 혹은 다수의 능력 요인으로 구성된 하나의 지능으로 구성되는 것이 아니라, 서로 독립적이지만 상호작용하는 다수의 지능으로 구성된다는 것이다. 서로 별개로 구분되는 다수의 지능을 가정할 때 각각의 지능을 구성하는 능력들은 그 자체가 하나의 독립된 체제로 기능하는 것이지 우리가 일반적으로 지능이라고 말하는 상위체제의 일부로서 기능하는 것은 아님을 강조한다.

다중지능이론은 모든 학생들은 최소한 하나의 우수한 지능을 가지고 있으며, 이 지능을 이용하여 가르치면 성공적으로 학습할 수 있다는 교육철학과 믿음을 가지고 있다. 이는 모든 아동들이 다른 능력과 다른 관심을 가지고 있으며, 그들의 학습양식도 다르다는 것을 함의하는 것으로 각 아동의 특정 능력이나 학습양식에 적합한 내용을 선택하여 지도해야 한다는 것을 시사한다. 즉, 하나의 소재나 제재에 대한 수업에서 학습자들이 모든 지능을 발휘할 수 있는 기회를 제공하고, 그 소재나 제재에 대한 내용을 9가지로 서로 다르게 포장하여 제공해야 한다는 것이다. 이는 각 교과를 모두 가르치되 각 교과의 내용은 학생의 탁월한 지능을 활용할 수 있도록 제시되어야 한다는 것이다.

이러한 다중지능이론의 입장을 인정한다면 보편적 학습설계는 당위성을 가지며 보편적 학습설계는 모든 학습자들이 그들의 강점을 이용해 학습할 수 있도록 설계하기 때문에 학습에서의 개인차 문제를 자연스럽게 해결할 수 있을 것이다.

3) 테크놀로지의 발달

보편적 학습설계는 다양한 요구를 가진 모든 이들을 대상으로 하지만 모두에 대한 접근의 열쇠는 개별화에 있다. 그러나 개별화가 이론적으로는 교과서와 같은 전통적인 자료로도 가능하지만 실제로 많은 노력과 시간을 요하며 실행가능성이 희박하다. 아날로그 형태의 책이나 비디오테이프 등은 불변적이고 적응을 실행할 수 있는 수단을 가지고 있지 않기 때문에 이러한 전통적인 자료들을 가지고 보편적 학습설계를 실행하려는 교사들은 실제로 극복할 수 없는 문제와 직면하게 된다.

보편적 학습설계의 핵심 중 하나는 디지털 테크놀로지를 활용하여 학습자가 반응하는 방식과 자료가 제시되는 방식을 전환할 수 있는 융통성에 있다. 비록 디지털 자료들이 보편적 학습설계의 교육과정을 전달하는 유일한 방식은 아니지만 표현에 있어서 최대의 융통성을 허용해 주기 때문에 다양한 학생들의 능력 범위에 적응하는 것을 쉽게 만들어 줄 수 있다.

보편적 학습설계는 테크놀로지를 사용하기 때문에 종종 보조공학과 혼동된다. 비록 테크놀로지가 보편적 설계와 보조공학의 핵심이기는 하나 보조공학은 장애학생 개개인들이 주류 교육과정에 접근할 수 있도록 도와주기 위하여 설계되는 데 반해 보편적 학습설계는 모든 학생들이 주류 교육과정에 접근할 수 있도록 교육과정을 보편적으로 설계한다는 분명한 차이를 갖고 있다. 이에 대한 구체적인 내용은 제8장에서 보조공학에 대한 기본적인 내용을 살핀 이후에 다루도록 한다.

Meyer와 Rose(2000)는 보조공학이 특수교육에서 상당히 중요한 위치에 있는 것은 사실이나 장애를 가진 대부분의 학생들을 위한 교육에서 근본적인 변화를 일으키지는 못할 것으로 보았다. 이에 기존의 방법과 자료에 대한 접근성을 높이는 그 이상의 역할을 하게 될 좀 더 발달된 교육 테크놀로지가 도입될 것이라고 한다. 그는 더 발달된 다음 단계의 테크놀로지가 학습과 교수에 대한 개념을 근본적으로 다르게 구체화할 것이며 모든 학생을 위한 학습목표와 교수방법 그리고 평가방법을 변화시킬 것이라고 하였다.

보편적 학습설계에서 디지털 테크놀로지는 이미 이러한 새로운 아이디어와 접근을 위한 촉매로서 사용되고 있다. 그러나 멀티미디어도 경우에 따라서는 인쇄된 책과 같이 비접근적일 수 있으므로 디지털 매체 그 자체도 본질적으로 보편적 학습설계는 아닌 것이다. 따라서 멀티미디어의 본질적인 융통성은 보편적 학습설계를 위한 기회를 창출하지만 오직 적절한 설계만이 멀티미디어가 실제성을 가지도록 만들 수 있음을 인지해야 한다.

3. UDL의 원리와 가이드라인

1) UDL의 원리

두뇌연구와 신경과학의 연구결과를 토대로, 인간의 학습과정과 지식 생성 과정에 대한 이해가 가능해지게 되었다(Rose et al., 2010). 신경과학 관련 연구들에 의하면 인간의 두뇌는 신체의 움직임이나 인지과정, 시각과 청각 등의 자극에 따라 활성화되는 특정한 영역이 공통적으로 존재하는 것으로 알려져 있다. 하지만 자극에 대해 두뇌의 특정한 영역이 활성화되는 방식은 조금씩 다르게 나타난다고 한다(Meyer & Rose, 2000). 이는 장애 유무에 상관없이 여러 사람들에게 동일한 정보가 제공된다고 하더라도 새로운 정보의 처리 혹은 학습과정은 각기 상이한 방식으로 나타남을 의미한다(Meyer & Rose, 2002). 그 이유는 뇌에는 학습의 세 가지 근본적인 측면을 감독하는 광범위한 신경 네트워크, 즉 인지적 네트워크(recognition networks), 전략적 네트워크(strategic networks), 정서적 네트워크(affective networks)가 존재하는데, 이 네트워크를 통해 이루어지는 정보처리방식의 개인차 때문이다(Evan et al., 2010; Katz, 2012; Meyer et al., 2014; Rose et al., 2010).

인지적 네트워크는 정보 수집 기능을 담당하며 학습에 있어 무엇(what)을 배우는가와 관련된다. 인지적 네트워크에서의 개인차를 지원하기 위해 UDL은 '다중표상수단(multiple means representation)'을 제공한다. 인지적 네트워크의 다양성을 지원함에 있어, UDL은 어떤 특별한 과제나 문제에서 정보의 단일한 표상 기준으로는 가치가 거의 없는 지식을 반영하는 자료의 제공을 지양한다. UDL은 감각장애나 기타 장애가 있는 학생들을 위한 기본적인 접근과 함께, 모든 학생들의 의미있는 학습을 위해 다중적인 경로를 제공할 것을 제안한다.

전략적 네트워크는 수집된 정보를 조직화하고 우리의 생각을 표현하고 실제 수행하는 기능을 담당하며, 학습에 있어서는 어떻게(how) 학습하는가 혹은 어떻게 문제를 해결하는가와 관련된다. 전략적 네트워크에서의 다양성을 지원하기 위해, UDL은 학생들의 학습을 위한 능숙한 수행의 융통성 있는 모델들을 제공하고, 지원적인 환경에서 기능과 전략들을 연습할 수 있는 기회, 적절하고 지속적인 피드백, 다양한 매체와 양식으로 기능을 보여 줄 수 있는 융통성 있는 기회 등을 통해 '다중표현수단(multiple means of expression)'을 제공한다.

마지막으로 정서적 네트워크는 학습에 대한 동기와 관심에 따른 차이를 설명해 주는 것으로 왜(why) 배우는가와 관련되어 있다. 정서적 네트워크를 지원하기 위해, UDL은 '다중참여수단(multiple means of engagement)'을 제공한다. 이것은 학습에서 동기의 중요성과 참여의 바탕이 되는 개인차의 중요성을 인식하는 것이다. 콘텐츠와 도구의 선택권 제공, 도전과 지원의 적응적 수준 제공, 다양한 보상이나 인센티브 제공, 학습 맥락에 대한 선택지 제공 등은 정서적 학습을 지원하는 효과적인 전략에 속한다. 이상의 세 가지 신경 네트워크에 대한 이해는 어떤 환경을 제공해 주어야 모든 학습자들이 교육내용에 접근하고 학습할 수 있는가의 문제와 대응된다. 〈표 4-3〉은 CAST가 세 가지 신경 네트워크 각각을 지원하는 구체적인 교육방법을 고안·제시한 것이다.

‖표 4-3‖ 뇌의 신경 네트워크를 지원하는 교육방법들

다양한 인지적 네트워크 지원	• 다양한 사례 제공 • 핵심적인 특징 강조 • 다양한 매체와 형태 제공 • 배경맥락 지원
다양한 전략적 네트워크 지원	• 융통적이며 고도로 숙련된 수행모델 제공 • 지원과 함께 연습 기회 제공 • 지속적이고 적절한 피드백 제공 • 기능을 시범 보일 수 있는 융통성 있는 기회 제공
다양한 정서적 네트워크 지원	• 내용과 도구에 관한 선택권 제공 • 조절 가능한 도전 수준 제공 • 보상에 관한 선택권 제공 • 학습맥락에 관한 선택권 제공

출처: Rose, D. H., Meyer, A., & Hitchcock, C. (2010), p. 238 수정 후 인용

이상에서 살펴본 뇌의 인지적, 전략적, 정서적 네트워크에 대한 이해를 토대로 학습에 있어서의 개인차에 부합하고 융통성을 극대화할 수 있는 UDL의 세 가지 원리가 도출되었다(〈표 4-4〉 참조).

‖ 표 4-4 ‖ UDL의 원리

제1원리	표상(representation): 인지 학습을 지원하기 위해, 다양하고 융통성 있는 제시방법 제공
제2원리	행동과 표현(action & expression): 전략적 학습을 지원하기 위해, 다양하고 융통성 있는 표현 및 연습방법 제공
제3원리	참여(engagement): 정서적 학습을 지원하기 위해, 다양하고 융통성 있는 참여를 위한 선택권 제공

출처: Rose, D. H., Meyer, A., & Hitchcock, C. (2010), p. 56 수정 후 인용

예를 들어, 시각장애 혹은 청각장애 학생의 경우를 제외하더라도 학생들의 학습양식에 있어서의 개인차는 너무나 다양해서 청각적인 신호를 선호하는 학생이 있는 반면, 시각적인 신호가 더욱 효과적인 학생이 있다. 그리고 때에 따라서는 두 가지 양식을 모두 필요로 하는 경우도 있다. 따라서 교수자는 학생들이 선호하는 학습양식을 고려하여 정보를 제시해야 한다(표상: 다양한 정보 제시 수단의 제공). 뿐만 아니라 교수자는 학생이 선호하는 방식으로 자신의 의사를 표현할 수 있도록 허용적 자세를 가져야 한다. 필기에 의한 정형화된 평가만이 아니라 그림이나 구두에 의한 평가 등 학생들이 다양한 방식으로 반응할 수 있도록 해야 한다(행동과 표현:.다양한 표현 수단의 제공). 마지막으로 교수자는 개별 학생들의 흥미를 유발하여 수업에 적극적으로 참여할 수 있게 하는, 즉 학습동기를 부여하는 요소를 찾아내야 한다(참여: 다양한 참여 수단의 제공).

이와 같이 UDL은 교사에게 교수전략과 교육과정, 평가가 다양한 학습자가 학습경험으로부터 혜택받기에 적절함을 보장한다는 것을 보여 주기 위한 실질적인 준거틀을 제공하였다.

2) UDL 가이드라인

UDL의 원리들을 구체화하기 위한 연구들이 지난 20여 년간 지속적으로 이루어져 왔으며, 2008년 발표된 'UDL Guideline 1.0'(〈표 4-5〉 참조)을 통해 가시화되었다.

‖ **표 4-5** ‖ UDL 가이드라인 1.0

UDL 원리		UDL 지침
원리 I. 다양한 표상수단 제공	지침 1. 지각	1.1. 정보 제시방법을 학습자에게 맞추기 위한 선택 1.2. 청각적 정보에 대한 대안을 제공하기 위한 선택 1.3. 시각적 정보에 대한 대안을 제공하기 위한 선택
	지침 2. 언어와 상징	2.1. 어휘와 상징을 규정하기 위한 선택 2.2. 구문과 구조를 명확하게 하기 위한 선택 2.3. 해독 텍스트나 수학적 기호에 대한 선택 2.4. 다양한 언어의 이해를 촉진하기 위한 선택 2.5. 비언어적으로 주요 개념을 제시하기 위한 선택
	지침 3. 이해	3.1. 배경지식을 제공하거나 활성화시키기 위한 선택 3.2. 주요 특징, 중심 생각, 관계를 강조하기 위한 선택 3.3. 정보 처리를 안내하기 위한 선택 3.4. 기억과 전이를 지원하기 위한 전이
원리 II. 다양한 표현수단 제공	지침 4. 신체적 행동	4.1. 신체적 반응 방식의 선택 4.2. 검색 방법의 선택 4.3. 접근도구와 보조공학의 선택
	지침 5. 표현 기술과 유창성	5.1. 의사소통을 위한 매체의 선택 5.2. 작문과 문제해결을 위한 도구의 선택 5.3. 실제와 수행을 위한 비계의 선택
	지침 6. 실행 기능	6.1. 효과적인 목표 수립 안내에 대한 선택 6.2. 계획과 전략 개발을 지원하기 위한 선택 6.3. 정보와 자원 관리를 촉진하기 위한 선택 6.4. 진전도 점검을 위한 능력을 향상시키기 위한 선택

원리 III. 다양한 참여수단 제공	지침 7. 흥미 유발	7.1. 개별적 선택과 자율성을 증가시키기 위한 선택 7.2. 관련성, 가치, 진정성을 향상시키기 위한 선택 7.3. 위험이나 산만함을 감소시키기 위한 선택
	지침 8. 지속적인 노력과 유지	8.1. 목표와 목적의 요점을 강화시키기 위한 선택 8.2. 도전과 지원의 수준을 다양화하기 위한 선택 8.3. 협력과 의사소통을 촉진시키기 위한 선택 8.4. 숙달중심의 피드백을 증가시키기 위한 선택
	지침 9. 자기조절	9.1. 개별적 목적 수립과 기대를 안내하기 위한 선택 9.2. 대처 기술과 전략을 지원하기 위한 선택 9.3. 자기평가와 성찰을 개발하기 위한 선택

UDL 가이드라인은 UDL의 기본 틀을 명료화한 것으로 도전 및 지원 수준을 최적화하고, 교수·학습의 장벽을 제거하며, 출발부터 모든 학습자들의 요구에 부합할 수 있도록 수업을 설계하거나 교육과정을 개발하도록 돕는다(Meyer et al., 2014). 따라서 가이드라인은 처방을 위한 것이 아니라 통합교실에서의 실행을 위한 지침을 제공하기 위한 것이며(Lapinski et al., 2012), 현재의 교육과정이 지닌 장벽을 확인하는데도 도움을 준다. 교실 수업에 있어 GPS 장치 역할을 수행하는 UDL 가이드라인은 표상, 행동과 표현, 참여와 관련된 UDL의 세 가지 주요 원리별로 세부적인 지침 및 체크포인트를 제시하고, 각 체크포인트마다 관련된 연구근거를 밝히며, 실행과 관련된 보기나 자원을 제공하고 있다.

UDL Guideline 1.0을 발표한 후 관련 분야의 개인 및 현장의 의견을 반영한 'UDL Guideline 2.0'([그림 4-7] 참조)이 2011년에 발표되었다. [그림 4-7]을 살펴보면 Guideline 2.0은 I~III수준의 원리, 1~9수준의 지침, 1.1~9.3수준의 체크포인트 그리고 이상의 세 가지 요소를 준수함으로서 도달하고자 하는 학습전문가의 특성으로 구성되어 있음을 알 수 있다. UDL Guideline 2.0은 과거 UDL Guideline 1.0과 비교했을 때, 다양한 학습환경을 더욱 인정하고 학습자의 다차원성을 인정하는 방향으로 바뀌었다. 즉, 과거의 학생(student)이라는 용어를 교실 외의 다른 학습환경(예를 들면, 박물관, 방과 후 프로그램, 성인교육)에서 일어나는 학습에 대해서도 적용 가능하도록 학습자(learner)라는 용어로 대체하였다. 그

I. 다양한 방식의 **표상**을 제공	II. 다양한 방식의 **행동과 표현수단**을 제공	III. 다양한 방식의 **학습 참여** 제공
1: 인지방법의 다양한 선택 제공 1.1 정보의 제시 방식을 학습자에게 맞게 설정하는 방법 제공하기 1.2 청각 정보의 대안 제공하기 1.3 시각 정보의 대안 제공하기	**4: 신체적 표현 방식에 따른 다양한 선택 제공** 4.1 응답과 자료 탐색 방식을 다양화하기 4.2 다양한 도구들과 보조공학(AT)기기 이용을 최적화하기	**7: 흥미를 돋우는 다양한 선택 제공** 7.1 개인의 선택과 자율성을 최적화하기 7.2 학습자와의 관련성, 가치, 현실성 최적화하기 7.3 위협이나 주의를 분산시킬 만한 요소들을 최소화하기
2: 언어, 수식, 기호의 다양한 선택 제공 2.1 어휘와 기호의 뜻을 명료하게 하기 2.2 글의 짜임새와 구조를 명료하게 하기 2.3 문자, 수식, 기호의 해독을 지원하기 2.4 범언어적인 이해를 증진시키기 2.5 다양한 매체들을 통해 의미를 보여 주기	**5: 표현과 의사소통을 위한 다양한 선택 제공** 5.1 의사소통을 위한 여러가지 매체 사용하기 5.2 작품의 구성과 제작을 위한 여러 가지 도구들 사용하기 5.3 연습과 수행을 위한 지원을 점차 줄이면서 유창성 키우기	**8: 지속적인 노력과 끈기를 돕는 선택 제공** 8.1 목표나 목적을 뚜렷하게 부각시키기 8.2 난이도를 최적화하기 위한 요구와 자료들을 다양화하기 8.3 협력과 동료 집단을 육성하기 8.4 성취지향적(mastery-oriented) 피드백을 증진시키기
3: 이해를 돕기 위한 다양한 선택 제공 3.1 배경 지식을 제공하거나 활성화시키기 3.2 패턴, 핵심 부분, 주요 아이디어 및 관계 강조하기 3.3 정보 처리, 시각화, 이용의 과정을 안내하기 3.4 정보 이전과 일반화를 극대화하기	**6: 자율적 관리기능에 따른 다양한 선택 제공** 6.1 적절한 목표 설정에 대한 안내하기 6.2 계획과 전략 개발 지원하기 6.3 정보와 자료관리를 용이하게 돕기 6.4 학습진행상황을 모니터링하는 능력을 증진시키기	**9: 자기조절능력을 키우기 위한 선택 제공** 9.1 학습동기를 최적화하는 기대와 믿음을 증진시키기 9.2 극복하는 기술과 전략들을 촉진시키기 9.3 자기 평가와 성찰을 발전시키기
학습자원이 풍부하고 지식을 활용할 수 있는 학습자	전략적이고 목표 지향적인 학습자	목적의식과 학습동기가 뚜렷한 학습자

‖ 그림 4-7 ‖ UDL 가이드라인 2.0 및 분석 기준

출처: http://www.udlcenter.org/sites/udlcenter.org/files/updateguidelines2_0_Korean_h.pdf에서 인용

리고 UDL의 구조적 틀은 개인 간 다양성에 토대를 두고 있는 만큼, 다양성을 가능한 한 더 강조하고자 하였다. 이외에도 UDL Guideline 1.0이 국어 중심의 용어가 많이 사용되었던 데 반해 UDL Guideline 2.0은 수학, 과학, 예술, 사회와 관련된 언어들이 이용되었다. '증가' 혹은 '감소'의 단순한 표현은 양방향성을 강조하는 '최적화'로 대체하는 등의 언어 수준 변화를 통해 UDL 실행에 적극적인 참여를 유도하였다는 점도 달라진 점이다(http://www.udlcenter.org/). 마지막으로 UDL Guideline 2.0은 UDL을 적용한 교육의 최종 목표라고 할 수 있는 학습전문가의 세 가지 특성을 포함시킴으로써 UDL Guideline 1.0과는 구별되는 특성을 갖는다.

4. 보편적 수업설계와 보편적 교육설계

1) 보편적 수업설계

학령기 학생 중심의 교육방법 및 수업교재 개발에 초점을 맞춘 UDL과 달리 'Universal Design for Instruction(이하 UDI)'은 보편적 설계의 원리를 고등교육 상황에 적용한 것이다. 코네티컷대학교(University of Connecticut)의 중등이후교육및장애센터(Center on Postsecondary Education and Disabilities: CPED)에서는 보편적 설계의 원리와 고등교육 상황에서의 교수전략을 검토하여 고등교육 상황에 적용할 수 있는 보편적 설계의 원리를 'Universal Design for Instruction'으로 명명하였다(Scott, McGuire, & Shaw, 2003). 즉, UDI는 장애학생을 포함한 고등교육 대상자들에게 보편적 설계의 원리를 적용시키기 위한 방안으로 대학교육이라는 상황을 반영한 '학습자 공동체(community of learners)'와 '교수 분위기(instructional climate)'의 두 가지 원리를 추가함으로써 〈표 4-6〉과 같은 아홉 가지의 UDI 원리를 제시하였다.

CPED에서 실행한 UDI 연구의 초점은 인지적으로 장애를 가진 대학생들을

‖표 4-6‖ UDI의 원리

원리	정의
1. 공평한 사용	• 다양한 능력을 지닌 학습자에게 유용하면서도 접근 가능하게 설계 • 모든 학습자들에게 동일한 활용수단 제공 • 가능한 한 동일하게 하되 여의치 않을 경우 등가의 내용 제공
2. 사용상의 융통성	• 다양한 특성을 지닌 학습자들을 수용할 수 있도록 설계 • 사용방법에 있어서 선택할 수 있는 여지 제공
3. 단순하고 직관적인 사용	• 학습자의 경험이나 지식, 언어 능력, 집중도 등에 상관없이 직선적이고 예측가능하게 설계 • 불필요하게 복잡한 것을 지양
4. 인식 가능한 정보	• 학습자의 감각 능력 등에 상관없이 필요한 정보가 효과적으로 전달될 수 있도록 설계
5. 오류에 대한 관용	• 개별 학습자의 학습 진도와 선수 기능 등에서의 차이를 반영할 수 있도록 설계
6. 적은 신체적 노력	• 학습에 대한 집중력을 극대화하기 위하여 불필요한 신체적 수고를 최소화하도록 설계
7. 접근과 사용을 위한 크기와 공간	• 학습자의 신장, 동작, 운동성, 의사소통의 필요성 등에 상관없이 접근, 조작, 활용할 수 있는 충분한 크기 및 공간 제공
8. 학습자 공동체	• 학습자간, 학습자와 교수자간 상호작용과 의사소통을 증진시킬 수 있도록 학습환경 설계
9. 교수 분위기	• 다양성과 차이에 대한 교수자의 허용적 태도

위한 융통성 있는 교육방법을 파악하는 것이며, 대학에서 교수(professor)가 이러한 학생들을 위해 사용할 수 있는 교수자료 개발 및 교육방법을 탐색하는 것이었다. 즉, UDI는 고등교육 상황에서 학습장애를 중심으로 다양한 장애 대학생의 교수에 보편적 설계를 적용하는 것에 주된 초점을 맞추었다고 할 수 있다(McGuire et al., 2006). 실질적으로 CPED는 여러 대학들과 연계해서 대학 강좌에서 UDI 적용 방안에 대한 연구를 실시해 왔으며, 실제 장애 대학생들의 피드백을 받아 UDI 적용 방법을 개선해 나갔다. 이에 UDI는 다양한 특성과 능력을 가진 대학생들에게 보다 더 통합적인 고등교육 환경을 제공할 수 있는 실제적 모

델로 인식되고 있다(Scott, McGuire, & Shaw, 2003).

UDI는 다음과 같은 측면에서 앞서 살펴본 UDL과 공통점과 차이점을 갖는다 (CEC, 2005, 2006). 즉 두 개념 모두 '정상화'라는 철학적 신념을 기초로 하며, 건축학에서 사용된 보편적 설계의 개념을 교수 · 학습에 적용했다는 점, 그리고 학습자의 개인차를 고려하였다는 점은 유사하다. 그럼에도 불구하고 UDL은 초 · 중등학생 대상, 학습 중심(학습을 위한 교수방법 및 수업 교재 개발)인 데 반해 UDI는 고등교육 학생 대상, 수업(instruction) 중심(수업 개발)이라는 점에서 각기 다르다. 뿐만 아니라 UDL은 교수(teaching)에 공학을 적용하고, UDI는 교수와 학습에 공학을 사용한다는 점 역시 차이점으로 언급되고 있다.

2) 보편적 교육설계

Bowe는 보편적 설계의 원리를 학령기, 대학교육, 평생교육 단계에 적용하여 일반적으로 실행할 수 있는 교육방법으로 'Universal Design in Education(이하 UDE)'을 제안하였다(〈표 4-7〉 참조). Bowe(2010)는 보편적 설계를 물리적 환경에 대한 적용으로 생각하는 것은 교육에서의 보편적 설계가 의미하는 것의 일부분일 뿐이라고 주장하였다. 이에 UDE란 다양한 사람들이 쉽고 적절하게 사용할 수 있는 교육과정, 수업자료, 환경을 준비하는 것으로 정의하고 조정에 대한 책임을 교사와 학교에 두었다. 따라서 UDE는 교사 혹은 학교가 학생들의 다양한 요구를 충족시킬 수 있도록 준비함으로써, 특별한 요구가 없는 이들에게도 더 잘 기여할 수 있다는 전제에 기초하여 제시된 것이다.

UDE는 UDI나 UDL처럼 특정 대상이나 상황을 초점으로 하는 적용 모델을 제안한 것은 아니지만, 보편적 설계의 원리를 일반적인 교육환경에 적용하고 이에 대한 구체적인 실례를 제공해 주고 있다. 특히, 보편적으로 설계된 교육실현을 위해 테크놀로지를 활용하는 구체적 방법에 초점을 맞추었다(손지영 외, 2008). 〈표 4-7〉 중 지침을 기술하는 데 사용된 '공학제품' '기기' '보조공학 기기' 등의 용어, 그리고 PC, 리스트서브(listserv), 화면크기, 음성인식, 음성합성, 언어번

‖ 표 4-7 ‖ UDE의 원리 및 지침

원리	정의	지침
1. 공평한 사용	다양한 능력을 가진 사람들에게 유용하고 시장성이 있도록 설계하기	1a. 모든 사용자들에게 동일한 수단 제공 1b. 어떠한 사용자도 분리되거나 낙인찍히지 않도록 하기 1c. 모든 이용자들에게 사생활, 보장성 그리고 안전성에 대한 조항은 공평하게 제공 1d. 모든 사용자들의 흥미를 끌도록 설계
2. 사용상의 융통성	광범위한 개인적 성향과 능력을 수용할 수 있도록 설계	2a. 사용방법상의 선택권 제공 2b. 오른손잡이, 왼손잡이 모두가 접근하고 이용할 수 있도록 편의 제공 2c. 사용자의 정확성과 정밀도 촉진 2d. 사용자의 속도를 위해 적응성 제공
3. 단순하고 직관적인 사용	사용자의 경험, 지식, 언어기술 또는 현재의 주의집중 수준에 상관없이 이해하기 쉽게 설계하기	3a. 불필요하게 복잡한 것 제거 3b. 사용자의 기대와 직관에 일치 3c. 광범위한 문해력과 언어 기술 수용 3d. 중요성과 일치하는 정보 배열 3e. 과제수행 중 그리고 과제수행 후에는 효과적인 촉진과 피드백 제공
4. 인식 가능한 정보	주위 조건 또는 사용자의 지각능력에 관계없이 사용자에게 필요한 정보를 효과적으로 전달할 수 있도록 설계하기	4a. 필수적인 정보를 풍부하게 표현하기 위한 다양한 방식 사용 4b. 필수적인 정보의 가독성 최대화 4c. 기술할 수 있는 다양한 방법으로 요소들을 차별화 4d. 지각이 제한적인 사람들이 사용하는 공학제품 또는 기기들에 호환성 제공
5. 오류에 대한 관용	우발적이거나 의도하지 않은 행동으로 인해 발생할 수 있는 위험한 그리고 부정적인 결과를 최소화하도록 설계하기	5a. 위험과 오류를 최소화하기 위한 요소의 배열 5b. 위험과 오류에 대한 경고 제공 5c. 안전구조의 특징 제공 5d. 주의를 필요로 하는 과제수행 시 무의식적인 행동을 하지 않도록 하기
6. 적은 신체적 노력	효율적이고 편리하게 그리고 최소한의 신체적 노동으로 사용할 수 있도록 설계하기	6a. 사용자가 자연스런 신체적 자세를 유지할 수 있도록 하기 6b. 작동시키는 데 있어 적당한 힘을 사용하게 하기 6c. 반복적인 동작 최소화 6d. 지속적인 신체적 수고 최소화
7. 접근과 사용을 위한 크기와 공간	사용자의 신체적 크기, 자세, 혹은 이동성에 상관없이 접근, 도달, 작동 그리고 활용할 수 있는 적절한 크기와 공간 제공하기	7a. 사용자가 앉거나 혹은 서 있더라도 주요 요소에 대한 뚜렷한 시야 제공 7b. 모든 구성요소를 앉아 있거나 서 있는 사용자가 편안하게 도달할 수 있도록 제작 7c. 손이나 악력의 크기에 따라 조절 가능하게 제공 7d. 보조공학 기기의 사용 혹은 개인적 지원을 위한 적절한 공간 제공

출처: Bowe, F. G. (2010), pp. 102-196 요약·정리

역 소프트웨어, 보조 듣기 시스템, 원격교육 등을 해당 지침을 실질적으로 적용한 보기로 제시함은 이와 같은 특성을 잘 드러낸다.

살펴본 바와 같이 Bowe(2010)는 보편적 설계의 각 요소들과 원격교육, 전자교과서(e-book), 웹 접근성 등을 연관시켜 설명함으로써 테크놀로지를 통한 보편적 설계의 원리가 반영된 교육을 제시하였다. 동시에 교육자들은 학습을 현재보다 훨씬 더 보편적으로 만들기 위해 최근에 만들어진 공학기술을 최대한 이용할 것을 강조하였다. 이와 같이 UDE가 강조하고 있는 바를 볼 때, 학령기 중심의 UDL 그리고 대학교육 환경에 초점을 맞춘 UDI에 반해 UDE는 적용 대상을 확장시킴과 동시에 교육환경에서 감각 및 지체장애 학생들의 통합에 더 초점이 맞추어져 있다고 할 수 있다(손지영 외, 2008).

한편, 노석준(2012)은 보편적 설계와의 관계를 통해 UDI와 UDE 그리고 UDL 간의 개념적 차이를 제시하였다. 즉, UDI와 UDE는 일반적으로 보편적 설계의 원리나 지침에 근거한 '교수 · 학습환경 설계'에 중점을 둔 반면, UDL은 보편적 설계의 개념과 지침에 근거한 '교육과정 및 교수 · 학습자료 설계'에 초점을 두고 있다는 측면에서 서로 차이가 있다는 것이다. 그럼에도 불구하고 세 가지 개념은 전체적으로 볼 때 원리나 정의의 측면에서 큰 차이가 없다는 입장을 표명하였다.

제3절 UDL의 적용과 실행

1. UDL의 적용

UDL을 실질적으로 적용하기 위해서는 지침의 하위 구성요소인 체크포인트에 대한 이해가 필요하다. 대부분은 UDL Guideline 1.0 혹은 UDL Guideline 2.0에 포괄적 용어로 표현된 체크포인트만을 언급하기 때문에 그 세부적인 사항에 대해서는 자의적으로 판단하는 경우가 많다. UDL Guideline 2.0을 발표하면서 CAST(2011)는 UDL Guideline 2.0을 구성하고 있는 요소들에 대한 이해를 돕기 위한 발표자료를 같이 제시하였는데, 각 체크포인트의 구체적인 보기는 해당 발표자료를 참고하기 바란다.

2. UDL의 실행

1) 교실차원의 UDL 실행 과정

교실차원에서 적용되는 UDL 실행 과정은 교사가 UDL 관련 기본적 지식을 획득하고 모든 학생들이 접근 가능한 수업을 설계하는 것을 의미한다(Hall et al., 2003). Hall 등(2003)은 세 가지 주요 뇌 네트워크를 기초로 한 UDL의 세 가지 주요 원리와 개념, 검증된 전문성 개발 전략, 그리고 정서적인 교수 실제와 연결하여, 교실에서 ① 목표 설정(set goals), ② 상황 분석(analyze status), ③ UDL 적용(apply UDL), ④ UDL 수업 지도(teach the UDL lesson)의 네 단계에 따라 UDL이 적용된 수업을 설계할 것을 제안하였다([그림 4-8] 참조). 이상의 단계는 교실 상황에서 다양한 배경의 모든 학생들에게 적용 가능한 수업설계를 고려한 것인 만큼 PAL(Planning for All Learner)로 표현되며, 구체적인 내용은 다음과 같다(CAST, 2004; Hong, 2015; Meo, 2008; Rose et al., 2010).

1단계는 목표 설정 단계로 국가가 제시한 교육과정의 하위 목표에 근거하여 학생들에게 수업 내용과 학생 수준에 적절한 목표를 수립, 제시할 수 있도록 계획한다. 교사들은 목표 달성을 위해 교수적 맥락을 설정할 수 있는데, 맥락은 일반적으로 국가표준으로부터 도출되거나 그것에 기초하여 수업에 필요한 사상(episode)을 설정하는 방식을 취한다.

2단계에서 교사들은 수업과 관련한 현재 상황을 분석해야 한다. 이에 수업지도를 위해 사용될 교수방법, 교수평가, 그리고 교수자료들을 검토해야 한다. 그

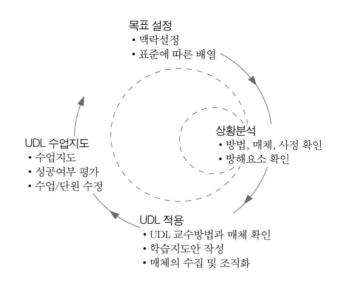

목표 설정
• 맥락설정
• 표준에 따른 배열

상황분석
• 방법, 매체, 사정 확인
• 방해요소 확인

UDL 수업지도
• 수업지도
• 성공여부 평가
• 수업/단원 수정

UDL 적용
• UDL 교수방법과 매체 확인
• 학습지도안 작성
• 매체의 수집 및 조직화

‖ 그림 4-8 ‖ **UDL 원리에 기반한 수업설계 과정(PAL 진행 절차)**

출처: Meo, G. (2008), pp. 21-30, p. 24 수정 후 인용

리고 모든 학생들이 교수자료에 접근할 수 있는지, 학생들은 현재의 교수방법과 교수자료를 사용하여 자신들을 표현할 수 있는지 등과 같은 질문에 대한 기초 정보를 수집하여 교육과정의 장애물을 파악하게 된다. 이와 같이 2단계는 교과 과정과 학습의 현재 상황을 분석하는 단계로, 학습단원을 설계함에 있어 각 학생들의 개인차를 이해하는 데 목적이 있다. 또한 이와 같은 기본 정보를 통해 교육과정 접근, 참여, 진보에 관한 장벽을 분석하여 예방하는 데 도움이 된다(곽승철, 2010).

3단계는 UDL을 수업 내용 및 단원에 적용하여 학습지도안을 개발하는 단계다. 이를 위해 교사는 ① UDL 원리와 학습목표, 교수방법, 평가, 학습자료의 일치 여부, ② 학급 내 학생들의 다양성을 다루었는지에 대한 점검 여부, ③ 확인된 잠재적 장벽 제거 여부에 대한 점검을 필요로 한다. 이후 평가방법과 학습자료를 선정하여 수업계획을 세운다. 그리고 UDL 수업을 지원하는 교수자료를 수집하고 조직하는 과정이 이 단계에서 이루어진다. 권효진(2012)은 UDL 적용

단계에 대한 몇몇 선행연구(CAST, 2004; Meo, 2008; Rose et al., 2002)를 토대로 학습지도안 고안 단계에서 활용할 수 있는 체크리스트를 〈표 4-8〉과 같이 제시하였다.

‖ 표 4-8 ‖ UDL을 적용한 학습지도안 고안 단계의 중재충실도

년 월 일			작성 교사:	
단계	번호	문 항	실행여부	
			예 (1)	아니오 (2)
1단계 목표설정	1	학생들이 성취할 수 있는 다양한 수준으로 교수목표를 설정하였는가?		
2단계 교육과정분석	2	현재 교사가 기존 수업에서 일반적으로 사용하는 교수방법, 교수매체, 평가방법을 진단하였는가?		
	3	학급 내 모든 학생들의 강점, 약점, 선호도를 진단하였는가?		
	4	학생의 학업 성취 향상을 막는 방해요인을 진단하였는가?		
3단계 UDL 수업계획	5	학생들 대부분의 요구에 부합하는 다양한 매체와 형식으로 학습내용을 제시하였는가?		
	6	학생들의 이해를 돕기 위한 다양한 예시를 제공하였는가?		
	7	적절한 방법으로 중요 내용을 강조하였는가?		
	8	배경지식 및 맥락에 대한 정보를 제공하였는가?		
	9	숙련된 기술 수행 모델을 제공하였는가?		
	10	연습할 기회와 함께 지원을 제공하였는가?		
	11	지속적이고 적절한 피드백을 제공하였는가?		
	12	학생들의 흥미를 유발하고 학습을 촉진하게 하는 다양한 참여 방법을 사용하였는가?		
	13	적절한 수준의 도전 기회를 제공하였는가?		
	14	학생들의 이해를 돕기 위한 다양한 매체, 자료, 도구들의 활용을 고려하였는가?		
	15	교육공학의 활용을 고려하였는가?		

출처: 권효진 (2012), p. 287 인용

마지막 4단계에서는 UDL을 적용한 수업을 실제 실시하게 된다. 실제 수업을 진행함에 있어, 교사들은 수업의 방해요소를 최소화하고 개별 학생들의 학습에 대한 장점과 어려움을 이해해야 한다. 뿐만 아니라 효과적인 교수 실제들에 의존하고, 각각의 학습자에게 적절한 도전들을 적용한다. 교사들은 이러한 방식으로 더 많은 학생들을 참여시키고 그들 모두가 진전할 수 있도록 도와주어야 한다. 수업 후에는 결과를 평가하여 모든 학생들이 학습목표에 도달하였을 때는 다른 단원도 앞서의 절차에 따라 시행하면 된다. 그러나 필요한 경우 수정 및 보완 과정을 거쳐야 되는 경우가 있는데, 이때는 교육과정 장벽을 좀 더 낮출 수 있는 단원으로 재설정해야 한다(곽승철, 2010).

CAST는 PAL을 모든 학생들을 위한 교육과정 개발 과정으로 제시(CAST, 2004; Meo, 2008)했음에도 불구하고, 경우에 따라 UDL 수업설계 과정(정주영, 2012; 한옥진, 2014; Hall et al., 2003; Rose et al., 2010)으로 한정하여 사용되기도 한다. 이는 지금까지 UDL 관련 이론이 주로 방법적인 측면에 중점을 두었다는 점과 교육과정을 구성하고 목표, 내용, 방법, 평가 등의 요소들에 대한 충분한 설명보다는 과정에 초점을 두고 PAL이 소개되었다는 점에서 이유를 찾을 수 있다. Novak (2014) 역시 UDL이 학문의 엄격함과 학습보다는 학생들의 참여에 지나치게 초점을 두었다는 사실은 비판의 소지가 있음을 지적하였다.

PAL에 대한 인식의 오류는 수업설계의 개념을 통해 더욱 명확해진다. 김용욱과 김남진(2002)은 수업설계를 협의의 개념과 광의의 개념으로 구분하여 제시하였는데, 협의의 개념으로서의 수업설계는 미시적 차원에서 최적의 교수방법을 처방하는 것을 의미한다. Reigeluth(1983)는 수업설계란 교사나 수업설계자에 의해서 행해지는 전문적인 활동으로서 특정한 교과내용과 학습대상자를 위하여 학습자의 지식과 기능에 대한 바람직한 변화를 가져오기 위해 최선의 수업방법을 결정짓는 과정이라 했다. 반면 광의의 개념에서 수업설계는 거시적 차원에서 인간의 교육에 관련되는 문제를 분석하고 이를 해결하기 위한 방안을 설계, 개발, 실행, 평가하는 과정으로, 보통 교수개발 또는 교수체제개발(instructional systems development)이라고 한다. 수업설계는 수업을 계획하는 데 도움이 될 뿐만 아니라 훈련 또는 요원교육, 교수프로그램 개발 및 실행, 교과과정 개발에 기여하는 등 여러 가지 형태로 수업을 지원한다(Garbosky, 1994; Hwang, 1995). 이상과 같이 수업설계의 개념과 PAL을 비교, 정리해 보면 PAL은 초기 UDL의 개념에 기초한 협의의 수업설계 과정이라고 할 수 있다.

2) 조직차원의 UDL 실행 과정

2009년 CAST로부터 분리되어 설립된 국립보편적학습설계센터(National Center on Universal Design for Learning)는 Fixen 등(2005)이 문헌 고찰을 통해 도출한 실행 관련 이론을 수용, 이를 UDL에 적용시킴으로써 '조직차원(system-wide)의 UDL 실행 과정'을 제시하였다. 즉, Fixen 등(2005)은 증거기반의 실행과 프로그램을 위해 문헌연구를 수행하였으며, 이를 통해 핵심적인 실행 요소들, 조직적 요소들, 영향 요인들 간의 상호작용이 실행 결과를 도출하는 데 영향을 미치는 것을 파악하였다. 그리고 이와 같은 결과를 통해 장기간에 걸친 성공적인 실행과 프로그램의 유지를 위해서는 조직차원의 중재가 중요함을 강조하였다.

조직차원의 UDL 실행 과정은 보다 미시적 수준이라고 할 수 있는 교실 상황을 위한 UDL 교육과정 실행 과정으로도 사용되어질 수 있는데, 구체적인 내용은 다음과 같다(Ganley & Ralabate, 2013; Hong, 2015; National Center on Universal Design for Learning, 2012).

첫째, 탐색(explore) 단계다. 우선적으로 학군 혹은 고등교육기관은 이 단계에서 UDL에 대한 탐색을 시작한다. 탐색 단계 동안의 주된 초점은 전조직적 의사결정의 잠재적 모형으로서 UDL에 대해 조사하고, 조직을 둘러싼 주요 이해당사자들의 UDL에 대한 인식을 형성하는 것이다. 그리고 UDL 실행을 시작하는 데 따른 실무진들의 의지 및 흥미를 결정하는 것이다.

둘째, 준비(prepare) 단계다. UDL 구조에 대한 탐색이 이루어지는 첫째 단계를 마치면, 조직 내의 책임자는 조직의 체제적 틀로서 UDL 실행을 결정하게 된다. 이에 준비 단계에서는 유연한 분위기를 만들되 구성원 모두가 높은 기대수준을 유지할 수 있도록 하는 데 초점을 맞추어야 한다. 따라서 특정 인물과 구조(실천 계획, 자료, 교육과정)를 포함한 향후 필요한 자료와 과정에 대한 조직도를 그릴 수도 있으며, 전략적 목표, 행동 계획 그리고 기대되는 수행성과를 규정할 수도 있다.

셋째, 통합(integrate) 단계다. 준비가 마무리되면 교사들은 교수와 학습을 위한 UDL의 틀을 적용하기 시작하고, 효과성 검토를 위한 기구를 설치하여야 한다. 통합 단계에서는 실행을 지원하고 그 효과를 평가하기 위한 개별적, 전조직적인 구조 및 과정 개발, 교사의 전문성 개발 및 교수 실제와 의사결정에 UDL 적용하기, UDL을 폭넓게 통합하기 위한 협력과 지원을 촉진하는 활동 등이 중점적으로 이루어진다.

넷째, 확장(scale) 단계다. 이상에서 살펴본 일련의 절차를 통해 모든 과정에 대한 준비가 완료되면, 학군 또는 고등교육기관은 교육과정과 의사결정의 틀로 조직 전반에 걸쳐 UDL 실현을 확장하는 단계에 접어든다. 확장 단계에서는 계속적인 전문적 성장을 촉진하는 데 초점을 둔다. 동시에 전문적인 개발과 기술적 지원을 통한 효과적인 연습과 과정 그리고 구조의 확장, 차이와 요구의 지속적인 평가를 통한 UDL 실행에 대한 전조직적 접근의 신장에도 주의를 기울여야 한다.

끝으로 최적화(optimize) 단계다. UDL을 실행한다는 것은 지속적인 개선의 과정이므로 과거의 수행보다는 더 많은 일을 할 수 있기를 바란다. 뿐만 아니라 일관되고 지속적인 혁신, 개선과 향상을 허용하는 절차의 구축을 원하기 때문에 마지막 단계는 최적화 단계라고 한다. 최적화 단계에서는 다음 세 가지 활동에 초점을 둔다. ① UDL 원리를 반영하고 조절한 교수·학습방법의 진보를 극대화하는 것을 목표로 조직 전체의 문화를 강화시켜야 한다. ② UDL 실행에 영향을 줄 수 있는 잠재적인 내부 및 외부의 변화에 대한 예측, 준비, 그리고 반응 능력을 신장시켜야 한다. ③ 조직 내에 존재하는 변화에 대응하는 과정을 내면화함으로써 향상을 극대화해야 한다.

위의 다섯 단계는 엄격하게 구분되기보다는 유동적, 순환적이다. 즉 외형적으로 볼 때 각각의 단계들은 분리된 것처럼 보일 수 있으나, 겹칠 수도 있으며 반복적으로 실행될 수도 있다. 그럼에도 불구하고 모든 단계는 UDL의 세 가지 원리를 실현하기 위해 UDL 원리들이 의도적으로 적용된다. 반복적인 동시에 지속적인 개선을 강조하는 UDL 실행 과정을 그림으로 나타내면 [그림 4-9]와 같다.

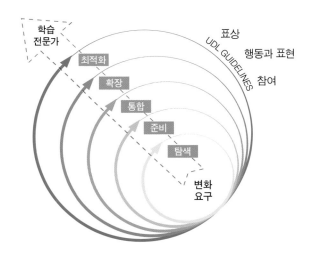

‖ 그림 4-9 ‖ **조직차원의 UDL 실행 과정**

출처: National Center on Universal Design for Learning (2012). UDL Implementation: A Process of Change [Online seminar presentation]. UDL Series, No. 3. Retrieved [3/9/2016] from http://udlseries.udlcenter. org/presentations/udl_implementation.html.

[그림 4-7]과 [그림 4-9]를 통해 알 수 있는 바와 같이 UDL을 통한 교육의 목표는 학습전문가를 기르는 데 있으며, 모든 학생이 학습전문가가 될 수 있다. UDL의 관점에서 학습전문가란 자아성찰 및 다른 전문가, 동료로 부터의 피드백을 통해 끊임없이 성장하고 발전하는 사람(Meyer et al., 2014)으로 구체적으로는 다음과 같은 특성을 갖는다(Brown, 2016).

첫째, 학습자원이 풍부하고 지식을 활용할 수 있는 학습자를 의미한다. 학습

전문가들은 새롭게 학습하게 될 내용과 관련한 상당한 수준의 선수지식을 갖추고 있으며, 그 선수지식을 분류, 조직, 우선 순위화함으로써 새로운 지식을 완전히 이해한다. 어떤 기술과 자원(기존 지식)이 새로운 정보의 탐색 및 구조화 그리고 기억에 도움을 주는지에 대해 알고 있으며 새로운 정보를 의미 있고 사용 가능한 정보로 만드는 방법에 대해서도 능통하다.

둘째, 전략적이고 목표 지향적인 학습자를 의미한다. 학습전문가들은 학습계획을 수립하고, 학습을 최적화하기 위한 효과적인 전략과 전술을 찾아내고, 학습을 촉진하기 위한 정보와 기술들을 조직화하며, 자신들의 발전/진보 정도에 대해서도 평가한다. 학습전문가들은 학습자로서 그들 자신의 장단점을 잘 알고 있는 만큼 비효율적인 계획과 전략들은 사용하지 않는다.

셋째, 목적의식이 분명하고 학습동기가 뚜렷한 학습자를 의미한다. 학습전문가들은 새로운 것을 배우는 것을 좋아하고 배우던 것을 완전히 습득하기 위해 계속적으로 학습한다. 학습전문가는 학습에 있어 목표 지향적으로, 자신의 수준에 알맞은 도전적인 목표설정, 설정한 목표를 달성하기 위한 노력과 융통성을 조절하는 방법, 성공적인 학습에 방해가 될 수 있는 감정들을 살피고 조절할 줄 아는 특성을 지닌다.

3. 통합교육과 보편적 학습설계

다양한 특성을 가진 모든 학생의 학습기회, 학습과정 그리고 학습결과의 평등을 강조하는 보편적 학습설계는 특수교육대상자가 일반학교에서 장애 유형·장애 정도에 따라 차별받지 아니하고 또래와 함께 개개인의 교육적 요구에 적합한 교육을 받도록 하는 진정한 의미의 교수적(교육과정적) 통합을 실현하기 위한 수단으로서의 기능을 갖는다. 이는 곧 교육장면에서 통합교육을 위해서는 보편적 학습설계의 원리가 구체적으로 실천되어야 함을 의미한다. 이하에서는 통합교육을 위한 보편적 학습설계의 활용을 교육과정, 교수·학습 운영, 교육

환경 측면에서 살펴보도록 하자.

1) 교육과정

통합교육에서의 교육과정은 장애학생을 포함한 모든 학생이 접근할 수 있어야 하고, 학생 개개인의 다양한 능력과 교육적 요구에 맞게 적용할 수 있어야 한다. 이러한 교육과정의 특성은 다양한 능력을 지닌 학습자에게 유용하면서도 접근 가능한 그리고 동일한 활용수단을 제공하는 공평한 사용과 광범위한 개인의 선호와 능력에 부합한 사용상의 융통성과 같은 보편적 학습설계의 원리와 맥락을 같이한다.

전통적인 교육과정은 교육과정이 학습경험의 중심적 역할을 해야 한다는 신념에 기반을 두어 정형화되고 융통성 없는 서책형 교과서나 연습 문제집이 주된 교수매체로 이용되었으며, 교육과정에서 정한 기준을 충족시키지 못하는 학생들은 '장애인' '부진아' '실패자' 등으로 낙인되었다. 즉, 교육과정이 학습자를 정의했던 것이다(Meyer et al., 2014). 이와 같은 전통적인 교육과정은 다양한 학습자들의 특성에 충분히 대처하지 못할 뿐만 아니라 주로 정보나 내용 영역에 편중되어 충분한 내용을 다루지 못한다는 점(황리리, 2015), 그리고 가르치는 방법을 제대로 포함하지 못하고 있다는 등의 이유로 보편적 교육과정(UDL Curriculum) 설계의 필요성이 제기되었다(정주영, 2012).

보편적 교육과정이란 UDL에 기반을 둔 교육과정으로, 교육과정은 학습자를 중심에 두고 다양한 학습자들을 위해 교육과정이 적절한 지원과 편의를 도모했는지 여부를 통해 정의된다(Meyer et al., 2014). 따라서 성공적인 교육과정이란 모든 학습자들에게 실질적인 학습기회를 제공하는 것으로 정의할 수 있으며, 교사와 학생 그리고 넓게는 교육체제의 모든 구성원들의 요구와 흥미에 맞춰 민감하게 그리고 충분히 반응적이어야 한다. 이와 같이 교육과정에 대한 관점의 변화로 인해 보편적 교육과정의 목적은 학생들이 단순한 지식이나 일련의 구체적 기술을 숙련하도록 돕는 것이 아닌 학습 자체를 숙련하도록 하여 전문가가 될 수 있도록 돕는 데 목적을 둔다(정주영, 2012).

교육과정을 설계함에 있어 학습목표(goals), 평가(assessment), 교수방법 (methods), 교수매체(materials)를 주요 구성요소로 고려한다는 점은 전통적인 교육과정과 다르지 않다. 그러나 보편적 교육과정은 이와 같은 네 가지 요소는 반드시 모든 학습자들을 고려해 설계되어야 한다는 점을 강조한다(Hall et al., 2012). 이에 2014년 CAST에서 발행한 『Universal Design for Learning: Theory and Practice』(Meyer et al., 2014)는 과정 중심의 PAL이 아닌 교육과정의 구성요소를 중심으로 보편적 교육과정을 다루고 있으며, 보편적 교육과정 설계 및 개발 절차 등과 관련해서는 제시되어 있지 않다. 다음은 보편적 교육과정을 설계함에 있어 특별히 고려해야 할 사항들이다.

첫째, 학습목표를 명확하게 정의함으로써 모든 학습자들에게 적절한 도전의식을 제공하되 방법과 결과를 연결지어 제시함으로 인해 발생되었던 불필요한 장애물을 만들어서는 안된다(Hall et al., 2012; Rose et al., 2010). 학습목표를 구체적으로 진술할 경우 학생들의 입장에서는 학습내용을 상세하게 알 수 있게 됨으로써 학습동기가 유발되어 학습결과가 보다 향상될 가능성이 있으며, 교사의 입장에서는 가르치고 배워야 할 내용과 행동이 아주 명백히 진술되어 있어서 수업을 조직적으로 계획하고 전개하는 데 편리하게 해 주는 이점이 있다(윤광보, 2010). 그러나 거의 모든 학습목표는 그 목표를 달성하기 위해 필요 이상으로 방법들을 제한시킬 경우 접근하지 못할 수도 있는 반면, 방법이 융통적인 경우 거의 다 이룰 수도 있기 때문이다(Rose et al., 2010). 보편적 교육과정 설계를 통해 교사들은 학생들이 특정한 과제를 숙련할 수 있도록 다양한 경로와 도구, 전략, 비계 등의 대안이나 선택의 여지를 제공할 수 있다.

전통적인 의미에서 목표는 학습자들이 반드시 습득해야하는 지식과 기술을 의미하는 것으로 내용과 목표의 수행적 측면을 매우 강조하였다. 그러나 UDL의 관점에서는 학습동기 고취, 자기통제 능력 향상 등과 같은 정서적 측면의 목표도 지식, 기술과 동일하게 중요한 의미를 갖는 것으로 고려함으로써 전문가 양성을 목표로 한다(Meyer et al., 2014). 이와 같은 점들을 고려할 때, UDL의 관점에서 효과적인 목표란 ① 수단과 목표 분리하기, ② 세 가지 학습 네트워크 고려하기, ③ 모든 학습자들에게 도전감 갖게 하기, ④ 학습자들을 활동적으로 참여시키기와 같은 요소들이 내포되어 있어야 한다(Meyer et al., 2014).

둘째, 사정의 정확성과 절차가 개선되고, 사정이 수업을 안내할 수 있도록 포괄적이고 명료해야 한다. 따라서 사정은 교사들이 수업을 조절하고 학습을 극대화할 수 있도록 정확한 정보를 지속적으로 제공할 수 있는 장치를 포함해야 한다. 보편적 교육과정에서 사정은 학습자의 변화 가능성에 대처할 수 있도록 수단을 확장함으로써 학습자의 지식과 기술 그리고 참여와 관련된 장애물을 줄이거나 제거한다(Rose et al., 2010). 따라서 학습자의 성과가 아닌 교육과정의 성과에 주목해야 하며, 총괄평가보다는 형성평가를 선호한다(Meyer et al., 2014).

Meyer 등(2014)이 제시한 UDL의 관점에서 효과적인 사정이란 다음과 같다. ① 학습자의 진보에 초점을 둔 지속적 사정이어야 한다. 이를 통해 학생의 수행에 대한 포괄적인 그림을 그릴 수 있도록 한다. ② 행동과 과정 모두를 측정해야 한다. 교사들은 학생들이 배우는 학습내용은 물론 학생들의 학습방법 그리고 어떤 조건에서 학습이 이루어질 때 최상의 학습효과를 산출하는지도 파악하고 있어야 하기 때문이다. ③ 사정은 융통성을 지니고 있어야 한다. 학습자들의 정서적, 인지적 그리고 전략 네트워크의 다양성을 고려할 때 정확한 사정을 위해서는 한 가지 정해진 방법에 의한 사정이 아닌 그들의 행동을 보여 주고 의사를 표현할 수 있는 다양한 방법을 통한 사정이 이루어져야 한다. ④ 사정의 초점을 학습의 초점과 일치시켜야 한다. 즉 형성평가든 총괄평가든 사정의 틀은 불필요한 요소를 모두 제거함으로써 측정하고자 하는 관련된 산출물만을 명확히 파악할 수 있는 적합한 틀을 통해 이루어져야 한다. ⑤ 사정은 학습자들에 대한 다양한 정보를 교사와 학생 모두에게 제공해 줌과 동시에 적극적인 피드백을 통해 학습자들을 지속적으로 학습과정에 참여시킬 수 있도록 해야 한다.

셋째, 교수방법은 과제의 맥락, 학습자의 사회적 · 정의적 차원, 교실 분위기 등을 토대로 학습자에 따라 변화 가능하고 차별화되어야 한다. 그리고 학생의 진보 정도를 지속적으로 모니터링할 수 있어야 한다(Hall et al., 2012; Rose et al., 2010). 따라서 UDL의 관점에서 효과적인 방법이란 학습자들의 요구에 맞춰 지속적으로 조정될 수 있어야 하며, 모든 학생들을 협력적 환경에 포함시킬 수 있는 방법을 의미한다(Meyer et al., 2014).

넷째, UDL 교육과정에서 교수매체는 모든 학생들의 학습을 위해 그 내용을 융통성 있게 미디어와 여러 가지 형태로 바꿀 수 있게 제공되어야 한다. 교육과정을 구성하고 있는 사실, 개념, 정보, 원리 그리고 관계는 어떤 하나의 매체만을 통해 모든 학생들에게 접근할 수 없기 때문이다(Rose et al., 2010). 보편적 교육과정에서의 교수매체는 그 속에 대안적이거나 다중적인 표상을 내재하고 있기 때문에 교수매체 자체가 학습자에게 적응성을 지닌다. 이와 같은 점을 염두에 둘 때, 효과적인 교수매체란 학습목표를 공유함과 동시에 학습자들이 학습과정에 보다 주도적일 수 있도록 도와줄 수 있는 매체이어야 한다(Meyer et al., 2014).

2) 교수ㆍ학습

통합교육의 교수ㆍ학습에서 교사는 학생에게 필요한 정보를 효과적으로 제공하고 학생은 손쉽게 이를 이용하여 학습할 수 있어야 하며, 학생들의 실수 및 실패에 대해서는 관대하게 포용할 수 있어야 한다. 나아가 융통성 있는 참여 수단을 제공하여 교사와 학생 및 학생들 간의 다양한 상호작용을 통하여 장애학생과 비장애학생 모두에게 유익한 교수ㆍ학습 조건을 운영할 수 있어야 한다. 이러한 교수ㆍ학습운영에서의 특성은 보편적 학습설계에서 사용자의 경험이나 지식 등에 구애받지 않는 단순하고 직관적인 사용, 사용자의 감각능력에 구애되지 않고 필요한 정보를 효과적으로 전달해 주는 지각할 수 있는 정보, 개별 학습자의 학습 진도와 선수 기능 등에서의 차이를 최소화하는 오류에 대한 관용의 원리와 맥락을 같이한다. 이러한 교수ㆍ학습을 통하여 진보가 일어나도록 하기 위해 보편적 학습설계는 학습자의 요구에 부합할 수 있는 다양한 정보제시ㆍ표현ㆍ참여 수단을 제공해야 한다. 다양한 정보제시ㆍ표현ㆍ참여 수단은 보편적 학습설계의 핵심적 특성으로 앞서 이 절의 '1. 보편적 학습설계의 정의'에서 간략히 예를 들어 설명한 적이 있는 바, 보다 구체적인 내용은 다음과 같다.

첫째, 다양한 정보제시 수단이 제공되어야 한다. 동일한 접근방식을 통해 모든 학습자에게 정보를 효과적으로 설명한다는 것은 무척이나 어렵거나 혹은 있을 수 없는 일이다. 그러므로 정보를 제시하거나 설명하는 수단은 학습자가 잘 습득할 수 있는 양식을 선택하고 학습에서 부딪치게 되는 어려움을 보완해 줄 수 있는 다양한 수단이 주어져야 한다(Orkwis, 1999). 예를 들어 어떤 정보가 오디오 형태로만 제공된다면 청각에 문제가 있는 학생뿐만 아니라 시끄러운 환경에 있는 사람들에게 조차도 일시적인 장애를 일으키는데, 이런 경우 텍스트의 제공은 오디오의 대안이 될 수 있다. 또한 정보가 그래픽이나 그림 형태로만 제시된다면 시각장애 학생들은 접근할 수 없게 되는 문제가 있는데, 이런 경우도 텍스트는 정보접근을 용이하게 해 준다. 인지적 장애를 줄이기 위한 설명 수단에서의 대안으로는 복잡한 개념을 줄여 주고 중요한 개념을 강조하여 주요 아이디어를 중심으로 제시하는 방법 등이 있다.

둘째, 다양한 표현수단이 제공되어야 한다. 학생들 간의 개인차로 인해 특정한 의사소통이나 상호작용 방법은 어떤 학생에게는 표현을 용이하게 하는 수단이 되지만, 다른 학생에게는 방해가 되기도 한다. 그러므로 쓰기, 말하기 등의 측면에서 다양한 표현수단이 허용되어야 한다(Orkwis, 1999). 예를 들어, 종이에 연필로 필기하게 하는 것은 신체적 어려움이 있는 학생에게는 장애가 되는데, 이런 경우 컴퓨터를 통한 쓰기 훈련은 학생들에게 성공적으로 쓰기를 할 수 있는 대안이 된다. 또한 말하기와 구두 설명에 어려움이 있는 학생들의 경우도 멀티미디어 표현수단을 옵션으로 제공해야 한다.

셋째, 다양한 참여수단을 제공해야 한다. 학습자들의 감정구조, 배경, 문화 발달 경험 및 신경학적 특성 등에서의 개인차는 학습자들의 동기와 참여에 영향을 준다. 그러므로 학습자들을 수업에 참여시키기 위해서는 학습자들의 학습동기를 고취시키기 위한 다양한 방법을 모색해야 한다. 예를 들면, 교육과정은 신기성과 친숙성, 지원과 도전의 적절한 균형, 발달적·문화적 홍미를 고려한 매력적인 설계가 필요하다.

이와 같은 교수·학습 측면에서의 세 가지 사항은 차별화교수, 협동학습, 주제단원통합이라는 보다 구체적인 교수방법을 통해 달성할 수 있다(CEC, 2005; 박주연, 2009: 247-248 재인용).

차별화교수는 학습자의 다양한 특성, 개인차에 적응하는 차별화된 교육을 제공하는 것을 목적으로 개인차의 극소화와 극대화로 요약할 수 있다. 개인차의 극소화가 학습자의 교육결과의 동질성을 강조하는 것이라면, 개인차의 극대화는 학습자의 잠재력과 독특성을 충분히 신장시키는 개성 신장의 교육을 그 목적으로 한다. 이러한 차별화교수에서는 다양한 학습자의 수준을 고려하여 공통 목표를 세분화하거나 개인별 목표를 설정하는 면에서는 보편적 학습설계에서 지향하는 융통적인 목표설정의 측면에서 유사하지만 보편적 학습설계에서의 목표설정은 단계별로 세분화되기보다는 각 학생들의 세분화된 목표를 포괄할 수 있는 하나의 목표로 제시하려고 한다. 그러므로 보편적 학습설계의 목표선정은 장애학생과 낮은 학업수준을 가지는 일반학생 그리고 우수학생 모두에게 적용할 수 있는 교육목표를 설정하게 해 준다. 또한 차별화교수에서 강조하고 있는 학생들의 학습 홍미도, 인지학습양식의 고려는 학생의 선택과 활동중심의 교육을 강조하고 있는데 이것은 보편적 학습설계에서 다양한 표현과 참여수단을 제시함으로써 학생의 선택을 증가시키고 활동에 직접 참여하는 것을 강조한다는 측면에서 일치한다고 볼 수 있다.

협동학습상황에서 일반학생들은 4~6주 동안 소집단에 소속되어 함께 공부했을 때 장애학생들의 사회적 상호작용은 증가하고, 행동적 요구는 줄어들며, 일반학생들도 과제에 대한 관심이 증가하고, 과제에 대한 실질적인 참여가 증가하였다. 그리고 개별학습이나 경쟁학습보다는 일반아동과 장애아동 사이의 협력을 더욱 증진시킬 수 있는 방법으로 제시되었다.

주제통합단원은 장애아동의 일반교육과정 접근을 지원하는 하나의 주요 전락일 뿐 아니라 장애아동을 포함한 모든 학생들의 흥미를 유발하고 실제 생활에 접근할 수 있게 하는 접근방법이다. 특히, 교육과정의 모든 영역을 교차하여 기술을 의미 있게 구조화하고 조직하여 제공하는 간학문적 주제단원은 장애학생에게 일반교육과정의 맥락 내에서 개별기술에 기초한 목표를 학습할 기회를 제공한다.

이외에도 구체적인 교수전략으로 상호작용교수, 대안적 교수/공동체 기반 교수, 학습전략/학습기술 접근법(개념 맵, 앵커드 교수, 변형된 텍스트, 시뮬레이션, 가상현실), 활동중심학습 등을 제시하였다.

3) 교육환경

통합교육을 위한 교육환경에서는 먼저 장애학생이 통합될 수 있도록 물리적 접근성이 확보되어야 하고, 다음으로 학습 및 학교생활을 위한 다양한 지원이 제공되어야 한다. 이와 같은 교육환경은 보편적 학습설계의 낮은 신체적 수고, 접근과 사용에 적절한 크기와 공간의 원리와 같은 맥락에 있다. 교육환경의 측면에서 보편적 학습설계의 적용 방향을 구체적으로 살펴보면 다음과 같다.

첫째, 물리적 환경과 학습 및 학교생활에서의 접근성 확보와 이를 위한 지원을 보장할 수 있도록 설계해야 한다. 먼저, 장애학생이 일반학교 및 통합학급에 통합될 수 있도록 경사로, 출입구, 화장실 등의 편의시설 제공을 통한 물리적 접근성이 확보되어야 한다. 다음으로 학습과 학교생활에 참여하고 효과적으로 활동하기 위해 이에 필요한 각종 학습도구 및 보조공학의 지원이 이루어져야 한다.

둘째, 장애학생과 비장애학생 간의 사회적 관계형성 및 상호작용이 촉진되도록 설계되어야 한다. 즉, 학습자 간의 원활한 관계 형성 및 다양한 상호작용은 학급의 모든 구성원들이 환영받고 통합적이 되는 교실 분위기를 형성하고 나아가 통합교육이 추구하는 학업적 진보와 더불어 사회적 관계형성을 촉진하여 진정한 사회통합을 이룰 수 있다.

기출문제

초등, 15 (가)는 초등학교 6학년 정신지체학생 연우가 소속된 통합학급 최 교사가 특수학급 김 교사가 나눈 대화이고, (나)는 최 교사가 작성한 '2009 개정 교육과정' 실과 교수–학습 과정안의 일부이다. 물음에 답하시오.

(나) 교수–학습 과정안

학습목표	• 여러 가지 작업을 조사하여 특성에 따라 분류할 수 있다. • 여러 가지 직업이 있음을 설명할 수 있다.	
단계	ⓒ 교수–학습활동	보편적 학습설계(UDL) 지침 적용
도입	생략	
전개	〈활동 1〉 전체학급 토의 및 소주제별 모둠 구성 • 전체학급 토의를 통해서 다양한 직업분류기준 목록 생성 • 직업분류기준별 모둠을 생성하고 각자 자신의 모둠을 선택하여 참여	• 직업의 종류와 특성을 토의할 때 필수적으로 알아야 할 어휘를 쉽게 설명한 자료를 제공함. • ⓔ 홍미와 선호도에 따라 소주제를 스스로 선택하게 함.
	〈활동 2〉 모둠 내 더 작은 소주제 생성과 자료 수집 분담 및 공유 • 분류기준에 따라 조사하고 싶은 직업들을 모둠 토의를 통해 선정 • 인당 1개의 직업을 맡아서 관련된 자료 수집 • 각자 수집한 자료를 모둠에서 발표하고 공유	• 「인터넷 검색절차지침서」를 컴퓨터 옆에 비치하여 자료 수집에 활용하게 함. • ⓜ 발표를 위해 글로 된 자료뿐만 아니라 사진과 그림, 동영상 자료 등 다양한 매체를 이용하게 함.
	〈활동 3〉 모둠별 보고서 작성과 전체학급 대상 발표 및 정보 공유 • 모둠별 직업분류기준에 따른 직업유형 및 특성에 대한 보고서 작성 • 전체학급을 대상으로 모둠별 발표와 공유	• 모둠별 발표 시 모둠에서 한 명도 빠짐없이 각자가 할 수 있는 역할을 갖고 협력하여 참여하게 함.

(나)에서 최 교사가 사용한 ㄹ과 ㅁ은 응용특수공학센터(CAST)에서 보편적 학습설계(UDL)의 원리 중 어떤 원리를 적용한 것인지 각각 쓰시오.

초등, 12 일반학급의 김 교사는 응용특수공학센터(Center for Applied Special Technology: CAST)에서 제안한 보편적 학습설계(Universal Design for Learning: 이하 UDL)의 원리에 근거하여 국어과 수업을 하였다. UDL의 원리 중, 다양한 표상(정보제시) 수단 제공 원리를 적용한 사례를 〈보기〉에서 모두 고른 것은?

ㄱ. 나누어 주는 자료 중 중요 부분을 미리 형광펜으로 표시해 놓았다.
ㄴ. 문학작품을 읽고 난 후 소감을 글, 그림 등으로 제출하도록 하였다.
ㄷ. 배경 지식을 활성화하기 위해 주제와 관련 있는 동영상을 보여 주었다.
ㄹ. 독후감 과제 수행 시 자신의 수준과 취향에 맞는 내용을 선택하도록 하였다.
ㅁ. 학급문고에 국어 수업 내용과 관련 있는 다양한 종류의 오디오북을 구비해 놓았다.

---

① ㄱ, ㄴ   ② ㄴ, ㄷ   ③ ㄱ, ㄷ, ㅁ
④ ㄴ, ㄹ, ㅁ   ⑤ ㄱ, ㄴ, ㄷ, ㄹ

중등, 17 (가)는 학생 P의 특성이고, (나)는 중학교 1학년 기술·가정 '건강한 식생활과 식사 구성'을 지도하기 위하여 통합학급 교사와 특수교사가 협의한 내용이다. ㉠에 해당하는 교수법의 명칭을 쓰고, 모둠별 활동을 하는 동안 통합학급 교사의 역할 1가지를 ㉡에 제시하시오. 그리고 특수교육공학 응용센터(Center for Applied Special Technology: CAST)의 보편적 학습설계(UDL)에 근거하여 ㉢에 적용 가능한 원리를 쓰고, 그 예를 1가지 제시하시오.

(가) 학생 P의 특성

- 상지의 소근육 운동 기능에 어려움이 있는 지체장애 학생으로 경도 지적 장애를 동반함.
- 특별한 문제행동은 없으며, 학급 친구들과 원만한 관계를 유지하고 있음.

(나) 통합학급 교사와 특수교사의 협의 내용

관련 영역	수업 계획	특수교사의 제안 사항
학습목표	• 탄수화물이 우리 몸에서 하는 일을 설명할 수 있다.	• 본서와 관련된 핵심 단어는 특수학급에서 사전에 학습한다.
교수 · 학습 방법	• 우리 몸에 필요한 영양소의 종류 및 기능 – ㉠ 모둠 활동을 할 때 튜터와 튜터의 역할을 번갈아 가면서 한다. – (㉡)	• P에서 튜터의 역할과 절차를 특수교사가 사전에 교육한다.
평가 계획	• 퀴즈(지필 평가) 실시	• ㉢ UDL의 원리를 적용하여 P의 지필 평가 참여 방법을 조정한다.

중등, 10 보편적 학습설계(universal design for learning)에 대한 설명으로 옳은 것을 〈보기〉에서 모두 고른 것은?

ㄱ. 보편적 학습설계는 교육과정이 개발된 후에 적용되는 보조공학과는 다르게 교육과정이 개발되기 전에 이루어지는 것이다.
ㄴ. 보편적 학습설계는 교육과정이나 교육자료를 개발할 때 대안적인 방법을 포함시킴으로써 별도의 교수적 수정을 하지 않도록 하는 것이다.
ㄷ. 보편적 학습설계는 건축 분야의 보편적 설계에서 유래한 개념으로, 학습에서의 인지적 도전 요소를 제거하고 지원을 최대한으로 제공하는 것이다.

ㄹ. 보편적 학습설계는 일반교육과정의 수준을 낮추는 것이 아니라, 융통성 있는 다양한 방법을 제시함으로써 장애 학생이 일반교육과정에 접근할 수 있도록 하는 것이다.

① ㄱ, ㄴ   ② ㄷ, ㄹ   ③ ㄱ, ㄴ, ㄹ
④ ㄱ, ㄷ, ㄹ   ⑤ ㄱ, ㄴ, ㄷ, ㄹ

중등, 09 보편적 설계(Universal Design)의 개념은 건축 분야에서 모든 사람이 편리하게 시설을 이용할 수 있도록 하기 위해 처음으로 제기된 것이지만 교육 분야에서도 보편적 설계의 개념과 원칙을 교육 상황에 적용하여 구체적인 학습전략으로 개발하여 왔다. 이에 더하여 최근 특수교육 분야에서는 보편적 설계의 개념과 원칙을 장애학생의 교수–학습환경에 적용하여 보편적 학습설계(Universal Design for Learning)로 발전시키고 있다. 다음 물음에 답하시오.

(1) 보편적 설계의 주요 원칙 중 '동등한 사용', '사용상의 융통성', '정보 이용의 용이(인식 가능한 정보)'에 대해 각각의 원칙을 통합교육의 이념에 비추어 논하시오.
(2) 장애학생을 대상으로 한 보편적 학습설계의 3가지 원리와 그 실행 방안을 다음의 조건에 따라 논하시오.

조건 1. 시각장애, 청각장애, 지체장애 중 2가지 장애유형을 선택할 것
조건 2. 해당 장애유형에 관련된 보조공학 기기를 제시할 것

정답 (초등, 15) ㉣ 참여, ㉤ 행동과 표현   (초등, 12) ③   (중등, 17) 행동과 표현   (중등, 10) ③
(중등, 09) 본문 참조

제4부

매체와 컴퓨터의 활용

제5장 특수교육과 교수매체의 활용

제5장

교수매체는 특수교육대상 학생들에게 기능의 한계를 극복할 수 있는 방식으로 제공되어야 한다. 이를 통해 학습자들의 동기를 유발해야 하며, 학습 및 기능의 향상을 도모할 수 있어야 한다. 따라서 교수매체를 선정하는 안목과 활용능력은 매우 중요하다. 이 장에서는 교수매체의 개념과 기능, 교수매체의 분류와 선택, 매체연구 등에 대해 살펴보도록 한다.

제1절 교수매체의 개념과 기능

1. 교수매체의 정의

매체(media)는 그 어원상 무엇과 무엇의 사이(between)를 의미한다. 따라서 매체란 일반적으로 송신자와 수신자를 연결시켜 주는 의사소통의 채널(channel) 혹은 매개체라고 할 수 있으며, 사용 목적이나 형태에 따라 대중매체(mass media), 다중매체(multi media), 교수매체(instructional media) 등으로 구분된다. 여기서 교수매체란 교육목표를 효과적·효율적으로 달성하기 위하여 교수자와 학습자, 학습자와 학습자, 학습자와 교육내용 사이의 상호작용을 도와 학습에 필요한 의사소통이 발생하도록 도와주는 다양한 형태의 매개수단이라고 정의할 수 있다.

권성호(2006)에 의하면 교수매체는 다음과 같은 네 가지 속성을 지니고 있으며, 이와 같은 매체의 속성은 매체를 이해하는 데 도움을 주며, 매체활용 방식과 학습 효과에 영향을 줄 수 있다.

① 기술적 속성
② 내용적 속성
③ 상황적 속성
④ 상징적 속성

첫째, 기술적 속성은 매체를 구성하는 재료 및 기기의 속성으로 정보의 전달 방법에 영향을 준다. 이러한 기술적 속성은 기술의 발달과 함께 새로운 매체가 등장하는 원인이 되며, 상황과 장소에 따른 매체의 선택과 효과에 영향을 준다.

둘째, 매체의 효과는 단순히 매체 자체의 기술적인 속성보다도 그 매체가 어떤 내용을 전달하느냐에 따라 달라질 수 있다. 이에 효과적인 의사소통을 위해서는 전달 내용의 설계와 매체의 특성에 따른 전달 효과의 차이점을 고려해야 한다.

셋째, 상황적 속성은 메시지가 전달되는 사회적 환경이 매체의 효과에 영향을 미친다는 것이다. 이는 똑같은 내용을 동일한 매체를 사용하여 전달할지라도 그 매체를 활용하는 상황에 따라 의사소통의 효과가 달라짐을 의미한다.

마지막으로 상징적 속성은 매체에 따라 내용을 전달하기 위해 문자, 음성, 기호 및 언어 등의 특정한 상징체계를 사용한다는 것이다. 상징체계의 차이는 매체를 특징짓는 가장 중요한 속성으로 동일한 내용도 다양한 상징체계를 사용해 전달할 수 있다.

2. 교수매체의 기능

교수매체는 일반적으로 [그림 5-1]과 같이 매개적 보조기능, 정보 전달기능, 학습경험 구성기능, 교수기능의 네 가지 기능을 갖는다.

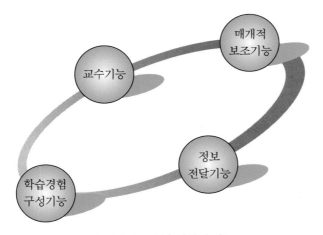

‖ 그림 5-1 ‖ **교수매체의 기능**

첫째, 매개적 보조기능은 가장 보편적이면서 잘 알려진 기능에 해당한다. 교수매체의 매개적 보조기능은 교수매체를 사용하는 사람의 기술이나 이를 사용하는 상황에 따라 크게 좌우될 수 있기 때문에 교수매체의 활용방법에 따라 학습효과도 다르게 나타날 수 있다.

둘째, 정보 전달기능은 교육의 보편화에 기여한 기능이다. 즉, 매체를 사용하는 이유에는 매체가 시간과 공간을 초월해서 지식이나 정보를 전달할 수 있고, 학습자가 여러 가지 감각 채널을 통해서 받아들일 수 있도록 다감각적으로 정보를 전달할 수 있기 때문이다. 또한 각각의 매체가 갖는 독특한 상징체계는 특정 상황에서 다른 매체보다 더 적절하게 정보를 전달할 수 있다.

셋째, 학습경험 구성기능이란 매체 그 자체가 학습경험을 구성하는 기능을 의미한다. 이는 학습자의 측면에서 교사가 매체를 사용하는 것을 관찰하는 것 자체만으로도 차후에 해당 매체를 사용하는 데 많은 도움을 줄 수 있다는 것이다.

넷째, 교수기능이란 매체를 효과적으로 구성, 활용하여 학습자의 지적인 기능을 개발시키는 것으로, 이때 학습자의 지적 기능이란 매체를 통해 입수한 정보를 학습자가 재부호화하는 것을 말한다. 즉, 매체는 학습자의 주의를 집중시킴과 함께 동기를 유발함으로써 학습을 촉진시킬 수 있으며, 지각 및 인지 그리고 표현능력에 영향을 미친다.

이와 같은 교수매체의 기능을 통한 교육적 효과를 정리하면 다음과 같다(한정선 외, 2008).

첫째, 학습자의 동기유발이 가능하다.
둘째, 대리경험 및 적절한 상호작용을 통한 유의미한 학습경험이 가능하다.
셋째, 학습 장소 선정의 융통성으로 개별학습이 가능하다.
넷째, 수업내용과 수행기술에 대한 직접적인 설명과 예시가 가능하다.
다섯째, 교수자와 학습자의 수업과정에서 역할에 대한 긍정적인 태도 형성이 가능하다.

여섯째, 수업활동의 표준화를 통한 수업의 질 향상에 공헌이 가능하다.

그러나 이와 같은 교수매체의 교육적 효과가 모든 교수매체에 대해 발생하는 것은 아니다. 따라서 교수매체를 선택하기에 앞서 〈표 5-1〉과 같이 각각의 교수 매체가 갖는 장점과 한계점을 파악할 필요가 있다.

‖표 5-1‖ 교수매체의 장점과 한계점

교수매체	장점	한계점
인쇄된 시각자료	• 현실적인 형태: 언어적 정보에 대한 표상을 제공함 • 활용의 용이성: 책, 잡지, 신문, 카탈로그, 달력에 쉽게 사용할 수 있음 • 사용의 용이성: 특별한 장비를 요구하지 않기 때문에 사용하기 수월함 • 저렴한 비용	• 크기: 어떤 시각자료는 대집단에 사용하기에 너무 작거나 확대하기에는 비쌈 • 2차원 • 움직임 부족
CD	• 위치 선택: 학생과 교사는 CD에서 원하는 위치를 쉽게 선택할 수 있고, 자신이 원하는 순서로 진행할 수 있음	• 녹음능력 제한: 카세트를 만드는 것처럼 학생과 교사가 싸면서도 쉽게 CD를 만들 수 없음
비디오 테이프	• 동작: 동영상은 동작의 기본이 되는 절차를 효과적으로 묘사할 수 있음 • 실제 세계 경험: 학생들이 직접적으로 관찰하기에 위험한 현상을 관찰하게 함 • 반복성: 반복적인 관찰과 연습을 요구하는 신체적 기술의 숙달에 효과적임	• 속도 고정: 비디오테이프 프로그램은 고정된 속도로 작동함 • 일정: 교사들이 자신의 계획대로 비디오를 사용하기 위해서는 사전에 주문을 해야 함
DVD	• 저장 용량: 각 디스크는 풀 모션 비디오를 2~8시간 저장 가능함 • 높은 질의 오디오: CD와 비교하여 오디오가 고성능임 • 디지털 형식: DVD는 디지털 매체이기 때문에 컴퓨터에서 바로 구현 가능함	• 자료 제한: 교육용으로 활용할 수 있는 자료가 제한적임 • 활용 가능한 플레이어의 제한: DVD 플레이어나 플레이어가 장착된 컴퓨터가 있어야 함

실물과 모형	• 추상성이 낮고 구체적임 • 활용 용이성: 자료를 학교나 집 같은 환경에서도 쉽게 활용할 수 있음 • 학생 주의집중: 학생들은 실물과 모형 모두에 긍정적으로 반응함	• 보존의 문제 • 높은 손상 가능성
멀티미디어	• 학습과 기억에 효과적 • 다양한 학습양식과 선호도 설명 • 현실성 • 다양한 학습 영역에 효과적 • 동기유발 부여 • 상호작용성 • 개별화 • 학생 통제: 사용자에게 수업의 속도와 순서에 대한 통제권을 줄 수 있음	• 장비 요구: 멀티미디어를 위한 장비가 요구됨 • 높은 초기 비용 • 복잡성과 표준화 결여: 상호작용적인 멀티미디어 시스템은 매우 복잡함 • 호환성: 다양한 개인용 컴퓨터 제품 간에 호환성이 결여됨 • 능력 제한: 대부분의 컴퓨터 소프트웨어는 학생과 진지하게 상호작용하는 능력이 제한되어 있고, 가끔 단순한 선다형이나 진위형 질문에만 의존함

출처: Newby, Stepich, Lehman, & Russell(2008), pp. 175-177 수정 후 인용

제2절 교수매체의 분류와 선택

1. 교수매체의 분류

교수매체를 분류하는 기준은 ① 구체성과 추상성에 따른 분류, ② 상징체제인 감각기관에 의한 분류, ③ 빛의 투사 여부에 따른 분류, ④ 세대별 구분에 따른 분류, ⑤ 상호작용에 따른 분류, ⑥ 사용하는 학습집단에 따른 분류, ⑦ 수업환경에 따른 분류, ⑧ 전자장치 사용에 따른 분류, ⑨ 제시되는 자료의 성질에 따른 분류 등이다(조규락, 김선연, 2006; 이성흠, 이준, 2009). 교육공학의 역사적 발전단

계에 따른 주요 관련 학자들의 매체 분류의 방식과 특징은 〈표 5-2〉와 같다.

‖표 5-2‖ **주요 교수-학습매체의 분류방식 비교**

학자\n비교	Hoban, Hoban, & Zisman(1937)	Dale(1946)	Gerlach & Ely(1980)	Romiszowski (1988)	Smaldino, Russell, Heinich, & Molenda(2005)
특징	• 사실성의 정도에 따른 분류: 구체적인 것에서 추상적인 것으로 제시	• 경험의 원추: 구체성과 추상성의 정도에 따른 분류	• 매체가 가지고 있는 물리적 특성에 따른 분류	• 감각통로와 교사의 통제 수준에 따른 분류	• 교수-학습에서 사용되는 6가지 기본 유형 분류
분류 방식	• 전체장면\n• 실물\n• 모형\n• 필름\n• 입체도\n• 슬라이드\n• 그림 및 사진\n• 지도\n• 도형 및 도표\n• 언어	• 직접적, 목적적 경험\n• 구성된 경험 모형, 실물표본\n• 극화된 경험\n• 시범\n• 견학\n• 전시\n• 텔레비전\n• 영화\n• 녹음, 라디오\n• 시각기호\n• 언어기호	• 정적 사진, 그림\n• 녹음\n• 동화상\n• 텔레비전\n• 실물, 모의실험 및 모형\n• 프로그램 수업 및 컴퓨터 보조수업	• 감각통로를 청각, 시청각, 촉각/운동감각으로 구분하고 교사가 매체를 통제하는 정도인 기능인, 기술자, 관리자로서의 교사 역할의 행렬표에 따라서 다양한 매체 분류	• 문자와 숫자로 구성되는 전달 내용(text)\n• 오디오(audio)\n• 시각자료\n• 동영상자료\n• 조작물\n• 사람 및 인적 요원

출처: 이성흠, 이준(2009), p. 212.

2. 교수매체의 선택

교수매체의 선택은 교수설계의 모든 과정에서 이루어져야 할 뿐만 아니라, 학습자를 둘러싼 모든 환경을 생태학적으로 고려하여 이루어져야 한다. 교수매체의 선택에 영향을 주는 일반적 요인을 살펴보면 다음과 같다.

① 인적 요인: 학습자 특성, 교사 특성
② 매체의 물리적 속성과 기능
③ 수업목표와 내용
④ 수업상황
⑤ 수업 장소: 시설
⑥ 실질적 요인: 시간, 난이도, 비용, 이용 가능성

장애학생을 위한 교수-학습 과정에서 매체를 선정함에 있어서는 위의 사항들 모두에 대해 유의해야 하지만, 그중에서도 학습자의 특성과 매체속성 그리고 수업목표와 내용에 초점을 두고 매체를 선정해야 한다.

1) 학습자 특성

학습자 특성은 다른 어떤 요소들보다 우선적으로 고려되어야 할 사항으로 장애의 유형, 정도, 특성 및 학습자의 태도, 연령 등과 같은 정보를 수집해야 한다. 일반적으로 장애의 유형이나 정도, 장애의 특성 등에 대해서는 구체적인 정보를 수집하지만 장애학생의 생활 연령에 대해서는 간과하는 경향이 있다. 그러나 장애학생의 생활연령은 해당 학생의 자존감 향상과 기능적 생활 측면에서 반드시 고려되어야 한다.

2) 매체속성

매체가 어떤 상징매체를 통해 메시지를 전달하느냐는 매체의 선택에 영향을 미친다. 매체속성(media attribute)이란 매체가 사물의 움직임, 색상, 입체감, 문자, 소리 등과 같은 것을 제시할 수 있는 정도(한국교육공학회, 2005)로 수업 상황과 내용에 적절한 매체를 선택하기 위해서는 매체의 속성인 시각, 청각, 시청각, 동작, 크기, 색채 등을 고려해야 한다. 이와 같은 물리적 속성은 수업내용이나 목표와도 관련된다(박성익 외, 2009).

일반적으로 시각매체는 학습자들이 사물을 확인하거나 공간관계를 분류하되 어떤 구체적인 개념을 획득하는 데 필요하며, 학생들에게 다양한 운동기능을 가르치는 데도 유용할 수 있다. 인쇄매체는 읽기 능력 및 연령과 관련이 있으며, 동영상 및 소리 매체는 교수-학습목표가 소리 재생이나 재인일 경우, 자극 정보를 제공하는 데 적절한 매체다. 색채는 학습 대상의 색채가 인지적 또는 심동적 운동의 목표를 성취하는 것과 관계가 있을 때 선정해야 한다. 실물은 학습자에게 생소한 사물의 인지적 기능이나 운동 기능을 지도할 경우에 사용하는 것이 효과적이다.

3) 수업목표와 내용

교수자료의 내용은 목표 달성과 전이를 이룰 수 있도록 조직되어야 한다. 이러한 내용은 다양한 방식으로 표상될 수 있다. 청각장애 학생을 위해서는 시각적 단서와 수화로 정보를 변환시키고 시각장애 학생을 위해서는 음성으로 정보를 변화시키며 가능한 한 문서화된 정보로의 제공보다는 구체적이고 분명한 구어적 설명 및 지시를 통해 제공하는 것이 효과적이다. 감각 장애 학생을 위해서는 다양한 감각 자극을 통해 정보를 폭넓게 경험할 수 있도록 그림자료, VCR자료, 실물, 모형, 도감, 컴퓨터, 괘도, OHP, 실물 화상기 등과 같은 다양한 교수매체를 활용한다(교육과학기술부, 2009).

4) 요소들 간의 관계

장애학생의 특성, 매체속성 그리고 수업목표와 내용의 관계를 고려했을 때 자주 언급되는 것이 Dale의 매체 분류이다. '경험의 원추(cone of experience)'로 널리 알려진 Dale의 교수매체 분류는 Hoban의 매체 분류 모형을 발전시킨 것으로 특수교육에 시사하는 바가 많다. 특히 Dale의 분류 모형이 Bruner의 지식

의 표상양식과 일치한다는 점에서([그림 5-2] 참조) 인지적으로 전조작기, 구체적
조작기에 머물러 있는 특수교육대상 학생의 교수방법을 언급함에 있어 많은 부
분을 차지하고 있다.

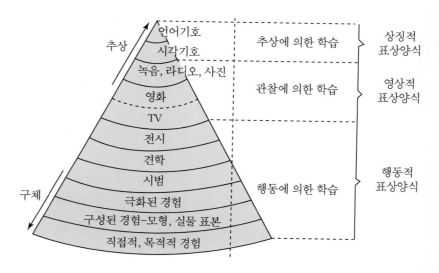

‖ 그림 5-2 ‖ Dale의 경험의 원추와 Bruner의 지식의 표상양식

　장애(특히 발달장애)학생들은 인지적 발달에서 상징적 사고와 논리적 조작이
나타나지만 아직 숙달이 되지 않은 단계인 전조작기 또는 물질적인 상황에서 논
리적 조작 및 사고를 할 수 있는 구체적 조작기에 해당된다. 따라서 실생활의 구
체적 경험과 활동을 중시하여 주변의 구체적인 실물자료나 생활 사례를 활용하
고 가능한 한 다양한 감각 경로를 활용하여 직접 경험 및 조작을 통해 학습할 수
있도록 하는 것이 중요하다(교육과학기술부, 2009).

　이와 같이 학습자의 특성과 매체속성을 고려한 매체의 선정 그리고 이를 통
한 수업목표의 달성은 특수학교 기본교육과정 수학 및 과학과에 제시된 교수-
학습 방법에 잘 나타나 있다. 예를 들어, 수학 기호나 언어와 같은 상징체계를
활용하기 어려운 학생들을 위해 교사는 다음과 같은 방법을 통해 다양한 방식의

수학적 의사소통 기회를 제공해야 한다.

특수학교 기본교육과정 수학과 교수-학습 방법

Bruner는 학생들의 수학적 개념 이해를 발달시키는 세 가지 표상 모델을 제 안하였는데, 어떤 영역의 지식도 행동적 · 영상적 · 상징적 표상의 세 가지 방법 으로 표상해 낼 수 있다고 하였다. 행동적(enactive) 표상은 실물(구체적 모델)의 행동화 · 조작화로 이해하는 것을 말하며, 영상적(iconic) 표상은 영상(반추상적 모델)을 통해서 그림이나 도식으로 지식을 이해하는 것을 말하고, 상징적 (symbolic) 표상은 상징적 체계(추상적 모델)에서 도출된 논리적 명제에 의한 기 호나 문자식으로 지식을 이해하는 것을 말한다.

예를 들어, 3 더하기 5는 8이 된다는 것을 지도할 때에, 사탕이나 공깃돌을 조작하고 행동화하여 이해하도록 한다면, 이는 행동적 표상을 활용한 지도가 된 다. 또한 도트(점)나 동그라미와 같은 반추상적 모델을 이용하여 3 더하기 5는 8 이 됨을 이해하는 것은 영상적 표상을 활용한 지도방법이 된다. 마지막으로 상징 적 표상을 활용한 지도에서는 더하기 기호와 등호를 사용하여 '5+3=8'이라고 표현하도록 할 수 있다.

이 같은 세 가지 표상 모델은 교사가 구체물 · 그림 · 도표 · 언어 · 기호 등의 다양한 표현 방법으로 수학적 내용을 학생과 소통할 수 있도록 안내해 준다. 또 한, 학생들이 교수-학습의 과정에서 자신이 알고 있는 수학적 내용을 표현하고 자 할 때에도 유용한 소통의 수단이 된다. 언어능력이 부족하고, 수학과 관련된 용어나 기호 상징의 이해가 부족한 학생들에게는 상징적 표상을 활용한 지도 방법이나 표현은 매우 어렵게 여겨질 수 있는 데 반해, 행동적 표상이나 영상적 표상을 활용한 의사소통은 더 쉽게 여겨질 수 있다. 따라서 행동적 · 영상적 · 상 징적 표상을 이용한 수학적 의사소통 방법은 학생들의 수학적 이해를 돕기 위 한 유용한 방법이 될 뿐만 아니라, 학생들이 수학적 내용에 접근하고 자신의 수 학적 이해를 표현하는 유용한 방법이라고 할 수 있다(교육과학기술부, 2009: 209).

특수학교 기본교육과정을 적용받는 학생은 물론 학습장애 학생의 수학과 교육에서도 교수매체의 연속적인 특성〔구체물(concrete) → 반구체물(semiconcrete) → 추상물(abstract)〕을 이용한 수업은 효과적이다. 즉, Ginsberg(1997)에 의하면 수학학습은 단계적인 과정으로 단계가 점차적으로 증가하는 연속체이므로, 수학학습이 진행됨에 따라 지식은 구체적인 것에서 추상적인 학습으로, 불완전한 것에서 완전한 지식으로 그리고 비체계적인 것에서 체계적인 사고로 구축된다는 것이다. Rivera와 Bryant(1992) 역시 수학 개념을 지도하기 위한 보조교재 및 교구 등은 일반적으로 구체물-반구체물-추상물 등의 순서에 따라 사용하는 것이 효과적임을 언급했다. Miller와 Mercer(1997)에 의해 제시된 구체적인 것에서 추상적인 학습으로의 학생발달을 도와주기 위한 연속적인 세 단계의 수학교육은 다음과 같다.

- 구체화 단계: 학생들이 실제적인 학습자료를 이용하는 단계로 환경에서 접할 수 있는 블록, 주사위, 카드나 자릿값 막대기 등을 이용한다. 학생들은 신체적으로 만지고 이동하고 수 문제를 해결하기 위하여 이 물체들을 조작한다.
- 반구체화 단계: 학생이 구체화 단계의 기술을 성취하면 교육은 반구체화나 표현 단계로 진보한다. 학생은 그림이나 종이로 만든 타일을 이용하여 수학 문제의 해결에 필요한 구체적인 물건을 표현한다.
- 추상화 단계: 이 단계에서 학생들이 수학적 문제를 해결하기 위하여 반구체화 그림이나 타일 없이 단지 수만을 이용한다.

그러나 모든 장애학생에게 처음 단계에서부터 감각적이고 구체적인 매체가 효과적인 것은 아니므로, 매체는 반드시 학습자의 특성과 요구를 바탕으로 선택되어야 한다는 사실을 염두에 두어야 한다. 예를 들면, 학습장애 학생들은 주의가 산만하고 구체물을 다루는 데 서투르기 때문에 지나치게 주의를 끄는 요소를 갖추었거나 크기와 촉감 때문에 다루기 힘든 것(바둑알, 콩알 등) 등은 가급적 사용하지 말아야 한다. 때로는 구체물보다는 반구체물을 사용하는 경우가 더 효과적인 경우도 있다(김동일, 이대식, 신종호, 2009).

제3절 매체연구*

Clark과 Sugrue(1995)는 연구에 사용된 독립변인과 종속변인에 따라서 매체연구의 분석틀을 네 가지 유형으로 범주화할 수 있음을 제안하였다. 연구에 사용된 주된 독립변인은 매체의 특성, 학습자 특성, 교수방법 등이었으며, 종속변인에는 학습자의 수행결과, 인지과정, 비용 혹은 효율성, 수업에 대한 접근성 등이었다. 이들 독립변인과 종속변인 간의 관계에 따라 행동주의 패러다임의 연구, 인지주의 패러다임의 연구, 매체활용 태도에 관한 연구, 매체활용의 경제성에 관한 연구 등과 같이 네 가지 연구 유형으로 범주화하였다.

그러나 교수매체의 활용과 관련하여 과거에서부터 현재까지 지속적으로 논쟁의 요소가 되고 있는 것은 교수매체의 상대적 효과성과 절대적 효과성에 대한 것으로(홍기칠, 2004) 다음과 같이 두 개의 범주로 나누어 볼 수 있다.

- 매체비교연구: 행동주의 심리학(학습의 결과적 측면 강조)
- 매체속성연구: 인지주의 심리학(학습의 과정적 측면 강조)

첫째는 행동주의 심리학에 토대를 두고 학습의 결과적 측면을 연구한 매체연구이고, 둘째는 인지심리학의 영향을 받아 학습의 과정적 측면을 강조하는 매체연구다. 행동주의에 기반한 매체연구는 매체 간의 효과를 비교하는 데 중점을 둔 매체비교연구라 할 수 있고, 인지주의에 토대를 둔 매체연구는 학습자의 인지과정과 정보처리의 문제를 강조하는 매체속성연구라 할 수 있다.

----

* 이 절의 내용은 김남진, 김자경(2006)에서 발췌한 것임.

1. 매체비교연구

매체비교연구는 교육공학 초기부터 1970년대 초까지의 주된 연구 경향으로 (홍기칠, 2004), 1920년대는 전통적인 수업과 시각매체를 사용한 수업에서의 효과 검증, 1950년대에는 라디오, 1960년대에는 TV, 1970~1980년대는 CAI의 효과에 관한 연구들이 주로 추진되었다. 이와 같은 초기의 매체비교연구들은 자극과 반응에 기초한 행동주의 심리학에 바탕을 둔 인간관을 가지고 있었기 때문에 매체라는 외적인 자극이 학습자의 반응을 유도하는 데 어떠한 역할을 하는가에 초점이 맞춰져 있었다.

행동주의 심리학이 비판받고 있는 것과 마찬가지로, 초기의 매체연구 역시 학습자를 수동적인 인간으로 보고 교수매체를 통해 학습자의 행동을 변화시키고자 했기 때문에 학습자와 학습과제에 가장 적합한 매체가 무엇인지를 찾아내는 것이 연구의 주요 과제였다. 따라서 연구는 궁극적으로 매체 간 비교를 통해 수업효과를 극대화시켜 줄 수 있는 가장 좋은 단 하나의 매체를 찾아내는 데 있었다.

다양한 학습자 변인 혹은 교과목의 특성을 고려하지 않고, 전통적인 수업장면의 학습자 집단을 통제집단으로, 특정 매체를 사용하여 동일한 내용을 학습하는 집단을 실험집단으로 선정하여, 두 집단의 학습효과를 점수로 비교하는 연구가 매체비교연구의 전형에 속한다. 즉, 특정 장애학생 집단을 대상으로 통제집단은 구체적 조작물(혹은 전통적 수업)을, 실험집단은 멀티미디어(혹은 좁은 의미의 공학 활용 수업)를 통한 수업을 진행한 후 이들의 학업성취도 향상을 파악하는 연구(김현진, 2004; 이종화, 2000)를 예로 들 수 있다.

이와 같은 매체비교연구는 각 연구결과 사이에 일관성이 없었을 뿐만 아니라, 두 방법 사이에 차이가 나타났다고 하더라도 그 차이를 해석하기가 곤란하였다(나일주, 1995). 따라서 다음과 같은 연구설계상의 오류가 공통적으로 지적되고 있다(권성호, 2006; 홍기칠, 2004; Clark & Sugrue, 1995; Krendle, Ware, Reid, & Warren, 1999).

첫째, 매체비교 실험에서 교수방법 혹은 내용 변인의 영향을 통제하지 못함으로 인해, 그것이 매체 간의 차이 때문인지 그 매체들을 사용한 방법 때문인지 그 원인을 규명하기 어렵다.

둘째, 매체비교연구는 새로운 매체의 사용으로 인한 신기성 효과를 통제하지 못하였다는 것이다.

매체속성이론의 대표적 학자인 Salomon(1979) 역시 기존의 매체비교연구는 매체를 고정된 속성을 갖고 있는 변하지 않는 실체로 보는 오류를 범했다는 점, 일반적 그리고 총체적 측면에서의 전체적인 효과를 연구했다는 것, 이론적 체계가 확립되지 않은 상황에서 매체의 선택에만 초점을 둔 실천 지향적인 연구를 수행했다(권성호, 2006 재인용)는 점을 들어 비판하였다.

2. 매체속성연구

매체비교연구는 이론 및 연구방법론 등에 있어 많은 한계점들을 드러냄과 동시에 1980년대 들어 교수-학습에 대한 경향이 인지주의 패러다임으로 바뀜에 따라 매체속성에 관한 연구로 전환됐다. 교수-학습이란 매우 복잡한 과정이며 따라서 독특한 과제와 학습자의 특성 및 매체가 지닌 다양한 구성요소 간의 상호작용을 포함한다는 사실에서 볼 때 단순한 매체의 효과성 연구로부터 매체가 지닌 본질적인 속성에 대한 연구로의 변화는 불가피한 것이라 하겠다(손미, 김영수, 1987). 연구자들은 매체에 의해 제시되는 외적인 자극과 학습을 보조하는 내적인 인지과정 사이에서 일어나는 상호작용을 중요한 것으로 간주하였다. 즉, 상이한 매체 유형보다는 매체가 지닌 속성 자체가 학습자의 인지과정 혹은 학업성취에 어떤 영향을 미치는가로 연구의 초점을 전환시켰으며, 적성-처치 상호작용연구(Aptitude Treatment Interaction: ATI)에 기초한 연구설계가 이루어졌다.

ATI 연구를 비롯한 인지주의 관점에서는 학습자에 대한 적응의 측면에서 매체속성에 대한 관심을 갖는다. 매체속성연구는 근본적으로 '어떤 매체속성이 주어진 학습자와 학습과제에 적합한가?'라는 문제 제기에서부터 시작되며, 학습효과의 차이는 매체마다 다양한 속성이 있기 때문이라고 본다. 따라서 학습효과를 극대화하기 위해서는 매체속성과 학습자 특성, 학습과제 등과의 상호작용을 통해서 매체 선정이 이루어져야 함을 강조한다(박영삼, 1998).

Goodman의 상징체제이론, Olson의 교수수단이론, Salomon의 매체속성이론 등으로 대표되는 매체속성연구의 공통점은 인간의 인지적 표상과 그 처리는 매체가 전달하는 상징체계에 의해 영향을 받는다는 것과 인간의 인지 중 일부가 상징체계를 전달하는 매체에 의해 개척될 수 있다는 점을 가정한다(홍기칠, 2004). 따라서 특정 매체의 속성이나 수업내용이 특정 학습과제를 학습하고 있는 학습자의 지식 습득과 인지과정을 어떻게 하면 촉진시킬 수 있는가에 대해 인지주의 심리학과 구성주의적 접근 방법에 기초하여 연구하고자 하였다(권성호, 2006). 이는 매체의 본질적 속성과 학습자의 심리적 측면을 연결함으로써, 매체의 잠재성을 최대한 활용할 수 있는 방안을 찾고자 했던 것이다.

결과적으로 교수매체의 속성을 중심으로 한 연구와 교수매체의 효율성을 다룬 비교연구 간의 기본적인 차이점은 다음과 같이 두 가지로 종합해 볼 수 있다(정경숙, 1983).

첫째, 교수매체의 속성을 중심으로 한 연구는 매체를 활용할 때 매체비교연구에서와는 달리 매체를 총괄적으로 보지 않고 매체의 속성, 즉 매체의 구성요소를 그 연구대상으로 삼는다. 이때 매체의 속성은 실험연구에서 사용된 독립변수를 통해 추출해 낼 수 있으며, 시각요소, 청각요소, 움직임, 색채, 회화적 속성, 상징적인 요소 등이 이에 속할 수 있다.

둘째, 매체연구의 방법 면에서도 매체비교연구가 매체 간의 효과 비교에 관한 연구였던 데 반해, 매체속성연구는 매체의 속성과 학습자의 특성, 그리고 학습과제가 상호작용하는 연구다.

3. 국내 특수교육 분야 매체연구의 비판적 검토

이하에서는 매체비교연구와 매체속성연구를 바탕으로 특수교육에서의 매체 관련 선행 연구를 비판적으로 검토하고자 한다.

1) 매체에 대한 총괄적 시각

교수매체는 여러 가지 방법에 의해 분류될 수 있지만, 재래적인 형태의 범주와 새로운 공학, 즉 컴퓨터를 이용한 매체로 대별된다. 또한 이들 교수매체를 유형별로 정리하면(정진형, 2002) 인쇄자료, 실물자료, 그래픽 자료, 정사진(still picture)자료, 청각자료, 동사진(movie)자료, 컴퓨터 자료, 멀티미디어 자료 등으로도 구분 가능하다. 뿐만 아니라 비영상매체, 영상매체, 청각매체, 복합매체, 영화, 현대 기기매체, 수업매체 등으로 분류(김미연, 2003)하기도 한다. 살펴본 바와 같이 교수매체의 분류와 유형은 학자들의 관점에 따라 다양한 구분이 가능하다.

그리고 교수매체의 유형에 있어 또 하나의 변화는 범위의 확장에 있다. 즉, 교육공학의 개념 변화와 함께 교수매체는 분리된 보조물이 아니라 교수목표 달성을 위해 필요한 모든 인적 · 물적 자원의 계획, 활용의 방법론적인 것까지 포함하는 것으로 인식되고 있다. 또한 교수매체의 의미는 학습을 촉진시키기 위해 사용되는 인적 자원, 학습내용, 학습환경, 시설, 기자재 등을 포함하는 것으로 확장되고 있다(권성호, 2006).

그러나 교수매체와 관련한 특수교육 분야의 선행 연구들을 살펴보면 교수매체를 물적 자원에 한정시키는 경우가 대부분임을 알 수 있으며, 수업장면에서 활용되는 교수매체의 유형을 조사하는 연구 중심으로 이루어졌음도 알 수 있다. 다만 연구들 간의 차이는 장애 유형별 학교 · 학급, 과목 등과 같이 범위를 어디에 한정하여 조사를 수행하였는가에 의해 구분될 따름이다.

이와 같은 연구의 문제점은 다음과 같다. 예를 들어, 특수학교의 영어 수업시간에 활용되는 교수매체의 차이를 알아본 이관희(2005)의 연구결과, 시각장애학교 그리고 청각장애학교, 지체장애학교는 각기 다른 교수매체가 활용되고 있는 것으로 나타났다. 그러나 이와 같은 연구결과는 특정 장애영역 특수학교의 영어시간에 자주 활용되는 교수매체의 종류를 단순히 제시해 줄 뿐, 교수매체의 어떤 특성(속성)이 학생들에게 어떤 면에서 영향을 미치고 있는지에 대해서는 전달하는 바가 없다. 또한 시각장애학교의 영어시간에 가장 많이 활용되고 있다는 녹음 테이프의 속성과, 활용 빈도가 낮은 것으로 나타난 오디오의 속성은 모두 음성임에도 불구하고 순위의 차이를 보이고 있다. 이와 같이 제시된 연구결과만을 통해서는 그 차이를 파악하기가 어려운 것이 사실이다.

연구결과는 매체가 학생의 학습적인 측면보다는 교사의 편의 혹은 준비의 수월성 측면에서 선택·활용되고 있다는 점, 그리고 동일한 교수매체 사이에도 각기 다른 특성을 갖고 있다는 점 등을 지나치게 단순화시켜 보여 준다(예를 들어 유인물의 종류를 보면 모두 문자로 되어 있는 것, 그림으로만 되어 있는 것, 문자와 그림이 혼합된 것, 그림이 많고 문자는 적은 것, 문자는 많고 그림이 적은 것 등 다양함에도 불구하고 유인물로 총칭되어 조사·연구된다). 결국 제시된 연구결과는 교육현장에서 교수매체를 활용하고자 하는 현장 교사들에게 제공해 줄 수 있는 정보가 매우 제한적이게 된다.

최근에는 공학이 발전함에 따라 교수매체 활용 유형 조사도 ICT에 관한 방향으로 옮겨 갔는데, 여기서도 매체를 총괄적으로 보는 시각에는 변함이 없다. 특정 지역의 지적장애 특수학교에서의 ICT 활용교육 실태를 조사한 김복자와 김자경(2002)의 연구는, 연구내용 중 일부로 수업 중 가장 많이 활용하고 있는 ICT 수업지원 도구를 파악하였다. 결과에 의하면 컴퓨터가 가장 많이 활용되고 있었고, 다음은 프로젝션 TV, 오디오, VTR의 순서로 나타났다. 이상의 연구결과를, 일반 초등학교의 교수매체 활용 실태를 조사한 김미연(2003)의 연구결과와 비교하면 컴퓨터를 수업시간에 가장 많이 활용하고 있다는 것에 대해서는 동일하다. 결국, 지적장애 특수학교와 일반 초등학교에서 가장 많이 활용되는 교수매체는 컴퓨터라는 사실만 전해 준다. 이와 같은 결과에 대해서는 '그래서 어떻단 말인가?'란 의문만 유발할 뿐, '왜?'라는 질문에 대해서는 여전히 답해 줄 수 없는 상황으로 남아 있다.

　일반학교에서 컴퓨터를 이용하는 것과 지적장애 특수학교에서 컴퓨터를 사용하는 데는 분명히 차이가 있을 것이다. 특히 지적장애 학생의 경우 인지적인 부분에 문제가 있음을 감안한다면 연구자가 제시해 줘야 하는 부분은 컴퓨터의 어떤 속성을 이용하여 수업을 하고 있으며, 이에 대해 학생은 이전과는 다른 어떤 반응을 보였으며, 결과적으로 어떠한 변화가 유도되었는지를 제시해 주는 것이 더욱 바람직할 것이다. 이상에서 드러난 모든 문제점은 매체를 보는 시각에 있어 매체를 총괄적으로 보는, 즉 매체의 속성을 고정된 것으로 보는 데서 비롯된 것이라 할 수 있다.

　정리하면 현장에서 활용되고 있는 매체를 조사하는 것은 교육에서의 공학에 대한 연구로 공학의 발전 정도와 그에 따른 교육에의 적용 실태만을 보여 주는 단편적 내용일 뿐, 매체의 어떠한 속성으로 인해 활용 정도가 높으며 장애학생의 어떤 부분에 영향을 미치는지에 대해서는 제시해 주는 바가 없다. 이는 곧 TV 혹은 컴퓨터 자체가 모든 학습자의 학습에 효과적이라고 하는 것과 같은 이치다.

　매체는 단순히 정보를 전달하는 수단이라기보다는, 매체를 활용하는 과정을 통해 경험을 조직하고 탐구하며 제시하여 목표를 재구성해 주는 수단이기 때문에, 어느 교과에 어느 매체가 보다 더 잘 어울리는지에 대한 연구는 무의미(Salomon, 1979; 권성호, 2006 재인용)하다.

2) 매체효과의 단순 제시

　교수매체는 장애인과 같이 특별한 교육적 요구를 필요로 하는 학습자를 위해 중요한 역할을 한다. 대상 학생을 위해 특별히 고안된 교수매체는 모든 학습자들이 그들의 타고난 능력을 최대한 발휘하여 학습목적을 성취할 수 있는 효과적인 수업에 크게 기여할 수 있다. 특히, 특수교육대상 학생들은 그들을 위한 특별한 교육적 처치를 필요로 하는데, 이와 같이 특별한 교육적 처치를 필요로 하는 모든 학습자들은 적절한 교수매체와 학습자료의 활용에 크게 의존하고 있으므로 그들의 특수한 목적에 맞도록 적절한 자료를 선정하는 것은 매우 중요하다 (Heinich, Molenda, Russell, & Smaldino, 2002).

매체 선정의 중요성에도 불구하고 수업에 활용하기 위한 최적의 매체를 선정하는 과정은 결코 쉬운 일이 아닌데, 매체를 선택하기까지의 과정은 서로 관련 있는 요인들의 결합으로 복잡하고 어렵기 때문이다(정찬기오·백영균·한승록, 2005). 즉, 모든 유형의 교수매체에 공통적으로 해당하는 선정 기준(박온자, 2003)인 교육과정과의 연관성, 정확성 및 최신성, 동기유발 및 흥미유지, 학습자 참여, 편견 및 광고성, 기술적 품질, 사용자 안내문의 명료성 등이 충분히 고려되어야 한다. 동시에 수업상황과 학습과제의 유형(목표와 내용), 통신과정(매체속성), 인적 요인(학습자와 교사), 수업 장소(시설), 실질적 요인(시간, 난이도, 비용, 이용 가능성) 등의 요인들도 동시에 고려해야(권성호, 2006) 하는 매우 복합적인 과정이다.

교수매체 선정 기준과 이에 영향을 줄 수 있는 요인의 복잡성으로 인해 교사들마다 교수매체를 선정하는 기준 역시 다양하게 나타날 수밖에 없는데, 특수교육교사들은 교수목표나 학습내용을 우선시하는 경향이 있는 것으로 나타났다. 즉, 시각장애학교 교사들은 '대상 학년>단원의 내용>설치 및 이용 환경>교사의 활용 의지' 등의 순서에 따라 교수매체를 선정하며, 청각과 지체장애학교 교사들의 경우는 '단원의 내용>대상 학년>설치 및 이용 환경'에 대한 고려가 우선시되었다(이관희, 2005). 박미리(1987)의 연구에서도 교사들은 교수매체를 선정할 때 교수목표나 학습내용을 가장 우선시하며 그다음으로는 학생의 장애유형을 중시하는 것으로 나타났다.

교수-학습 과정의 복잡한 요인을 고려하여 선정된 교수매체는 또한 매우 다양한 역할로 기능한다. 예를 들면, 교수매체는 앞서 제1절에서 살펴본 네 가지 일반적 기능 외에도 다양한 기능을 갖는다. 이러한 기능을 통해 교수매체는 교수-학습 과정에서 교수활동을 보다 표준화시켜 주고, 교수이론의 적용을 통하여 학습을 보다 상호작용적으로 만들어 주며, 가르치는 것을 보다 재미있게 해 주고, 필요 시 특정 장소에서 교수활동이 일어날 수 있게 해 줄 뿐만 아니라 교수에 소요되는 시간을 줄여 준다. 또한 학생의 측면에서는 학습의 질을 높여 주고, 배우는 것과 학습과정 자체에 대해 긍정적인 태도를 갖게 하는 등의 기여를 한다(Kemp & Smellie, 1989).

그러나 교수매체의 활용이 학습의 효과성을 반드시 보장하는 것은 아니라는 주장도 있다. 교수매체의 효과성에 대해 부정적 입장을 보이는 대표적 학자인 Clark는, 매체는 교수를 단순히 전달하는 수단에 불과할 뿐 학습효과에는 영향을 미치지 못한다고 했다(홍기칠, 2004 재인용). 매체는 비용, 효율성, 수업 전달의 기회, 접근의 용이성 등에 영향을 미치는 반면, 방법(내용)이 성취에 직접적으로 영향을 준다는 것이다. 새로운 매체가 전통적 교수매체에 비해 학습효과가 약간 더 있는 것으로 보이는 것은 학술지 편집자의 의도, 매체와 방법에 대한 통제되지 않은 혼합된 결과, 신기성 효과가 그 원인이라고 보았다.

ICT의 교육적 활용과 관련해서 Cuban(2001) 역시 "모든 학교에 컴퓨터를 보급하면 교사와 학생들이 많이 사용할 것이고 이를 통해서 수업의 효과성과 학습의 질이 향상되어, 궁극적으로는 지식정보화 사회가 요구하는 경쟁력을 갖춘 인력이 배출될 것이다."라는 ICT 관련 공학자들의 진보적 신념과 가정이 정확한 것인지를 조사·연구하였다. 연구결과는 ICT가 교사와 학생들에게 미치는 영향이 긍정적 측면보다는 부정적 측면(교사의 탈숙련화와 교직에 대한 만족감 저하, 학생들의 신체적·정서적·사회적 발달장애, 지적·창의적 발달의 저해 등)에서 강하게 나타났다. 한마디로 정보통신공학적 접속과 지원에 기초한 인터페이스(interface) 교육이 인간적 접촉과 교섭에 기초한 상호작용적인(interactive) 교육보다 더 우월하다는 증거는 찾아보기가 어려웠다는 것이다(김희배, 2002 재인용).

이경희(2002)도 교수-학습 과정의 도구로서 정보통신공학의 이용 가능성과 그것의 활용은 긴밀한 관계를 가지고 있기는 하지만 항상 비례하는 것은 아님을 주장하였다. 즉, 교사가 어느 정도까지 어떻게 실제로 공학적 기술들을 활용하느냐 하는 문제와 정보통신공학을 교육적으로 활용하는 것이 얼마나 유용한가를 발견하느냐 하는 문제는, 결국 교사들이 정보통신공학을 그들의 교수-학습 과정에 어떻게 적용하는가 하는 교수전략에 있음을 강조하였다.

이와 같이 비판의 소리가 있는 것도 사실이지만 특수교육을 포함한 교육 전반에서 전통적인 교수전략을 통해서는 불가능하게만 보였던 많은 부분들이 최신의 교수매체를 통해서는 해결 가능하다는 밝은 전망이 주류를 이루고 있다.

교수매체가 갖는 효율성에 대한 논란은 차치하더라도 지금까지 이루어진 대부분의 선행연구는 다음과 같은 문제점을 갖는다.

첫째, 매체를 선정하는 과정에 있어 개별적 요소만 고려한다는 것이다. 즉, 위에서 언급한 것과 같이 교사들은 매체를 선정하는 데 있어 교수목표나 학습내용 혹은 대상 학년, 학생들의 흥미도 등을 고려한다. 그러나 이 요소들을 각기 개별적으로만 고려한다는 데 문제가 있다.

둘째, 각각의 매체가 갖고 있는 속성을 정확히 파악하지 않는다는 것이다. 말하자면 유인물을 통해 인쇄된 정보를 받아들이는 것과 TV 혹은 영화 등을 통해 영상으로 된 정보를 받아들여 학습하는 것 사이에는 학습의 결과에 있어서도 차이가 있을 것이라고 가정할 수 있으나, 정작 정보의 어떤 측면 혹은 매체의 어떤 부분이 그러한 차이를 낳았는지에 대한 체계적인 설명은 이루어진 적이 없다.

정리하면 매체의 선정과 사용 과정 그리고 이의 사용을 통한 효과성에 대한 많은 연구들은 매체가 갖고 있는 어떤 점이 학습자들에게 많은 영향을 주었으며, 그러한 자극에 대해 학습자들은 과거와는 다른 어떤 유형의 상호작용을 보였는가에 대해서는 간과하고 있다.

3) 불완전한 ATI식 연구

매체의 효과성에 대한 연구는 ICT가 교육적으로 활발히 활용되면서 전형적

인 매체비교연구의 유형에서 매체속성연구의 특성을 갖고 있는 적성-처치상호
작용이론의 형태를 보여 주는 듯하였다. 즉, 연구는 특정 매체의 사용을 독립변
인으로 하고, 매체의 사용에 따른 장애학생의 학습, 태도의 변화를 종속변인으
로 하는 형태를 보였다. '~프로그램' '제시조건' '강화횟수' 등은 매체의 특성
을 강조하고자 하는 것으로, 이는 처치에 해당하며 '단어재인' '학습동기' '읽
기능력' '주의력' '학습효과' '가감산 능력' '수학 학습태도' '시지각 능력'
'수학 학습성취도' 등은 교수매체의 사용을 통해 변화시키고자 하는 학습자 개
인변인, 즉 적성을 나타낸다.

　교수매체를 이용한 처치를 통해 학습자의 적성을 효과적으로 개선하고자 한
이상의 연구들이 보여 준 매체에의 접근방식은 Salomon(1972)의 치료적 모형
(remedial model)에 가깝다. 치료적 모형은 학습지진아나 학습부진아들이 학습
결손을 극복하도록 시도된 접근방법으로, 어떤 지식의 중요한 요소를 이해하는
데 결함이 생기거나 실패했을 때, 이 결함이 극복되지 않으면 더 이상의 학습 진
전은 기대할 수 없다는 것이다. 따라서 이러한 결함을 치료해 주는 수업이 필요
하다는 관점(이기우, 1993 재인용)이다.

　그러나 문제는 대부분의 연구들이 매체 활용의 유효성을 제시함에 있어 특정
유형의 처치는 학습자의 특정 적성에 효과적이었다는 단순한 설명에 그칠 뿐,
결과의 해석이나 논의 과정에서 모형을 바탕으로 한 체계적 설명은 찾아보기 어
려운 것이 현실이다.

4. 특수교육 매체연구의 과제

　특수교육대상 학생들에게 교수매체의 이점을 극대화하고 새로운 교수매체를
교육현장에 도입하기 위해서는 교사들이 교수매체에 대한 기본 지식뿐 아니라
전문적 지식을 알고 있어야 한다. 이를 위하여 특수교육 분야 매체연구의 발전
을 위한 연구 방향 다섯 가지를 제안한다.

1) 행동주의적 패러다임으로부터의 탈피

공학과 특수교육이 접목된 지도 꽤 오랜 시간이 지났음에도 불구하고 매체에 대한 연구가 여전히 행동주의적 패러다임의 영향권 아래 있음은 많은 것을 시사한다. 행동주의 패러다임으로부터의 탈피를 주장한다고 하여 최근의 구성주의 패러다임에 맞춰 연구가 진행되어야 함을 주장하는 것 또한 아니다. 행동주의로부터 구성주의 패러다임에로의 직행은 구성주의의 바른 이해를 방해할 뿐만 아니라, 특수교육공학의 이론적 체계 정립에도 도움이 되지 못한다. 따라서 비록 시대에 조금은 뒤처져 가는 한이 있더라도 우리나라 특수교육의 이론적 정립을 위해서는 행동주의 패러다임, 인지주의 패러다임, 구성주의 패러다임의 순서를 단계적으로 밟아 나갈 필요가 있다.

이상의 과정을 거쳐 궁극적으로 접근하고자 하는 구성주의적 관점은, 교수매체를 학습내용의 전달도구 혹은 인지과정의 촉진도구로 보는 행동주의와 인지주의적인 관점과는 달리 매체의 사용 자체가 갖는 지식 구성의 촉매 혹은 환경(Jonassen, Campbell, & Davidson, 1994)으로서의 중요성을 강조한다. 이는 학습자가 교수매체가 전달하는 내용으로부터 학습하는 것이 아니라 교수매체를 다루면서 배운다는 것을 의미한다.

2) 매체속성연구 강화

매체가 보유하고 있는 상징체계와 처리능력은 매체의 속성을 결정짓는 요소로 작용한다. 각 매체의 속성이 무엇인지 명료화하고 그 속성으로 인하여 어떤 능력들을 발휘하는지, 그러한 매체속성은 학습자의 인지과정, 동기, 학습과정 및 결과에 어떻게 영향을 미치는가에 관한 심층적 연구가 필요하다(홍기칠, 2004).

특히 특수교육대상 학생들의 경우는 비장애학생들과는 달리 장애 영역별로 독특한 인지적·심리적 특성을 갖고 있다. 단순히 교수매체를 사용하는 것이 특수교육대상 학생들의 개별적 요소에 효과적이란 결론을 제시하는 것은 큰 도움이 되지 않는다. 다양한 교육방법이나 다양한 자료의 활용은 교수결과에 있어 일정 부분 긍정적인 결과를 가져오기 때문이다.

이러한 매체의 속성연구를 위해서는 기존의 장애 영역별 학생의 심리 · 행동 연구 그리고 정보처리에 관한 연구가 교수매체라는 공학적인 요소와 함께 잘 통합되어야 한다.

3) 교수매체 사용에 따른 광범위한 영역에서의 변화에 대한 연구

지금까지의 교수매체 관련 연구는 궁극적으로는 장애학생의 학습에 대한 효과성에 그 초점이 있었다. 그러나 이제 교수매체를 통한 학습의 효과성 연구에서 벗어나 다양한 측면의 연구를 할 필요가 있다. 특히 교수매체에 대한 연구의 책임이 교육 분야의 특정 하위 영역에 국한된 것으로 해석되어서는 안 되며 교수매체의 연구가 오로지 교수-학습적 관점에서만 이루어지는 것으로 생각해서도 안 된다(나일주, 1995).

나일주(1997)는 교육과 연관된 매체효과가 교수 맥락에서만 나타나는 것이 아니기 때문에 매체의 효과를 사회적, 역사적, 문화적 맥락까지 포함해서 연구해 볼 필요가 있다고 했다(홍기칠, 2004 재인용). 즉, 현대사회와 같이 다양한 첨단 매체가 전 사회적으로 널리 사용되고 있는 시점에서는 보다 광범위한 맥락에서 매체의 효과 연구가 이루어져야 할 필요가 있음을 말한다. 예를 들면, 컴퓨터 게임이라는 하나의 문화는 이를 즐기는 비장애인을 포함한 장애인들의 사고과정도 변화시켰음에 분명하다.

매체 역시 언어나 학교교육 혹은 문화의 상징체제와 같은 더 넓은 문화적 영역의 일부인 만큼, 다른 문화적 힘과 같이 인간 행동에 영향을 주고 때로는 영향을 받기도 한다는 것을 고려한다면 이에 대한 연구는 반드시 수반돼야 할 것이다.

4) 교사들의 특수교육공학 관련 교육 강화

이명숙(2000)과 이관희(2005)에 의하면 교사 개인의 교육적 신념 그리고 선호도는 교수매체의 선정에 있어 큰 영향을 미치지 않는 것으로 나타났다. 그러나 ICT 활용과 관련한 연구들에서는 공통적으로 교수매체의 선정 과정에서부터 활용, 평가 등의 과정에 있어 교사변인은 결정적 요인으로 작용함을 밝히고 있다.

매체의 선택과 활용에 대한 교사의 역할 정도를 떠나, 특수교육 전반에 걸쳐 교사의 역할이 여전히 큰 비중을 차지하고 있음을 부인할 수는 없다. 따라서 예비교사를 비롯한 현직 교사들을 대상으로 교수매체 활용에 대한 교육을 강화해야 한다.

교육내용에 있어서도 교수매체 활용의 당위성만을 강조할 것이 아니라, 각각의 장애학생이 갖는 심리적 · 행동적 특성을 파악하고, 이에 적합한 교수매체를 선정하는 것에서부터 교수매체를 교육과정에 적합화시키는 실질적인 방법 등 현장 지향적이어야 할 것이다. 교육현장의 수업장면에서 적절한 교수매체의 활용을 활성화하기 위해서 교수매체의 속성에 대한 연구가 더욱 심층화되어야 함은 당연하다.

5) 현장에 적용 가능한 매체연구

공학의 특수교육 접근은 교육현장에의 적용을 궁극적 목적으로 하는 바(한경근, 장수진, 2005), 교육실천가들이 적합한 매체를 선택, 제작, 활용에 대한 의사결정을 안내할 수 있어야 한다.

한경근, 장수진(2005)에 의해 수행된 한국 특수교육공학 연구동향을 보면 특정 교과영역과 관련한 연구는 전체의 20% 수준에도 미치지 못하며, 이들 대부분은 읽기, 쓰기, 수학, 어휘 습득 등에 관한 주제에 한정되어 있었다. 이는 학교현장에서 공학이 다양하게 적용될 수 있는(적용되어야 하는) 부분들, 즉 교육평가, 교육과정 접근, 사정 등에 대해서는 상대적으로 소홀함을 이야기한다.

　이와 같이 현장과 이론과의 괴리에 대한 책임 소재를 묻기 전에 교수매체에 대한 연구는 현장 교사의 매체 선택, 제작, 활용과 관련된 직접적인 문제를 해결하는 데 도움이 될 수 있어야 하는 만큼, 교육현장 그리고 현장 교사와의 더욱 밀접한 상호작용이 요구된다.

기출문제

중등, 08 D중학교 과학교사가 통합학급에 있는 맹학생 은지에게 오른쪽 그림을 사용하여 감각기관의 유형과 기능에 대해 지도하려고 한다. 은지를 지도하기 위하여 그림자료 정보를 제공하는 방법과 촉각 그래픽을 제작할 때 준수해야 할 원칙을 각각 두 가지만 (예시)와 같이 한 줄로 쓰시오.

시각
눈: 망막(시세포)
물체를 본다.

후각
코: 후각 상피(후세포)
냄새를 맡는다.

미각
혀: 미뢰(미세포)
맛을 느낀다.

평형 감각
귀: 전정 기관 · 반고리관
몸의 기울기와 회전을 느낀다.

청각
귀: 달팽이관(청세포)
소리를 듣는다.

피부 감각
피부: 냉점 · 온점 · 압점 · 통점
차갑고 따뜻함과 압력 및 통증을 느낀다.

(1) 그림자료 정보 제공 방법
(예시) 촉각 그래픽 제공

① _____
② _____

(2) 촉각 그래픽을 제작할 때 준수해야 할 원칙
(예시) 촉각으로 명확하게 식별 가능한 선과 점을 사용하기

① _____
② _____

정답 (중등, 08) (1) ① 음성 형태의 자료 제공, ② 입체복사기를 활용한 자료의 제공, (2) ① 불필요한 부분은 제거하여 단순화시켜 제공하기, ② 촉각자료가 불충분한 경우 구두설명 덧붙이기

제6장 특수교육과 컴퓨터의 활용

컴퓨터는 학교 혹은 교실 장면에서 다양하게 활용되고 있다. 도구로써의 역할을 수행하는가 하면 교수자, 학습자로서의 역할도 수행한다. 또한 행정적인 편의를 위해 사용되기도 한다. 이 장에서는 교육장면에서의 컴퓨터 활용 유형으로 컴퓨터 보조수업, 멀티미디어 활용수업 등에 대해 살펴보도록 한다.

제1절　**컴퓨터 보조수업**

1. 컴퓨터 보조수업의 유형

컴퓨터 보조수업(Computer-Assisted Instruction: CAI)은 흔히 교수-학습용 프로그램인 코스웨어를 지칭하는 용어로, 컴퓨터를 직접 교수매체로 활용하여 교과의 내용을 구성하고 있는 지식과 태도 그리고 기능을 가르치고 평가하는 방법이다. 따라서 컴퓨터 보조수업에서는 코스웨어를 통해 학습내용을 제시하고 학습과정을 상호작용적으로 지도하고 통제하며 학습결과를 평가하게 된다.

컴퓨터 보조수업은 수업방법과 학습내용의 구성요소에 따라 다음의 여섯 가지 유형으로 나눌 수 있다.

① 반복연습형(drill and practice mode)
② 개인교수형(tutorial mode)
③ 시뮬레이션형(simulation mode)
④ 게임형(game mode)
⑤ 발견학습형(discovery mode)
⑥ 문제해결형(problem solving mode)

반복연습형은 새로운 지식이나 기술을 습득한 후, 학습한 내용을 정착시키고 숙련도를 높이기 위해 사용한다. 그리고 개인교수형은 새로운 지식이나 기술을 가르치고자 할 때 제공되는 컴퓨터 보조수업 형태의 프로그램이다. 먼저 학습목표를 제시하고, 학습할 내용을 컴퓨터 화면을 통해 작은 단위로 제시하며, 학습자의 학습결과를 확인하기 위한 연습이나 문제를 제시하고, 학습결과에 대한 피드백을 제공한다. 시뮬레이션형은 비용이나 위험 부담이 높은 학습과제의 경우,

컴퓨터를 이용하여 최대한 유사한 환경을 개발하여 제공하는 형태에 해당한다. 게임형은 교육용 소프트웨어에 경쟁, 도전, 흥미 요소를 포함시켜 학습자가 능동적으로 학습에 참여하도록 함으로써 원하는 학습목표에 도달하도록 하는 형태로, 학습자는 게임에 몰입하는 동안 자연스럽게 학습목표에 도달하게 된다. 효과적인 게임을 개발하기 위해서는 그래픽과 영상, 음향효과가 고품질이어야 하며, 학습자에게 적합한 수준의 난이도를 유지함으로써 도전감을 줄 수 있어야 한다. 문제해결형은 학습자가 주어진 복잡한 문제를 해결해 나가도록 만든 형태다. 학습자는 도전적인 문제를 해결하기 위해 주어진 정보와 데이터를 수집하고, 문제를 분명하게 진술하며, 가설을 세우고, 실험을 하며, 해결안을 도출한다(백영균 외, 2006: 271-272). 마지막으로 발견학습형은 귀납적 방법을 사용하는 학습 행동을 가리키는 일반적인 용어로 학습자에게 제시된 문제를 시행착오나 체계적 접근법을 통하여 해결한다. 학습자가 가설을 세운 다음 데이터베이스에 질문을 던지면서 귀납적으로 접근한 후 시행착오를 통해 가설을 검증하게 된다(권성호, 2006).

컴퓨터 보조수업의 유형별 특징은 〈표 6-1〉과 같다.

‖표 6-1‖ CAI 설계 유형별 특징

유형	교사의 역할	컴퓨터의 역할	학습자의 역할	보기
반복연습형	• 선수 지식의 순서화 • 연습을 위한 자료 선택 • 진행상황 점검	• 학생 반응을 평가하는 질문 던지기 • 즉각적 피드백 제공 • 학생 진전 기록	• 이미 배운 내용을 연습 • 질문에 응답 • 교정/확인받음 • 내용과 난이도 선택	• 낱말 만들기 • 수학 명제 • 지식 산출
개인교수형	• 자료 선택 • 교수에 적응 • 모니터링	• 정보 제시 • 질문하기 • 모니터링/반응 • 교정적 피드백 제공 • 핵심 요약 • 기록 보존	• 컴퓨터와 상호작용 • 결과 보고 • 질문에 대답하기 • 질문하기	• 사무원 교육 • 은행원 교육 • 과학 • 의료 절차 • 성경 공부

시뮬레이션형	• 주제 소개 • 배경 제시 • 간략하지 않은 안내	• 역할하기 • 의사결정의 결과 전달 • 모형의 유지와 모형의 데이터베이스	• 의사결정을 연습 • 선택하기 • 결정의 결과 받기 • 결정 평가	• 고난 극복 • 역사 • 의료진단 • 시뮬레이터 • 사업관리 • 실험실 실험
게임형	• 한계를 정함 • 절차 지시 • 결과 모니터링	• 경쟁자, 심판, 점수 기록자로 행동	• 사실, 전략, 기술을 학습 • 평가 선택 • 컴퓨터와의 경쟁	• 분수 게임 • 계산 게임 • 철자 게임 • 타자 게임
발견학습형	• 기본적인 문제 제시 • 학생 진전을 모니터	• 정보 원천을 학습자에게 제공 • 데이터 저장 • 검색 절차 허용	• 가설 만들기 • 추측을 검증하기 • 원리나 규칙 개발하기	• 사회과학 • 과학 • 직업 선택
문제해결형	• 문제를 확인 • 학생들을 돕기 • 결과 검증	• 문제 제시 • 데이터 조작 • 데이터베이스 유지 • 피드백 제공	• 문제를 정의하기 • 해결안을 세우기 • 다양성을 조절	• 사업 • 창의력 • 고난 극복 • 수학 • 컴퓨터 프로그래밍

출처: 권성호(2006), p. 277.

2. 컴퓨터 보조수업의 장단점

개별화, 상호작용 촉진, 동기유발, 경제성을 특징으로 하는 컴퓨터 보조수업이 특수교육에 주는 장점은 다음과 같다.

● 개개인에게 맞는 수준과 속도로 학습을 할 수 있게 해 준다.
● 학습내용을 흥미 있는 방식으로 제시할 수 있음으로써 동기유발이 쉽다.
● 학습에의 주의집중 수준을 높일 수 있다.
● 비위협적인 학습환경을 제공해 준다.
● 교수자료들이 다감각적으로 제시된다.

- 효과적인 훈련 및 연습을 제공해 준다.
- 장애학생과 비장애학생 간의 상호작용이 촉진될 수 있다.
- 아동의 성취도에 대한 기록이 쉽고, 저장 가능하므로 교사가 아동의 학습을 진단하거나 촉진하는 데 도움이 된다.
- 빈번하고 즉각적인 피드백이 가능하다.

그러나 다음과 같은 문제점은 여전히 남아 있다.

- 질 높은 프로그램의 개발이나, 소프트웨어의 선정이 어렵다.
- 기계적인 정답만을 찾아내는 학습이 이루어질 수도 있다.
- 교수-학습 상황에서 정서적 교류가 거의 불가능하다.
- 정의적 영역의 학습효과가 크지 않다.

제2절 멀티미디어 활용수업*

1. 멀티미디어의 개념

1) 정의

학습은 학습자의 특성에 따라 다를 수 있기 때문에(Janassen & Grabowski, 1993) 특수교육대상 학생들의 효과적인 학습을 위해서는 학습자의 특성을 고려한 학습자료를 제시하는 것이 매우 중요하다.

최근의 교육연구는 일반적인 학습상황에서 학습자들이 학습에 흥미를 나타

---

* 이 절의 내용은 김남진, 도성화(2007), 김남진, 안성우(2009)에서 발췌하여 수정 · 보완한 것임.

내는 경우에 학습효과가 높았으며, 학습자료가 학습자의 수준에 적합한 내용으로 제시되었을 때 학습은 효과적으로 이루어짐을 분명하게 제시하고 있다. 그리고 특수교육대상 학생의 학습효과를 위해서는 학생에게 흥미를 제공할 수 있는 형태의 학습자료를 제시하거나 특수교육대상 학생의 인지 특성에 적합한 교수방법을 수행(김동조, 2000; 박재국, 손상의, 신인수, 김주홍, 2004; 이영재, 2000)할 필요성이 있다는 사실도 지속적으로 강조되고 있다. 멀티미디어 활용교육은 이와 같은 요건을 제공해 주는 교수방법으로서 많은 이점을 제공하고 있다.

멀티미디어(multimedia)의 정의에 대해서는 〈표 6-2〉와 같이 각기 다른 세 가지 관점이 존재한다.

‖표 6-2‖ 멀티미디어에 대한 세 가지 관점

관점	정의	보기
정보 전달 매체	둘 혹은 그 이상의 전달 장치	컴퓨터 화면과 음성을 확장시켜 주는 스피커, 프로젝터와 교사의 음성
정보 제시 수단	구어와 그림의 동시 제시	화면상의 텍스트와 애니메이션, 인쇄된 텍스트와 삽화
감각 양식	청각과 시각의 동시 이용	내레이션과 애니메이션, 강의와 슬라이드

출처: Mayer(2006), p. 7.

멀티미디어에 대한 이와 같은 다양한 관점의 정의를 정리하면, 멀티미디어란 다양한 매체를 활용하여 언어적 정보와 회화적 정보를 제시하는 것이라고 할 수 있다.

이때 언어적 정보에는 인쇄물을 통해 제시되는 텍스트와 구어를 통해 전달되는 텍스트가 포함되며, 회화적 정보에는 삽화, 사진, 애니메이션, 비디오 등이 있다. 이를 토대로 Mayer(2005)는 멀티미디어 학습(multimedia learning)과 멀티미디어 수업(multimedia instruction)을 다음과 같이 정의하였다.

● 멀티미디어 학습: 텍스트(단어)와 그림을 통해 정신적 표상을 구축하는 것
● 멀티미디어 수업: 학습을 촉진시키기 위해 텍스트(단어)와 그림을 제시하는 것

멀티미디어 학습 혹은 수업은 단일미디어를 자료로 활용하는 것보다 다양한 방식에 의해 자료를 제시했을 때 학습자의 학습효과도 향상될 것임을 기본적으로 가정하고 있다. 즉, 멀티미디어는 정보를 다양한 형태로 제공할 수 있음을 특징으로 하는 만큼 언어적 정보(verbal information)와 시각적 정보(visual information)를 동시에 제시하는 것이 학습에 유용하다는 것이다(Mayer, 1997, 2001; Mayer & Anderson, 1991; Mayer & Moreno, 1998).

2) 교육적 장단점

멀티미디어 역시 여타의 전통적인 매체와 마찬가지로 교육적 환경과 도구로서의 기능만 제공할 뿐이다. 따라서 멀티미디어를 활용한 학습과 수업이 효과적이기 위해서는 교육목적, 학습자 특성, 교수방법을 충분히 고려해야 한다. 특수교육에도 적용되는 일반적인 멀티미디어의 교육적 장점은 다음과 같다.

첫째, 실제와 유사한 간접경험의 기회를 제공한다.
둘째, 풍부한 자료를 제공한다.
셋째, 학습의 개별화를 촉진한다.
넷째, 동기유발과 자신감을 갖게 한다.
다섯째, 비용의 절감, 안전성의 증대, 훈련시간을 단축한다.
여섯째, 구조화된 학습환경을 제공한다.

이상과 같은 장점이 있는 멀티미디어 교육은 다음과 같은 단점 또한 지니고 있다.

첫째, 멀티미디어 시스템을 갖추기 위해서는 비싼 하드웨어와 소프트웨어를 구입해야 한다(구입상의 어려움).

둘째, 고가의 하드웨어와 소프트웨어를 구입하더라도 장비와 프로그램의 사용 연한이 짧기 때문에 지속적으로 교체해야 한다(관리상의 어려움).

셋째, 새로운 하드웨어와 소프트웨어를 다룰 수 있는 기술의 습득이 필요하다(교육상의 어려움).

2. 멀티미디어 관련 이론

멀티미디어를 활용한 학습 혹은 수업이 왜 특수교육대상 학생들에게 유용한지는 이중부호화이론을 통해 설명이 가능하다. 그러나 멀티미디어를 활용한 수업이 모두 학습에 긍정적인 결과를 가져오는 것은 아님에 유의할 필요가 있다. 즉, 지나친 정보의 제시는 학습자에게 정보의 과부하를 초래할 수 있기 때문이다. 이에 인지부하이론과 멀티미디어 학습의 인지이론을 탐색해 봄으로써 특수교육대상 학생의 학습과 수업에 효과적인 방법을 모색해 보는 것이 필요하다.

1) 이중부호화이론

이중부호화이론(Dual Coding Theory: DCT)은 Paivio(1986)가 주장한 이론으로, 인지적 과정이 두 개의 분리된 정보처리기관에서 각각 이루어진다는 내용이다. 즉, 시각적 정보는 시각적 기관에서 그리고 언어적 정보는 언어적 기관에서 처리된다고 보는 것이다. 즉, 이중부호화이론에 따르면 학습자는 학습을 위해 언어적 정보처리 시스템과 시각적 정보처리 시스템을 활용하는데, 언어적 정보처리 시스템은 언어를 통해 입력된 정보를 순차적으로 처리하여 저장한다. 그리고 시각적 정보처리 시스템은 시각적 정보를 동시에 처리하여 언어 정보와는 별도로 부호화한다. 이는 곧 언어 정보와 시각 정보를 시간적 · 공간적으로 접근시켜 제시하지 않는다면 각각 별도로 처리되어 저장됨을 말한다(Paivio, 1986).

분산되어 제시되는 언어적 정보와 시각적 정보가 유의미한 학습이 이루어지려면 학습자가 언어 정보와 시각 정보에서 각각 별도의 내적 표상을 구축해야 하고, 이 두 정보에 대한 준거적 연결(referential connections)이 이루어져야 한다. 따라서 시각 정보와 언어 정보 표상 간에 연합적 연결이 형성되도록 하기 위해서는 두 정보가 시간적 · 공간적으로 인접되어 제시되어야 한다.

이처럼 이중부호화이론에서는 언어 정보와 시각 정보 간에 준거적 연결이 이루어지기 때문에 문자와 그림으로 기억된 정보가 문자만으로 기억된 정보나 그림만으로 기억된 정보보다 효과적으로 재생된다고 본다. 따라서 단일매체로 정보를 제공하는 것보다 다중매체로 정보를 제공하는 멀티미디어 학습이 더 효과적이라고 볼 수 있다(오선아, 김희수, 2003). 애니메이션과 내레이션을 동시에 제시하는 경우가 서로 분리하여 제시하는 경우보다 학습이해력과 전이에 더욱 효과적임을 증명한 Mayer와 Anderson(1991), 그리고 텍스트와 삽화를 다른 페이지에 분산시켜 제시하기보다는 한 페이지에 같이 제시하는 것이 학습효과가 더욱 높게 나타남을 보여 준 Mayer와 Gallini(1990)의 연구결과(오선아, 김희수, 2003 재인용)는 이중부호화이론을 바탕으로 멀티미디어의 유용성을 잘 보여 주는 경험적 연구에 해당된다.

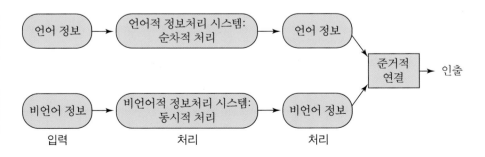

‖ 그림 6-1 ‖ 이중부호화이론에 의한 정보 처리 과정

2) 인지부하이론

학습자는 학습을 위해 작동기억이 처리해 낼 수 있는 정보의 양과 처리해야할 정보의 인지적 부담, 즉 특정 과제의 정보처리를 위해 필요한 지적 노력의 총량과의 차이에 의해 인지부하(cognitive load)를 경험하기도 한다(Sweller, 1988). 이에 Sweller(1999)는 학습자의 제한된 작동기억 용량을 효율적으로 사용할 수 있도록 정보를 제시해야 학습자가 학습내용을 적절히 처리할 수 있을 뿐만 아니라 학습효과도 향상된다고 하였다. 따라서 어떻게 하면 학습자의 작동기억이 처리할 수 있는 방식으로 학습자료를 설계해야 할 것인가에 대한 문제를 다루고있는 이론이 인지부하이론(Cognitive Load Theory: CLT)이며, 인지부하이론을 바탕으로 Chandler와 Sweller(1991)는 인지부하를 줄여 주는 교수설계를 해야 함을 강조하였다.

인지부하는 내재적 인지부하, 외재적 인지부하, 본유적 인지부하로 분류된다. 내재적 인지부하(intrinsic load)는 학습과제 자체의 복잡성과 관련이 있는 것으로(Renkl & Atkinson, 2003), 학습과제의 복잡성은 그것을 구성하고 있는 요소의 수 그리고 그러한 요소들 간의 상호작용 수준에 의해 결정된다. 또한 내재적 인지부하는 학습자의 선수 지식과 관련이 깊은데, 학습내용에 대한 선수 지식이 많으면, 보다 의미 있는 이해를 할 수 있으며 인지부하도 감소하게 된다(이현정, 2005). 따라서 학습자를 고려하여 기본적인 인지부하의 양을 조절해야 할 필요가 있으며, 이와 같은 인지부하의 문제는 교수설계에 의해서도 조절될 수 있다(Pollock, Chandler, & Sweller, 2002).

외재적 인지부하(extraneous cognitive load)는 학습활동을 하는 동안 학습과 직접적으로 관련이 없는 정신활동에 의해 발생하는 것으로 학습자료 제시방식과 관련된다. 즉, 학습자료의 제시 형태와 방식에 의해 부과되는 것을 의미하며(Renkl & Atkinson, 2003), 교수방식을 고려하면 얼마든지 조절이 가능하다. 따라서 동일한 학습내용에 대해서도 교수 전략과 설계를 통해 서로 다른 외재적 인지부하를 발생시킬 수 있다.

본유적 인지부하(germane cognitive load)는 학습자의 학습을 위한 노력으로, 학습자의 스키마 생성과 자동화에 직접적으로 영향을 주는 바람직한 인지부하다. 본유적 인지부하를 통해 스키마 획득과 인지기능 자동화가 발생하기 때문에, 작동기억의 인지부하를 감소시킴으로써 본유적 인지부하를 최적화시킬 수 있게 해 준다(김경, 김동식, 2004; 이현정, 2005).

이와 같은 세 가지 인지부하 중에서 본유적 인지부하는 학습자의 스키마 생성과 자동화에 직접적으로 영향을 주는 바람직한 인지부하인 만큼, 어느 정도 증가하도록 해야 한다. 반면에, 교수설계자의 잘못된 설계 방법으로 인하여 발생하는 외재적 인지부하와 주어진 학습과제 그 자체의 복잡성으로 인하여 발생하는 내재적 인지부하는 감소시켜야 하는 불필요한 인지부하에 해당된다(김동식, 권숙진, 2007).

인지부하이론과 관련하여, 특수교육대상 학생들의 효과적인 학습을 위한 방안들 중 하나는 제시되는 정보의 양을 적절히 조절함으로써 학습자의 기본적인 인지부하의 양을 조절하는 것이다. 즉, 학습자료의 제시 형태와 방식을 적절히 조절함으로써 특수교육대상 학생이 학습활동을 하는 동안에 불필요하게 소모하는 정신활동의 양을 최소화시켜 학습에 대한 작동기억의 부하량을 없애 주는 방법을 고려해 보는 것이다. 불필요한 자료의 제시는 인지적인 결함이 있는 특수교육대상 학생들의 인지적 과부하를 초래하여 학습의 부담으로 작용할 수도(이현정, 2005; Chandler & Sweller, 1991) 있기 때문이다. 이는 학습자료 제시방식과도 관련되어 있는 만큼, 학습자료 제시유형을 고려하면 얼마든지 조절 가능하다.

3) 멀티미디어 학습의 인지이론

Mayer는 멀티미디어 학습자료의 설계에서 유의미 학습을 위하여 학습자들이 언어적 정보와 시각적 정보를 통합하여 학습하도록 해야 한다고 보았으며, 이중부호화이론과 작동기억모형, 인지부하이론을 종합하여 멀티미디어 학습의 인지이론(Cognitive Theory of Multimedia Learning)을 제시하였다. 멀티미디어 학습의 인지이론은 다음의 세 가지 가정을 함축하고 있다.

- 이중경로: 인간은 시각적, 언어적 정보를 분리된 경로(channel)를 통해 저장한다.
- 제한된 능력: 인간이 한 경로 내에서 동시에 처리할 수 있는 정보의 양은 제한적이다.
- 역동적 과정: 인간은 관련 정보의 습득과 조직화, 선행 지식과의 통합 등에 적극적으로 참여함으로써 학습한다.

멀티미디어 학습의 인지이론은 [그림 6-2]에서 볼 수 있는 바와 같이 제시된 멀티미디어 자료로부터 학습자의 지식 습득 방법, 선수 지식과의 통합과정 등을 설명하고 있는데, 학습자를 멀티미디어 학습환경에서 제공되는 시각적, 언어적 정보를 적극적으로 선택, 통합하여 새로운 지식을 구성하는 정보의 주체로 보고 있다(이현정, 2005; Mayer, 1997; Mayer & Moreno, 2003; Moreno & Mayer, 1999).

Mayer는 인지부하를 줄여 주고, 유의미 학습이 이루어지도록 멀티미디어 자료를 제작해야 한다고 보았으며, 실증연구를 통해 멀티미디어 자료의 설계에서

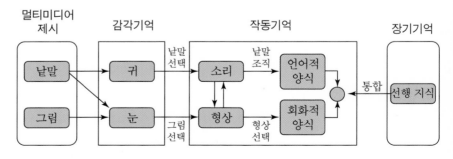

‖ 그림 6-2 ‖ **멀티미디어 학습의 인지이론**

출처: Mayer(2006), p. 44.

고려해야 할 사항을 정리하여 다음과 같이 멀티미디어 설계의 원칙(principle of multimedia design)을 제안하였다(Mayer, 2006).

- 멀티미디어의 원칙(multimedia principle): 학생들은 언어적 정보만 제시되었을 때보다 언어적 정보와 시각적 정보가 동시에 제시되었을 때 보다 나은 학습을 할 수 있다.
- 공간적 접근의 원칙(spatial contiguity principle): 학생들은 언어적 정보와 시각적 정보가 공간적으로 인접해 있을 때 더 나은 학습을 할 수 있다.
- 시간적 접근의 원칙(temporal contiguity principle): 학생들은 언어적 정보와 시각적 정보가 동시에 혹은 시간적으로 거의 유사하게 제시되었을 때 더 잘 학습할 수 있다.
- 일관성의 원칙(coherence principle): 학생들은 학습과 관련 없는 단어, 삽화, 소리 등이 제외되었을 때 더 나은 학습을 할 수 있다.
- 형식의 원칙(modality principle): 학생들은 화면상에 애니메이션 혹은 텍스트가 독립적으로 제시되었을 때보다 애니메이션과 내레이션이 동시에 제시되었을 때 더 나은 학습을 할 수 있다.
- 잉여의 원칙(redundancy principle): 학생들은 애니메이션, 텍스트, 내레이션의 결합형태보다는 애니메이션과 내레이션의 결합형태에서 더 나은 학습을 할 수 있다.
- 개인차의 원칙(individual differences principle): 학습 숙련도가 높은 학습자보다는 학습 숙련도가 낮은 학습자에게 더욱 효과적이다.

이상의 원칙들 중 멀티미디어의 원칙(텍스트<애니메이션+텍스트), 형식의 원리(애니메이션+텍스트<애니메이션+내레이션), 잉여의 원칙(애니메이션+텍스트+내레이션<애니메이션+내레이션)을 비교해 보면, 다른 원칙이 동일하게 적용된 경우 멀티미디어 학습자료는 애니메이션과 내레이션을 사용하여 제작하는 경우가 가장 효과적이라고 볼 수 있을 것이다.

그러나 김남진과 도성화(2007)는 실증적 연구를 통해 멀티미디어 설계의 원칙은 특수교육대상 학생들에게 모두 적용될 수는 없음을 언급했다. 따라서 교사는 멀티미디어 설계의 원칙을 특수교육대상 학생들에게 적용하고자 할 경우, 반드시 장애학생들의 인지적, 정의적, 행동적 특성 그리고 멀티미디어 활용의 목적 등을 고려하여 멀티미디어를 설계 혹은 사용하여야 할 것이다.

제3절 교육용 소프트웨어의 선정과 평가[*]

효과적인 교육용 소프트웨어나 멀티미디어 프로그램을 선택할 때 고려해야 할 요소가 있다.

1. 교육용 프로그램의 선정

질 높은 프로그램의 개발이나 소프트웨어의 선정은 무척이나 까다로운 절차로, 소프트웨어의 개발 혹은 선정에 있어서는 일반적으로 정확성, 피드백, 학습자 통제, 선수학습, 사용의 용이성 등을 고려해야 한다(Heinich et al., 2002). 즉, 선택한 소프트웨어가 제작된 지 오래되었다면 부분적인 정보가 최신성이 부족한 지식일 가능성이 높다. 그리고 소프트웨어는 적절한 교육적 기법과 원리에 따라 만들어져야 하는데, 반복연습 프로그램이라면 학습자가 정보제공 피드백을 자주 받을 수 있도록 설계되어야 함을 의미한다. 뿐만 아니라 학습자는 자신의 학습 진도와 방향을 자유선택할 수 있어야 하며, 학습자의 이전 경험과 관련된 실제적인 예시를 제시하는 방법은 학습과정에서 높은 가치를 발휘한다. 따라서 정보는 학습자의 능력에 맞는 적절한 수준으로 제시되어야 한다. 사용의 용

---

[*] 김용욱(2005), pp. 112-122를 참고하였음.

이성이란 소프트웨어는 사용하기가 쉬워야 함을 의미하는 것으로 학습과정에서 학생이 소프트웨어를 쉽게 다룰 수 있게 사용자 친화적이어야 한다. 마지막으로 효과적인 학습을 위해 중요한 역할을 할 수 있는 특별 효과나 사양을 가지고 있어야 한다.

이와 같이 다양한 요소들을 고려하여 소프트웨어를 선정해야 하기 때문에, 소프트웨어의 선정과정은 반드시 특수교사와 일반교사 그리고 학부모 및 공학 관련 전문가로 구성된 초학문적 팀(transdisciplinary team)에 의해 이루어져야 한다. 다양한 전문 영역의 전문가들이 참여하는 초학문적 팀은 서로 간의 상호작용을 통해 종합적이면서도 통일된 중재계획을 제공할 수 있는 이점이 있기 때문에, 중재계획에 적합한 소프트웨어를 선정하고 또한 이를 통해 교육효과의 극대화를 이룰 수 있다. 일반적으로 소프트웨어(프로그램) 선정 시 고려해야 할 조건은 다음과 같다.

- 학습자, 학습과제, 수업사태 및 교수·수업장면의 특성
- 물리적 속성
- 실용적 요소

첫째, 프로그램 및 자료는 학습자의 특성(예: 장애 정도 및 유형, 학습자의 읽기 능력, 연령 수준 등), 학습유형, 수업사태에 기여할 수 있는 바, 교수-학습 장면(예: 장소, 대상 집단의 크기 등)에 따라 효과 차이가 발생한다. 따라서 이와 같은 사항을 고려한 후 적합한 프로그램을 선정하는 것이 필요하다. 특히, 특수교육공학은 장애를 보완하거나 이전에 하지 못했던 것을 할 수 있도록 하는 새로운 능력을 부여할 수 있다. 장애를 가진 학습자들은 그들이 가진 인지적·신체적 장애로 인하여 학습이나 생활에서 기능적으로 상당한 제한을 받는다. 그러나 이들의 기능적 장애를 보완·보상할 수 있는 보조공학을 제공하면 일반 학습자들과 같은 학습경험과 생활을 할 수 있다.

둘째, 교수-학습매체의 물리적 속성은 시각매체, 인쇄매체, 동영상 및 소리

매체, 동작, 색채, 실물 등 매체 종류에 따른 매체 자체의 속성을 의미한다. 따라서 단순히 매체 간의 비교를 통한 선택보다는 매체의 물리적 속성을 고려하여 프로그램을 선정해야 한다. 예를 들면, 시각매체는 학습자들이 사물 확인, 공간 관계 분류, 구체적인 개념 획득 및 운동기능 지도에 필요하며, 실물은 학습자에게 생소한 사물의 인지적 기능 및 운동기능 지도에 보다 효과적이다. 그리고 매체의 속성을 고려한다고 함은 동일한 매체일지라도 매체를 구성하고 있는 요소의 특성에 따라 교육적 효과가 달라진다는 점을 충분히 고려할 필요가 있음을 언급한다. 즉, 청각장애 학생에게 제공되는 인쇄물이라고 하더라도 인쇄물에서 그래픽이 차지하고 있는 비율, 컬러 혹은 흑백의 정도, 글자 크기 및 서체의 종류 등에 따라 각기 다른 교육적 효과를 나타내게 된다.

셋째, 실용적 요소란 교수-학습매체를 구입하거나 제작하기 위한 비용이나 기자재의 활용과 같은 요소를 고려해야 함을 의미한다. 즉, 교수-학습매체의 제작비용, 유지비, H/W 및 S/W의 활용도, 교수자의 선호도 및 제작기간 등을 고려하는 것이다. 그러나 실용적 요소를 너무 강조하게 되면 효과성과 적절성이 떨어질 수 있음에 유의할 필요가 있다.

2. 교육용 프로그램의 평가

장애학생의 특성과 요구에 적합한 교육을 제공하기 위한 목적으로 사용될 프로그램은 외부평가와 내부평가 과정을 통해 최종 선정된다. 평가 과정 역시 선정에서와 마찬가지로 초학문적 팀 접근이 이루어져야 하는데, 초학문적 팀을 구성하고 있는 각각의 구성원은 〈표 6-3〉에 제시되어 있는 바와 같은 각자의 역할에 초점을 두어 외부평가와 내부평가, 기술적 평가와 교육적 평가 등을 실시해야 한다.

‖ 표 6-3 ‖ **초학문적 팀의 구성과 역할**

구성원	역할
특수교사	• 교육과정에 기초한 기능적 어휘 선정 • 학습자의 학업 특성 정보 제공
일반교사 (원적학급교사)	• 원적학급 교육내용에 대한 정보 제공, 일반학생 소프트웨어 교육내용 제공
학부모	• 학생의 가정 생활환경 정보 제공 • 가정에서의 기능적 어휘 관련 정보 제공
공학 관련 전문가	• 소프트웨어 프로그램 수행 관련 정보 • 장애학생의 공학매체 활용에 관한 교육방법 의견교환

1) 외부평가

내부평가가 학급이라는 단위로 학급 구성원인 학습자 개개인을 대상으로 실시하여 미시적인 평가정보를 제공하는 평가를 의미하는 데 반해, 외부평가란 외부 전문가로 구성된 팀에 의해서 종합적이고 거시적인 평가정보를 제공하는 평가를 말한다.

(1) 외부평가자의 자질

외부평가에 참여하는 평가자는 다음과 같은 자질을 갖추고 있어야 한다.

첫째, 평가자는 소프트웨어가 적용되는 대상자에 대한 전문적인 지식과 경험을 가져야 한다. 평가자는 장애학생의 각 장애 영역에 따른 인지, 심리, 교육 특성 등에 대한 전문적인 지식이 있어야 한다.

둘째, 평가자는 교과 지도경험이나 교과 관련 전문지식을 가져야 한다. 장애를 가지고 있는 학습자의 교과내용에 대한 경험이나 지식이 없으면 평가결과가 적절하지 않을 수 있으므로, 평가자에게는 교수-학습용 프로그램과 관련한 내용의 지도경험이나 전문지식이 필수적이라고 할 수 있다.

셋째, 평가자는 특수교육 현장의 고유한 특성과 컴퓨터 및 디지털 관련 공학 간의 상호관계를 이해하여야 한다. 멀티미디어 교수-학습용 소프트웨어를 평가할 때, 프로그램 혹은 디지털 관련 기술에만 초점을 맞추어 평가할 경우 장애를 가진 학습자의 고유한 특성이 간과되기 쉽다.

(2) 외부평가의 단계
외부평가는 다음과 같은 단계로 이루어진다.

첫째, 평가할 교수-학습용 프로그램을 수집하고, 프로그램의 목표, 주요 대상자, 사용 시 고려사항에 대한 정보를 확인한다.

둘째, 프로그램의 주요 내용과 대상자의 특성을 고려하여 관련 전문가들로 팀을 구성한다.

셋째, 이 프로그램이 사용될 현장의 정보를 확인하고, 이 프로그램을 사용할 주 대상자인 교수자와 학습자들을 참여시켜 현장조사를 실시한다.

넷째, 평가팀의 기본적인 평가와 현장 조사자료를 토대로 정밀평가를 실시한다.

다섯째, 평가결과에 대한 재평가 및 정보를 제공한다.

(3) 외부평가 결과에 기초한 교수자의 고려사항
교수-학습 프로그램을 사용할 교수자는 아래와 같은 항목으로 외부평가의 결과를 고려하여 활용하는 것이 바람직하다.

첫째, 교수-학습용 프로그램 평가는 정확한 과정으로 이루어졌는가, 과정은 어떠하였는가?

둘째, 교수-학습용 프로그램 평가는 개인이나 팀으로 이루어졌는가?

셋째, 평가자는 어떠한 배경을 바탕으로 교수-학습용 프로그램을 평가하였는가?

넷째, 평가 중에 고려된 주요 요인 및 항목(예: 장애 유형, 장애 정도, 연령)은 무엇인가?

2) 내부평가

내부평가란 앞서 언급한 바와 같이 학급이라는 단위로 학급 구성원 개개인을 위해 실시하여 미시적인 평가정보를 제공하는 평가로 수업과 관련된 일반적인 사항, 교육의 적절성, 공학기기의 적합성에 대해 고려해야 한다. 내부평가에서 고려되어야 할 구체적인 사항은 다음과 같다.

(1) 수업 정보

수업 정보 영역에서는 수업과 직접적인 연관이 있는 학습자와 교수자의 특성이 포함된다. 학습내용의 분석 및 종합, 학습자의 평가 및 분석, 학습자가 가지고 있는 창의성 증진을 위한 측면 등을 고려해야 하는데, 예를 들면 다음과 같다.

첫째, 교수-학습 장면에 적합하고, 학습방법 및 전개방식이 교사의 수업 유형과 조화를 이루어야 한다.

둘째, 학습자의 학습 특성 및 독특한 요구에 부합해야 한다.

셋째, 학습자들의 상위 사고 기능을 촉진시키기 위하여 여러 가지 교수방법 및 전개전략을 사용해야 한다.

넷째, 인지적인 장애와 낮은 수행능력 수준으로 인하여 다음 단계로 이행할 수 없을 때에는 반복학습과 같은 다른 방법적인 면을 고려해야 한다.

(2) 교육 적절성

교수-학습용 프로그램의 내부평가에서 또 다른 주요 고려사항은 프로그램이 얼마나 교수-학습 장면에서 적절하게 활용될 수 있는지 여부다. 이를 위하여 교수자는 다음 요소를 고려해야 한다.

첫째, 멀티미디어가 가지는 특성과 교수-학습 장면의 여러 요소를 고려하여야 한다.

둘째, 학습자들의 입력에 대한 프로그램 반응 방식이 여러 가지 행동수정 원리에 근거하여 고려되었는지 확인해야 한다.

셋째, 교수-학습용 소프트웨어는 학습자가 재시도하거나, 반응에 대한 자기교정적인 또 다른 기회를 제공할 수 있도록 제작되었는지 확인해야 한다.

넷째, 학습자의 학습동기에 대한 측면에 대해서도 고려해야 한다. 동기를 촉진시키는 교수-학습용 소프트웨어는 다양한 입력 형태가 제공되는 것이 일반적이다. 그리고 학습자와 컴퓨터 프로그램 간의 상호작용이 가능해야 한다. 이렇게 개발된 소프트웨어는 교수-학습 상황에서 동기화시킬 수 있으며, 정보의 강제적인 투입보다 학습원리에 기초하였을 때 더욱 효과적으로 동기유발이 가능하다.

이 밖에도 교육의 적절성을 평가하기 위해서 학습내용에 대한 효과적인 주의집중을 위한 내용을 가지고 있는지, 학습내용을 평가하기 위해서 어떠한 방법을 선택하고 있는지에 대해서도 확인하는 것이 필요하다.

(3) 공학기기의 적합성

현재 대부분의 교수-학습용 소프트웨어는 멀티미디어를 기반으로 하기 때문에 각각의 매체를 학습자가 사용 및 조정할 수 있는지에 대한 사항을 살펴보아야 하는데, 주요 고려사항은 다음과 같다.

첫째, 화면 구성이 복잡해서는 안 되며, 문자, 그래픽, 애니메이션, 비디오가 적절하게 배치되고 그 수가 적절한지를 파악하여야 한다.

둘째, 대부분의 교수-학습용 소프트웨어는 입력장치의 조정으로 프로그램이 진행되기 때문에 입력장치에 대한 고려가 있어야 한다. 일반적인 마우스와 키보드 이외에 다른 입력기기로 조작할 수 있는지, 그리고 다른 대체 입력기기가 쉽게 설치되고, 마우스와 키보드와 비교하였을 때 사용상의 어려움이나 불이익은 없는지에 대하여 파악하는 것이 필요하다.

셋째, 기타 장비에 대한 고려사항이다. 일반적으로 컴퓨터는 입출력을 위하여 프린터, DVD, 외부 메모리, 디지털카메라, 캠코더, VCR 등의 기타 장비들이 필요하다. 그러나 이러한 장비가 학습내용상 학습자들에게 필요한지 그 적절성을 파악하여 설치 및 운영하여야 하며, 또한 이러한 기기들에 대한 기본적인 사용상의 주의점에 대한 정보가 있어야 한다.

넷째, 위의 내용들을 바탕으로 공학기기의 적합성을 파악할 때 다음과 같은 사항에 대한 고려가 있어야 한다.

- 공학기기는 학습자의 학습 능력 및 수준을 향상시킬 수 있는가?
- 공학을 이용하여 교수자가 주요 기능과 개념을 지도할 때 용이하게 발전할 수 있는가?
- 교수–학습에 활용하는 자료는 기능과 개념을 실제적으로 향상시킬 수 있는가?
- 교수–학습에 활용하는 자료는 학습자의 참여를 증가시킬 수 있는가?
- 교수–학습에 활용하는 자료는 학습자의 상위 수준의 사고기능을 사용할 수 있도록 하는 수업을 가능하게 하는가?
- 교수–학습에 활용하는 자료는 비용과 시간적인 면에서 효과성을 가지는가?

3) 기술적 평가와 교육적 평가

프로그램의 평가는 기술적 측면과 교육적 측면에서 이루어지기도 한다. 기술적인 측면에서는 현재 사용 가능한 컴퓨터 환경에서 별도의 하드웨어나 소프트웨어의 설치 없이 프로그램이 제대로 구동되는지, 기술적인 오류는 없는지, 사용설명서와 보조자료는 잘 갖추어져 있는지, 화면의 색상과 음질, 디자인의 품질이 떨어지지 않는지를 살펴보아야 한다.

교육적인 측면에서는 원하는 학습목표가 달성될 수 있도록 학습내용이 체계적으로 짜여 있는지, 불필요한 내용이나 혼란을 줄 만한 내용은 없는지, 어휘수준이 학습자에게 적합한지, 학습자와의 상호작용이 적절한지, 내용의 제시방법이 효과적인지, 학습자의 관심을 끌 수 있는지 등을 확인하는 것이 중요하다(백영균 외, 2006).

3. 소프트웨어의 개발

상품화된 소프트웨어 중 적합한 것을 선정할 수 없을 경우 혹은 교수자가 저작도구를 다루는 기술이 뛰어난 경우, 직접 교수-학습용 소프트웨어를 개발할 수도 있다. 이와 같이 교수-학습용 소프트웨어를 제작할 때 고려해야 할 일반적 사항은 다음과 같다.

첫째, 학습목표와 활용방안이 구체적이고 명확하게 교수-학습용 소프트웨어에 반영하여야 한다.

둘째, 교수-학습용 소프트웨어의 내용이 명확하고 조직적으로 전달되며 학습할 수 있도록 구성되어야 한다.

셋째, 학습자 및 사용자의 요구와 수준, 특성을 정확하게 파악하여 학습동기를 효과적으로 유발시켜서 진행할 수 있도록 하여야 한다.

넷째, 학습자들이 쉽게 교수-학습용 소프트웨어를 사용할 수 있도록 하여야 한다.

이와 같은 일반적 고려사항 이외에 장애를 가진 학습자를 위해서 교수-학습용 소프트웨어를 개발할 때에는 다음과 같은 사항이 개발과정에서부터 적극적으로 반영되어야 한다.

첫째, 교수-학습용 소프트웨어는 학습목표에 맞게 주제가 적절해야 하고, 컴퓨터가 가지는 특성에 맞게 적절하게 구성되어야 한다. 하지만 구체물 제시 혹은 현장학습과 같은 현실 상황이 학습목표에 더 적절하다면, 가급적 소프트웨어를 제작하거나 적용할 필요가 없다. 그러나 현실 상황의 재현이 힘들 경우에는 가상현실을 적용하는 것도 바람직하다. 교수-학습용 소프트웨어에서는 보기 힘들지만, 개인용 컴퓨터 혹은 DVD 등의 안경, 장갑 등을 착용하는 가상현실 게임은 많은 흥미를 가져다준다.

둘째, 교수-학습용 소프트웨어는 학습자의 흥미수준에 적합하여야 하며, 이를 통하여 동기를 제공해 줄 수 있도록 설계되어야 한다. 이것은 인지장애를 가지고 있는 학습자들을 위한 교수-학습용 소프트웨어를 개발 및 제작할 때 반드시 포함되어야 하는 사항이다.

셋째, 교수-학습용 소프트웨어는 학습자들에게 좌절감이나 실패를 유도하지 않고, 도전의 기회를 제공하는 것이 중요하다. 장애를 가지고 있는 학습자들은 일반아동에 비하여 실패의 경험이 많으며, 이러한 경험은 학습에 상당한 영향을 미치므로 학습자가 가지고 있는 학습능력을 토대로 조절할 수 있는 기회를 제공할 수 있도록 소프트웨어가 설계 및 제작되어야 한다.

넷째, 교수-학습용 소프트웨어는 개인이 프로그램을 사용하는 데 능동적으로 참여할 수 있어야 하고 상호작용 장면을 제공해야 한다. 특히, 인터넷과 네트워크 기능이 학급 및 가정에 보편화되면서 쌍방향 기능을 가진 소프트웨어가 많이 제공되고 있는데, 이러한 기능은 계속적으로 유의미하게 적용될 필요가 있다.

다섯째, 교수-학습용 소프트웨어는 피드백과 강화의 기능이 적절해야 한다. 사용자의 학습유형에 따라서 외적 통제소재 혹은 내적 통제소재를 통해서 강화가 제공되어야 한다.

여섯째, 교수-학습용 소프트웨어는 개별적이어야 하며, 프로그램을 사용하는 개인과 상호작용이 이루어져야 한다. 이러한 형태는 특히 나이가 어린 사용자와 낮은 인지적 기능을 가진 사람에게 중요하다.

일곱째, 학습자의 기능 수준이 낮을수록 청각, 시각, 촉각에 대한 통제가 더 중요해진다. 이에 사용자가 문자를 읽을 수 있더라도 경우에 따라 교수-학습용 소프트웨어는 문자가 제시되지 않도록 하는 것이 좋다. 그리고 경도장애의 경우에 종합적 청각자극이나 과다한 시각적 자극은 주의를 산만하게 할 가능성을 가지고 있기 때문에 적절한 빈도로 제공하는 것이 중요하다.

여덟째, 소프트웨어에서 지시문의 선택과 통제는 사용자의 능력 한도 내에서 제공되어야 한다.

아홉째, 화면의 유형은 학습자의 기능적 수준과 학습요구를 반영해야 한다. 개인의 시각은 상단 왼쪽에서부터 하단 오른쪽으로 움직이기 때문에 문자, 동영상, 그래픽, 애니메이션 등의 배치는 신중하게 고려해야 한다.

마지막으로, 학습자가 소프트웨어를 사용할 때, 오류확인이 가능해야 하며, 사용자의 잘못된 입력과는 관계없이 프로그램이 쉽게 끝나서는 안 된다.

4. 평가양식

내 · 외부 평가 그리고 기술적 · 교육적 평가의 당위성에도 불구하고 특수교육용 소프트웨어 평가도구는 거의 없는 실정이다. 다음에 소개되는 소프트웨어 평가 양식은 특수교육을 위해 특별히 만들어진 것을 보여 주고 있다(Lewis, 1993; 정광윤, 서인환, 2000: 79-83).

교육용 소프트웨어 평가지

A. 정보 알아보기

교수용 프로그램명:

발행처: 가격:

백업 복사본 제공 여부?　이용 가능성 여부?　　　　　가격:

네트워크 버전/랩팩(lap pack) 이용 가능성 여부?　　　가격:

컴퓨터:

다른 장치:

여러분의 특수집단:

집단 연령:

집단의 성적과 기술 수준:

B. 기술적인 정보

1. 발행처가 진술한 것에 따르면, 교수용 프로그램의 목적은 무엇입니까?

2. 어떤 영역이나 교과과정 영역에 대해 진술하고 있습니까?

3. 교수용 프로그램은 어떤 유형입니까?

　　(　　)지도　　　　　(　　)훈련과 연습　　　　(　　)교육용 게임

　　(　　)발견　　　　　(　　)시뮬레이션　　　　(　　)문제해결

　　기타(구체적으로)

4. 만들어진 프로그램이 어떤 유형의 학습자를 위한 것입니까?

　　연령 수준:

　　성적 수준:

　　능력 수준:

　　흥미 수준:

5. 진술된 프로그램의 목표는 있습니까?　(　　)예　(　　)아니요

　　만약 있다면 프로그램이 어떤 기술이거나 정보를 가르치고 검토하고자 합니까?(약술하시오.)

6. 프로그램이 정보를 어떻게 제시하고 있습니까?(해당되는 모든 항목에 체크하시오.)

(　　)문서 (　　)그림(　　)애니메이션　(　　)컬러

(　　)음악 (　　)음향효과　　(　　)말소리

7. 정보가 분명하게 진술되어 있습니까? 문서는 읽기 쉽게 되어 있습니까?
　　그림은 이해할 수 있습니까? 음향은 알아들을 수 있거나 명료합니까?
　　(　　)예　　　　(　　)아니요
　　만약 아니라면, 설명하시오.

8. 프로그램 사용을 위한 지시사항이 분명하게 진술되어 있고 이해할 수 있습니까?
　　(　　)예　　　　(　　)아니요
　　(　　)지시사항이 프로그램 내에 있습니까?
　　(　　)지시사항이 프로그램의 참고문서나 사용설명서에 있습니까?

9. 프로그램이 사용자에 의해 제어될 수 있습니까? 다시 말하면, 사용자가 화면에서 화면으로 프로그램의 움직임을 제어할 수 있습니까? 언제든지 지시사항을 검토할 수 있습니까? 항상 프로그램을 끌 수 있습니까?
　　(　　)예　　　　(　　)아니요
　　만약 아니라면 설명하시오.

10. 학습자에게 컴퓨터 사용에 대한 어떤 요구사항이 있습니까?
　　(　　)디스켓에 입력되고 컴퓨터를 켠다.　(　　)메뉴에서 선택한다.
　　(　　)기타(구체적으로:　　　　　　　　　　　　　　)

11. 학습자에게 어떤 학업적 요구사항이 있습니까?
　　(　　)읽기(수준:　　　　　)
　　(　　)철자(수준:　　　　　)
　　(　　)기타(구체적으로:　　　　　　　　　　　　수준:　　　　　　　)

12. 학습자에게 어떤 신체적 요구사항이 있습니까?
　　(　　)키보드가 반응하는 데 사용되어야 한다.

(   )어떤 키를 누른다.

(   )키의 1/2 또는 1/4를 누른다.

(   )하나의 특정 키를 누른다.

(   )순서대로 몇 개의 키를 누른다.

(   )반응을 하기 위해 사용되는 다른 장치(구체적으로:)

13. 학습자에게 어떤 속도 요구가 있습니까?

(   )프로그램에 의해 통제된 정보의 제시

(   )보통   (   )빠르게   (   )느리게

(   )정보의 제시가 사용자의 통제하에 있다.

(   )제한되지 않은 반응시간

(   )프로그램에 의해 설정된 반응시간

(   )보통   (   )빠르게   (   )느리게

(   )반응시간이 사용자에 의해 달라질 수 있다.

14. 학습자에게 어떤 정확도 요구가 있습니까?

(   )사용자는 타이핑 실수를 교정할 수 있다.

(   )프로그램은 타이핑 실수의 교정을 허락하지 않는다.

(   )프로그램은 일반적인 실수를 가려낸다.

(   )프로그램은 모든 반응에 대해 바른 철자를 요구한다.

(   )프로그램은 대부분의 질문에 대해 한 가지 옳은 반응만을 하게 한다.

15. 반응 정확도에 대한 피드백이 학습자에게 적절하게 제공됩니까?

a. 결과에 대한 지식이 각각의 반응 후에 주어진다. (   )예 (   )아니요

b. 정반응은 확인되는가?   (   )예 (   )아니요

c. 학습자에게 반응이 틀렸는지를 알려 주는가?   (   )예 (   )아니요

d. 반응이 틀렸다면 다른 시도가 제공되는가?   (   )예 (   )아니요

e. 주어지는 시도수:

f. 학습자가 바르게 답하지 못하였다면 정답이 제시되는가?

(   )예 (   )아니요

g. 정반응에 대한 시범 후에 학습자에게 반응할 기회를 주는가?

( )예 ( )아니요

16. 프로그램은 정반응과 오반응에 대한 다른 처치 이외에 분기 절차를 사용합니까? ( )예 ( )아니요
   만약 '예'라고 대답하였다면 설명하시오.

17. 어떤 기술이 강화와 동기유발에 사용됩니까?(해당되는 것에 모두 체크하시오.)
   ( )정반응의 결과에 대한 지식과 확인
   ( )학습자의 수행에 관한 정보의 요약
   ( )정반응에 대한 칭찬의 메시지
   ( )정반응에 대한 그림 제시와 음향효과
   ( )정반응을 하면 점수를 얻는 경쟁적인 게임
   ( )기타(구체적으로:)
      강화는: ( )계속적이다   ( )간헐적이다

18. 어떤 사용자 선택이 학생과 교사에게 이용될 수 있습니까?
   a. 학생들은 선택할 수 있다:
   ( )메뉴의 활동   ( )난이도
   ( )질문수   ( )질문유형
   ( )기타(설명하시오:)
   b. 교사는 선택할 수 있다:
   ( )음향 유무   ( )난이도
   ( )질문수   ( )질문유형
   ( )교수 순서   ( )시도수
   ( )제시속도   ( )반응속도(반응에 요구되는 속도)
   ( )기타(설명하시오:)

19. 프로그램 참고문서는 적절합니까?
   a. 모든 프로그램의 특징이 완전하고 분명하게 설명되어 있는가?
   ( )예 ( )아니요

b. 프로그램의 원리, 목적, 목표, 현장 검사 데이터가 포함되어 있는가?

(   )예 (   )아니요

c. 인쇄물이 학생들에게 제공되는가?　　　(   )예 (   )아니요

제공된다면 그것들은 적절한가?　　　(   )예 (   )아니요

d. 참고문서는 부가적인 학습활동을 제시하는가?　(   )예 (   )아니요

20. 교수용 프로그램에 대해 이상에서 언급한 것 외에 다른 진술을 하시오.

C. 전반적인 평가

이 척도를 사용하여 다음의 영역에서 여러분의 집단을 위한 교수용 프로그램의 적절성에 대해 평가하시오.

부적절: 1　　적절: 2　　우수: 3

a. 교육과정 내용(프로그램이 기능적인 기술을 진술한다.)	1	2	3
b. 흥미 수준(프로그램은 연령에 적절하다).	1	2	3
c. 학습자를 위한 사용 용이성	1	2	3
d. 학습자의 욕구(컴퓨터 이용, 학업성취, 속도, 정확도, 신체적 욕구)	1	2	3
e. 교수용 절차	1	2	3
f. 동기유발적 가치	1	2	3
g. 매개체의 적절한 이용	1	2	3
h. 교사의 통제하에 있는 중요한 교수적 변인	1	2	3
I. 기타(구체적으로:)			

　국내의 경우, 장애학생 교육의 내실화를 기하고 장애학생의 특성에 맞는 소
프트웨어를 개발하고자 한국특수교육총연합회에서 주관하는 전국특수교육연
구대회의 소프트웨어 개발분과에서 사용되는 소프트웨어 평가지를 토대로 그
내용을 살펴보면 〈표 6-4〉와 같다.

‖표 6-4‖ **전국특수교육연구대회 특수교육용 소프트웨어 평가지**

영역	평가의 요소	평가항목	
교육적 가치	목적의 적합성	① 개발 목적의 타당성	② 현장에 필요한 내용 구성
		③ 현장 활용성	④ 현장 교육 개선
	교수내용 및 접근방법	① 적합한 학습내용	② 내용 구성의 조직성
		③ 교수목표 달성	④ 교수-학습이론 반영
		⑤ 새로운 전략	⑥ 학습자 특성 고려
		⑦ 창의적 사고 가능성	⑧ 협력학습
		⑨ 수준별 학습	⑩ 일관성 있는 전개 방식
	교육적 효과 및 상호작용	① 교육적 효과	② 교사-학생 간 상호작용
		③ 적절한 동기유발	④ 다양한 피드백
		⑤ 다양한 효과의 피드백 사용	
		⑥ 평가, 정답의 확인	⑦ 즉각적인 오답 설명
		⑧ 게임 형식의 가미	⑨ 피드백 · 평가의 일관성
	교육과정 및 교육활동과의 연계성	① 현행 교육과정 구성	② 통합적 교과활동
		③ 현장 교육과의 연계성	④ 실생활 중심 교육활동
		⑤ 다른 교수도구와의 연계성	
소프트웨어 구현기술	화면 디자인	① 화면구성의 일관성	② 학습자 수준에 적절한 그래픽
		③ 적절하고 분명한 음향과 음성	
		④ 멀티미디어 요소의 활용	
	기술적 측면	① 인스톨 시 시스템과 충돌하지 않음	
		② 사용이 쉬운 프로그램	③ 속도와 난이도 조절
		④ 교육지침서 제공	⑤ 학습과정의 저장
		⑥ 인쇄기능	⑦ 공동학습 기능
		⑧ 인터넷 연결 기능	⑨ 장애를 고려한 시스템 지원
		⑩ 사용자를 고려한 기술적 지원	
일반화와 활용 용이성		① 현장 보급의 용이성	② 경제성
		③ 다른 교수-학습자료와의 연계성	
		④ 구입과 제작 방법의 용이성	⑤ 편집 기능

출처: 김용욱, 우정한, 진주은(2008), p. 89.

특수교육용 소프트웨어 평가지는 크게 교육적 가치, 소프트웨어 구현 기술 그리고 일반화와 활용 용이성 등의 3개 영역, 6개 평가요소, 47개의 평가항목으로 구성되어 있다. 교육적 가치 영역에는 목적의 적합성, 교수내용 및 접근방법, 교육적 효과 및 상호작용, 교육과정 및 교육활동과의 연계성 등의 4개 평가요소에서 28개의 평가항목으로 구성되어 있다. 소프트웨어 구현기술 영역에는 화면 디자인과 기술적 측면 등의 2개 평가요소에서 14개의 평가항목으로 구성되어 있고, 일반화와 활용 용이성 영역은 5개의 평가항목으로 구성되어 있다.

다양한 요소를 고려해 최종 선정되는 효과적인 프로그램은 〈표 6-5〉와 같은 특징을 갖는다.

‖표 6-5‖ 효과적인 교수용 프로그램의 특징

좋은 프로그램	좋지 않은 프로그램	학습원리
학습기술에 관련된 응답을 많이 제공하는 프로그램	학습기술과 관련이 없는 활동을 많이 포함하거나 조작하는 데 많은 시간이 요구되는 프로그램	과제수행에 시간을 많이 들일수록 많이 배운다.
학습한 기술이나 개념을 지원하는 그래픽이나 애니메이션이 들어 있는 프로그램	수업목표에 관련 없이 그래픽이나 애니메이션이 포함된 프로그램	그래픽이나 애니메이션이 학생의 학습활동에 관심을 촉진시키는 반면, 주의가 산만하여 기능 습득에 방해가 되거나 연습시간을 감소시킬 수도 있다.
강화가 집중적으로 이루어지며, 학급에서 이루어지는 강화 형태와 유사한 점이 포함된 프로그램	강화용 그래픽을 제공하거나, 매번 옳았다는 응답이 있고 난 후에 활동이 이루어지는 프로그램	학생들의 맞는 답변에 대해 너무 빈번한 강화를 해 주면, 웬만한 강화에는 별로 반응을 하지 않으며, 강화활동에 소비하는 시간으로 학습시간이 지연된다.
강화가 과제의 완성이나 유지와 관련된 프로그램	학생이 바르게 반응했을 때의 강화(예: 미소 짓는 얼굴)보다 틀리게 반응했을 때 더 많은 강화(예: 폭발)를 제공하는 프로그램	실제로 어떤 프로그램들은 학생들에게 고의로 틀린 답을 하게 하여 보다 자극적인 강화를 경험하게 하기도 한다.

학생들이 실수한 곳을 찾아 교정할 수 있도록 피드백을 제공하는 프로그램	질문에 대한 응답으로 '맞음' '틀림' '다시 하세요'만을 제시하는 프로그램	몇 번의 시도 후에 정답에 관한 피드백이 없으면 학생들을 좌절하게 만들거나 포기하게 만든다.
신중하게 계열화된 항목으로 작은 단위로 연습을 제공하는 프로그램	다양하고 넓은 영역에서 연습하도록 했거나, 잠정적 항목의 광대한 세트에서 마음대로 항목을 끌어내게 만든 프로그램	유사한 항목들 사이의 잠재적 혼동을 감소시키기 위해, 작은 단위의 신중하고 계열적으로 고려된 항목들이 주어졌을 때 더 빨리 정보를 숙달할 수 있다.
다양한 방법으로 연습을 제공하는 프로그램	항상 같은 방법 또는 항목 중에서 같은 단위로 연습을 제공하는 프로그램	다양하게 연습이 이루어지지 않는다면 새로운 상황이나 환경에서 일반화시키기가 힘들다.
누적된 사고를 할 수 있게 해 주는 프로그램	누적된 사고를 할 필요가 없는 프로그램	자신이 배운 것을 잊지 않기 위해서는 선행 지식 및 기술에 대한 반복이 필요하다.
추후에 교사가 학생들의 과제수행 기록을 확인할 수 있는 프로그램	기록 기능이 포함되어 있지 않은 프로그램	교사는 학생들의 컴퓨터 과제수행을 통제하기가 어렵다. 따라서 학생의 수행기록에 교사가 접근할 수 있게 하여, 그 프로그램에 대한 효과의 유무와 추가적인 서비스의 필요성의 여부를 결정한다.
문제제시 속도, 피드백 형태, 문제의 난이도, 연습시도 횟수 등과 같은 선택사항이 제공되는 프로그램	모든 학생들에게 동일한 학습내용과 학습방법 등이 제시되는 프로그램	다양한 선택사항을 사용함으로써 비용이 감소되며, 교사로 하여금 적절한 개별화 수업을 제공할 수 있다.

출처: 김용욱(2005), p. 221.

기출문제

초등, 10 정 교사는 학급 내 학습장애 학생의 수업효과를 높이기 위해 개별 학생의 특성에 맞는 컴퓨터 보조수업(computer-assisted instruction: CAI) 프로그램을 선정하여 적용하고자 한다. 프로그램 선정 시 고려해야 할 중요한 조건들을 〈보기〉에서 모두 고른 것은?

ㄱ. 프로그램은 단계적으로 구성되어 있고, 각 단계별 내용 간에는 연계성이 있어야 한다.
ㄴ. 교사가 프로그램의 내용을 쉽게 변화시킬 수 있는 다양한 옵션(option)이 있어야 한다.
ㄷ. 학생의 능력 수준에 따라 프로그램의 진행 속도나 내용 수준을 조절할 수 있어야 한다.
ㄹ. 학생의 집중력을 높이기 위해 화려하고 복잡한 그래픽이나 애니메이션으로 구성되어 있어야 한다.
ㅁ. 학생이 프로그램 내의 지시를 잘 따를 수 있도록 화살표 등 신호체계가 눈에 띄게 표시되어 있어야 한다.
ㅂ. 학생의 특성이 고려되어 개발된 프로그램이기 때문에 제시된 과제에 동일한 반응시간이 주어져 있어야 한다.

---

① ㄱ, ㄷ, ㅁ　　② ㄴ, ㄹ, ㅁ　　③ ㄹ, ㅁ, ㅂ
④ ㄱ, ㄴ, ㄷ, ㅁ　　⑤ ㄴ, ㄷ, ㄹ, ㅂ

중등, 10 특수교육대상자를 위한 교육용 소프트웨어를 개발할 때 다양한 교수-학습이론을 반영할 수 있다. 〈보기〉에서 구성주의 교수-학습이론에 기반을 둔 내용을 모두 고른 것은?

ㄱ. 학습효과를 높이기 위해서 반복적으로 연습을 할 수 있는 훈련·연습형으로 개발한다.

ㄴ. 학생이 문제를 해결할 수 있도록 실제 문제해결 상황을 비디오 등을 활용하여 제공한다.

ㄷ. 네트워크 기능 등을 활용하여 교사와 학생들 간의 활발한 상호작용에 초점을 두고 개발한다.

ㄹ. 애니메이션 등을 활용하여 반응에 따른 즉각적인 자극을 제공함으로써 학생이 올바른 반응을 형성할 수 있도록 한다.

ㅁ. 학생의 근접발달영역 내에서 필요한 도움을 제공하고, 과제수행이 능숙해짐에 따라 도움을 철회하는 구조를 반영하여 개발한다.

① ㄱ, ㄴ, ㅁ   ② ㄱ, ㄷ, ㄹ   ③ ㄴ, ㄷ, ㄹ
④ ㄴ, ㄷ, ㅁ   ⑤ ㄷ, ㄹ, ㅁ

중등, 07 B중학교의 특수학급 교사는 교육용 소프트웨어 프로그램을 발달장애 학생들의 교과학습에 적용하려고 한다. 소프트웨어 프로그램의 적절성을 평가하기 위하여 다음과 같이 평가기준을 작성하였다. 기준 항목에 해당되는 기준 요소를 (예시)와 같이 표의 빈칸에 쓰시오.

기준 항목	기준 요소
교수설계 (instructional design)	(예시) 지시문은 명료하고 읽기 쉬워, 발달장애 학생에게 과제수행을 정확히 안내하는가?
	①
	②
콘텐츠 (contents)	(예시) 콘텐츠의 학습목표가 분명하고, 발달장애 학생의 교육목표와 관련이 있는가?
	③
기능 (function)	(예시) 학생의 과제수행 기록을 매회 저장할 수 있어, 수행 진전도를 지속적으로 모니터링할 수 있는가?
	④

중등. 06 다음을 읽고 물음에 답하시오.

> A중학교의 특수학급 교사는 뇌성마비 학생인 철수의 기능적 어휘학습 목
> 표달성을 위해 교육용 소프트웨어를 사용하기로 하였다. 교사는 철수에게
> 적합한 소프트웨어 프로그램을 선정하기 위해서 초학문적 팀 접근
> (transdisciplinary team approach)을 하기로 하였다.

(1) 철수에게 적합한 교육용 소프트웨어를 선정함에 있어서 초학문적 팀 접근
   의 장점을 두 줄 이내로 쓰시오.
(2) 특수교사를 포함하여 모두 네 명으로 구성된 초학문적 팀을 구성한다면,
   철수를 위한 교육용 소프트웨어 선정과 관련하여 필요하다고 판단되는 나
   머지 세 명의 구성원과 각각의 주요 역할을 두 가지씩 구체적으로 쓰시오.

구성원	역할
특수교사	교육과정에 기초한 기능적 어휘 선정 철수의 학업 특성 정보 제공
㉠	① ②
㉡	① ②
㉢	① ②

중등. 02 컴퓨터 보조수업(CAI)은 크게 '사용자 집단형태' '학습진행의 통
제권자' 그리고 '학습내용의 구성' 에 따른 유형 등으로 분류되고 있다. 이 중
학습내용의 구성에 따른 유형의 하위 유형을 세 가지만 쓰고, 각각에 대해 간
략히 설명하시오.

정답 (초등. 10) ④ (중등. 10) ④ (중등. 07) 본문 참조 (중등. 06) 본문 참조
    (중등. 02) 본문 참조

제7장 ICT 활용교육[*]

공학과 교육의 통합이라는 변화의 한가운데서 ICT는 정보와 통신의 발달에 따른 지식정보사회의 교실 수업을 창의적이고 자기주도적인 인재를 양성하는 수단으로서의 역할뿐만 아니라 협동학습, 통합교과학습의 실현을 가능하게 했다. 이 장에서는 특수교육에 있어 ICT 활용교육의 장점과 교육적 효과를 극대화하기 위해 유의해야 할 점 등에 살펴보도록 한다.

---

* 이 장의 내용은 김용욱, 김남진(2003a)에서 발췌한 것임.

제1절 ICT와 교육

1. ICT의 개념

1) 정의

ICT(Information & Communication Technology)는 정보 기술(Information Technology)과 통신 기술(Communication Technology)의 합성어로 하드웨어 및 이들 기기의 운영과 정보 관리에 필요한 소프트웨어 기술과 이들 기술을 이용하여 정보를 수집, 생산, 가공, 보존, 전달, 활용하는 모든 방법을 의미한다(한국교육학술정보원, 2001). 또한 교육적 활용을 위한 ICT라 함은(유인환, 2000) 컴퓨터 기반의 하드웨어 및 소프트웨어와 관련된 도구와 기법을 의미하고 이는 통신, CD-ROM, 인터넷 같은 정보자원, 정보통신공학과 관련을 맺고 있으며, 이를 통한 정보의 수집, 가공, 저장, 검색, 전송, 수신, 표현, 통제, 관리, 조작 등과 관련된 모든 시스템을 포함하고, 이를 직업과 일상생활에서 적절히 이용하여 효과적으로 학습하기 위해 필요한 지식, 기술(skill), 이해를 지원하기 위한 용어라고 정의할 수 있다.

2006년 교육인적자원부는 ICT 소양교육과 ICT 활용교육으로 구분하던 기존

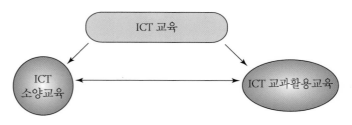

‖ 그림 7-1 ‖ ICT 교육의 구성

- **ICT 소양교육**: ICT 자체에 대한 교육으로 정보의 생성, 처리, 분석, 검색 등 기본적인 정보 활용능력을 기르는 교육으로 컴퓨터과학과 정보통신 윤리 강조
- **ICT 교과활용교육**: ICT 소양교육의 결과를 교과별로 활용하여 그 교과의 목표를 효과적으로 달성하려는 것

의 ICT 교육에 대한 운영을 개정하여 ICT 교육을 ICT 소양교육과 ICT 교과활용교육으로 분리하였다.

ICT 소양교육과 ICT 교과활용교육은 밀접한 관계가 있는 바, 교과학습에 필요한 ICT 활용능력은 각 교과 시간에 다루기 어렵기 때문에 특정 시간에 실시되는 소양교육을 통하여 이루어진다. 학습자들은 소양교육으로 ICT에 대한 기본적인 기술능력을 습득하고, 이를 토대로 각 교과에서 ICT를 활용한 교수-학습활동을 해 나갈 수 있다. 두 가지의 교육이 서로 연계되어 이루어질 때 ICT 활용교육은 가장 효과적이다.

2) ICT 활용수업의 구성요인

ICT를 활용한 교육의 효과를 극대화하기 위해서는 다음과 같은 구성요소를 필요로 한다.

- 하드웨어: 실물 화상기, OHP, 디지털카메라, 컴퓨터 등
- 소프트웨어: 워드프로세서, 스프레드시트, 웹, 게임 소프트웨어 등
- 휴먼웨어: 교사, 학생, 행정가, 지원인사 등

하드웨어에는 실물 화상기 및 OHP, 디지털카메라, 컴퓨터, 디지털교과서 등과 같은 주로 디지털 기반의 매체가 포함된다. ICT를 구성하는 요인의 하나인 소프트웨어는 활용수업에 있어서 하드웨어 이상의 의미를 지닌다. 이에 하드웨

어의 선정과는 달리 소프트웨어의 선택은 더욱 신중함을 요한다. 제6장 제3절에서 살펴본 바와 같이 소프트웨어의 선정에 있어서 가장 우선적으로 고려해야할 것은 학습결과의 맥락 속에서 사용될 소프트웨어가 일정 수준 이상의 효과가 있을 것인가를 검토하는 것이다. 학습자에게 해당 과제를 가장 효과적으로 학습하게 하는 소프트웨어를 선택하는 것은 교사가 갖추어야 하는 중요한 능력 중의하나다. 마지막으로 ICT 활용수업의 주요 구성요소 중 하나로 인적 구성원을 들수 있는데, 인적 구성원에는 교사와 학생, 교육행정가 그리고 자원인사들이 포함된다. 인적 구성원은 하드웨어나 소프트웨어와는 달리 수업운영의 주체로서, 주어진 환경이 아니라 만들어 가고 구성되는 변인이라고 할 수 있다. 이런 점에서 앞의 두 요소보다 더욱 중요시된다(백영균, 2002).

2. 교육적 특성

교수-학습 과정에서 ICT 활용의 가장 큰 목적은 학습자의 창의적 사고와 다양한 학습활동을 촉진시켜 학습목표를 효과적으로 달성할 수 있도록 지원하는데 있으며, ICT 활용교육이 가지는 일반적인 교육적 특성은 다음과 같다(한국교육학술정보원, 2001).

첫째, 학습자의 자율성 및 유연한 학습활동을 제공할 수 있다. ICT 활용교육은 지식 전달 위주의 교육방법과 교실 중심의 제한된 교육환경에서 탈피하여 학습자의 자율과 특성을 존중하며, 다양하고 유연한 학습활동을 수행할 수 있게한다.

둘째, 학생들에게 자기주도적 학습환경을 제공할 수 있다. ICT를 활용한 정보검색 및 의견교환을 통해 학습목표와 방법 수립, 평가 등 일련의 학습과정에서 학습자의 주도적인 역할을 부여함으로써 자기주도적 학습환경을 제공할 수 있다. 학생들에게 다양하고 풍부한 자원에 접근하여 이를 분석하고 적용하는 기회를 제공해 줌으로써 학생들의 독립적이며 자기주도적인 학습 습관을 개발하는 데 핵심적인 전략이 될 수 있다(소경희, 2001).

셋째, 창의력 및 문제해결 능력 향상에 도움을 준다. 다양한 ICT를 활용하여 정보검색 및 수집, 분석, 종합 등 새로운 정보 창출 과정에 직접 참여함으로써, 창의력과 문제해결 능력을 신장시킨다. 그리하여 ICT를 활용한 수업은 유능한 학생들에게는 공식적인 교육과정을 초월하는 수준으로까지 그들의 지평을 확대시켜 줌으로써 더 많은 정도의 독립적인 학습을 허용할 수 있을 것이며, 성적이 부진한 학생들에게 있어서는 그들의 관심과 흥미에 부합한 다양한 학습자원과 상호작용하게 함으로써 그들을 동기화시키고 그들에게 적절한 속도로 학습하게 할 수 있을 것이다(소경희, 2001). 또한 이태욱(1999)은 전통적인 학습에서는 교사나 교과서에 대한 의존도가 높고, 일방향성 학습이 대부분이어서 학습자의 창의력을 신장할 수 있는 기회가 적은 반면에 ICT 활용교육에서는 학습자가 임의로 가상공간을 항해하면서 새로운 정보를 검색하고, 가공하여 자신의 것으로 만들어 가는 것이 가능하기 때문에 학습자 중심의 창의력 신장 학습에 효과적일 수 있다고 밝혔다(박혜영, 신윤식, 유인환, 고대곤, 2001 재인용).

넷째, 교수자들은 다양한 교수-학습활동을 유발시킬 수 있다. 문제해결학습, 프로젝트학습, 상황학습, 협동학습 등 다양한 수업활동을 지원함으로써 교수-학습의 질적, 양적 향상이 이루어질 수 있다.

다섯째, 물리적으로 한정적이던 교육의 장을 확대할 수 있다. 시·공간의 제약성을 극복할 수 있는 다양한 ICT(예: 웹 기반 가상교육 등)의 활용을 통해 교육의 장을 더욱 확대함으로써 사고의 폭을 넓히고 고차적인 사고능력을 신장시킬 수 있다.

ICT 활용교육이 가지는 여러 장점들은 ICT를 수업에 활용한다고 무조건적으로 산출되는 것은 분명히 아닌 것으로 효과적, 효율적인 교수전략은 다음과 같다(이경희, 2002).

첫째, ICT 활용이 겉모습만 화려해진 전통적인 교실 수업의 재현이 되어서는 안 된다. 즉, ICT의 특성을 충분히 활용하면서 동시에 학습자의 탐구력, 창의력, 사고력 등을 향상시킬 수 있는 수업 주제나 프로젝트를 개발해야 한다. 단편적인 사례 위주의 정보 제시나 과제 제시에 머물기보다는, 멀티미디어 형태의 자료를 수집, 평가하고 가설을 세우며 비교, 논쟁하는 등 고차적인 경험을 할 수 있는 문제해결학습이나 프로젝트학습, 복합적인 상황분석이 필요한 과제학습 등이 더 효과적이다.

둘째, 멀티미디어 활용이라는 단순한 동기유발이나 주의집중 혹은 많은 자료의 제시로만 구성되는 현란한 쇼와 같은 수업이 되기보다는 ICT 활용 자체로 수업의 효율성을 제고할 수 있어야 한다. 예를 들어, 단순반복 작업이나 정보제시 방법이 지나치게 화려하여 콘텐츠의 중요성을 간과할 수 있는 ICT의 활용은 지양되어야 한다.

셋째, 학습내용을 조직화함으로써 과제해결 과정의 효율성을 높이고, 학생들의 관심을 학습내용에 집중시켜 시간과 자원의 활용을 극대화해야 한다.

넷째, ICT를 이용한 개별, 모둠별, 분반별 작업의 진행과정에서 모든 학생이 동등하게 참여할 수 있도록 배려해야 한다. 일반적으로, 교사의 개입은 학습의 초기 단계에는 동기부여적, 방향제시적 개입을 많이 하고, 학습이 진행될수록 내용 관련적, 촉진적 개입을 많이 하는 것이 좋다.

3. ICT 활용 교수–학습활동 유형

ICT를 활용한 수업의 활동 형태는 학습자 중심, 실생활 문제해결 중심, 과제 중심, 협동 중심 그리고 교육과정의 통합이라는 큰 방향 아래 정보통신기기의 특성 및 정보통신기술의 교육적 활용 가능성과 연관 지어 다음과 같이 크게 여덟 가지로 나눌 수 있다(한국교육학술정보원, 2001).

① 정보 탐색하기   ② 정보 분석하기
③ 정보 안내하기   ④ 웹 토론하기
⑤ 협력 연구하기   ⑥ 전문가 교류하기
⑦ 웹 펜팔하기   ⑧ 정보 만들기

1) 정보 탐색하기

과제해결을 위한 첫 단계로 인터넷 검색엔진을 비롯한 웹 사이트, CD-ROM 타이틀, 인쇄자료 등을 활용하여 자료를 탐색하거나 정보를 갖고 있는 사람과의 직접적인 정보교환 등을 통해 다양한 정보를 찾아보는 유형이다.

2) 정보 분석하기

웹 사이트 검색, 설문조사, 실험, 구체물을 통한 자료의 확보 등과 같은 다양한 방법으로 수집한 원지자료를 문서편집기나 데이터베이스, 스프레드시트 등을 이용하여 비교·분류·조합하는 정보 분석 활동을 통해 결론을 예측하고 추론해 보는 유형이다.

3) 정보 안내하기

교사가 대부분의 학습활동을 주도하는 유형으로, 미리 잘 짜인 수업처럼 교사가 미리 수업을 계획하여 필요한 단계에서 교육용 CD-ROM 타이틀을 제공하거나, 미리 개발한 프레젠테이션 자료 또는 홈페이지를 통해 학습자에게 수업내용을 안내하는 유형이다.

4) 웹 토론하기

채팅이나 게시판, 전자우편 등을 활용하여 어떤 특정한 주제에 대해 허락이 된 참여자 또는 불특정 다수가 자신의 의견을 게시할 수 있는 유형이다.

5) 협력 연구하기

교실이라는 제한된 범위를 넘어 다른 지역, 다른 나라 학습자들끼리 공동 관심사항에 대해 각기 자료를 검색하고 취합하여 결과물을 공유하는 유형이다.

6) 전문가 교류하기

인터넷을 통해 특정 분야의 전문가를 비롯한 학부모, 선배, 다른 교사 등과 의사소통을 하면서 학생이 탐구 및 학습활동을 할 때 관련 분야의 전문지식을 활용하도록 지원하기 위한 유형이다.

7) 웹 펜팔하기

E-pals(혹은 keypals)는 인터넷의 전자우편을 이용하여 여러 지역의 다른 사람과 개인적인 교류를 하거나 언어 학습 또는 문화에 대한 이해를 위한 목적으로 교류를 하는 유형이다.

8) 정보 만들기

문제해결 과정에서 산출된 각종 결과물을 다른 사람이 볼 수 있도록 보고서나 프레젠테이션 자료, 홈페이지로 만드는 유형이다.

그러나 이들 활동 유형을 실제 수업에 적용할 때는 각각의 유형별로 배타적이기보다는 상호보완적, 복합적으로 적용되는 경우가 많다. 따라서 실질적인 수업 전개 시 여덟 가지 이상의 다양한 ICT 활용수업 형태가 나올 수 있고, 복합적인 형태로 나타나는 경우가 많다. 그럼에도 불구하고 수업 유형을 분류하는 이유는 각각의 수업 유형 하나만을 선택하여 교수-학습을 전개할 것이 아니라, 각 유형이 갖는 고유 특성 및 장점을 교수-학습에 적절히 선별하여 포함시키는 것을 돕기 위함이다(백영균 외, 2006).

제2절 ICT와 특수교육

1. 특수교육에서의 활용

1) ICT 활용교육의 장점

ICT 활용교육이 내포하고 있는 일련의 장점들은 일반교육에서뿐만 아니라 특수교육 분야에서도 기대될 수 있는 것들이며, 실질적으로 많은 효과들이 검증되고 있다. 일반적으로 학습이 이루어지기 위해서는 먼저 감각을 통해 지각하고, 이를 이해하고 적용, 분석, 종합, 평가하는 인지적 절차들을 거쳐야 한다. 그러나 특수교육대상 학생들은 감각기관에 장애가 있으므로 정보 수용에 어려움을 겪고 연장선상에서 학습에 곤란함을 경험하는 경우가 많다. 이러한 장애를 어떻게 효과적으로 극복하느냐는 장애학생들의 학업성취를 위해 매우 중요한 의미를 가지고 있다.

이와 같은 학습상의 장애를 극복할 수 있는 방안으로 제시되는 특수교육 분야에서의 ICT 활용교육은 장애학생들에게 다양한 미디어로 학습내용을 적절하게 제시할 수 있고, 제공되는 학습 프로그램이나 자료들은 장애학생들의 독특한 학습 특성에 따라 재편 및 조정이 용이하기 때문에 장애학생들이 가지고 있는 교육적 특성을 충분히 고려한 효과적인 학습이 될 수 있다.

위에서도 언급했듯이 정보통신기술을 활용한 교육은 시간과 공간의 제약을 극복할 수 있으며, 학습자 중심의 교육을 실천할 수 있는 좋은 수단이 된다. 이러한 ICT 활용교육이 내포하고 있는 일련의 장점들은 특수교육 분야에서도 기대될 수 있다(김용욱, 2002).

첫째, 다양한 교수-학습 방법을 적용할 수 있다. 전통적인 교육에서는 교육을 위해 일정한 시간과 공간이 필요했으나 웹의 장점을 활용하여 정보를 수집하거나 제공하고, 다른 학습자 및 전문가와의 교류와 같은 활동 유형을 선정하여 학습을 전개할 수 있다.

둘째, 필요한 정보에 접근하거나 활용할 수 있다. 중증의 장애를 가진 학생들도 인터넷을 통해 공공기관을 이용하거나 필요한 물건을 구입하는 방법을 학습할 수 있다. 정보에 대하여 다양한 형태로 접근하는 것은 학생들에게 단일형태에 의한 경험적 학습이 아닌 다양한 형태로의 구체적 경험을 통한 학습정보의 인지 기회 제공을 가능케 해 줄 수 있다. 이러한 학습환경은 전통적인 교육환경에서 실패한 학습자들에게 학습에 대한 자신감을 높이는 계기가 될 수 있을 것이다.

셋째, 정보화 매체의 활용은 학습자에게 학습동기를 부여할 수 있다. 장애를 가진 학생들의 학습활동에 있어 현장에서 느끼는 가장 큰 어려움 중의 하나는 이 학생들이 학습을 하고자 하는 동기를 찾기가 매우 어렵다는 점이다. 장애를 가진 대부분의 학습자는 계속되는 자신감 부족으로 인해 쉽게 학습동기를 잃고 학업을 포기하게 된다. 이러한 현상은 학년이 올라갈수록 심해져서 학습문제뿐만 아니라 정서적, 행동적인 문제를 일으킨다. 이러한 어려움을 극복할 수 있는 대안으로 교실 수업에 멀티미디어나 인터넷 등 다양한 테크놀로지를 활용할 수 있으며, 이러한 테크놀로지를 이용한 수업은 학습자들의 수업 자체에 대한 흥미와 태도를 향상시켜 주는 효과가 있다. 또한 학습자의 수준에 맞추어 일제학습과 개별학습이 동시에 가능하기 때문에 학습자의 학업에 대한 동기를 유발시킬 수 있다.

넷째, 주의집중에 어려움이 있는 장애학생들의 문제를 극복할 수 있는 가능성을 높여 준다. 수업 참여 시 학습자에게 동기를 부여하는 것은 수업의 성패를 가름할 수 있는 중요한 변인이다. 이러한 수업의 흥미와 동기의 유발은 선택적 주의집중이 어렵고 산만하며, 수업 중 주제와 관련 없는 과다한 행동을 나타내는 장애를 가진 학습자들의 주의를 지속시킬 수 있는 수단으로서 매우 중요하게 고려할 수 있다. 멀티미디어나 인터넷과 같은 정보통신 매체가 수업에 도입될 때 교사는 이러한 새롭고 다양한 자료의 제시를 통해 학습자들의 주의를 지속시킬 수 있다.

다섯째, ICT 활용교육을 통하여 정보를 탐색하고, 찾은 정보를 정리하여, 필요에 따라 활용할 수 있는 방법을 익히는 학습은 장애학생들이 정보 활용의 경험 부족으로 인해 겪는 이중적 불이익(double-handicap)을 방지할 수 있다는 점에서 매우 중요시된다(김용욱, 윤광보, 2000). 교수자는 학습자와 ICT를 활용한 정보검색 및 의견교환을 통해 학습목표와 방법 수립, 평가 등 일련의 학습과정을 같이 설계할 수 있으며, 어떤 부분에 있어서는 학습자에게 정보검색의 주도적인 역할을 부여함으로써, 학습자에게 정보 활용 능력을 신장시킬 수 있다. 이러한 활동은 학습자에게 자기주도적인 학습환경을 제공할 수 있고, 창의력과 문제해결 능력을 신장시킨다.

살펴본 바와 같이 ICT 활용교육이 가지는 일반적인 장점은 감각기관의 장애로 정보 수용에 곤란을 겪고 있는 장애학생에게도 적용될 수 있으며 이를 활용하기 위한 구체적인 방안들이 제시될 필요가 있다고 하겠다. 정보화 매체의 활용 효과는 정보화를 실현할 수 있는 제반 환경(하드웨어 및 소프트웨어)이 갖추어지고, 장애학생의 교육에 적용하고자 하는 교사의 의식과 교육방법이 합쳐질 때 극대화되어 나타날 것이다.

2) ICT 활용교육 저해 요인

ICT 활용교육이 가지는 여러 장점은 ICT를 수업에 활용한다고 무조건적으로 산출되는 것은 분명히 아니다. Carlson과 Silverman(1986)은 ICT를 활용한 수업을 결정하기에 앞서 ICT가 교수-학습의 여러 측면에서 성공적일지라도 다른 많은 면에서 그렇지 않을 수도 있다는 것을 우선 인식해야 한다고 주장하였다. 또한 교실에서 ICT 활용교육을 효과적이고 효율적으로 이용하기 위해 교사는 ① 수업 및 학습과 관련된 중요한 변인에 대해 이해해야 하고, ② 이들 변인 중 어떤 변인이 개별 학습자의 수행에 가장 중요한지를 이해해야 하며, ③ 각각의 학생들이 학습활동을 진행해 가면서 학습자의 학습요구와 이용 가능한 소프트웨어가 어떻게 부합되어야 하는지를 결정해야 하고, ④ 교과과정에서 ICT가 부적절한 영역을 찾아내 그것을 보완해야 한다는 점을 명확히 하였다.

ICT를 교육적으로 활용하고자 하는 경우 교사는 효과적, 효율적인 교수전략을 모색함에도 불구하고 여러 가지 이유로 인해 수업에서의 ICT 활용이 방해받는 경우가 발생한다. ICT 활용교육을 방해하는 요인은 〈표 7-1〉과 같이 자원의 제한 혹은 공학적 지원의 부족 등에 의한 외적 혹은 일차적 요인과 ICT의 활용에 대한 교사의 태도 등을 포함하는 내적 혹은 이차적 요인과 같은 두 가지 유형에 의해 구분된다(Snoeyink & Ertmer, 2001). 또 다른 분류 방법으로는 ICT 활용교육이 활성화되지 못하는 이유가 교사 개인과 연관이 있는지, 학교 수준에서 발생하는 상황적인 것인지를 고려하는 것이다(British Education Communications and Technology Agency: BECTA, 2004).

국내의 경우, 일선 교육 현장의 특수교육교사들은 ICT 활용교육이 특수교육 대상 학생들의 학습에 매우 유용하다는 점을 대부분 긍정적으로 인식하고 있으나 교수 실제에 있어 ICT 활용은 기대에 미치지 못하는 수준이다. 그리고 정책적인 수준에서 교원정보화 연수를 통해 ICT 소양능력과 활용능력을 함양하기 위한 노력을 지속적으로 추진하였을 뿐만 아니라 교육용 소프트웨어의 개발과 보급에 매우 적극적으로 대처하여 왔음에도 불구하고, 수업장면에서 ICT가 활

‖표 7-1‖ ICT 활용교육 활성화 저해 요인 구분

구분		내용
원인의 소재	외적	• 자원에 대한 접근성 제한 • 시간의 한정성 • 효과적인 훈련 부족 • 공학적인 문제들
	내적	• 자신감 결여 • 변화에 대한 저항감 및 부정적인 태도 • 이점에 대한 무지각
원인과의 관련성	학교 수준	• 자원에 대한 접근성 제한(하드웨어 부족, 부적절한 조직, 낮은 질의 소프트웨어) • 시간의 한정성 • 효과적인 훈련 부족 • 공학적인 문제들
	교사 개인 수준	• 시간의 한정성 • 자신감 결여 • 변화에 대한 저항감 및 부정적인 태도 • 이점에 대한 무지각 • 자원에 대한 접근 제한성(개인적/가정적 접근)

출처: BECTA(2004), pp. 19-20 수정 후 인용

성화되지 못하는 이유에 대해 여전히 많은 교사들은 ICT 활용능력의 부족과 관련 소프트웨어의 부족을 상당 부분 지적하고 있다. 이는 곧 ICT 활용교육이 이루어지지 못하는(어려운) 원인을 외적, 일차적 그리고 학교 수준에 두는 ICT 자원에 대한 접근성 제한과 교사 연수의 부족 등에 두고 있음을 의미한다.

김용욱, 우이구, 김영걸(2001)은 교육정보화 관련 인프라의 부적절성, ICT 활용교육 프로그램의 양적 · 질적 부족, 교육과정과 ICT 활용교육 프로그램과의 연결성 희박, 교사연수의 제한성 등의 이유로 인하여 특수교육 현장에서 ICT 자원이 효율적으로 활용되지 못하고 있음을 지적하였다. 구체적으로 이를 살펴보면 다음과 같다.

첫째, 특수교육 현장에 있는 교육정보화 관련 인프라가 장애학생을 대상으로 교육을 수행하는 데 적절하지 못하다.

둘째, 특수교육 현장에서 활용할 수 있는 ICT 활용교육 프로그램이 양적·질적으로 부족한 실정이다.

셋째, 특수교육 현장에서 수행되고 있는 교육과정과 현재 여러 채널로 제공되고 있는 ICT 활용교육 프로그램과의 연결고리가 희박하다.

넷째, ICT 자원을 수업에 활용할 교사연수가 제한적으로 이루어지고 있을 뿐만 아니라 기능 습득 위주로 운영되고 있다.

ICT 활용교육의 저해 요인을 직접적으로 언급한 것은 아니나 ICT 또한 교수방법들 중의 하나임을 고려할 때, 학급당 학생수가 수업의 효율적 진행을 방해한다고 생각하는 교사들이 많다는 연구(국립특수교육원, 2002)는 학급당 학생수 역시 ICT활용 활성화를 가로막는 요소로 인식되고 있음을 추측할 수 있다.

그러나 최근 영국 교육정보원(BECTA, 2004)에 의하면 교사들의 자신감 부족이 ICT활용 활성화를 가로막는 가장 큰 장애물로 작용하고 있음이 밝혀졌다. 그리고 자신감이라는 심리적 요인은 교사의 ICT 활용과 관련한 다른 변인과 교호적(reciprocal)으로 상호작용하는 것으로 나타났다(Cuban, 1999; Lee, 1997; Pina & Harris, 1993). 이는 곧 ICT 활용교육 활성화를 저해하는 요인을 과거에는 외적, 학교 수준과 관련하여 설명하였으나, 최근에는 개인 내적 그리고 교사 개인 수준에서 그 원인을 찾는 경향이 있음을 시사한다. 이러한 변화의 흐름은 ICT 활용을 위한 하드웨어적 환경의 구축과 교사들의 ICT 활용능력 증진은 ICT 활용교육과 직접적으로 연결될 것이라는 과거의 전망이 한계 상황에 부딪혔음을 이야기한다. 그리고 한계 상황의 극복을 위해 ICT 활용교육에 대한 교사 효능감이라는 새로운 변인이 추가적으로 고려되기 시작하였다(김남진, 2005).

2. ICT 활용 시기

대부분의 이론가들은 ICT가 학습의 향상과 새로움을 가져올 수 있다는 데 동의하지만, 몇몇 학자들은 학습에 영향을 주는 것은 ICT가 아니라 그것이 사용되는 방법이라고 강하게 주장하고 있다. 지식정보화사회의 교육에 있어서 공학의 적용과 활용은 당연한 명제이지만, 무조건적으로 교수-학습 과정을 ICT와 같은 공학 관점에서 다루는 것만이 지식정보화사회를 보장하는 것은 아니다. 이를 위해서는 학습을 재정의하고 공학이 지원하는 교실에서의 교사의 역할 모델을 세우고, 공학을 활용하는 교수전략을 새롭게 짜야 할 것이다(이경희, 2002). 따라서 ICT를 활용한 장애학생의 교육에 있어, ICT 활용 시기에 대한 고찰은 학습의 경제적 측면에서 매우 중요하다.

학습효과의 극대화를 위해 대부분의 과목 그리고 다수의 연구에서 공통적으로 산출할 수 있는 장애학생의 학습동기 유발을 위한 ICT 활용의 적절한 시기는 다음과 같다.

① 도입단계
② 반복 연습을 통한 정확성의 확보 과정
③ 실생활의 문제해결을 위한 가상적 상황을 학습하는 시기

첫째, ICT 활용은 장애학생들에게 신기성을 유발시키기에 매우 매력적인 요소를 가지고 있다. 특히 교단선진화 사업을 통해 모든 교실에 지원된 프로젝션 TV와의 공동 활용은 장애학생들의 주의를 집중시키고 동기를 자극하기에 충분하다. 이와 더불어 학습할 내용과 실생활과의 관련성 제시는 ICT를 통해 학생들의 학습동기를 유발시킬 수 있는 방법이다. 대부분의 장애학생들은 비장애학생들에 비해 인지적 능력이 낮은 관계로 교사의 (추상적인) 언어에 의해서는 학습목표를 구체적으로 파악하기 힘들며, 관련성을 인지하지 못하여 학습에 대한 흥

미를 갖지 못하고 학습태도에 문제가 생긴다. 이러한 사실은 유아들이 TV 광고에서 다양한 색상과 내용의 빠른 전개, 쉼 없이 흘러나오는 배경음악에 넋을 잃고, 하던 행동을 멈춰 광고를 주시하는 것과 동일하다. 장애학생도 마찬가지로 컴퓨터, 인터넷이라는 매체에 신기함을 느끼며, 내용에 주의를 집중하는 경향이 강하다. 따라서 이를 교육적으로 충분히 활용해야 하는데 교수과정의 각 도입부에 학습목표 및 실생활과의 관련성 요소를 포함하여 동기를 유발하는 것이 바람직하다.

그러나 여기서 주의해야 할 것은 학생의 통제를 목적으로 ICT를 활용해서는 안 된다는 것이다. 학습의 각 도입부에서 장애학생의 주의를 집중시키고 학습목표를 전달한 이후 교사는 과감하게 ICT의 활용을 금지해야 한다. 그렇지 않으면 장애학생들은 자신들이 선호하는 매체에 대해 집착하게 되며, 이로 인해 ICT는 교수도구가 아닌 장애학생들의 장난감, 오락거리로 전락하게 될 것이다. 함영기(2002)는 그래픽이나 애니메이션 자료가 해당 차시의 수업내용과 직접 관련이 있고 이를 바탕으로 학생들의 탐구 의욕을 북돋우는 방식이 진정한 동기유발이며 단순한 자극을 위하여 동영상 등의 자료를 제시하면 자료 자체에만 흥미를 갖고 해당 학습 주제로 관심을 연결하지 못하는 경우를 주의해야 한다고 하였다.

각각의 도입부 외에 본시 수업을 전개하는 과정은 가능한 한 교사와의 직접적인 상호작용을 통해 전개하는 것이 바람직하다. 이와 관련해 이경희(2002)는 ICT는 교사를 대체하는 것이 아니라 학습자 간의 상호작용을 조직하는 수단으로서, 도움을 주는 것으로, 대화를 위한 뼈대로, 학습자로 하여금 지식을 구축하도록 하는 자원으로 기능할 수 있다고 하였다. 그러므로 ICT 활용수업은 학습자가 사회 맥락 내에서 지식을 확대·통합하고, 협동하며, 대화할 수 있는 기회를 제공하고, 교사의 사회적이고 구성주의자적인 역할을 가능케 함으로써, 교수와 학습 과정이 대화와 지식구성을 지원하는 실질적인 호혜적 과정이 되도록 함을 강조하였다. 이와 같은 주장은 특수교육대상 학생의 수학 중재에 대한 Kroesbergen과 Luit(2003)의 메타분석 결과에도 나타난다. 즉, CAI는 어떤 문제를 해결하게 하기 위한 학생의 동기를 이끌어 내는 데 매우 유용하여, 아동이 연습하거나 자동화하는 것을 가능하게 할 수는 있지만 아동이 직면한 근본적인 문제를 해결하는 데는 교사에 의한 전통적 방법이 더욱 효과적이라는 것이다.

둘째, 장애학생들에게 정확성의 확보는 단순히 정답을 맞힌다는 것 이상의 함의를 갖는데, 정확성과 이에 대한 피드백을 통해 장애학생들은 자신감을 갖게 된다는 점이다. 귀인이론에 의하면 학교 학습에서의 성공과 실패에 대하여 그 원인을 무엇이라고 지각하느냐에 따라 후속되는 학업적 노력, 정의적 경험, 미래 학습에서의 성공과 실패에 대한 기대 등은 상당히 달라진다. 그러므로 ICT를 통한 반복연습은 장애학생에게 성취 결과에 대한 성공 경험을 제공함으로써, 미래의 학업성취도를 신장시킬 수 있고, 나아가서는 생활 전반에 대한 인과적 귀인을 바람직한 요인으로 변경시킬 수 있다.

셋째, 장애학생들이 교실 수업에서 학습한 바를 실생활에서 적용할 수 있는 기회는 매우 한정적이다. 이는 장애학생의 이동 문제, 장소의 제한성 등에 기인한 것으로 공학 혹은 ICT와 수업과정의 통합은 이러한 제반 문제를 해결해 줄 수 있는 충분한 가능성을 내포하고 있다(김용욱, 김남진, 2002).

또한 ICT 환경이 지원하는 구성주의 학습 모델은 비판적 사고, 협동, 반추 등을 허용하는 교수환경을 만듦으로써 적극적인 학습을 강조한다. 이러한 환경에서, 학습자들은 실제 생활과 관련된 문제를 해결하는 능력을 향상시키게 된다. 따라서 장애학생을 교육하는 과정에서 교사는 구성주의적 교수-학습 과정이 실시될 수 있도록 ICT를 교수에 통합시키는 교육적 접근을 해야 할 것이다(이경희, 2002). ICT를 통한 실생활 관련 문제의 해결 능력 신장은 장애학생들에게 자아 효능감을 고취시키는 결과를 가져오며, 이는 결국 장애학생이 학습의 진보 정도를 떠나 긍정적으로 사회에 통합될 수 있는 성공 가능성을 높여 준다.

지금까지 살펴본 바는 전체적인 수업과정 중에 학생들의 동기유발을 위해 가장 효율적으로 사용할 수 있는 공통된 경우에 해당할 뿐 실질적으로 ICT는 모든 수업과정에서 사용 가능하며, 이는 〈표 7-2〉와 같은 교육과정과 공학의 통합을 통해 가능하다.

‖ 표 7-2 ‖ **장애학생의 공학 적용을 위한 학습 계획 설계**

수업사태	기능
선행조건	• 학생의 주의 강조 • 컴퓨터 활동의 기대를 활성화 • 새로운 학습을 촉진하기 위해 이전의 학습 정보와 관련 짓기 • 수업을 위한 학생의 준비 태도를 개발
목표와 목적 안내하기	• 학습자들에게 기대되는 컴퓨터 성취나 수행의 종류, 공학 학습이 이루어져야 하는 이유와 학습에서 일어나는 교사와 학생이 나타내는 정보의 행동 내용을 정확하게 인식시키기
수업 투입	• 능동적 수업은 (a) 학습과제와 목표를 학습하는 데 직접적으로 적용되는 컴퓨터, 소프트웨어, 보조자료들의 정확한 지각을 학생들에게 촉진시킨다. (b) 신중하게 계획되어 조직한 수업 정보, 수업 절차들과 컴퓨터 과제를 수행하는 데 필수적인 자료들을 제시한다. (c) 한 번에 하나의 요소를 강조하는 작은 단위의 구체적 단계로 세분한 컴퓨터 활동에 관한 수업 정보와 절차를 나타낸다. (d) 컴퓨터 관련 정보가 제시될 방법과 정확한 수행에 나타나는 학생의 행동에 대한 내용의 특정한 예시를 제공하거나 제시한다.
모델링	• 모델링은 수업 투입의 작은 단위이다. • 수업 전달은 융통성 있고 역동적인 과정이다. • 모델링은 Bandura(1977)의 관찰학습이론에 근거를 두고 있다. • 특정한 소프트웨어 프로그램을 사용하거나 컴퓨터 관련 활동을 촉구시키는 것과 같은 수업 맥락 속에서 모델링이 사용될 때, 교사들은 적절한 컴퓨터 행동을 제시하고 전략과 수행되는 단계를 언어적으로 제시해야 한다.
이해 점검을 위한 확인	• 학생의 컴퓨터 수행의 빈번한 사정은 학생들이 컴퓨터 활동의 성공적 수행에 요구되는 내용, 기능과 절차를 이해한 것을 확인하기 위하여 수행된다. • 이해를 위한 확인은 안내된 학습의 전제조건에 필수적이다.
안내된 연습	• 학생의 컴퓨터 수행을 확인하기 위하여, 학습된 정보의 해석을 촉진시키기 위한 피드백과 안내를 제공하고, 특히 컴퓨터 학습의 초기 단계에서 학습의 정확성을 확실하게 한다.
요약하기	• 수업을 종결하기 위하여, 학생들은 수업으로부터 학습된 내용을 주장하거나 요약하고, 그것을 쓰거나 제시한다. 각 학생과 교사들은 컴퓨터 학습목표에 대해 이루어지는 진행 상황을 기록한다.
독립적 연습	• 학생들이 약간의 실수나 혼란을 겪으며 특별한 컴퓨터 과제를 수행할 때와 최소의 교사 감독하의 컴퓨터 작업을 할 시간이 제공될 때, 그들에게는 학습활동에 있어서 점진적으로 독립적 연습과 책임감이 필요하다.

출처: Gardner & Edyburn(2000), pp. 211-213 수정 후 인용

〈표 7-2〉는 통합교육의 효율성을 위한 여러 수단 중 컴퓨터 중심이나 컴퓨터 관련 수업이 포함되는 상황에 적용할 수 있는 수업 계획의 정교한 모델 중 하나다. Gardner와 Edyburn(2000)은 수업에서의 공학활용이 특별한 상황을 해결하기 위해 사용되는 특별한 처방이 아니며, 학습자의 흥미 유발에서부터 전이 및 일반화 과정에 이르기까지 모든 단계에 공학이 일반적으로 적용되고 있고, 적용되어야 함을 강조하였다.

3. ICT 활용 교수전략

교사는 기존의 설명적이고 절차적인 상황적 교수전략뿐 아니라 사고에 관한 사고인 초인지, 비판적 사고, 창조적 사고, 생산적 사고를 기를 수 있는 교수전략을 구사해야 한다. 학습자의 사고를 촉진하기 위하여 교사는 서로 다른 관점에 대한 토론을 유발하는 환경을 만들어야 하며, 학습자들에게 그들의 학습활동을 계획하고 그 결과를 알 수 있는 기회를 주고 실험을 요구하는 학습을 설계하도록 하며, 학습자의 작업을 글이나 저널로 반추해 보도록 요구하거나, 학습자가 이해를 하도록 소리 내어 생각해 보도록 해야 한다. 또한 서로의 정보와 견해를 교환하도록 협동적인 학습을 실시해야 한다(이경희, 2002).

그러나 기본교육과정과 국민공통교육과정을 같이 운영하고 있는 특수교육현장에서 이러한 일반적 주장을 현실화하는 데는 많은 어려움이 따른다. 김용욱, 우이구, 김영걸(2001)은 ICT 활용교육의 특성에도 불구하고 현재 특수교육 현장에서 ICT 활용교육이 미비하게 적용되고 있는 이유 중의 하나는 앞서 살펴본 바와 같이 특수교육 현장에서 수행되고 있는 교육과정과 현재 여러 채널로 제공되고 있는 ICT 활용교육 프로그램과의 연결고리가 미흡하기 때문임을 지적하였다. 따라서 국민공통교육과정을 적용하고 있는 각 특수학교에서는 장애의 특성과 학교 상황을 적절히 고려하면 일반학교에서 활용하고 있는 ICT 활용 프로그램을 사용할 수 있고, 기본교육과정을 적용하는 특수학교에서도 일반학교에서 활용하는 ICT 교수-학습 프로그램의 단계를 세분화하거나 난이도를 조절하는 등의 수정·보완 절차를 거치면 효과적으로 사용할 수 있다고 했다. 또한 특수교육 현장에서 활용할 수 있는 ICT 활용 프로그램의 질적·양적 부족, 그리고 마지막으로 적절치 못한 특수교육 현장의 교육정보화 관련 인프라를 지적하고 있다.

이와 같은 특수교육 현장에서의 어려움에도 불구하고 ICT의 교육적 장점을 극대화하기 위해서는 다양하고 적절한 교수전략을 사용해야 한다. 박은혜(1997)는 (중도)장애학생의 동기유발에 영향을 미치는 교수전략 요인으로 다음을 제시하였다.

- 교수회기 간격
- 과제의 다양성
- 과제 습득활동 중에 이미 아는 유지 단계의 과제를 삽입하기

1) 교수회기 간격

일반적으로 도입, 전개, 정리의 교수회기 간격이 짧을수록 과제에 대한 집중력과 학습 정도가 향상되었다고 보고되었다. 따라서 ICT를 수업에 활용함에 있어 수업의 도입에서부터 지속적으로 사용하기보다는 도입의 일부, 본 수업의 일부 등에 ICT를 활용할 필요가 있다. Gallagher(1960)에 의하면 지적장애 아동들은 생활 연령의 증가와 비례해서 주변상황에 대한 인식이 높아지고 새로운 것에 대한 지적 호기심과 통찰력 및 표현의 욕구가 증가하지만 주의력과 지속력이 부족하고, 주의의 범위가 좁아 학습 성과가 낮고 실패감이 들어 학습의욕을 저하시키는 결과를 초래한다고 지적하고 있다(정경렬, 2002 재인용).

ICT를 활용하는 시간과 관련하여, 컴퓨터 보조학습 시간과 학습 성취도에 대한 연구가 Vincent(1977)에 의해 수행되었는데, 정신지체 고등학생을 대상으로 컴퓨터 적용 시간과 컴퓨터에 의한 학업성취도를 분석한 결과 유의한 차이를 얻

지 못했다(이종화, 2000 재인용). 그리고 Carman과 Kosberg(1982)는 CAI의 효과를 알아보기 위한 연구를 통해 첫째와 둘째 주 동안의 초기에는 아동이 높은 성취를 보였으나 다음 세 번째 주 동안에는 의미 있는 차이가 나타나지 않았는데, 그 이유를 처음 기간 동안은 학생들이 컴퓨터와 관련된 것들에 새로움과 흥분으로 동기유발이 되었으나 세 번째 기간 동안은 새로움과 흥분이 감소하였기 때문이라고 제시하였다(김지원, 1998 재인용). 이와 같이 장기간에 걸친 연구에서의 결과는 한 차시 동안의 수업과정에도 적용 가능할 것이다. 따라서 정경렬(2002)은 지적장애 학생을 지도하는 교사들은 자극을 단순화하여 제시하고, 과제에 대한 주의를 흩뜨리게 할 수 있는 이상한 자극을 제거하는 등의 방법을 통한 학생의 주의력 개선을 제시하였다.

2) 과제의 다양성

과제를 제시할 때는 동일한 과제를 계속 제시하기보다는 변화를 주는 것이 학습에 긍정적인 영향을 주고 문제행동 발생을 감소시킨다. Stipeck(1999)은 교사가 과제를 제시할 때 학생들의 학습동기를 유발하기 위해서는 다음의 여덟 가지 요건을 고려해야 함을 강조하고 있다.

① 실생활과 관련된 주제
② 도전감 있는 과제
③ 실질적이고 지적인 활동을 할 수 있는 과제
④ 다면적 과제
⑤ 적극적 참여, 탐구, 실험을 필요로 하는 과제
⑥ 복잡하고 신기성이 있으며 경이로운 과제
⑦ 학생들의 흥미와 관련시킬 수 있는 과제
⑧ 학생들이 협력할 기회가 제공된 과제

이와 같은 주장은 교사의 칭찬, 과제 유형, 학생 수행과 수행에 대한 그들의 인식, 성별이 지속적 동기에 미치는 영향에 대한 Story와 Sullivan(1986)의 연구 결과와 동일하다. 즉, 과제에 대한 학습자의 수행 수준, 수행에 대한 학습자의 지각, 과제의 난이도에 따라 동기 및 지속적 동기가 달라진다는 것이다. 이들 요소 중에서 수행이 과제 자체의 특성보다도 더 큰 효과를 갖는 것으로 나타났으며, 과제가 얼마나 흥미 있었는가에 대한 지각은 지속적 동기를 증가시켰다고 한다(조영숙, 1996 재인용). 따라서 장애학생에게 부여되는 과제는 그 자체로서 재미있어서, 아동들이 능동적으로 학습에 참여할 수 있도록 흥미롭고 다양하게 제시할 필요가 있다.

3) 연습 기회 제공

새로운 기술을 배우는 과정 중에 이미 습득한 기술을 잠깐씩 연습하는 기회를 삽입함으로써 유지 효과와 함께 새로운 기술 습득 자체에 대한 반응 정도도 높이고 문제행동도 줄일 수 있었다는 연구도 있다. 이를 위해서는 지나치게 학습 진도 위주로 수업을 진행하여 학생들의 학업흥미를 떨어뜨리기보다는 의도적으로 학생들이 쉽게 알 수 있는 부분을 중간에 끼워서 학습시키는 것이 동기 유발에 유리하다. Maehr가 내린 지속적 동기(continuing motivation)에 대한 개념에 비추어 볼 때, 이는 장애학생들의 지속적 동기와 관련이 있다. 즉, 새롭게 습득해야 될 기술과 유사한 선수 학습의 복습을 통해 장애학생은 자신감을 갖게 되며, 이를 통해 학습환경에서 외부압력 없이도 새로운 과제에 대해 계속하여 학습하고자 하는 동기가 생기게 되는 것이다. 따라서 ICT 활용수업은 교사에 의한 자료제시형, 강의형 학습환경보다는 자기주도적 학습환경이 요구된다. 아울러 웹을 기반으로 하는 교수(WBI)에서도 설계가 잘된 WBI는 학습자가 주도하고, 학습자가 속도를 조절하는 교수법을 제공할 수 있어야 한다(우정진, 김남진, 2002).

그러나 이와 같은 반복연습을 통한 새로운 기술의 습득과정에서 간과해서는 안 될 것이 적절한 교사의 직접적 지도가 수반되어야 한다는 것이다. 일반적으로 교실수업에서, 반복연습은 학생 혼자 하는 활동으로 간주되고 있다. 김지원 (1998)은 장애학생들에게 CAI를 적용하여 적절하고 효과적인 교육을 적용하기 위해서는 적합한 교수설계로 CAI를 구성해야 하고, CAI를 통한 단독 교육이 아니라 직접적인 교사의 지도가 필요하다고 하였다. 특히 지적, 행동적인 어려움을 가진 지적장애아의 교육에서는 CAI만을 하는 것이 아니라 교사의 중재가 함께 이루어져야 할 것이며 또래 학습과 같은 다양한 교수설계가 CAI에 적용되어야 함을 여러 연구결과를 토대로 산출하였다.

마찬가지로 교사의 중재는 협동학습의 수업형태에서도 매우 필요한 것으로 나타났다. 많은 교사들이 가장 효과적인 ICT 활용수업 환경으로 협동학습실을 꼽으며(함영기, 2002), 장애학생들의 사회성 함양과 일반학생들의 장애학생 이해를 통한 통합교육 환경의 조성 그리고 이 과정에서 학업성취도의 향상을 추구하는 협동학습 형태를 많은 교사들은 바람직한 모델로 선정한다. 일반교사들이 협동학습을 활용하고, 특수교사들 역시 그것의 사용을 주장하지만, 특수교육에서 협동학습의 효능은 여전히 분명하지 않다(Jenkins, Antil, & Vadasy, 2003). 학생들에게 함께 공부할 기회를 제공한다는 것이 학문적 성취를 보장하지는 않는다는 이유에서다.

Jenkins 등의 연구에서 일반교사들은 협동학습으로부터 특수교육에 필요한 많은 장점을 이끌어 낼 수 있을 것으로 보고 있다. 가장 많이 언급된 세 가지는 ① 자아존중감의 향상, ② 안전한 학습환경의 제공, ③ 학급업무 그리고 더욱 나은 결과에 대한 상당한 성공확률 등이다. 이외에 다음으로 많이 거론된 장점으로는 학급에서 특수교육대상 학생들의 참여를 증진시킨다는 것이다. 많은 교사들은 협동학습이 학습에 대한 대안적 방법을 습득할 수 있게 하므로 학습을 향상시키는 결과를 가져온다고 제시하였다. 그러나 왜 일련의 특수교육대상 학생에게 협동학습은 덜 성공적인가라는 물음에 Jenkins 등은 학생들의 학습적 특성(trait)을 언급하였다(예를 들면, 주의집중과 행동의 문제, 무기력, 학습동기의 부족). 비록 그러한 특성들이 협동학습의 성공을 손상시키는 것은 아님에도 불구하고, 그러한 특성들은 완벽하게 업무를 수행하는 데 대한 도전을 증가시킨다. 따라서 협동학습이 갖는 이러한 단점을 보완하기 위해서 교사의 중재는 반드시 수반되어야 한다.

교사의 중재가 학습의 효과를 더욱 증진시킨다 하더라도 교사는 보편적 학습설계의 원리에 충실해야 한다. 즉, 보편적 설계의 원리는 다양한 사용자의 요구에 부응하는 융통성 있는 매체를 설계하는 것을 핵심으로 하고 있다. 융통성 있는 매체가 되기 위해서는, 제시하는 정보를 학습자 개개인의 인지 시스템에 적합한 방법을 선택하여 학습할 수 있도록 복합적인 설명수단으로 제공하고, 학생들이 강점으로 하는 전략으로 반응하고 통제할 수 있도록 복합적 혹은 수정 가능한 반응 및 표현 수단이 제공되어야 한다. 그리고 학생들의 동기를 유발시키고 참여하게 하는 복합적이고 수정 가능한 수단을 제공하여 그 모든 것이 학생들에 의하여 선택이 가능하도록 해야 한다. 이러한 보편적 설계의 실행을 위해서는 신체 및 감각의 손상으로 인한 지각 및 운동상의 장애와 지적 및 정서적 문제에 의한 인지적 장애를 제거해 줄 수 있는 방안이 제시되어야 한다(김용욱, 김남진, 2003b; 윤광보, 김용욱, 권혁철, 2002).

건축이나 제품에서의 보편적 설계는 물리적 접근의 편리성을 위한 최대한의 지원을 목적으로 하지만 교육에서는 지원과 도전의 균형을 필요로 한다. 즉, 건축 및 제품에서는 편리성을 위한 지원만을 추구하지만, 보편적 학습설계에서는 주어진 특정 학습목표에 관하여 저항을 줄여 주거나 제거해 주는 지원이 필요하다. 그리고 저항을 극복하는 데 필요한 도전을 균형 있게 제시하여 학습기회를 최대화할 수 있도록 신중을 기해야 한다(Meyer & O'Neill, 2000).

제5부

보조공학

제8장

보조공학의 이해

보조공학은 장애인 대상의 일반교육공학과 함께 특수교육공학을 구성하는 한 범주에 해당한다. 그러나 국내의 경우 보조공학에 대한 공식적인 정의가 없기 때문에 이를 지나치게 확대해서 정의하거나(예를 들어, 특수교육공학을 보조공학과 동일시하는), 이와 반대로 협의의 개념으로 받아들이는 경향(예를 들어, 보조공학을 보조공학 기기에 한정해서 보는)이 있다. 따라서 본 장에서는 보조공학에 대한 논의가 활성화되어 있는 미국을 중심으로 보조공학의 정의, 이점, 유형, 사정 등에 대해 살펴보도록 한다.

제1절   **보조공학의 정의 및 이점**

특수교육대상학생의 자아실현, 사회통합을 목적으로 하는 특수교육은 최근 중도 · 중복 장애학생의 학습권 보장이 강조하면서 보조공학의 교육적 활용에 대한 논의가 과거에 비해 활발하게 이루어지고 있다. 뿐만 아니라 장애인의 삶의 질 향상 차원에 있어서도 보조공학의 지원 및 활용은 필수적으로 고려해야 될 요소가 되었다. 이에 이하에서는 보조공학의 정의 및 목적에 대해 살펴보고 보조공학의 유용성을 실증적 자료 및 이론에 근거하여 고찰해 보도록 하자.

1. 보조공학의 정의

보조공학(assistive technology)이란 장애인들의 기능적 향상을 위해 부가적으로 제공되는 다양한 기기 및 서비스를 의미한다. 미국에서 일반적으로 사용되고 있는 보조공학의 정의는 1988년 제정된 「장애인 테크놀로지 관련 지원법」(Technology-Related Assistance for Individual with Disability Act, P.L. 100-407, 일명 Tech Act)과 1990년의 「장애인교육법」(IDEA)에 명시된 것으로 다음과 같다.

> 상업적인 목적으로 만들어진 그대로이든 아니면 개인의 특성에 맞추어 만들어진 것이든 간에 장애아동의 기능적 능력을 향상시키고 유지시키는 데 사용될 수 있는 모든 물건, 장비 또는 생산체제

최근 이 두 법률은 1998년 「보조공학법」(Assistive Technology Act of 1998)과 「IDEA 2004」(Individuals with Disabilities Education Improvement Act, P.L. 108-446)로 각각 새롭게 제정 혹은 개정되었으나 보조공학에 대한 정의는 공유하고 있다.

이와 같은 정의에 의하면 장애학생을 위한 공학은 매우 광범위한 적용이 시도되어야 한다는 점 그리고 보조공학은 물리적이고 장치적인 도구뿐 아니라 이들을 적절히 제공하기 위한 서비스까지도 포함한다는 것을 알 수 있다(Cathy, 2003). 이러한 보조공학 기기(assistive technology device)와 보조공학 서비스(assistive technology service)는 IDEA에 의하면 IEP 팀에서 장애학생의 교육을 위하여 필요하다고 결정하면 반드시 지원하도록 되어 있다. 즉, 개별화, 적용 도구의 다양성, 서비스 지원의 포함, 교육목표와의 연계성 등이 특수교육에서 보조공학 활용에서 중요하게 강조되는 개념이라고 볼 수 있다(박은혜, 2005; 신현기, 한경진, 2006). 정리하면 보조공학이란 장애인의 신체적·인지적 기능을 유지 또는 향상시키기 위한 목적으로 지원되는 보조공학 기기와 보조공학 서비스라고 할 수 있다. 이하에서는 보조공학 기기와 보조공학 서비스의 구체적인 개념에 대해 살펴보도록 한다.

1) 보조공학 기기

IDEA(1997)에 의하면 보조공학 기기는 다음과 같이 정의된다.

> 장애를 가진 개인들의 기능적 능력을 유지하거나, 향상시키기 위해 사용되는 물건이나, 장비, 또는 제품의 일부분이거나 생산 시스템으로, 상업적으로 기성화된 것 또는 개조된 것, 또는 전용으로 맞춘 것을 말한다.

그리고 보조공학 기기에 대한 정의는 다음과 같은 세 가지 구성요소들을 포함하고 있다(Bryant & Bryant, 2003).

- 무엇(*what* it is)
- 어떻게(*how* it's made)
- 용도(its *use*)

'무엇'이란 기기나 도구 자체를 지칭하는 것으로 하나의 품목(item)이나 장비(equipment) 또는 생산 시스템(product system)이 될 수도 있다. '어떻게'란 기기나 장비 혹은 제품이 만들어진 방식에 관한 것으로 기성품의 형태로 상업적으로 만들어진 것, 개조된 것, 주문 제작된 것인지 여부를 확인하는 것이다. 마지막으로 '용도'란 사용자에게 알맞은 기기의 목적으로 현재의 기능을 향상시키거나 현재의 기능을 더욱 악화시키지 않고 유지시킬 목적으로 사용될 수 있음을 의미한다.

보조공학 기기의 정의를 반영하는 보조공학 기기의 종류를 Parette, Brotherson, Hourcade, & Bradley(1996)은 자세교정장치, 이동장치, 컴퓨터 응용장치, 장난감 또는 게임, 적응적 환경, 전기접속장치, 의료장치, 인공기관, 대안적 확대 의사소통 보조기구 등의 아홉 가지로 제시하였다. 그리고 Bryant와 Bryant(2003)는 포지셔닝, 이동성, 보완/대체 의사소통 기기, 컴퓨터 접근 장치, 적응 놀이와 게임, 적응환경, 그리고 수업 보조장치의 일곱 가지로 분류하였다.

이와 같이 다양한 보조공학 기기의 활용을 통해 얻을 수 있는 이점을 정리하면 다음과 같다.

첫째, 장애학생의 생활적인 측면과 학습적인 측면에서의 지원이 가능하다.
둘째, 물리적 환경에 대한 접근성을 향상시킬 수 있다.
셋째, 직업 및 직장 환경에서의 경쟁력을 높일 수 있다.
넷째, 학교 및 직장 환경을 포함한 여러 영역에서의 독립성을 향상시킬 수 있다.
다섯째, 장애인들의 삶의 질을 전반적으로 개선시킬 수 있다.

요약하면, 보조공학 기기의 사용은 물리적 환경에 대한 접근은 물론 생활과 학습에 대한 지원을 가능하게 하므로 개인의 경쟁력과 독립성을 증진시킬 수 있어 전반적인 삶의 질을 향상시킬 수 있다. 그러나 보조공학 기기의 무조건적인 사용이 이점을 산출해 내는 것은 아님을 명심할 필요가 있다. 즉, 보조공학 기기를 선택함에 있어서는 보조공학 기기가 제공해 줄 수 있는 가능한 잠재적 혜택과 개인의 요구를 일치시킬 때 보조공학의 이점을 극대화할 수 있다는 것이다. Merbler 등(1999)은 학급에서 보조공학과 장애학생의 잠재력을 극대화하기 위해 교사들에게 도움이 되는 권장사항을 다음과 같이 제안하고 있다(Beirne-Smith, Patton, & Kim, 2006 재인용).

- 학생이나 과제에 따라 맞춤화를 허용하는 개방형 기기를 사용하는 것이 일반적으로 가장 유용하다.
- 복잡한 첨단공학 기기보다는 수행이나 기능에 일정한 수준의 도움을 줄 수 있는 가장 낮은 단계의 테크놀로지를 찾아보도록 해야 한다.
- 다른 교사와 협력해야 한다. 한 교사가 독립적으로 테크놀로지의 발전에 관한 정보를 모두 갖는다는 것은 불가능하다.
- 학생의 부모도 최근 개발된 기기나 프로그램이 어떻게 효과적으로 사용될 수 있는지에 대한 정보를 얻는데 훌륭한 정보원이 될 수 있다.
- 기기나 프로그램을 사용하기 전에 모든 기능을 완벽하게 알고 있어야 된다고 생각하지 말아야 한다. 많은 경우 학습 초기부터 기기나 프로그램의 적용이 효과적으로 이루어질 수 있으며, 실제 사용하는 과정에서의 경험을 통해 점차 기능을 숙달할 수 있게 된다.
- 학생이 보조공학 기기를 받아들이고 사용하도록 하기 위해서는 학생의 나이, 성 그리고 선호도와 조화를 이루도록 해야 한다.
- 기기를 조정하는 부분들의 배열과 각 부분들의 분리는 자연스럽고 예상할 수 있는 형식으로 이루어져야 한다. 이를 사용하는 것과 관련된 피드백 또한 유의미해야 한다.
- 학교체제가 보조공학에 대한 포괄적 정책을 갖고 있는지를 살펴보아야 한다. 학교의 정책과 관련하여 교사는 학생의 사생활 보호, 보조공학 기기의 유지 및 보수, 학교에서 구입한 기기에 대한 가정에서의 사용 등과 관련하여 알고 있어야 할 것이다. 또한 교사는 보조공학 제공을 위한 재원을 누가 책임지는지에 대해서도 알고 있어야 한다.

● 단순히 보조공학 기기를 구입하는 것이 기기를 효과적으로 사용한다는 것을 의미하지는 않는다. 기기의 사용과 관련해 교사나 관련된 서비스 제공자들이 필요한 훈련을 받을 수 있도록 재정을 확보해 두어야 한다.

● 여러 가지 실험적 시도를 하는 것을 두려워해서는 안 된다. 보조공학은 지금 막 시작되었고, 모든 사람들이 배워야 하는 분야다.

또한 Bryant와 Bryant(2003)는 보조공학 기기의 선택은 적응목적, 적응의 이용을 위한 요구사항, 환경적 접근 가능성, 공학적 요소, 사용의 용이성, 훈련조건, 유지조건 등의 일곱 가지 사항에 대해 다음과 같은 구체적인 질문을 통해 이루어져야 한다고 하였다. 여기서 적응(adaptations)란 기능적인 한계나 어려움에 직면한 사람들을 도와주기 위한 특별한 조정(accommodation)이나 수정(modification)을 의미한다. 즉, 기능적인 한계나 난제에 직면한 사람들을 도와주기 위한 특별한 조정이나 수정 그리고 지원을 포함하는 것으로, 예를 들어 적응환경이란 어떤 학생이 공부 혹은 놀이활동에 문제가 없도록 자기 의지대로 환경을 조작할 수 있는 장치 혹은 도구 등이 이에 속한다.

---

1. **적응 목적**
   • 적응의 목적은 무엇인가?
   • 기기의 적응을 필요로 하는 특정 목표 집단이 있는가?
   • 어떤 과업을 위해 적응이 사용되는가?(예를 들어, 읽기, 의사소통)
2. **적응의 이용을 위한 요구사항**
   • 성공적인 적응의 이용을 위해 사용자/학생에게 필요한 능력은 무엇인가?
3. **환경적 접근 가능성**
   • 환경 간 전이가 가능한가?
   • 쉽게 이동할 수 있는가?
   • 다양한 환경에서 적응을 이용하기 위한 필요조건은 무엇인가?(예를 들어, 전기, 가구)
4. **공학적 요소**

- 전자적인 하드웨어와 소프트웨어를 포함하고 있는가?
- 음성 입력이나 출력이 가능한가?
- 사용자/학생이 적응된 테크놀로지를 활용하기 위해서는 키보드를 사용해야 하는가?
- 다른 공학적 요소들과 호환 가능한가?

5. 사용의 용이성
- 적응 기기의 사용법을 익히는 것은 쉬운가?
- 학습하는 데 시간이 걸리는 공학적 요소들이 있는가(예를 들어, 프로그래밍)
- 적응의 활용은 개인의 독립성을 증진시키는가?

6. 훈련 조건
- 사용자, 가족, 교사/보호자는 어느 정도의 훈련이 필요한가?
- 어떤 종류의 후속 훈련이 필요할 수 있는가?
- 기술적 결함이 발견되었을 때 기술 지원은 가능한가?

7. 유지 조건
- 내구성은 어떠한가?
- 안정성은 어떠한가?
- 지속적으로 안전하게 사용하기 위해 정기적 유지 작업이 필요한가?
- 유지보수는 누가 해 주는가?
- 문제해결을 위해 필요한 유지보수 시간은 얼마인가?
- 가능한 '대체품'은 무엇인가?

2) 보조공학 서비스

IDEA(1997)에 의하면 보조공학 서비스는 다음과 같이 정의된다.

장애를 가진 사람들이 보조공학 기기를 선택, 습득, 사용할 수 있도록 직접적으로 도와주는 것이 법은 보조공학 기기의 선택, 습득, 사용 과정에 있어 직접적인 도움을 제공하는 보조공학 서비스에 해당하는 구체적인 내용은 다음의 서비스를 포함한다고 구체적으로 기술하였다.

- 보조공학 기기를 위한 장애에 대한 기능 평가
- 보조공학 기기 구입 시 제공되는 서비스: 구매 또는 임대
- 보조공학 기기의 선택, 디자인, 맞춤, 개조, 대체, 응용, 유지, 수리 및 교체
- 현재의 교육 · 재활 계획과 프로그램에 관련된 보조공학 기기를 활용한 치료, 중재서비스 조정 및 사용
- 장애인 및 가족을 대상으로 하는 기술적인 훈련 및 보조
- 사업주, 전문가, 서비스 제공자를 대상으로 하는 기술적인 훈련 및 지원

다양한 보조공학 서비스를 효과적으로 전달하기 위해 보조공학 서비스 제공자가 갖추고 있어야 할 역량에 대해 Bausch와 Hasselbring(2004)이 제시한 바를 정리하면 다음과 같다.

- 보조공학을 추천받은 학생의 진단 및 평가
- 진단 및 평가를 통한 가장 적절한 기기의 선택
- 학교 교직원 또는 개별교사와의 상담
- 특정 보조공학 기기의 사용에 대한 학생, 교사, 가족의 훈련
- 개별화교육계획팀 구성원들과의 협력
- 학교 교직원에게 전문성 개발 교육의 제공
- 보조공학 기기의 구입
- 통합교육을 위한 교직원간 협력
- 교육과정의 적응과 수정
- 사후 점검 및 평가 실시

보조공학의 의미를 보다 명확히 파악하기 위해 제4장에서 살펴본 보편적 설계의 특성과 비교하면 〈표 8-1〉과 같다.

‖표 8-1‖ **보편적 설계와 보조공학의 비교**

보편적 설계	보조공학
디자이너/개발자의 책임감	사용자나 사용자 대리인의 책임감
서비스나 제품이 개발되는 동안 이루어짐	제품이 완성된 후 또는 서비스가 전달되는 동안 이루어짐
즉시 많은 사람들에게 제공됨	한 번에 한 사용자에게 제공됨
계속적인 접근성	소모적인 접근성
뜻밖의 발견을 허락함	혁신방법이 드물게 사용됨

출처: Bowe(2000), p. 30.

보편적 설계의 제공은 건축물 및 제품의 디자이너 혹은 개발자의 책임하에, 주로 서비스나 제품이 개발되는 동안 보편적 설계의 실시 여부 및 구체적인 실시 방법이 결정된다. 보편적 설계가 적용된 모든 제품 및 건물은 최종 산물이 제시되는 순간 즉각적으로 많은 사람들에게 제공될 뿐만 아니라 반영구적으로 사용할 수 있다. 보편적 설계를 적용하는 과정에서는 이전에는 생각하지 못했던 부분들을 적용할 수도 있는데 예를 들면 다음과 같다. 강의 자료를 디스크에 저장해서 학생들에게 나눠 줄 경우 학생들은 이동하면서도 저장된 내용을 들을 수 있는데, 이와 같은 용도는 원래 의도했던 바가 아니라 사용과정에서 발견한 새로운 이점에 해당된다. 반면, 보조공학은 사용자나 사용자의 대리인의 필요에 의해 제품이 개발되는 경우가 많으며, 상업적으로 개발되지 않는 경우 개인의 특성에 맞춰 기존 제품을 개조하는 것도 가능한 특징을 갖고 있다. 보조공학의 사용여부 역시 전적으로 사용자나 그 대리인에게 달려 있어서 보조공학 기기는 제품이 완성된 후 사용자에게 전달되며, 보조공학 서비스는 서비스를 제공받는 동안 보조공학을 제공받게 된다. 보조공학은 동시에 많은 사람들에게 제공될 수 있는 성질의 것이 아니라 이를 필요로 하는 개별적인 요구에 따라 제공되며 사용과 동시에 점차적으로 그 물질적 가치가 감소된다. 그리고 보조공학의 개발은 현재의 과학기술의 범주 안에서 이루어지는 만큼 혁신방법이 드물게 사용된다.

또한 보편적 학습설계의 개념과 비교하여 살펴보면 다음과 같다(Johnston, Beard, & Carpenter, 2007).

첫째, 보조공학은 개별 학생을 위하여 특별히 고안된 것인데 반해 보편적 학습설계는 다양한 학습요구를 가진 폭넓은 범위의 학생들에게 적용된다.

둘째, 보조공학은 주어진 교육과정의 기대를 충족시키기 위하여 한 학생에게 사용되지만 보편적 학습설계는 다양한 요구를 가진 학생들이 접근할 수 있는 교육과정을 만든다.

셋째, 보조공학은 일반적으로 특수교사의 이해 범위하에 있지만 보편적 학습설계는 일반교육 교사에 의하여 실행된다.

이상에서 살펴본 바와 같이 보조공학과 보편적 학습설계의 가장 분명한 차이는 고려 대상에 있다. 보조공학은 장애학생들을 위한 고려인 데 반해 보편적 학습설계는 다양한 요구를 가진 모든 학생을 위한 고려라는 데 특징이 있다.

3) 보조공학의 연속성

보조공학은 기기에 적용된 기술력의 정도에 따라 기초-일반-첨단공학으로 구분할 수 있으며, 여기에 체계적인 교수의 제공과 관련 서비스를 제공하는 무(no)공학에 이르기까지 연속적으로 구성되어 있다. Blackhurst(1997)가 제안한 보조공학의 연속적 구성을 살펴보면 다음과 같다.

- 첨단공학(high-technology): 컴퓨터, 상호작용 멀티미디어 시스템 등의 정교한 기기
- 일반공학(medium-technology): 비디오 기기, 휠체어 등의 덜 복잡한 전기 기

　　기 혹은 기계
- 기초공학(low-technology): 덜 정교화된 기기 혹은 기계
- 무공학(no-tech solutions): 기기 혹은 기계를 포함하지 않음. 체계적인 교수 절차의 사용 혹은 물리치료사나 작업치료사와 같은 관련 서비스

　　연속성의 측면에서 살펴본 보조공학의 분류를 보조공학 기기에 국한해 보자면, 기초공학, 일반공학, 첨단공학의 단계로 구분할 수 있다. 그리고 언급한 바와 같이 이와 같은 분류의 기준은 적용된 기술력의 차이를 근간으로 하고 있다. 그러나 고도화된 기술력이 적용되었다 함은 우선적으로 많은 비용을 필요로 한다는 점과 훈련의 요구 정도가 강화되었음을 의미한다. 따라서 기초공학에서 첨단공학으로의 이동은 비용, 융통성, 내구성, 훈련의 요구 정도, 세밀성, 이동 가능성, 유지 요구 등과 같은 보조공학 기기의 특징도 점차적으로 복잡해지는 동시에 사용자에게 요구되는 비용 및 조건의 증가를 의미한다.

2. 보조공학의 목적 및 유용성

　　Lewis(1998)는 보조공학 활용의 목적을 다음과 같이 두 가지로 요약하여 제시하였다(Beirne-Smith et al., 2006).

　　첫째, 보조공학은 장애의 영향을 없앰으로써 개인의 능력을 확대하는 기능을 제공할 수 있다. 특수교육공학의 일부인 보조공학은 일반적, 학업적 측면에서의 많은 이점을 장애학생들에게 제공한다. 그리고 이는 장애학생의 잠재성과 가능성을 극대화시켜 줌으로써 자아실현에 기여할 수 있다.
　　둘째, 보조공학은 과제수행을 위한 대안적 방법들을 제공함으로써 장애가 보상되거나 무시되는 결과를 가져올 수 있다. 보조공학을 통한 장애의 보상 혹은 무시는 장애에 대한 잘못된 사회적 편견을 극복하는 데 있어 매우 중요한 의미

를 갖는다. 이와 같이 보조공학은 사회통합을 실현하는 수단으로서의 가치를 갖는다.

보조공학의 활용은 장애학생의 삶의 태도를 바꿀 수 있는 중요한 동기적 요소로 작용하기 때문에 장애학생의 교수·학습 및 일상생활 등의 전 영역에서 반드시 고려되어야 한다. 실질적으로 보조공학의 활용은 장애학생의 학습, 기초생활, 타인과의 사회생활, 여가생활, 직업생활 등의 생활 전반적인 영역에서 긍정적인 영향을 미칠 뿐만 아니라, 학령기 이후의 삶에 있어서도 많은 혜택을 제공하는 것으로 보고되고 있다. 보조공학은 다음과 같은 일반적 혜택을 제공한다.

첫째, 장애학생이 가지고 있는 능력을 전반적으로 지원, 확대할 수 있고, 이러한 지원과 능력의 확대는 장애에 대한 보상, 혹은 장애를 상쇄시킬 수 있다.

둘째, 장애학생들의 학습, 일상 및 여가생활, 직업 및 직장 관련 활동 등에서 필요한 관련 과제들을 수행하기 위한 대안적인 방법들을 제공한다. 여기서 대안적 방법이란 손상된 인지적, 신체적 능력을 대신하는 새로운 방법으로, 보조공학은 시각적 손상에 대한 대안으로 청각적인 방법을 통해 보상해 줄 수 있다.

셋째, 장애학생의 기능적인 측면의 지원뿐만 아니라 대인관계와 같은 사회생활에도 긍정적인 영향을 제공한다. 기능적 측면의 지원은 정서적 그리고 정의적 측면에서 영향을 미치므로 장애학생들은 대인관계 형성에 보다 적극적일 수 있다.

넷째, 자신이 원하는 여가활동을 할 수 있는 가능성을 제공한다. 자신의 신체적인 이유뿐만 아니라 여가활동을 하는 데 필요한 시설 및 설비 그리고 장치의 부족으로 인해 여가활동이 제한적이었던 장애학생들에게 보조공학은 여가활동의 가능성을 제공해 줄 수 있다.

다섯째, 장애학생의 교수·학습활동을 확대할 수 있고, 내용의 다양성을 기대할 수 있다. 상대적으로 학습을 위한 상호작용의 과정에서 소외되었던 장애학생들은 보조공학의 지원을 통해 다양한 활동에의 참여가 가능하게 되었다.

여섯째, 장애학생의 생활에 대한 전반적인 지원뿐만 아니라 사회 문화적인 폭도 확장시켜 준다. 보조공학을 이용한 이동성의 제약 극복은 다양한 환경과의 상호작용 기회를 제공함과 더불어 사회 문화적인 참여의 폭도 확장시켜 준다.

일곱째, 학습과 생활의 효율성 제공과 함께 신체적인 발달에도 긍정적인 영향을 준다. 학습에 있어서 보조공학의 활용은 보다 효과적이고 효율적인 환경을 제공해 줄 뿐만 아니라 소근육운동, 시지각협응능력, 잔존능력의 극대화와 같은 신체적인 부분의 발달에도 긍정적인 기여를 한다.

여덟째, 인지적인 결함이 있는 학생에게도 일상생활에서의 장애 및 제한적인 요소들을 보상해 주어 독립생활을 영위할 수 있도록 해 주며, 타인의 의존성을 줄일 수 있는 가능성을 제공한다.

1988년 미국 의회에 보고된 바에 따르면 보조공학은 다음과 같은 학업적 혜택을 장애학생들에게 제공한다(U.S. Congress, the Office of Technology Assessment, 1988).

- 기초 기술을 숙달하기 위한 연습기회 제공
- 쓰기 기술의 향상
- 문제해결력 향상
- 수학과 과학의 추상적인 문제에 대한 이해
- 과학, 수학, 사회과 영역에서의 가상 실험 구현
- 자료의 처리
- 일반적인 수준에서 또는 직업과 관련한 컴퓨터 활용능력 획득
- 전통적으로 교육환경으로부터 소외된 학생들에게 접근과 의사소통 기회 부여
- 원거리의 교사와 학생들에게 접근과 의사소통 기회 부여
- 개별화된 학습 기회 부여
- 협동학습 기회 부여
- 학습활동 및 성적관리

　　보조공학 관련 이론들 역시 보조공학 기기를 통해 개인의 신체적 능력을 보완·대체시키고 나아가 향상시키는 과정을 설명하고 있는데, 대표적으로 제1장에서 다루었던 ABC모델을 들 수 있다. 이외에도 Wile모델, BBEE(Baker's basic ergonomic equation)모델은 보조공학의 장점을 잘 설명해 주는 이론이라고 할 수 있다.

　　Wile모델은 인간행동에 영향을 미치는 변인을 조직 시스템, 보상, 인지적 지원, 도구, 신체적 환경, 기술 또는 지식, 타고난 능력 등과 같은 일곱 가지로 구분한다. 그리고 인간의 행동은 개별 변인의 독립적인 영향에 의해 행해지는 것이 아님을 강조한다. 즉, [그림 8-1]을 통해 알 수 있는 바와 인간의 행동은 외적 변인과 내적 변인의 영향을 받는다. 외적 변인은 다시 환경 변인과 자원 변인으로 구분되며, 각각의 변인은 다시 하위 변인으로 구분되고 있음을 알 수 있다.

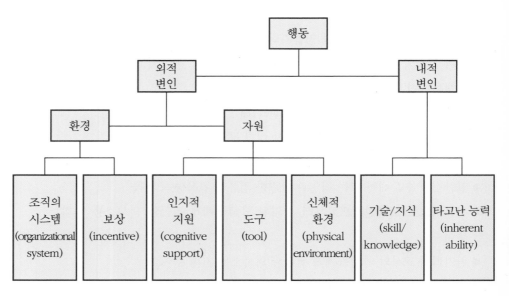

‖ 그림 8-1 ‖ Wile모델

출처: Wile, D. (1996), p. 33 수정 후 인용

이러한 변인들은 하나 또는 하나 이상의 변인들이 혼합되어 행동적 문제를 야기한다. 그리고 각각의 변인들은 상호 연관되어 있지만, 행동에 미치는 영향력과 통제 가능성에 있어서 서로 상이한 특성을 갖고 있음을 강조한다. 예를 들면, 인간의 조직 시스템 변인은 타고난 능력에서 비롯된 문제보다 해결하기가 상대적으로 쉽다. Wile모델에서는 공학적 접근이 모든 인간 행동의 문제를 해결할 수 있는 만병통치약은 아니라는 전제하에, 공학적 개입은 행동적 문제를 야기하는 다른 변인들과의 상호연계를 통해 행동 문제의 완화 및 해결에 효과적임을 주장한다(Wile, 1996).

Wile모델과 함께 보조공학의 장점을 잘 설명해 주는 또 다른 모델로 BBEE모델을 들 수 있다. BBEE모델에 의하면 보조공학 사용자들이 효과적인 과제수행을 위해서는 동기, 신체적 노력, 인지적 노력, 언어적 노력, 시간에 대한 부담 등과 같은 요소들의 작용을 필요로 한다(King, 1999). 주어진 과제를 성공적으로 수행하기 위해서는 무엇보다 동기의 영향력이 상당히 큰 만큼 이를 극대화하고, 반면에 신체적 · 인지적 · 언어적 노력 그리고 시간은 최소화시키는 것이 유리하다. 그러나 반대 현상이 유발될 경우 과제 수행은 실패할 가능성이 높다.

$$\text{성공 혹은 실패} = \frac{\text{보조공학 이용자가 주어진 과제를 지속적이고 완벽하게 처리하기 위한 동기}}{\text{신체적 노력 + 인지적 노력 + 언어적 노력 + 시간}}$$

이와 같은 점에 비추어 볼 때, 보조공학의 사용은 분자에 해당하는 동기를 극대화시켜 줄 수 있으며, 동시에 분모에 해당하는 신체적, 인지적, 언어적 노력을 최소화시켜 줄 수 있는 기능을 제공한다. 뿐만 아니라 과제수행에 소요되는 시간을 절약시켜 주기도 한다. 결론적으로 보조공학은 이와 같은 다양한 기능을 제공함으로써 과제를 성공적으로 수행할 수 있도록 하는 이점을 제공한다는 점을 보여 주고 있다. 그러나 이 모델은 인간 행동 수행에 있어 공학적 접근이 성공과 실패로만 평가될 수 없는 요인들을 내포하고 있다는 것과 제시된 요인들

외의 기술적 지원, 환경적 요인 등과 같은 요인에 대한 설명을 포괄하기에는 일
정한 한계를 갖는다고 할 수 있겠다(오도영, 2008).

그러나 보조공학이 제공하는 혹은 제공할 수 있는 매력적인 요소들은 교육
현장에서 보조공학의 활용과 직접적인 상관을 맺지 못하고 상호독립적인 관계
를 형성하고 있다. Wehmeyer(1998)와 Lesar(1998), Bryant와 Bryant(1998)의 연
구를 통해 소비자 측면과 교사 측면에서 보조공학 활용의 활성화를 저해하는 요
인을 제시하였다. Wehmeyer에 의하면 소비자들의 보조공학에 대한 지식 부족
즉 보조공학을 통해 얻을 수 있는 혜택에 대한 인식 부족과 보조공학 구매를 위
한 재정 부족이 문제점으로 제기되었다. 그리고 Lesar는 보조공학의 사용을 포
기하는 주된 이유가 장애학생의 요구를 충족시키기 위해 기기를 유지하고 수정
하는 데 필요한 능력을 학생 자신, 학생의 가족 또는 서비스 제공자가 갖추고 있
지 못한 데 있다고 했다. Bryant와 Bryant에 의하면 보조공학에 대한 제한된 접
근 가능성, 제한된 보조공학 관련 교육, 유인가의 부재와 같은 세 가지 요소가
교육장면에서 교사들의 보조공학 활용을 방해하는 것으로 나타났다.

이상의 연구결과들은 비단 미국의 상황에 국한되는 것이 아니라 우리나라의
경우도 마찬가지다. 우리나라 소비자들 역시 보조공학의 혜택에 대해 잘 알고
있지 못할 뿐만 아니라, 알고 있다고 하더라도 정보통신기술의 발달에 따른 고
급 기술의 적용 그리고 이에 따른 보조공학 기기의 고가화는 보조공학 기기를
구입하는 데 많은 부담이 된다. 여기에 더해 급속한 정보통신기술의 발달은 보
조공학 기기의 변화 주기를 매우 단축시켜 놨기 때문에 최신의 기기를 구입하는
데 소요되는 재정적 부담이 클 수밖에 없다. 교원양성기관인 교육대학 및 사범
대학의 보조공학에 대한 재정적 뒷받침이 부족한 것 또한 우리나라의 현실이다.
이에 예비교사들이 보조공학을 접할 수 있는 기회가 제한될 수밖에 없으며, 관
련 교육을 받을 수 있는 기회도 많이 없다. 기존 교사의 경우도 보조공학을 자신
의 수업에 통합하기 위한 교육과정의 재구조화 혹은 교수적 수정을 위해서는 많
은 시간을 투자해야 하는데, 과중한 수업과 행정업무에 시달리고 있는 상황에서
자신의 소중한 시간을 투자할 아무런 이유를 찾지 못하고 있다.

　방해요인이 현실적으로 존재하고는 있으나 보조공학 이용 활성화가 강조되는 이유는 보조공학의 활용이 궁극적으로 특수교육의 목적 달성에 상당 부분 기여하기 때문이다. 이에 교사는 장애학생들의 자아실현과 사회통합을 위해 다음과 같은 보조공학 관련 역량을 갖추고 있어야 한다(Bryant & Bryant, 1998).

　첫째, 교사들은 필요한 보조공학 하드웨어와 소프트웨어를 다룰 수 있어야 한다.
　둘째, 교사들은 보조공학 사용에 대해 심리적으로 자신감을 가지고 있어야 한다.
　셋째, 교사들은 보조공학을 사용하는 데 필요한 적절한 지원과 훈련 기회를 찾고자 노력해야 한다.

3. 보조공학의 유형

　보조공학의 유형은 〈표 8-2〉와 같이 장애학생들의 개인적 특성, 학습 영역, 사용 맥락 등을 고려하여 각 기관마다 다르게 구분된다. NATRI(National Assistive Technology Research Institute)는 장애학생의 전반적 활동 영역에 따라 보조공학을 구분한 데 반해 WATI(Wisconsin Assistive Technology Initiative)는 일상생활에서 필수적으로 요구되는 활동을 보조공학 유형의 준거로 설정하였다. 보조공학의 유형은 분류함에 있어서 특정 보조공학은 하나의 유형으로 명확히 분류할 수 있는 데 반해, 어떤 보조공학은 다양한 기능으로 인해 각 유형 간에 중복될 수 있음을 유의할 필요가 있다. 간단한 예로 휠체어를 NATRI의 기준에 따라 구분하면 기초생활을 지원할 수 있는 일상 생활지원 보조공학, 여행과 이동을 지원할 수 있는 보조공학, 교육과 전환을 지원하는 보조공학 등 각 영역에 걸쳐 공통적으로 분류될 수 있다.

‖표 8-2‖ **보조공학의 유형**

기관	구분	
NATRI (2003)	• 기초생활을 지원할 수 있는 일상 생활지원 보조공학 • 여행과 이동을 지원할 수 있는 보조공학 • 주변 환경을 적절하게 조절 혹은 상호작용활동을 지원하는 보조공학 • 의사소통을 지원 및 대체할 수 있는 보조공학 • 신체를 보호하고 자세를 지지 및 유지할 수 있도록 하는 보조공학 • 교육과 전환을 지원하는 보조공학 • 운동, 체력관리, 여가생활에서 활용할 수 있는 보조공학	
WATI (2003)	• 쓰기, 읽기, 수학 • 레크리에이션과 여가 • 이동 • 자세잡기와 앉기	• 의사소통 • 일상생활 • 환경적응과 제어 • 보기와 듣기
WATA* (2003)	• 일상생활 지원 • 컴퓨터 사용 및 접근 • 가정과 작업장 환경 개조 • 동물을 이용한 지원 서비스 • 교통수단 및 이동 지원 기기	• 보완대체의사소통 • 환경조정시스템 • 착석 및 자세 • 듣기 지원 도구 • 보철 및 의료 보조 기기

* WATA: Washington Assistive Technology Alliance

이하에서는 WATI의 보조공학 유형을 토대로 각 유형에 해당하는 대표적인 보조공학에 대해 살펴보도록 한다. 미리 언급한 바와 같이 각각의 유형에서 소개되는 보조공학들은 이후 설명되는 장애유형별 보조공학의 활용과 중첩될 수 있는 만큼 여기서는 유형별 특징과 이에 속하는 몇몇 보조공학 기기만 제시한다.

1) 일상생활

음식물 섭취, 배설, 세면 및 목욕, 착·탈의, 몸단장 등과 같은 기초 생활을 지원해 주는 보조공학이 여기에 속한다. 예를 들어, 숟가락을 잡기 힘든 뇌성마비 학생을 위해 고안된 손에 부착할 수 있는 숟가락, 소근육 운동의 이상으로 인해 혼자서는 단추를 잠그고 푸는 데 어려움이 있는 이들을 위한 용품, 스스로 신변

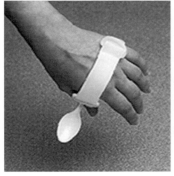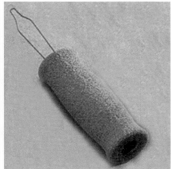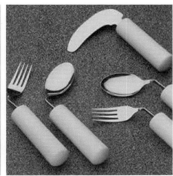

‖ 그림 8-2 ‖ **보조공학 유형: 일상생활 지원**

처리가 어려운 이들을 지원해 주는 기기 등을 들 수 있다.

2) 의사소통

수용, 내면화, 표현은 의사소통의 범주에 속하는 중요한 기능들이다. 이러한 의사소통 기능을 지원하기 위해서는 음성인식, 음성합성, 음성증폭 등의 기능을 제공하는 보조공학 기기와 함께 언어치료사, 청력사 등에 의한 보조공학 서비스가 필요하다. 보완·대체의사소통판이나 기기, 청각장애인을 위한 전화기(Telecommunication Device for Deaf: TDD) 등이 있다.

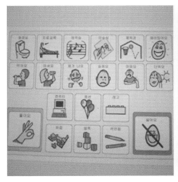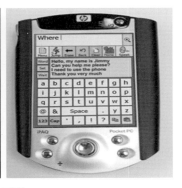

‖ 그림 8-3 ‖ **보조공학 유형: 의사소통 지원**

3) 자세잡기와 앉기

뇌성마비 등의 지체장애 학생들은 안정적인 자세를 유지(positioning)하기 위하여 신체의 전부 혹은 부분적인 보조를 필요로 하는 만큼 이를 지원해 줄 수 있는 관련 보조공학 기기가 요구된다. 부목, 버팀장치 등의 보조공학 기기와 물리치료사에 제공되는 보조공학 서비스 등이 여기에 포함된다.

‖ 그림 8-4 ‖ **보조공학 유형: 자세잡기 및 앉기 지원**

4) 이동

대다수의 지체장애 학생 및 시각장애 학생들은 이동을 위한 관련 서비스를 필요로 한다. 이러한 기능을 지원하는 것에는 수동 및 전동 휠체어, 특수 승강기, 지팡이, 워커(walker), 목발 등이 있다.

‖ 그림 8-5 ‖ **보조공학 유형: 이동 지원**

출처: www.ccdailynews.com

5) 환경적응과 제어

 적응(adaptation)이란 개인의 능력이나 요구 수준에 따라 환경에 변화를 가하는 일련의 과정을 의미하는 용어로, 장애학생들은 가정, 학교, 지역사회 등 하루 일과 중의 많은 활동들이 일어나는 공간에서 자신의 요구대로 일이 수행되어지기를 바란다. 예를 들어, 사지에 결함이 있으나 자동차를 운전하고 싶어 하는 장애인이 자동차를 운전할 수 있게 하거나, 중증의 뇌성마비로 인해 TV 전원이나

‖ 그림 8-6 ‖ **보조공학 유형: 환경적응과 제어**

전등을 켜고 끄는 데 어려움이 있는 경우 TV 전원과 전등의 소등을 수월하게 해줄 수만 있다면 이들은 적응적인 환경을 접하고 있는 것이다.

6) 교수-학습

교수-학습을 위한 여러 보조공학 기기와 시스템이 산출되어 있으며, 다양한 활용과 접근에 대한 연구가 시도되고 있다. 컴퓨터 보조수업, 교육용 비디오 및 오디오 테이프를 비롯하여, 교수-학습에의 접근을 보다 수월하게 해 주는 다양한 장치와 서비스들이 여기에 포함된다.

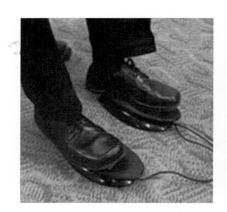

‖ 그림 8-7 ‖ **보조공학 유형: 교수-학습**

7) 레크리에이션과 여가

장애학생들은 그들이 가지고 있는 장애로 인하여 일반학생들과 비교하여 스포츠, 레저 등의 활동에서 소외되는 경향이 있다. 장애학생들의 부족한 기능적인 영역에 대한 지원만 있으면 이들은 충분히 스포츠와 레저 활동을 영위할 수 있다. 예를 들어, 시각장애인들을 위한 소리나는 공, 점자카드, 지체장애인들의 스포츠 활동을 위한 휠체어 등이 여기에 해당된다.

‖ 그림 8-8 ‖ **보조공학 유형: 레크리에이션과 여가**

제2절 보조공학 사정 및 전달체계

보조공학은 보조공학 기기와 보조공학 서비스로 구성된다고 하였다. 그리고 이들은 장애학생을 비롯한 장애인들에게 많은 혜택을 제공하고 있는 것으로 보고되고 있다. 그러나 이와 같은 보조공학의 이점은 단순히 보조공학을 사용한다고 누릴 수 있는 것은 아님에 분명하다. 이하에서는 보조공학의 장점을 극대화하기 위해 제시되고 있는 사정의 원칙 및 사정모델 그리고 이와 같은 일련의 과정을 통해 선택된 보조공학 기기와 서비스를 장애학생에게 전달하는 과정에 대해 살펴본다.

1. 사정의 원칙

보조공학 사정(AT assessment)이란 특수교육 대상자의 인지적, 신체적, 정서적 어려움을 유발하는 부정적 요인이 무엇인지를 찾아내어, 이를 최소화하고 학습자의 장점을 극대화하기 위한 기기를 탐색하는 일련의 과정을 의미한다. 이와 같은 보조공학 사정의 의미를 도식화하면 [그림 8-9]와 같다.

여타의 사정과 마찬가지로 보조공학 사정 역시 해당 프로그램의 강점과 약점 확인, 효율성의 결정, 중재의 선택, 그리고 조사 시행하기 등의 요소로 이루어진다(Hammill & Bryant, 1998). 이에 Bryant와 Bryant(2003)는 보조공학 사정과 관련되는 일반적 사정의 세 가지 특성으로 생태학적 사정(ecological assessment), 실천적 사정(practical assessment), 계속적 사정(ongoing assessment)을 언급하였다. 이와 같은 세 가지 특성은 Cook과 Hussey(2002)가 제시한 다음의 보조공학 사정 및 중재의 원칙 다섯 가지에도 포함되어 있다.

보조공학 사정은 인간, 활동, 보조공학, 주변 상황을 체계적으로 고려해야 나중에 보조공학 시스템이 거부되거나 그 사용이 포기되는 경우를 방지할 수 있

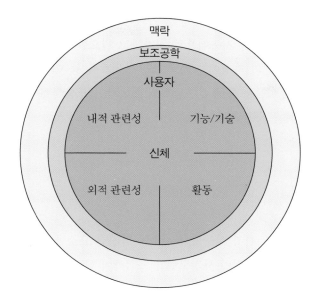

‖ 그림 8-9 ‖ **보조공학 사정의 의미**

출처: Maxwell. MJ. Assessment Models: Assistive Technology. http://www.slideshare.net/mjmax/
assessment-models-assistive-technology. 수정 후 인용(2016. 8. 8.)

① 보조공학 사정과 중재는 인간, 활동, 보조공학, 주변 상황을 고려해야 한다.
② 보조공학 중재의 목적은 사람을 재활시키거나 손상을 치료하는 데 있는 것이
 아니라 기능적 활동을 수행하는 것을 가능하게 만드는 보조공학 시스템을 제
 공하는 데 있다.
③ 보조공학 사정은 지속적이고 신중해야 한다.
④ 보조공학 사정과 중재는 협력과 소비자 중심적 방법을 필요로 한다.
⑤ 보조공학 사정과 중재는 데이터를 수집하고 해석하는 방법에 대한 이해를 필
 요로 한다.

다. 또한 보조공학 사정은 기능적 성과에 초점을 두어야 한다. 즉, 지체장애를
갖고 있는 학생의 경우, 보조공학을 사정하고 중재하는 목적은 이들의 신체적
손상과 결함을 향상시키는 데 있는 것이 아니라 기능적 수행을 가능하게 하는

데 일차적인 목적이 있는 것이다. 뿐만 아니라 보조공학 사정은 중재계획의 목표에 비추어 진전 상황을 지속적으로 평가하고 필요한 경우 수정해야 한다. 그리고 이와 같은 일련의 과정에는 가족, 교사, 치료사 등 여러 관련들이 반드시 포함되어야 하며, 이들을 통해 보조공학의 소비자인 학생에 대한 정확한 정보를 수집하는 것은 매우 중요하다.

2. 사정모델

보조공학 사정은 시간과 상황들에 걸치는 다양한 요소들에 대한 역동적인 상호작용을 인지하는 다각적인 사정모델을 포함해야 한다(Raskind & Bryant, 2002). Bromley(2001)는 교육장면에서 쓰일 수 있는 보조공학 사정도구들로 인간-공학 대응 모델(Matching the Person to the Technology model: MPT), LAP(Lifespace Access Profile) 모델, SETT 구조 모델, ETP(Education Tech Points) 모델, WATI(Wisconsin Assistive Technology Initiative) 모델을, 그리고 Rowland(2006)는 가장 보편적으로 사용되고 있는 보조공학 사정 모델로 통합기능(Unifying Function) 모델, Inge와 Shepherd 모델, 인간-공학 대응 모델, SETT 구조 모델, 보조공학 숙고과정(AT Consideration Process) 모델의 다섯 가지를 제안하였다. De Jonge 등(2007)은 인간 활동 보조공학 모델(Human Activity Assistive Technology model: HAAT), 인간-공학 대응 모델, 욕구 중심 모델(need-based model), 재활 모델(rehabilitation model)을 보조공학의 주류 모델로 제시하였다. 이하에서는 DeJongeet 등이 제시한 네 가지 모델(이혜경, 2011)과 SETT 구조 모델을 중심으로 살펴보도록 한다.

- Bromley(2001): MPT, LAP, SETT, ETP, WATI 모델
- Rowland(2006): 통합 기능, Inge & Shepherd, MPT, SETT, 보조공학 숙고 과정 모델
- DeJongeet 등(2007): HAAT, MPT, 재활, 욕구 중심 모델

1) 인간 활동 보조공학 모델

인간 활동 보조공학 모델(이하, HAAT 모델)은 자신이 참여를 원하는 활동과 활동이 일어나는 환경을 탐색함으로써 개인이 원하는 것을 성취하는 데 초점을 맞춘다. 이를 통해 장애인이 보조공학 기기를 사용하여 주어진 환경 안에서 활동하도록 촉진한다.

HAAT 모델은 Bailey(1989)가 인간공학, 심리, 직업 등과 관련된 제품이나 디자인에 적용하기 위해 개발한 인간수행모델(human performance model)을 발전시킨 모델이다. 즉 기본적으로는 인간은 어떠한 상황에서 어떤 활동과 직면하였을 경우 그의 능력을 도모하기 위하여 보조공학을 필요로 할 수 있다는 인간수행모델(한국보조공학사협회, 2016)을 기반으로 하되, 인간 활동에 영향을 미치는 두 가지 측면을 변형시킴으로써 새로운 모델을 제시하였다. 그 중 하나는 환경적 요인에 물리적 상황뿐 아니라 사회·문화적 측면을 포함시켰으며, 다른 하나는 다른 변수들과 보조공학이 구체적으로 관계한다는 것을 포함시켰다(오도영, 2008). 따라서 HAAT 모델은 인간(human), 활동(activity), 보조공학(assistive technology) 그리고 이 세 가지의 통합된 요소가 존재하는 맥락(context)의 4가지

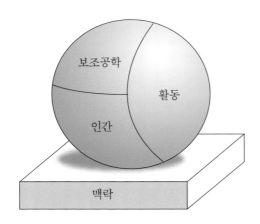

‖ 그림 8-10 ‖ HAAT 모델

출처: Cook, A. M. & Polgar, J. M. (2008; 이혜경, 2011 재인용), p.12 수정 후 인용

요소로 구성되어 있으며 각 구성 요소는 [그림 8-10]과 같이 전체 체제 내에서 고유한 요소로 역할을 한다.

　모델을 구성하고 있는 인간, 활동, 보조공학, 맥락의 네 가지 요소는 다음과 같은 하부요소를 포함하고 있다.

- 인간: 신체적 · 인지적 · 정서적 숙련 정도 관련 요소
- 활동: 자기보호, 노동, 학업, 여가 등과 같은 실천적 측면
- 보조공학: 공학적 인터페이스, 수행 결과, 환경적 인터페이스 등의 외재적 가능성
- 맥락: 물리적 · 사회적 · 문화적 · 제도적 요소

　독립적인 체제를 형성하는 인간, 활동 그리고 보조공학 등과 같은 개별 요소들 간에는 강한 역동적 상호작용이 일어난다. 그리고 물리적, 사회적, 문화적 및 환경적 맥락은 또 다른 체제를 형성하고 있으며, 앞서 살펴본 체제의 바탕이 되고 있음을 보여 준다. 이는 다양한 맥락 안에서 개별 요소 또는 체제들 간에 역동적인 상호작용이 전개되고 있음을 의미하는 것으로, 보조공학 기기의 효과적인 사용을 위해 개인의 능력과 공학적 요구 간의 적절한 대응은 필수적이다.

　보조공학 기기의 사정과 선택은 특정 기기를 다루게 될 사용자의 숙련 정도에 따라 상당히 달라질 수 있다. 그리고 인간이 활동을 수행하는 환경은 보조공학 시스템에 대한 개인의 성공적 사용 여부를 결정하는 한 요인으로 작용하기도 한다. 즉, 경우에 따라서는 보조공학 기기의 사용이 사회적 낙인이나 고립을 초래할 수도 있는 만큼 기기를 사용하게 될 개인의 사회적 환경에 대한 이해가 무엇보다 중요하다고 볼 수 있다(Cook & Hussey, 2002). 이와 같이 HAAT 모델은 개념적으로 임상적 관점이나 손상에 초점을 맞추는 시각을 지양하고 장애인의 참여 가능성에 초점을 둔다. 그리고 수행을 장애나 손상의 관점에서 생각하기보다는 사용자, 보조공학, 환경 간의 부조화로 이해할 것을 강조한다는 측면에서 ICF의 장애 개념과도 일치한다.

HAAT 모델은 보조공학 전문가들이 이러한 각각의 변수들이 역동적이고 복잡한 상호작용을 하고 있음을 알고 이해함으로써 보조공학적 접근을 수행해야 한다는 것을 강조한다. 특히, 장애인과 노인 등 신체적 불편을 겪고 있는 대상자에게 적용할 경우 당연히 보다 세밀하고 정확하게 보조공학적 변수를 고려해야 한다(김승훈, 2016). 이에 보조공학 전문가는 일상생활에서 사용자의 역할, 여가 활동, 자기관리 활동이 포함되어 있는 작업을 평가하게 된다. 그리고 보조공학의 디자인, 선택, 실행, 평가 그리고 보조공학 기기의 개발 및 사용에 관한 다양한 특성의 연구를 위해 각 요소들에 대한 고려와 이들의 통합은 필수적이다.

2) 인간-공학 대응 모델

장애인 사용자들이 보조공학에 관한 자신들의 경험을 보조공학 기기 선택과정에 반영하기 시작하자, 보조공학 서비스 제공자들의 관심 역시 단순한 기기의 선택 뿐 아니라 사용자가 보조공학 기기를 사용하면서 겪는 문제점으로 시야를 넓히기 시작하였다. 비록 보조공학 서비스 제공자가 기능을 증진시키는 보조공학 기기의 가치에 중점을 두더라도 기기의 기능적 향상 자체가 보조공학의 사용을 보장하는 것은 아니기 때문이다.

즉, 심미적 측면은 기기의 사용과 비사용에 영향을 줄 수 있는데, 보조공학 기기를 사용했을 때 시각적으로 다른 사람과 달라 보이거나 장애인으로 규정되어 낙인찍히는 것을 두려워한다면 보조공학 기기의 사용에 대해 부정적으로 인식하게 된다. 그리고 결국에는 기기를 사용하지 않게 된다. 이와 같이 보조공학 기기에 대한 인식은 개인의 자존감, 기기의 가치에 대한 인식에 영향을 미친다. 기기 사용에 대한 개인적 경험, 특정 활동이 갖는 의미, 특정한 기기에 대한 문화적 의미와 같은 보조공학 기기가 갖는 개인적 의미도 마찬가지로 기기를 지급받아 사용하는 사용자의 경향에 영향을 미치는 것으로 확인되었다.

이와 같은 보조공학 기기 사용의 심리사회적 측면을 설명하고자 시도한 모델이 바로 인간-공학 대응 모델(이하, MPT 모델)이다. MPT 모델은 인간과 보조공

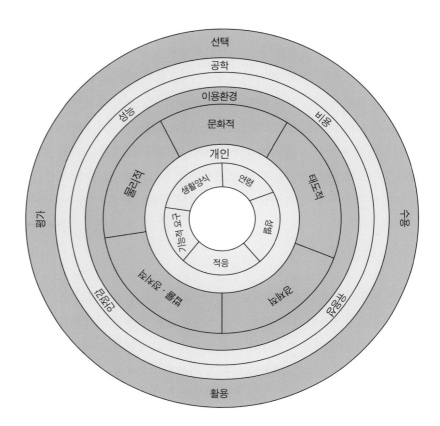

‖ 그림 8-11 ‖ MPT모델

출처: Scherer, M. J., & Dicowden, M. A. (2008; 이혜경 외, 2012 : 101 재인용)

학, 그리고 이 둘의 최적의 대응을 촉진하는 환경(milieu)의 중요성을 강조한다. 즉, 사용자의 개성·기질 및 선호도, 보조공학의 주요 특성, 물리적·사회적 환경, 지원 및 기회 그리고 이 모든 요소들이 잠재적으로 보조공학 기기 사용에 미치는 영향에 초점을 두고 있다. [그림 8-11]은 사용자와 보조공학의 적합성에 영향을 미치는 세 층의 요소를 보여 준다.

가장 안쪽의 첫째 층은 성별, 연령, 생활양식 등과 같은 개인과 관련된 요소로 구성되어 있다. 다음 층은 물리적, 사회적 환경으로 문화, 태도, 정책 등으로 구성되어 있다. 가장 밖에 형성되어 있는 셋째 층은 비용, 유용성, 안정감과 같은 공학적 요소를 반영하고 있다.

이와 같이 MPT 모델은 사용자와 서비스 제공자가 현재 처해 있는 맥락에서 어떤 보조공학 기기가 그를 위한 적절한 해결책인지를 상당히 주의 깊게 고려하도록 돕는다. 평가를 통해 사용자에게 특정 보조공학 기기가 필요하다고 판단되면, 이 모델은 보조공학 기기를 구체적으로 평가하고 비교하며 수용 가능한 균형점을 결정하기 위한 구조를 제공한다. 보조공학은 사용자에게 잠재적인 이익과 불이익을 제공할 수 있다. 보조공학은 수반되는 서비스 지원뿐만 아니라, 디자인의 관점에서 사용 가능성, 호환성, 비용−효율성, 신뢰성, 심미성까지 아우르는 관점에서 고려된다. 마찬가지로 보조공학이 적용될 환경도 중요한 측면이므로, 보조공학 기기 사용에 영향을 미치게 될 물리적·환경적·사회적 문제를 다루게 된다.

MPT 모델은 사용자−주도적 접근(user-driven approach)과 그에 수반되는 평가도구들을 활용함으로써 보조공학 사용자로 하여금 공학이 적절한 해법인지를 판단하고, 공학을 선택할 때 고려해야 할 개인적이고 환경적인 요소를 이해할 수 있도록 사용자에게 권한을 부여한다는 데 특징이 있다. 개인 간의 차이를 인정하고 사용자가 자신의 생활 속에 보조공학 기기가 차지하는 비중을 평가하는 생활 전반에 대한 접근을 취한다. 사용자는 보조공학 기기 선택 과정의 초기에 개입하여 자신의 기능수준, 현재 사용하고 있는 기기의 만족도, 기기의 잠재적 유용성을 평가할 뿐만 아니라 정도를 수집할 수도 있다. 보조공학에 대한 사용자의 인식과 보조공학 기기 사용에 대한 성향을 탐색하는 자기-보고식 설문지를 작성함으로써, 보조공학 기기의 평가와 선택 과정의 초기부터 사용자가 참여하도록 촉진한다. 즉, 보조공학에 대한 경험 및 태도, 보조공학을 사용하는 능력을 평가함으로써 사용자인 당사자와 최상의 대응을 이룰 수 있는 보조공학 기기의 특징들을 파악하기 위해 노력한다.

이와 같은 과정을 통해 사용자(예를 들어, 그들의 기술, 목표, 선호도, 지원)와 환경(과제, 지원, 물리적 환경) 그리고 제공자의 관점과 태도 혹은 기대치 사이의 부적절한 조화를 알아볼 수 있다. 실질적으로 이 방식은 15세 이상의 사용자들에게 유용하게 쓰이고 있다.

3) 재활 모델

재활 모델은 질병의 원인을 밝히고 치료를 위해 의료 전문가에게 의존할 수 밖에 없는 환자에게 중점을 두는 의료모델에서 출발하였다. 따라서 재활 모델에서의 사정은 대개 특정 증상과 비정상적인 징후의 확인, 개인의 신체적 능력 파악에 초점을 둔다. 그러나 장애인에 대한 사회적 인식 및 장애인 당사자의 욕구 변화와 함께 신체구조와 기능에 초점을 두었던 재활 모델의 중재 영역도 확장되었다. 즉, 재활 모델에서의 중재는 개인이 가능한 한 최대 수준의 기능으로 회복되도록 의료적, 사회적, 교육적 그리고 직업적 측면에서 통합적이고 조정된 훈련을 중재 방법으로 제공한다(이혜경, 2011).

필요한 보조공학 기기 유형을 결정하기 위해 일반적으로 개인의 장애를 먼저 확인한 후, 보조공학 기기를 사용할 기능 수준을 평가한다. 다음 단계로 개인의 신체를 측정하여 기기 사용에 필요한 치수와 장점을 확인한다. 모든 중재가 추구하는 결과는 개인이 가정으로 복귀하여 가능한 한 독립하는 것이다. 따라서 중재 결과의 평가는 개인의 독립 수준과 독립을 뒷받침할 만한 기능에 초점을 두게 된다. 이와 같은 일련의 과정에서 보조공학 관련 전문가는 질병과 손상에 대한 해부·생리학 및 병리적 전문지식을 가지고 적절한 치료와 보상전략을 구사할 수 있어야 한다. 뿐만 아니라 환자에게 손상된 기능을 회복하는 방법과 이를 대체할 수 있는 적절한 보상기술을 가르치고, 보조공학 기기를 제시하고, 환경적응 전략을 조언할 수 있어야 한다.

살펴본 바와 같이 재활 모델의 목표는 최대한의 기능적 독립으로 신체 일부의 상실과 같이 명백하게 기능을 회복할 수 없는 경우를 제외하고는 치료의 우선순위를 기능 회복에 둔다. 신체구조와 기능의 회복 및 치료를 위한 보조공학의 역할은 일반적으로 중재 단계의 마지막에 개입한다. 보조공학 기기는 개인이 하고자 하는 일이나 어떤 활동이 수행될 배경을 포괄적으로 고려하기보다, 현재 나타난 특정한 결손에 따라 결정된다. 따라서 개인의 고유한 목적과 관심, 참여하고자 하는 활동의 특성 그리고 보조공학이 사용될 환경을 포괄적으로 수용하기에는 다소 한계가 있다.

4) 욕구 중심 모델

장애인이 지역사회의 주류로 편입하도록 돕기 위한 각종 법률과 일련의 직업재활 정책들은 보조공학 서비스를 의료 혹은 재활에 제한하지 않고 지역사회라는 새로운 맥락으로 이끌었다. 그간 기존 보건의료 환경을 중심으로 역할을 담당해 왔던 재활 모델은 주류화라는 새로운 패러다임과 서비스 환경에는 부적합하였다. 보조공학 전문가들 역시 새로운 보조공학 기기의 등장, 복잡한 서비스 체계, 일상생활에 적합한 보조공학 솔루션을 찾아 선택하는 화용론을 다루는 데 있어서 재활 모델의 한계를 인식하게 되었다. 보조공학 선택에 따른 관련 쟁점들을 다루는 새로운 모델이 모색되었으며, 욕구 중심 모델은 이와 같은 일련의 과정에서 제시되었다.

욕구 중심 모델은 사람들 각자가 개인적 목표를 가지고 있으며 일상활동에 참여하기를 원한다고 가정한다. 따라서 욕구 중심 모델은 일차적으로 개인이 제시한 욕구에 초점을 두고 기능을 향상시키는 문제해결 접근을 사용함으로써 개인의 역량, 안정감, 신체 기능의 향상을 목표로 하고 있다(Bain & Leger, 1997; Sprigle & Abdelhamied, 1998; 이혜경, 2011 재인용).

개인의 욕구는 그가 특정 환경 안에서 수행하려는 활동을 확인하고, 개인이 생각하는 기능적 목표나 욕구를 적절히 정의해 봄으로써 명확해질 수 있다고 보기 때문에 장애인들의 구체적인 욕구를 파악하기 위해 장애인을 면담과정에 참여할 것을 권장한다. 보조공학 사용자에게 잠재적으로 자신의 욕구를 표현할 기회를 제공하고 사용자가 스스로 목표를 설정하여 전체 서비스 과정을 이끌어 가도록 하기 위한 것이다. 이때 보조공학 전문가들은 활동분석과 기능적 능력을 측정하고 관찰을 통해 사용자의 실제 과제수행 능력을 평가하기도 한다.

이와 같이 욕구 중심 모델이 사용자 중심의 접근을 지향한다 하더라도 경우에 따라서는 평가나 중재에서 사용자에게 주도권을 부여하지 못하는 경우도 배제할 수 없다. 예를 들어, 수행요건을 측정하는 복잡한 평가를 시행함에 있어 보조공학 전문가는 사용자의 의견보다 각종 평가를 통해 도출된 결과를 더 신뢰하는 경우가 생길 수 있다. 또한, 비용-효율적 측면을 고려하여 짧은 기간 안에 신속하게 보조공학 기기를 결정해야 하는 압박 때문에 보조공학 전문가들이 장애인 사용자가 선택할 수 있는 보조공학 기기 목록을 미리 정해 놓기도 한다. 여기에 더해 보조공학 전문가와 사용자의 경험, 지식수준 및 재정지원 방식도 사용자 중심 접근의 제한요인이라고 할 수 있다. 이와 같은 제한점에도 불구하고 욕구 중심 모델은 무엇보다 사용자의 욕구실현에 우선순위를 두고 있는 만큼, 제공된 보조공학 기기의 효율성을 반드시 평가하여 보조공학 중재가 사용자의 목표를 얼마나 충족시켰는가의 관점에서 중재결과를 확인해야 한다.

5) SETT 구조 모델

SETT 구조(SETT Framework) 모델은 학생이 보조공학을 선택할 때 필요한 네가지 주요 영역인 학생(Student), 환경(Environment), 과제(Task) 그리고 도구(Tools)를 강조하는 모델로, 보조공학을 사용하는 일련의 과정은 교육자나 관련된 사람들과 가족, 그리고 학생 모두의 참여를 통해 이루어지는 과정임을 전제로 한다(Zabala, 2002). 참여자들은 보조공학 사용 여부를 결정하기 전에 체계화된 질문들을 이용하여 다음과 같은 사항들에 대한 구체적인 정보들을 먼저 수집해야 한다.

● 학생: 참여자들은 학생이 해야 할 일을 함께 결정한다. 즉, 자립적으로 성취할 수 없는 학생을 위한 목표는 무엇인가에 대한 결정을 한다. 학생이 해야 할 필요가 있는 것을 먼저 확인한 후, 학생의 능력, 선호도, 특별한 요구(예를 들면, 학생이 스위치에 접근하려면 머리를 왼쪽으로 기울여야 한다)에 대한

정보를 수집한다.

- 환경: 참여자들은 물리적 환경에 존재하는 것들을 찾아서 목록을 작성한다. 교수환경조정, 필요한 교구, 시설, 지원교사, 접근성에 관한 문제점들(예를 들어, 물리적 환경, 교수적 환경, 또는 공학적 환경에의 접근성)에 대해 파악한다. 이때, 학생을 지원해 주는 사람들에게 도움이 될 만한 지원 자료들도 수집해야 한다. 지원 자료는 해당 학생의 태도나 기대치도 포함된다.

- 과제: 학생이 수행해야 할 모든 과제들이 조사되어야 한다. 학생에게 필요한 활동들을 과제에 포함시켜서 그 학생이 전반적인 환경에서 더 많은 활동 참여를 할 수 있게 하고, IEP 목표를 달성할 수 있게 해야 한다. 일단 정보가 수집되면, 참여자들은 중요한 요소들을 검토하여 과제의 본질을 변형시키지 않는 범위 내에서 최선의 조정사항을 결정하도록 한다.

- 도구: 도구는 참여자들의 초기 결정 그리고 뒤따르는 사항들에 대한 지속적인 결정에 사용된다. 즉, 참여자들은 학생과 환경, 필요한 과제들에 대해 잘 알고 있기 때문에, 결정에 초점을 둘 수 있다. 첫 번째 도구는 가능성이 있는 보조공학 해결책(무공학, 기초공학으로부터 첨단공학까지)을 함께 심사숙고(brainstorming)하는 것이다. 다음 단계는 가장 적절한 혹은 가장 가능성이 있는 해결책을 찾고, 이어 참여자들은 선택된 공학에 필요한 교수전략을 결정하게 된다. 마지막으로, 사용 기간 동안 효과성에 대해서 어떻게 점검할 것인지에 관한 방법을 결정한다.

살펴본 바와 같이 보조공학 사정모델의 내용은 각기 다르지만 다음과 같은 공통된 요소들에 대한 고려를 강조하고 있다.

- 협력적인 팀 접근: 보조공학 사정을 위한 팀은 학생 그리고 그의 가족과 함께 작업할 모든 교육적 인원으로 구성되어야 한다. 보조공학 사정 팀은 학생과 가족 구성원은 물론 진단가, 일반교육교사, 특수교육교사, 특수교육보조원, 작업치료사, 물리치료사, 의사, 언어병리학자 등 관련 영역의 전문가

들을 포함하고 있어야 한다.

● 다양한 맥락: 목표와 관련된 물리적 환경을 조사해야 한다. 보조공학이 학생의 목표를 달성하기 위해 혹은 가장 자주 활동하게 될 다양한 맥락(context)들을 살피는 것은 매우 중요한 사항으로 이는 곧 보조공학 사정은 생태학적 사정이 되어야 함을 의미한다.

● 학생 개인에 대한 평가: 학생의 능력은 그들의 개인적 특성, 선호도, 기대치에 따라 평가되어야 한다.

● 개인과 공학의 조화: 모든 보조공학 사정은 특정 어려움을 상쇄하고 특정 업무를 수행하는 동안 각 개인과 기기 사이의 상호작용을 조사해야 한다. 상쇄적 효과, 흥미, 사용의 용이성, 작용적 용이성/숙달, 행동적 반응 등과 관련한 일련의 질문들을 할 수 있다(Bryant & Bryant, 2003).

● 지속적인 사정: 사정 팀의 결정이 정확하고 기기가 효과적이고 올바른 방향으로 사용되고 있는지 확인하기 위해 보조공학의 사정과 선택의 모든 과정은 점검과 피드백 시스템을 계속적으로 반복하기 때문에 참여자들은 초기 선택에 대한 문제를 해결하거나 재사정할 수 있다.

3. 보조공학 전달체계

보조공학 전달체계(assistive technology delivery system)란 보조공학 기기와 서비스를 장애학생에게 전달하는 전반적인 과정을 말한다(Doty, Seiler, & Rhoads, 2001). 보조공학 전달체계의 각 과정은 장애학생의 요구와 활용 목적에 맞게 적절한 공학 기기와 서비스를 제공하기 위한 세부 활동을 포함하고 있는데, 대표적으로는 Bowser와 Reed의 모형, Cook과 Hussey의 모형, NATRI 모형, UKAT(University of Kentucky Assistive Technology) 모형, WATI 모형 등이 있다. 각 모형의 주요 체계와 특징은 〈표 8-3〉과 같다.

특히, WATI는 장애아동의 요구와 능력을 기능적으로 평가하여 과정 중심, 체

‖표 8-3‖ 주요 보조공학 전달체계 모형과 특징

모형	체계	특징
Bowser & Reed	① 조사 ② 평가 ③ 사정 ④ 계획 ⑤ 적용 ⑥ 평가	• 팀 접근을 통한 서비스 제공 • 외부 전문가 참여를 통한 조사, 평가, 사정 • 사정의 과정에 초점 • 평가를 통한 사후 지원계획 수립
Cook & Hussey	① 정보수집 및 조사 ② 평가 ③ 사정 ④ 중재 ⑤ 사후 관리	• 팀 접근을 통한 서비스 제공 • 대상자의 평가와 사정에 중점 • 보조공학 훈련 프로그램 실시 • 장·단기 사후 관리를 통한 지속적인 서비스 제공
NATRI	① 진단 ② 사정 ③ 적용 ④ 평가	• 팀 접근을 통한 서비스 제공 • 대상자의 환경 및 기능적 요구에 기반한 진단, 사정 • 대상자의 교육·재활 서비스를 고려한 보조공학 투입 계획 수립 • 평가 결과에 따른 지속적인 서비스 제공
UKAT	① 고려 및 조사 ② 사전 조사 ③ 진단 계획 및 자료 수집 ④ 시범 적용 및 결정 ⑤ 적용 및 활동	• 팀 접근을 통한 서비스 제공 • 시범 적용을 통한 보조공학 기기 효과성 극대화 • 훈련서비스 제공을 통한 적용 • 적용 단계에서 사후 관리 계획을 수립
WATI	① 정보 수집 ② 결정 ③ 적용	• 팀 접근을 통한 서비스 제공 • 결정과정에서 사정활동이 포함되어 수행

출처: 김영걸(2006), p. 63.

계적 접근이라는 주요 원칙을 바탕으로 팀 접근을 통한 보조공학 서비스 전달체계로 많이 활용되고 있다. WATI는 크게 정보수집, 결정, 적용의 단계로 구성되어 있으며, 각 전달체계의 주요활동은 다음과 같다(황지현, 2011).

● 정보수집 단계: 전문가 팀 구성, 팀 일정 및 주요 활동 계획 수립 후 팀 접근

을 통하여 장애학생의 요구와 능력에 대한 정보, 보조공학적 요구, 보조공학 관련 정보를 탐색한다.

● 결정단계: 먼저 이전 단계에서 수립된 장애학생의 공학적 요구를 바탕으로 문제해결 방안을 제안한다. 이때 구체적인 보조공학 기기와 서비스가 선택되며, 선정된 보조공학 기기와 서비스를 장애학생들에게 적용하기 위한 세부계획이 수립된다.

● 적용단계: 선정된 보조공학 기기와 서비스를 시범 적용하고, 시범적용 결과를 바탕으로 보조공학 기기와 서비스를 최종 결정한다. 그리고 사후 관리 프로그램을 수립한다.

WATI를 포함한 각각의 전달체계는 기본적으로는 의뢰 → 초기평가 → 추천 및 보고서 작성 → 실행 → 단기 사후지도 → 장기 사후지도라는 유사한 과정을

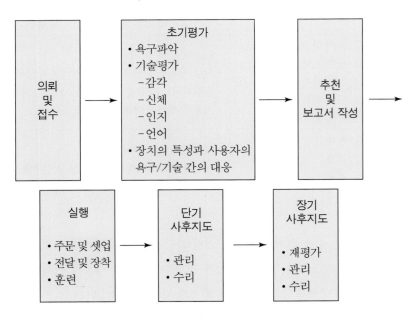

‖ 그림 8-12 ‖ **일반적인 보조공학 전달체계**

출처: Cook & Hussey(2009), p. 149.

거친다. Cook과 Hussey(2009)에 의해 제시된 일반적인 보조공학 전달체계는 [그림 8-12]와 같다.

보조공학 전달체계는 의뢰 및 접수 단계에서부터 시작된다. 이 시점에서 이용자 혹은 이용자의 보호자는 보조공학 중재의 필요성을 파악하게 되고, 의뢰를 위해 해당 분야의 보조공학 전문가에게 도움을 요청한다. 서비스 제공자는 기본적인 정보를 수집하고 자신이 제공하는 서비스 유형과 파악된 소비자의 요구 간에 대응이 있을지를 판단한다. 요구사항 및 비용 등 서비스 지원이 가능하다고 판단되면 다음 단계인 초기 평가가 시작된다.

이어서 시행되는 초기평가 단계에서는 이용자의 보조공학에 대한 요구사항을 좀 더 구체화하는 욕구파악에서부터 시작된다. 이용자의 욕구사항을 철저히 파악한 이후 그의 감각적, 신체적, 중추적 처리기술도 파악된다. 뿐만 아니라 이용자의 욕구와 이에 부합하는 공학기기가 파악되고 이에 대한 시험적인 평가도 이루어진다.

초기평가가 마무리되면 다음은 추천 및 보고서 작성 단계로, 초기평가의 결과를 요약하고 관계자들 간의 합의를 기초로 보조공학 기기에 대한 추천이 이루어진다. 이상의 내용들은 다시 서면화된 보고서로 요약되는데, 이는 보조공학 기기 및 서비스를 구매하는 데 필요한 기금 마련의 타당성을 확보하는 데 이용된다.

실행단계에서는 추천된 기기가 주문되거나 개조 혹은 제작된다. 또한 이용자가 사용할 수 있도록 기기가 설치되거나 전달된다. 뿐만 아니라 기기의 기본 조작법에 관한 기본적인 훈련과 효과적인 사용방법에 대한 지속적인 훈련도 이 단계에서 이루어진다.

기기가 이용자에게 전달되고 훈련이 이루어지는 실행단계가 끝나면, 다음은 단기 사후지도 단계에 접어든다. 단기 사후지도는 시스템이 전체적으로 효율성 있게 기능하는지를 파악해야 될 필요성에 의해 실시된다. 따라서 이용자의 시스템 만족도, 그리고 설정된 목표의 충족 여부 등을 파악하게 된다.

마지막으로 장기 사후지도 단계는 일종의 서비스 순환고리로 연결함으로써 추가적인 보조공학 서비스의 필요성이 시사될 때마다 이용자와의 정규적인 상호작용이 이루어질 수 있는 장치를 마련하는 것이다. 이를 통해 이용자는 필요할 때마다 다시 처음의 의뢰 및 접수 단계로 환류하게 되며, 이후의 과정이 전체적으로든 부분적으로든 반복되게 된다. 서비스 전달과정에 이와 같은 장기 사후지도 단계를 둠으로써 이용자의 요구가 평생에 걸쳐 고려되는 것이 확실하게 가능해진다.

기출문제

초등, 11 영서는 만 6세이고, 경직형 뇌성마비, 중도 정신지체, 말·언어장애가 있다. 김 교사가 영서를 위해 수립한 보조공학 기기 적용 계획으로 적절한 내용을 고른 것은?

> ㄱ. 학습활동을 효과적으로 할 수 있도록 그림 이야기 소프트웨어를 음성 출력 기능과 함께 사용하게 한다.
> ㄴ. 의사표현을 할 수 있도록 리버스 상징보다 이해하기 쉬운 블리스 상징을 적용한 의사소통판을 사용하게 한다.
> ㄷ. 고개를 뒤로 많이 젖히지 않고 물을 마실 수 있도록 빨대나 한쪽 면이 반원형으로 잘린 컵을 사용하게 한다.
> ㄹ. 움직이는 장난감 자동차를 가지고 놀 수 있도록 장난감 자동차에 스위치를 연결하고 그 스위치를 휠체어 팔걸이에 설치한다.
> ㅁ. 뇌성마비 경직형 아동은 독립보행을 할 수 없으므로 원활한 이동을 할 수 있도록 조기에 스스로 전동휠체어를 사용하게 한다.

① ㄱ, ㄴ, ㄷ   ② ㄱ, ㄷ, ㄹ   ③ ㄴ, ㄷ, ㄹ
④ ㄴ, ㄹ, ㅁ   ⑤ ㄷ, ㄹ, ㅁ

중등, 17 다음은 지체장애 학생 D의 특성이다. 뇌성마비 장애인의 대근육운동 기능을 평가하는 ㉠의 평가 및 분류 방법상 특징을 1가지 쓰시오. 그리고 보조기기 ㉡이 적절한 이유를 신체 기능적 측면과 교수-학습 측면에서 각각 1가지씩 설명하고, 학생 D를 위한 식사 도구 선정 시 고려해야 할 사항을 ㉢에 비추어 1가지 제시하시오.

> 경직형 사지마비(spastic quadriplegia)가 있는 학생 D는 ㉠대근육운동 기능 분류체계(Gross Motor Function Classification System: GMFCS)의 4수준으로, 휠체어를 이용해 이동한다. 대부분의 시간을 휠체어에 앉아 생활하지

만, 교수–학습 장면에서는 종종 서기 자세 보조기기인 ⓛ프론 스탠더 (prone stander)를 사용한다. D는 ⓒ강직성 씹기 반사(tonic bite reflex)가 일어나는 경우가 있어서 음식 섭취 시 주의를 기울일 필요가 있다.

중등, 12-1   특수교육공학 장치의 구조나 기능에 대한 설명으로 옳은 것만을 〈보기〉에서 모두 고른 것은?

ㄱ. 점자정보단말기는 6개의 핀이 하나의 셀을 구성하고 있는 점차 디스플 레이를 갖추고 있어, 시각장애학생이 커서의 움직임에 따라 점자로 정 보를 읽을 수 있다.

ㄴ. 트랙볼(trackball)은 볼마우스를 뒤집어 놓은 것과 같은 형태로서, 움직 이지 않는 틀 위에 있는 볼을 사용자가 움직일 수 있어 운동능력이 낮 은 학생이 제한된 공간에서도 쉽게 사용할 수 있다.

ㄷ. 화면 키보드(on-screen keyboard)는 마우스나 대체 마우스를 이용하여 컴퓨터 화면상의 키보다에 입력할 수 있도록 되어 있으며, 사용자의 요 구에 맞게 자판의 크기나 배열을 변형시킬 수 있다.

ㄹ. 음성 인식 시스템(speech recognition system)은 키보드 대신에 사람의 음성으로, 컴퓨터 입력이 가능하며, 사용자의 음성 패턴을 인식시키는 시스템 훈련을 통해 인식의 정확성을 높일 수 있다.

① ㄱ, ㄴ   ② ㄱ, ㄹ   ③ ㄷ, ㄹ
④ ㄱ, ㄴ, ㄷ   ⑤ ㄴ, ㄷ, ㄹ

중등, 12-2 다음은 보조공학 서비스 전달 과정이다. 이 전달 과정에 대한 설명으로 옳은 것만을 〈보기〉에서 있는 대로 고른 것은?

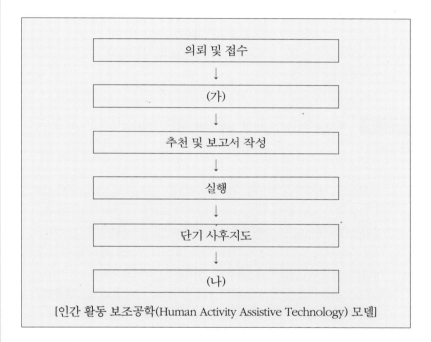

[인간 활동 보조공학(Human Activity Assistive Technology) 모델]

ㄱ. 보조공학 활용의 중도 포기를 방지하기 위해서는 인간, 활동, 보조공학, 주변 상황을 체계적으로 고려하는 생태학적 사정이 이루어져야 한다.

ㄴ. 보조공학 활용의 목적은 사용자의 기능적 활동 수행을 가능하도록 하는 것으로, 손의 움직임 곤란으로 타이핑이 어려운 장애학생에게 소근육 활동을 시켜서 타이핑을 할 수 있도록 하는 것은 적절한 보조공학 활용 사례이다.

ㄷ. (가)는 초기 평가 단계로서, 사용자에게 알맞은 보조공학을 제공하기 위해 장치의 특성과 사용자의 요구 및 기술 간의 대응을 해야 한다.

ㄹ. (가) 단계에서는 사용자의 감각, 신체, 인지, 언어 능력을 평가하는데, 공학 장치를 손으로 제어하기 어려운 학생의 경우에 다리보다는 머리나 입을 이용하여 제어가 가능한지를 먼저 고려해야 한다.

ㅁ. (나) 단계에서는 보조공학이 장애학생에게 적용된 이후에도, 보조공학
이 사용자의 요구나 목표의 변화에 부합하는지를 지속적으로 재평가하
는 장기적인 사후지도가 이루어져야 한다.

① ㄱ, ㄴ, ㄹ　　　② ㄱ, ㄷ, ㅁ　　　③ ㄱ, ㄴ, ㄷ, ㅁ
④ ㄱ, ㄷ, ㄹ, ㅁ　　⑤ ㄴ, ㄷ, ㄹ, ㅁ

중등, 11 특수교육공학에 관한 설명으로 옳은 것만을 〈보기〉에서 모두 고른 것은?

ㄱ. 장애학생에게 공학을 적용할 때에는 하이 테크놀로지(high technology)보
다 로우 테크놀로지(low technology)를 먼저 고려하는 것이 바람직하다.
ㄴ. 교실에서 휠체어를 탄 장애학생이 지나갈 수 있도록 책상 사이의 간격을
넓혀 주는 것은 로우테크놀로지(low technology)의 적용이라고 할 수 있다.
ㄷ. 사람이 제공하는 서비스 영역을 의미하는 소프트 테크놀로지(soft
technology)가 없이는 하드 테크놀로지(hard technology)를 성공적으
로 적용할 수 없다.
ㄹ. 특수교육공학은 사용된 과학기술 정도에 따라 노 테크놀로지(no
technology)부터 하이 테크놀로지(high technology)에 이르기까지 다
양하게 분류될 수 있다.

① ㄱ, ㄹ　　　② ㄴ, ㄷ　　　③ ㄱ, ㄴ, ㄹ
④ ㄱ, ㄷ, ㄹ　　⑤ ㄱ, ㄴ, ㄷ, ㄹ

중등, 08 특수교사의 보조공학 기기 활용을 방해하는 요인이 아닌 것은?

① 교사의 훈련 부족
② 보조공학의 대중화
③ 외적 유인 체제의 부재
④ 고가 장비의 짧은 변화 주기

중등, 02 나이가 어린 정신지체 아동이나 타자 기능이 제한된 지체부자유 아동을 위해 개발된 것으로 기존의 컴퓨터 입력장치의 크기나 모양을 변화시킨 보조기구는?

① 조우스(jouse)
② 헤드 마우스(head mouse)
③ 대체 키보드(alternative keyboard)
④ 스위치 인터페이스(switch interface)

정답 (초등, 11) ②   (중등, 17) 본문 참조   (중등, 12-1) ⑤   (중등, 12-2) ④

　　　(중등, 11) ④   (중등, 08) ②   (중등, 02) ③

제9장

발달장애 및 지체장애 학생을 위한 보조공학

「발달장애인 권리보장 및 지원에 관한 법률」(2014년 제정)에 의하면 발달장애 란 '지적장애인' '자폐성장애인' 그리고 '그 밖에 통상적인 발달이 나타나지 아니하거나 크게 지연되어 일상생활이나 사회생활에 상당한 제약을 받는 사람 으로서 대통령령으로 정하는 사람'으로 명시되어 있다. 따라서 법률상 장애명 칭이 명확하게 적시되어 있는 유형은 지적장애와 자폐성장애에 한정된다. 그러 나 발달장애는 이보다는 넓은 범위의 장애유형을 포함하여 사용되고 있다. 실질 적으로는 지적장애, 자폐성장애는 물론 뇌병변장애, 정서·행동장애, 학습장애 등 중추신경계의 이상을 원인으로 하는 장애들은 대부분 발달장애라는 포괄적 인 표현을 빌려 낙인효과를 줄이고 있다. 뿐만 아니라 시각장애와 청각장애 등 과 같은 감각장애도 발달장애로 명명되기도 하는데, 이는 시각과 청각에의 결함 은 특정 신체 부위는 물론 정서적 발달과정의 장애와 연관된다는 생각에서다. 동일한 이유에서 모든 장애는 발달장애라는 주장도 제기된다.

이 장에서는 감각장애를 제외한 인지적 결함을 갖고 있는 발달장애(지적장애, 자폐성장애, 학습장애, 정서 · 행동장애 등) 학생들과 신체적 결함을 갖고 있는 지체 장애 학생들의 학습 및 이동을 보조해 줄 수 있는 보조공학의 종류에 대해 살펴 보도록 한다.

제1절 발달장애 학생을 위한 보조공학

1. 공학의 이점

공학은 발달장애 학생들에게 다음과 같은 두 가지 측면에서 이점을 제공한다.

첫째, 발달장애 학생의 일상적 제한점들을 보상해 줌으로써 독립적인 생활을 위한 장벽을 극복할 수 있도록 해 주며 이를 통해 원활한 지역사회 통합을 지원 한다(Bryant & Bryant, 2003). 이는 곧 테크놀로지를 통해 자조기능을 향상시킬 뿐 아니라 독립적인 의사소통 기회 및 여가활동 참여 기회를 더욱 늘림으로써 타인 에 대한 의존성을 줄여 나갈 수 있음을 의미한다.

둘째, 학교가 점차 통합교육 환경으로 바뀌어 감에 따라 발달장애 학생들은 다양한 학습활동에의 참여를 요구받고 있으며, 공학은 이와 같은 상황에서 개인 의 학습에 도움을 제공한다. 즉, 보조공학은 동기유발, 반복학습, 수준별 프로그 램의 적용 등을 통한 일반학생들과 같은 물리적 공간에서의 교육기회 제공, 학 교 이외의 추가적인 교육활동에의 참여기회 부여 등을 통해 학습활동을 촉진시 켜 줄 수 있다. 특히 학습에 대한 동기유발은 지금까지의 연구에서 발달장애 학 생을 포함한 모든 학생의 교육경험을 개선하기 위한 공학 기반 활동의 요소로 가장 많이 언급되었다.

2. 보조공학의 활용[*]

2차 장애에 의해 장애가 중복화되지 않은 발달장애 학생들이 학교에서 겪는 문제는 신체적 손상이나 결함에 의한 문제보다는 대부분 학습상의 어려움으로 나타난다. 이에 이하에서는 발달장애 학생들의 학습을 지원해 줄 수 있는 활용적 측면에서 살펴보도록 한다.

1) 교수지원공학

(1) 교수-학습 전달 공학

학생의 기초학습 기능 습득을 위해 많은 소프트웨어가 개발되었는데, 그중 일부는 문자와 숫자인식과 같은 읽기기능과 취학 전 아동을 대상으로 한 조기교육을 목표로 하고 있으며, 나머지는 음운인식과 단어재인을 포함하는 해독, 수학 그리고 철자 등과 같은 기초기능의 습득을 위해서 제작되었다. 특히 발달장애 학생은 대체로 낮은 성취도를 보이기 때문에 프로그램 제작 시에 목표로 하는 연령범위가 제한적일 수도 있다. 따라서 교사는 프로그램의 주제, 그래픽 그리고 기타 요소가 학생의 연령에 맞는지를 항상 확인해야 한다.

① 조기교육 소프트웨어

개인용 컴퓨터의 보급과 함께 조기교육을 지원하기 위한 소프트웨어가 많이 개발되었다. 대부분의 조기교육 전문가들은 공학을 활용하면 유·아동기의 호기심을 유발할 수 있다고 지적하면서 상호작용과 발견을 강조하고 있으며, 독립적으로 과제를 수행하고 결정하는 방법을 가르칠 것을 권장하고 있다(Haugland & Shade, 1988; Mulphy & Thuente, 1995).

------

[*] 김용욱(2005), pp. 228-236을 참고하였음.

특수교육교사는 소프트웨어를 선택할 때 교과서를 기초로 한 방향설정, 복잡한 설치과정(예: 만화영화, 동작연결), 효과적인 과제수행에 방해가 되는 늦은 반응시간 등과 같은 점들을 고려해야 한다. 즉, 마우스를 한두 번 클릭함으로써 프로그램을 사용할 수 있어야 하며, 손이 작은 사람을 위해 마우스를 작게 설계하거나, 키보드 조작기능이 떨어지는 아동을 위해서 대체 키보드 사용 등을 고려해야 한다.

② 기초기능 프로그램

학생의 기초학습 능력을 향상시킬 수 있는 프로그램으로는 보통 CD-ROM 혹은 DVD-ROM을 많이 사용하는데, 여기에는 애니메이션, 사운드, 그림, 동영상 등이 포함될 수 있다. 그리고 이와 같은 프로그램을 활용하기 위해서는 교사와 학생용 컴퓨터가 준비되어야 하며, 대형 스크린과 기타 필요한 장비 또한 구비되어야 한다. 즉, 프로그램을 통하여 개념을 제시하고 그래픽, 연속 동작, 오디오 등을 실행하게 되는데, 이때 교사는 무선 리모트 컨트롤러를 이용해 프로그램을 조절할 수 있다.

(2) 전자도서

발달장애 학생은 전자도서를 통해 인쇄자료의 접근에 많은 도움을 받고 있다. 게다가 전자도서는 학생의 읽기기술 및 이해력을 촉진시킬 수 있는 강화물을 포함하고 있고 제품의 질 또한 향상되어 각급 초등학교에서 많이 이용하고 있는 실정이다. 국내의 전자도서관은 다양한 곳에 산재해 있는 자료를 검색하는 역할을 수행하는 데 그치는 곳도 많지만 경기도 사이버도서관(www.golibrary.go.kr), 강남구 전자도서관(ebook.gangnam.go.kr) 등과 같이 지방자치단체에서 운영하는 전자도서관을 비롯하여 다음(www.daum.net)이나 네이버(www.naver.com) 등의 포털 사이트와 교보문고(www.kyobobook.co.kr)와 같은 인터넷 서점은 실질적으로 전자도서 열람 및 대출 서비스를 하고 있다. 또한 저학년 학생들을 위한 전자도서관에는 북토비 전자도서관(lib.booktobi.com) 등이 있다.

여기서 한 가지 주의할 점은 전자도서를 독립된 교과과정으로 사용해서는 안 된다는 점이다. 오히려 교육과정상의 주제와 전자도서를 통합할 때 더 많은 효과를 가져올 수 있다. 이를 위해서 Matthew(1996)는 먼저 교사가 학생에게 질문이나 체계적인 활동을 통해 전자도서의 주제를 소개해 주어야 한다고 제안했다. 예를 들어, 교사는 학생들과 우화의 특징에 대해 토론함으로써 「토끼와 거북이」를 소개하고, 'K-W-L(Know-Want-Learn)' 활동을 지시할 수 있다(Ogle, 1986). 즉, 아동에게 우화에 관해 알고 있는 것을 먼저 자유롭게 토론하여 적도록 하고, 다음으로 그들이 알고 싶어 하는 것에 대해 쓰도록 하며, 마지막으로 「토끼와 거북이」 및 다른 우화를 읽고 나서 아동이 학습한 내용을 기록하게 하는 것이다.

2) 공학도구

(1) 워드프로세서
① 키보드 기능
쓰기는 여러 가지 기능이 통합된 복잡한 과제다. 따라서 컴퓨터와 워드프로세서 프로그램을 사용하기 위해서는 이에 필요한 소양능력, 즉 입력 기능과 워드프로세서 프로그램 활용에 대한 교육과 실습이 반드시 이루어져야 한다. 만약 이와 같은 단계를 교육하지 않는다면 발달장애 학생들은 그들이 입력하는 내용보다 오히려 워드프로세서 프로그램의 사용법에만 관심을 가지게 될 것이다.

키보드 기능은 키의 순서와 위치에 따라 순차적이고 집중적인 단기간의 실습을 통해 익힐 수 있다. 그리고 교사는 학생들의 키보드 실습을 직접 지도할 필요가 있는데, 그것은 학생들이 키보드 기능을 적절히 이용하도록 도와줄 수 있기 때문이다(Neuman & Morocco, 1987).

Knapp(1984)과 McClean(1987)은 키보드 입력 및 활용을 위한 소프트웨어나 관련 프로그램을 선택할 때 교사들이 고려해야 할 사항으로 다음을 제시하였다.

● 작은 단위로 순차적으로 키 제시하기

- 수행한 과제에 대해 입력의 정확도와 속도 자주 확인하기
- 대문자와 소문자의 화면 표시
- 오류 수정을 위한 선택사항 제공
- 구체적인 단어를 이용한 연습 실시
- 교사가 창의적인 수업을 할 수 있는 선택사항 제공

키보드의 사용이나 활용상의 기술 부족이 워드프로세서나 다른 응용 프로그램을 사용하는 데 문제가 되어서는 안 된다. 이것은 특히 장애아동과 어린 아동의 경우 반드시 염두에 두어야 할 사항이다.

② **워드프로세싱**

교사는 학생에게 워드프로세서 기능(삭제, 이동 등)과 워드프로세싱 요소(철자검사기, 사전 등)에 대한 소개를 하고, 연습할 시간을 반드시 주어야 한다. 왜냐하면 성인들은 아무런 어려움 없이 기능에 접근할 수 있지만 장애학생들은 이와 같은 기능과 요소를 사용할 때 많은 난관에 부딪히게 된다. 또한 MacArthur 등(1996)은 철자검사 기능을 사용한 대부분의 학생들이 검사영역이 표시되지 않은 오류에 대해서는 제대로 과제수행을 하지 못했다는 것을 발견했다.

따라서 이와 같은 많은 오류들을 예방하고 워드프로세서의 기능을 숙달하기 위해서는 교사의 지도와 지원이 절대적으로 필요하다. 더욱이 철자검사기능은 프로그램에 따라 많은 차이를 나타내므로 학생들은 철자검사 기능과 관련하여 추가적인 전략을 필요로 한다.

오리건대학교의 전자연구센터(Anderson-Inman & Knox-Quinn, 1996)에서 추천한 전략을 소개하면 다음과 같다.

- 예측과 검사: 철자검사 기능에 의해 어떤 단어를 철자 오류라고 판정했으나 정확한 다른 단어를 제시하지 못했을 경우, 원하는 단어가 나올 때까지 모음과 자음을 바꿈으로써 글자를 체계적으로 고칠 수 있게 하는 방법이다.

- 사전 정의 전략: 제시된 대안적인 단어 중에서 선택을 하는 데 어려움을 겪는 학생들을 위한 것이다. 이 전략을 사용하기 위해서는 하드 드라이브 또는 CD-ROM(혹은 DVD-ROM)에 전자사전을 설치해 두어야 한다. 철자검사 기능을 통해 제시된 대안적인 단어를 선정한 다음, 사전을 이용하여 그 의미를 알아본 후 다음 과제를 수행하는 방법이다.
- 텍스트/음성 전략: 음성합성장치를 이용하여 철자검사 기능에서 제시된 대안적인 단어의 소리를 듣고 어음 과제를 수행하는 전략이다.
- 쌍 단어 목록 전략: 동음이의어〔동상(銅像)–동상(凍傷)〕또는 혼동을 일으키는 단어(예: 주검-죽음) 목록을 이용하는 전략이다.

(2) 멀티미디어 저작도구

가장 보편적으로 사용되고 있는 멀티미디어 저작도구로는 디렉터, 플래시, 파워포인트 등이 있다. 이것을 이용하여 텍스트, 삽화, 애니메이션, 사운드, 링크 등의 기능을 구현하며, 특히 클립아트, 사운드, 동영상 팩과 같이 풍부한 기능을 지닌 패키지들을 사용할 수 있어 그 활용성이 아주 우수하다. 또한 다양한 멀티미디어 기술들을 병행하여 사용할 수 있는데, 여기에는 포토샵, 퀵타임 그리고 디지털카메라 등이 포함될 수 있다.

만일 학생이 이와 같은 멀티미디어 저작도구를 이용하여 교육적 효과를 얻을 수 있다면 교사는 멀티미디어 학습과제를 매우 신중하게 계획해야 한다. 즉, 교사는 이러한 멀티미디어 저작도구들을 이용한 활동을 통하여 학생들에게 서로 협력하는 방법뿐만 아니라 높은 수준의 인지과정을 활용하는 방법, 정보를 지식으로 이용하는 방법 그리고 기타 필요한 저작용 도구를 활용할 수 있는 방법을 가르쳐야 한다.

(3) 전자참고자료

현재 학교에서 이용 가능한 CD-ROM들이 많이 개발·보급되어 있으며 또한 매일 새로운 자료가 출시되고 있는 실정이다. 따라서 교사는 많은 종류의 자료 중에서 학생이 필요한 것이 어떤 것인지를 파악하여 그에게 맞는 자료를 선택해 줄 수 있는 능력이 필요한데, 가장 대표적인 참고자료로는 전자사전을 들 수 있다. 이것은 읽기장애 학생들의 독해를 도와줄 수 있는 유용한 프로그램이다.

　　Edyburn(1991)의 조사에 의하면 교사가 학생이 필요한 학습전략을 적절히 사용할 수 있다면 전자참고자료를 이용하여 더 많은 학습효과를 기대할 수 있는데, 이와 같은 학습전략은 구조화된 질문과 활동을 통해 이루어질 수 있다.

제2절　지체장애 학생을 위한 보조공학

　　지체장애학교에 재학하고 있는 학생의 90% 이상이 뇌성마비(cerebral palsy)이며, 이들 중 대다수는 주장애인 운동기능장애 외에 언어장애 및 지적장애를 포함한 수반장애를 동반하고 있음을 감안할 때 지체장애 학생만을 위한 보조공학을 범주화하여 소개하는 것은 무척이나 까다롭다. 이에 이 절에서는 지체장애 학생들이 주로 사용할 수 있는 보조공학 기기에 초점을 맞추고자 하며 수반장애에 따른 보조공학 기기는 이어지는 해당 장과 절을 참조하기 바란다.

1. 이동을 위한 보조공학 기기

　　지체장애 학생의 이동을 위한 보조공학 기기에는 휠체어(wheel chair)와 지팡이(cane), 크러치(crutch) 그리고 워커(walker) 등이 있다. 특히 Kim과 Mulholland (1999)에 의하면, 개발도상국에 살고 있는 50억 인구 중 2천만의 인구가 휠체어를 필요로 하고, 이 중 1% 이하가 자신의 휠체어를 보유하고 있는 것으로 보고되었다(구현모, 정동훈, 공진용, 채수영, 2005 재인용). 이를 보더라도 휠체어는 가장 널리 이용되고 있는 보조공학 기기 중 하나라고 할 수 있다.

1) 휠체어의 종류

휠체어는 구동방식과 구조에 따라 각기 다르게 분류할 수 있으며 사용 장소에 따라 실내용과 실외용으로 구분한다. 일반적으로는 구동방식에 따라 수동식과 전동식으로 구분하는데 수동식은 표준형과 침대형 그리고 스포츠형 등이 있다. 그리고 동력으로 움직이는 전동식에는 전동 스쿠터형, 표준형, 특수형 등이 있다(⟨표 9-1⟩ 참조).

‖표 9-1‖ **휠체어의 종류 및 특징**

종류			특징
수동	표준형	실내용	• 앞바퀴가 작으며 팔받이를 없애 중량을 줄임 • 좁은 문을 통과할 수 있도록 폭을 줄임
		실외용	• 앞바퀴를 크게 하여 충격 흡수력을 늘림(부피가 큼) • 부분별로 떼어 낼 수 있어 싣기와 보관이 용이
	침대형		• 등받이 각도 조절 가능 • 허리를 가누지 못하는 사람에게 유용
	스포츠형		• 팔받이가 없음 • 손잡이가 없는 낮은 등받이 • 앞바퀴를 1개로 하여 중량을 줄이고 기동성을 높이기도 함
전동	전동 스쿠터형		• 오토바이 같은 핸들이 있음
	표준형		• 조이스틱 사용 • 손가락으로 조작이 가능
	특수형		• 발가락으로 작동 가능 • 호흡으로 작동 가능

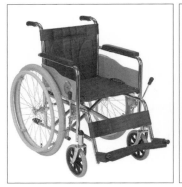
표준형

침대형

스포츠형

‖ 그림 9-1 ‖ **수동 휠체어의 종류**

표준형

전동 스쿠터형

특수형

‖ 그림 9-2 ‖ **전동 휠체어의 종류**

출처: 한국장애인고용촉진공단(2007), p. 93.

2) 휠체어의 선택

수동 휠체어를 사용할 것인지 전동 휠체어를 사용할 것인지는 경제성, 편리
성을 기준으로 하는 것이 아니라 사용자의 다양한 영역에 대한 평가를 토대로

결정해야 한다.

Angelo(2004)는 전동 휠체어와 수동 휠체어를 결정하는 데 영향을 미치는 요소로 다음의 네 가지를 제시하였다.

① 기능 상태(functional status)
② 인지 상태(cognitive status)
③ 시각(vision)
④ 휠체어 운반과 접근성(transportation and accessibility)

첫째, 여러 가지 손상이나 기능 상태로 인해 어떤 사용자는 수동 휠체어를 추진할 수 없게 된다. 근력과 관절운동 범위, 휠체어 추진에 영향을 주는 비정상적인 근긴장과 반사 등이 이에 속한다. 예를 들어, 경추 4번 손상환자 혹은 중증 뇌성마비 장애인들은 수동 휠체어를 추진하는 데 어려움이 있는 만큼 전동 휠체어 조종 능력을 평가하게 된다. 또한 수동 휠체어 추진 시 비정상적인 근긴장도를 보이면 자세 변형이 유발되므로 장기적인 정형외과적 문제와 자세 문제를 예방하기 위해서는 전동 휠체어를 사용하는 것이 좋다.

둘째, 휠체어 사용자가 인지 손상이 있다면 기억력, 문제해결 능력 그리고 감정조절 능력을 포함한 몇 가지 영역에서의 평가를 필요로 한다.

셋째, 중증의 시각 손상을 가진 사람이라고 하더라도 익숙한 환경에서는 기본적인 수행능력을 가지고 있을 것이다. 반면에 위험한 상황을 인식할 수 없다면 전동 휠체어를 권장할 수 없을 것이다.

넷째, 사용자나 보호자가 휠체어를 쉽게 운반하고 또한 사용자가 쉽게 휠체어에서 교통수단으로 이동할 수 있는지를 확인해야 한다.

휠체어를 선택함에 있어 고려해야 될 사항으로 Cook과 Hussey(2009)가 제시한 것을 정리하면 다음과 같다.

① 프로파일: 장애, 발병일자, 예후, 신체 크기, 몸무게

② 욕구: 활동, 사용하는 주변 환경(예: 실내/실외), 선호도, 휴대 가능성, 견고성, 신뢰성, 비용

③ 신체 및 감각 기술: 운동 범위, 운동 조절력, 체력, 시각, 지각

④ 기능적 기술: 수동이나 전동식 이동기구를 추진하고 옮겨 탈 수 있는 능력

3) 휠체어 사용 시 고려사항

휠체어를 사용함에 있어 반드시 염두에 두어야 하는 것은, 휠체어를 사용할 때 편리성만을 강조하며 몸을 골고루 사용하지 않을 경우 척추 이상, 발성, 호흡, 식이, 소화, 시각, 장지와 머리의 운동 조절의 이상 등과 같은 이차적 장애를 갖게 되거나 장애의 퇴행이 심하여 어려움을 겪게 될 수도 있다(구본권, 2007)는 것이다. 아동들은 물리치료사나 작업치료사의 조언이 없을 때에는 처음부터 자기가 편한 자세로 앉는 경향이 있다. 교사는 그런 아동의 자세가 부적당한 자세라고 생각될 경우, 그에 관한 관찰 기록을 치료사들에게 설명해 주어야 하고, 교사는 어떻게 해야 하는지에 대한 지식을 쌓아야 한다. 따라서 전문가의 조언을 얻어 결정하는 것이 최상의 방법이다.

교사는 다음과 같은 사항을 휠체어 사용 학생 및 또래들에게 숙지시켜야 한다.

- 차도에서의 사용, 야간 사용은 하지 않는다.
- 낙뢰 시에나 결빙된 노면에서 사용하지 않는다.
- 보호자가 운행할 때는 항상 두 손을 사용한다.
- 8도 이상의 경사로에서는 보호자가 반드시 동행한다.
- 10도 이상의 경사로는 전복 가능성이 높으므로 오르지 않는다.
- 5도 이상의 경사로에서는 옆 주행을 하지 않는다.
- 5cm 이상의 턱은 가급적 넘지 않는다.
- 앞바퀴 지름 이상의 홈이나 도랑은 지나가지 않는다.

- 휠체어를 타고 내릴 때는 반드시 브레이크를 채운다.
- 발판(foot plate)을 디딤판으로 사용할 경우 전복 가능성이 있으므로 이를 금한다.
- 주행 중에는 바닥에 떨어진 물건을 줍지 않는다.
- 에스컬레이터에서의 사용은 절대 금지하고 엘리베이터를 이용하도록 한다.
- 수동 휠체어 사용자는 휠체어가 밀릴 때 손을 바퀴 가까이 두어서는 안 된다.

4) 휠체어별 특징

(1) 수동 휠체어
① 수동 휠체어의 주요 구조
수동 휠체어는 [그림 9-3]과 같이 휠체어의 구조를 이루면서 사람이 앉는 부분과 휠체어 전체를 지지하는 중요한 역할을 하는 프레임(frame), 휴식 또는 휠체어를 타고 내릴 때 사용되는 팔 받침대(arm rest), 멈출 경우 바퀴의 움직임을 고정시켜 주는 브레이크(brake), 사용자가 휠체어를 추진하는 데 사용되는 핸드림(handrim) 등으로 구성된다. 수동 휠체어를 구성하고 있는 주요 구조물에 대해 살펴보면 다음과 같다.

- 팔 받침대: 상체의 안정성을 위한 장치로 고정식 혹은 뒤로 젖힘식과 완전 착탈식, 짧은 것과 긴 것 등이 있다. 뒤로 젖힘식과 완전 착탈식은 운반이나 다른 활동에 용이하다. 그리고 팔 받침대의 길이가 짧은 것은 책상에의 접근이 용이하며 긴 것은 팔을 좀 더 많이 지지할 수 있다.
- 다리 받침대와 발판: 다리 받침대와 발판은 사용자의 하지에 필요한 지지를 제공하기 위한 장치로 사용자에 맞게 적절히 조절되어야 한다.
- 브레이크: 브레이크는 브레이크를 작동시킬 정도의 힘이 부족한 경우 사용하는 휠체어 바퀴 잠금장치와 일반 브레이크 등의 두 가지 종류가 있다.
- 바퀴: 보조바퀴가 작은 것이 큰 것에 비해 이상 진동은 덜하지만 평평하지

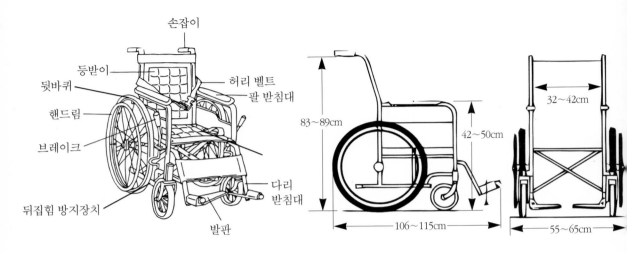

║ 그림 9-3 ║ **표준형 수동 휠체어의 주요 구조와 규격**

않은 면에 끼어 들어갈 가능성이 높다. 반면, 큰 보조바퀴는 장애물을 쉽게 통과할 수 있고 승차감이 좋은 이점이 있다. Tracker 등(1994)은 보조바퀴의 이상 진동을 줄일 수 있는 방법으로 다음의 네 가지를 제시했다(Angelo, 1997 재인용). ① 작거나 가벼운 보조바퀴를 사용한다. ② 보조바퀴(caster) 회전축으로부터 보조바퀴의 지면 접촉점까지의 수직거리, 즉 트레일(trail) 의 길이를 증가시킨다. 여기서 트레일이란 자동차의 중심면에 차바퀴의 중심을 지나는 연직선과 킹핀 중심선을 투영하였을 때 그 접지면 위에 있어서의 거리(Daum 백과)를 의미한다. 따라서 보조바퀴가 흔들리는 것은 지면과 보조바퀴의 접촉이 잘 안 되기 때문이고 출발할 때 휠체어의 흔들림을 발생시킨다. 결국 보조바퀴와 지면과의 접지 거리가 길면 길수록 안정적이게 된다([그림 9-4] 참조). ③ 회전축을 견고하게 고정시킨다. ④ 보조바퀴의 회전축이 지면과 수직을 이루게 한다.

● 안전벨트: 허리 혹은 가슴 벨트 그리고 손 · 발목 벨트, 좌석 벨트 등의 휠체어 부대용품을 포함한다. 허리 혹은 가슴 벨트는 휠체어에서 몸을 가누지 못하거나 체중이 가벼워 작은 흔들림에도 떨어지기 쉬운 장애인을 위해 허

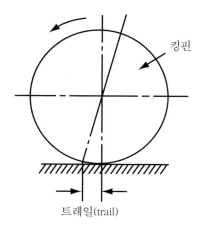

킹핀

트레일(trail)

‖ 그림 9-4 ‖ **보조바퀴 트레일**

출처: Daum 백과(http://100.daum.net/encyclopedia)/view/156xx58618144

리(가슴)와 등받이를 밀착시켜 준다. 손·발목 벨트는 손 혹은 발의 흔들림
이 심해 휠체어 밖으로 뻗치는 뇌성마비 등의 장애인의 손이나 발을 고정
시키는 데 사용된다. 좌석 벨트는 골반의 안정성을 제공해 주는 역할을 하
는 것으로 골반을 지탱해 주기 때문에 바른 자세를 취하는 데 필요한 보장
구에 해당한다.

교사는 수동 휠체어의 구조와 함께 다음의 보관방법에 대해서도 알고 있어야
하며 이를 수시로 확인하고 학생에게 전달할 수 있어야 한다.

● 비를 맞지 않도록 한다. 비를 맞으면 녹이 슬어 흉하게 되거나 나사에 고장
  이 생겨 수명을 단축시키는 원인이 된다.
● 주요 접합부에 수시로 공업용 기름을 칠한다.
● 나사에 이물질이 끼이지 않았는지 살펴보고 마른 헝겊으로 닦는다.
● 뒷바퀴 튜브의 공기압을 적정하게 유지해야 한다. 공기압이 너무 낮으면
  잘 굴러가지 않으며 브레이크의 기능이 약해지고, 너무 많으면 진동 흡수

가 잘 안 된다. 적정 공기압은 엄지손가락으로 힘껏 눌렀을 때 0.5cm 정도 들어가는 상태다.

● 손잡이의 덮개가 헐겁지 않은가 수시로 점검한다. 특히 보호자가 운행하여 내리막길을 내려올 때 덮개가 빠지면 심각한 사고가 발생한다.

● 접은 상태에서 보관한다.

② 수동 휠체어 선택 시 고려사항

수동 휠체어를 선택하고자 할 경우 다음과 같은 사항에 대한 확인이 필요하다(Angelo, 1997).

● 사용자가 평지에서만 휠체어를 추진할 수 있는가? 언덕이나 편평하지 못한 도로에서는 휠체어를 추진할 수 없는가?

● 휠체어를 추진할 수 있을 정도의 충분한 상지 및 손의 기능을 보유하고 있는가? 만약 그렇지 않다면, 플라스틱으로 표면이 처리된 바퀴손잡이와 같이 수월하게 잡을 수 있는 특수 바퀴손잡이를 필요로 하는가?

● 경사를 오를 수 있을 만큼의 충분한 근력과 지구력이 있는가?

● 사용자는 팔이나 다리, 혹은 팔과 다리 모두를 사용하여 휠체어를 추진할 수 있는가?

● 사용자는 급한 경사로, 연석(Curb), 계단, 표면이 고르지 못한 지역 등에서 휠체어를 조종할 수 있는가? 만약 그렇다면, 가장 효율성 있는 휠체어 추진을 위하여 프레임 디자인을 어떻게 하는 것이 좋은가?

③ 수동 휠체어의 장단점

수동 휠체어는 다음과 같은 장점을 갖고 있다.

첫째, 핸들의 작동이 쉽다.
둘째, 보관 및 수리가 상대적으로 수월하다.

셋째, 학교생활에 편리하다.

넷째, 전동 휠체어의 보완 및 대체품으로서의 기능을 한다.

다섯째, 전동 휠체어에 비해 가격이 저렴하다.

여섯째, 운반이 편리하다.

일곱째, 아동에서부터 성인에 이르기까지 다양한 연령대의 사용이 가능하다.

이에 비해 단점으로는 이용자가 직접 핸드림(밀기용 외륜)의 조작을 통해 이동할 정도의 근력을 갖고 있거나, 다른 사람의 도움을 받아 이동해야 한다는 제약을 들 수 있다.

(2) 전동 휠체어

① 전동 휠체어의 주요 구조

전동 휠체어 표준형은 방향 조정을 위한 조이스틱과 동력을 위한 배터리가 주된 구조를 구성하고 있다. 반면에 전동 스쿠터는 외형적으로 드러나는 장치가 표준형에 비해 다소 복잡한데, 손잡이, 방향지시등, 속도조절 액셀러레이터, 모터, 배터리 등이 주된 요소다. 과거에는 전형적으로 세 개의 바퀴가 있었기 때문

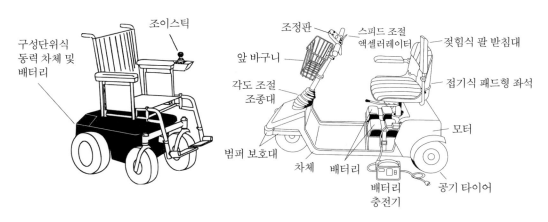

‖ 그림 9-5 ‖ **전동 휠체어 표준형과 전동 스쿠터형의 구조**

출처: Cook & Hussey(2009), pp. 484, 487 수정 후 인용함.

에 '전동 삼륜휠체어'라고도 불렸으나 최근에는 안정성을 고려하여 네 개의 바퀴를 장착한 경우도 많아지고 있다.

② 전동 휠체어의 장단점

전동 휠체어는 전동을 이용하므로 학생이 힘을 들이지 않고 자유롭게 이동할 수 있다는 게 가장 큰 이점이다. 따라서 중증장애 학생에게 이동의 편의를 제공할 수 있다. 반면 아동 특히 취학 전 아동에게 전동 휠체어의 사용을 권장할 것인지에 대해서는 의견이 엇갈리고 있다. 예를 들어, 구본권(2007)은 전동 휠체어는 그 무게와 속도로 인해 특별한 훈련이 필요한 만큼 아동에게는 권고하지 않는다는 입장인 데 반해, Angelo(1997)는 18개월 정도의 유아는 전동 휠체어를 이해하고 사용할 수 있는 능력이 있는 만큼 이동기기를 안전하고 독립적으로 조종할 수 있을 때까지 감독이 필요하기는 하지만 이후에는 전동 휠체어의 사용을 권장해야 하며 이를 통해 많은 이점을 얻을 수 있음을 강조한다.

연령에 따른 전동 휠체어의 사용 여부와는 달리 우리나라의 경우 전동 휠체어는 턱이나 계단이 많은 도시 건축구조나 전통적인 주택 양식으로 인해 사용하기가 불편하기 때문에 일부 전문가들 사이에서는 이의 사용을 만류하고 있다(함께걸음, 1992년 6월 1일 기사).

그러나 전동 휠체어가 제공하는 작동에서의 수월성은 휠체어 이용자와 관련된 전 영역에 걸쳐 영향력을 발휘하는데, 전동휠체어나눔연대(2004)가 전동 휠체어 사용자 124명을 대상으로 실시한 조사에 의하면 전동 휠체어는 다음과 같은 영역에서 긍정적인 변화를 유도하는 것으로 나타났다.

- 삶의 질 변화
- 일상생활의 변화
- 심리적·정신적 변화
- 자기결정권의 변화
- 가족 관계의 변화

반면, 다음과 같은 단점이 있다.

● 무게가 무거워 운반이 불편하다.
● 이동을 위해서는 특별한 훈련이 필요하다. 사용자는 최소한 다음과 같은 기본 기술을 익힐 수 있어야 한다(Angelo, 1997).
　– 사용자는 반드시 의도한 대로 멈출 수 있어야 한다.
　– 사용자는 반드시 자신의 동작으로 휠체어를 움직일 수 있다는 것을 인식해야 한다.
　– 사용자는 입력장치를 지속적으로 조종할 수 있어야 한다.
● 가격이 비싸다.
● 사용 도중 작동에 문제가 생길 경우, 이를 사용자 스스로 해결할 수 있는 조작 기술이 어렵다.
● 배터리의 상태를 살피거나 각 구조의 상태를 정기적으로 살피는 등 관리에 주의를 기울여야 한다.
● 도로가 고르지 못할 경우 사용 장소가 제한적일 수 있다.

5) 이동을 위한 기타 보조공학 기기

지체장애 학생들의 이동을 보조해 줄 수 있는 보조공학 기기에는 휠체어 외에도 지팡이(cane)와 크러치(crutch) 그리고 워커(walker) 등이 많이 이용된다.

지팡이는 보행능력이 있는 지체장애 학생들이 보행 중 균형을 유지하고, 안정성을 확보하기 위하여 사용하는 간단한 이동 보조장치다. 최근에는 휴대성을 위하여 경량의 재질을 사용하여 제작하는 추세이며, 지팡이를 사용하는 지체장애인의 장애 정도에 따라 바닥에 닿는 면이 한 개 혹은 그 이상의 것으로 되어 있는 경우도 있다. 또한 사용자의 신장을 고려하여 높이를 조절할 수 있으며, 접는 기능이 있는 것도 있다.

보행용 크러치는 나무로 만들어진 것이 대부분이지만 알루미늄이나 가벼운

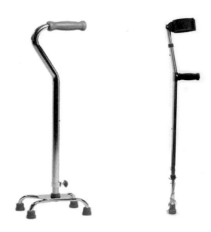

‖ 그림 9-6 ‖ **지팡이의 종류**

금속제품도 있다. 일반적으로 키의 16%를 감산하여 크기를 정하고 어깨와 팔 길이의 각도가 25~30도 정도 굴곡이 생기게 높이를 조절한다. 클러치를 적절하게 사용하기 위해서는 겨드랑이에서 손가락 2~3개 아래에 있도록 크러치의 길이를 조절하여야 한다.

크러치를 사용할 때에는 미끄러운 양말, 신발, 슬리퍼 또는 굽이 높은 신발은 삼가고 밑바닥이 평평하고 단단한 재질로 되어 있는 것이 좋다. 보행 전에 상지(팔)의 힘을 기르고, 몸의 균형을 잡는 훈련과 크러치의 크기를 조절하여 미끄럽지 않은 장소에서 연습하도록 한다. 평지에서 걷기가 익숙해지면 계단이나 언덕 내리막길 등에서 연습하여 다양한 환경에 적응하도록 한다. 계단을 내려갈 때는 크러치와 불편한 발이 먼저 내딛도록 한 다음 손상되지 않은 발이 내려가도록 한다. 이와 반대로 계단을 올라갈 때는 불편하지 않은 발을 먼저 내딛도록 한 다음 크러치와 불편한 발을 내딛는 것이 안전한 보행법이다. 특히 크러치 걷기 연습에는 헬멧을 착용하여 안전을 도모해야 하는데, 간질이 있는 아동의 경우는 반드시 헬멧을 착용하고 연습한다(구본권, 2007: 218-219).

워커는 혼자서 보행하기에는 근력, 조정력, 평행유지 등이 힘든 이를 위한 이동 보조장치로 일반적으로 근거리 이동에 사용된다. X자형 걸음으로 걷는 아동

‖ 그림 9-7 ‖ **크러치의 종류**

이 사용하는 다기능 워커 혹은 지그재그 워커(multi-purpose walker), 바퀴가 없는 고정 워커를 사용하는 데 불편을 느끼거나 팔이나 손에 약간의 장애가 있는 아동이 사용하는 구동 워커(wheeled walker), 한쪽 다리가 불편한 사용자들이 지팡이에 비해 쉽고 편하게 한쪽을 지지할 수 있도록 하여 보행을 도와주는 사이드 워커(side walker) 등이 있다.

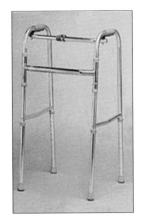

다기능 워커   구동 워커   사이드 워커
(지그재그 워커)

‖ 그림 9-8 ‖ **워커의 종류**

2. 컴퓨터 접근성을 위한 보조공학 기기

정보를 입력하고 출력하기 위해 컴퓨터를 사용할 때, 지체장애 학생들은 어려움을 겪게 된다. 그러나 오늘날, 컴퓨터와 인터넷에 대한 접근성은 정보 교류와 의사소통을 위해 매우 중요하다. 따라서 지체장애 학생들이 컴퓨터 및 인터넷에 접근할 수 있도록 하는 여러 가지 방법이 고려되어야 한다. 기본적으로는 정보의 입력을 위해 미세 운동 조절 능력이 부족하지만 손의 사용은 가능한 한 지체장애 학생의 신체적 특성에 적합한 키보드를 활용할 수 있도록 해야 할 것이다.

1) 제어판 활용과 키가드

키보드 통제능력은 컴퓨터에 내장되어 있는 '제어판'을 이용하는 것과 물리적으로는 키가드(key-guard)를 보완적으로 사용함으로써 향상 가능하다. 제어판은 컴퓨터의 상태 점검, 프로그램 제거, 언어추가, 접근성 등을 사용자에 맞춰 조정할 수 있도록 해 주는데, 키보드 조작의 편의를 위해서는 '접근성'을 변경해야 한다. 접근성 아이콘 우측에 제시되어 있는 하위 메뉴 중 '접근성'을 선택하면 '접근성 센터'와 '음성 인식'이라는 하위 메뉴가 나타나며, 이중 접근성 센터의 '키보드 작동 방법 변경'을 선택한다(운영체계 윈도 10 기준, [그림 9-9] 참조).

고정키 시스템은 운동 조절 능력이 부족한 장애인이 컴퓨터의 명령키와 같은 특수키를 이용할 수 있게 해 주는 방식, 즉 〈Ctrl+Alt+Del〉 같은 바로가기 키를 한 번에 하나씩 입력하도록 해 줌으로써, 한 손만 사용할 수 있는 장애인이 멀티키 기능을 수행할 수 있게 한다. 필터키 시스템은 '필터키 설정' 선택을 통해 탄력키와 느린키(반복키) 기능을 설정할 수 있도록 활성화시킬 수 있다. 탄력키는 발작 증세를 보이는 사람과 파킨슨병이 있는 사람을 포함한 손떨림이 있는 이들이 보다 수월하게 키보드를 조작할 수 있도록 지원한다. 프로그램은 빠른

‖ 그림 9-9 ‖ **키보드 접근성 향상을 위한 제어판 조정**

속도로 계속해서 두 번 누르는 것, 즉 일정 시간이 지나기 전에는 반복해서 누른 키를 수용하지 않는다. 만약 평상시와 같은 시간적 간격을 두고 같은 키를 두 번 누른다면, 탄력키는 입력을 받아들일 것이다. 이에 반해 느린키는 신중히 그리고 보다 강한 압력에 의해 자판을 누르는 경우에 한해 컴퓨터가 이를 인식하고 실행하도록 한다. 느린키는 자판을 가볍게 누르는 것을 무시하는데, 사용자가 의도하지 않은 것으로 우연히 자판을 친 것으로 가정한다. 사지마비 혹은 발작을 일으키는 이들은 물론 뇌성마비 장애를 가진 이들에게 그들이 누르고자 하는 바를 정확하게 할 수 있도록 한다. 이와 같이 고정키와 필터키가 신체적인 움직임에 어려움이 있는 장애인들이 보다 수월하게 컴퓨터에 접근할 수 있도록 하는 시스템이라고 할 수 있다. 마지막으로 토글키는 〈Caps Lock〉, 〈Num Lock〉 또

‖ 그림 9-10 ‖ 키가드를 설치한 키보드

는 〈Scroll Lock〉 키를 누를 때 청각적 신호를 제공함으로써 컴퓨터에 대한 시각장애인의 접근성을 향상시킨다.

키가드는 표준 키보드의 위에 놓고 사용하는 것으로 운동신경장애가 있는 사용자가 다른 키를 건드리지 않고 원하는 키를 찾아 정확하게 입력할 수 있게 도와주는 장치다. 이와 같은 방식은 마우스 스틱 사용자나 머리에 헤드 스틱을 장착하여 키보드를 입력하는 사용자들도 유용하게 사용할 수 있는 장치다.

2) 대체 키보드

지체장애 학생의 컴퓨터 접근을 위한 또 하나의 공학으로서 많이 활용되고 있는 것이 대체 키보드(alternative keyboard)다. 대체 키보드란 표준 키보드를 사용함에 있어 불편함이 있는 장애학생들의 요구사항을 충족시켜 줄 수 있도록 특별히 고안된 키보드로, 프로그램 키보드, 소형 키보드, 조합 키보드, 화면 키보드, 한 손 사용자를 위한 키보드 등이 있다. 양손 사용이 충분하지 못할 경우, 타이핑 속도가 늦은 한 손 사용자의 경우, 문자로 뜻을 전달하는 것보다 단어나 구의 조합으로 의사소통하는 경우, 소근육 운동이 제한적인 경우, 시각적 차이가 분명한 키만 구별할 수 있는 사용자인 경우에 사용된다.

대체 키보드는 표준 키보드나 마우스에 비하여 다음과 장점을 갖고 있다.

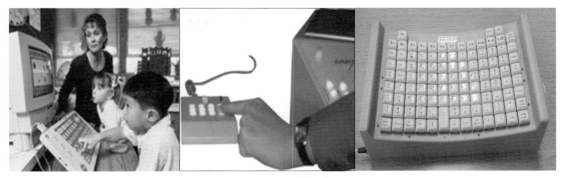

‖ 그림 9-11 ‖ **대체 키보드**

- 정보 입력의 간편성
- 단어나 문자 대신에 그림을 이용하여 키보드 제작 가능
- 단어나 문자 대신에 촉각적인 요소로 키보드 제작 가능
- 개별적인 문자 대신 단어나 구 입력 가능
- 의사소통판으로 활용 가능
- 그래픽, 사진, 기타 매체를 통한 의미전달
- 문자-소리 인식 훈련에 활용
- 그래픽, 사진, 기타 개체들을 통하여 단어의 의미학습에 활용
- 특정 작업을 수행하는 데 키 수를 제한하여 사용
- 화면 키보드와 스위치를 사용하여 용이하게 정보 입력 및 컴퓨터 조정
- 마우스 혹은 화면 키보드의 마우스를 이용
- 사용을 쉽게 할 수 있도록 도와줄 수 있으며, 동기부여 제공 기능

3) 조이스틱

조이스틱은 컴퓨터의 마우스 포트나 범용 직렬 버스(Universal Serial Bus: USB)에 연결하여 사용하는 입력장치 중의 하나다. 일반적으로 조이스틱은 게임류 소프트웨어를 작동할 때 많이 활용하는 것으로, 조이스틱의 보편적인 목적은 마우

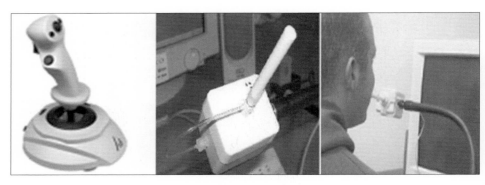

‖ 그림 9-12 ‖ **조이스틱**

스와 같이 컴퓨터 화면상의 커서를 이동 및 조작하는 것이라고 할 수 있다.

조이스틱은 마우스를 사용할 수 있는 손의 사용능력은 있으나 화면에 나타나
는 마우스의 움직임을 따라 일을 하는 경우, 손을 이용하지 않고 컴퓨터를 작동
하거나 사용해야 하는 경우, 간단한 방법 및 조작으로 컴퓨터를 작동하거나 사
용해야 하는 경우에 많이 사용된다.

조이스틱의 기능 및 장단점을 정리하면 다음과 같다.

- 컴퓨터 사용에 대한 동기유발을 제공
- 의사교환 시스템과 환경조정 시스템 조정 가능
- 신체의 다른 부분(예: 관절, 입 등)으로 컴퓨터 조절 가능
- 화면 키보드를 이용하면 문자나 자료를 입력할 수 있음
- 전동 휠체어 조정과 같은 운동기능들을 연습할 수 있음

4) 트랙볼

트랙볼(trackball)은 볼 마우스를 뒤집어 소켓 내에 심어 놓은 형태로 되어 있
다. 사용자는 위에 있는 볼을 손가락이나 다른 신체부위를 사용하여 굴려서 커
서를 원하는 위치에 놓은 다음, 선택을 하기 위해 볼 위 혹은 좌·우에 배치되어

‖ 그림 9-13 ‖ **트랙볼**

있는 단추를 누른다.

　트랙볼은 사용자의 운동기능이 낮은 경우, 마우스의 커서를 적절히 다루기 위하여 지시하는 기기를 이용하는 경우, 한 손가락만 이용하여 마우스의 커서를 조정해야 하는 경우, 클릭하는 부분이 떨어져 있는 것을 요구하는 경우에 적용할 수 있는 보조공학 기기다.

3. 기타 보조공학 기기

　지체장애 학생들이 사용할 수 있는 보조공학 기기의 종류는 수반되는 2차 장애의 유형과 정도 그리고 보조공학 기기를 필요로 하는 환경에 따라 너무나 다양한데, [그림 9-14]는 지체장애 학생들이 사용할 수 있는 보조공학 기기들의 일부에 지나지 않는다. 시각장애를 수반하고 있는 지체장애 학생이라면 음성합성 장치와 스크린 리더 프로그램 등이 부가적으로 필요할 것이다. 그리고 의사소통 장애를 수반하고 있는 경우라면 보완대체 의사소통 기기가 필요할 수도 있다. 이와 같이 수반장애에 따른 보조공학 기기는 해당 장애를 설명하는 장에서 다루

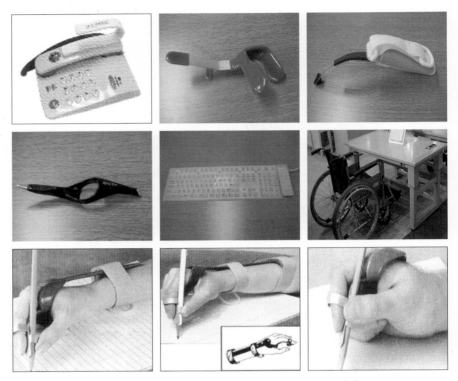

‖ 그림 9-14 ‖ **지체장애 학생을 위한 보조공학 기기**

도록 하고, 이하에서는 지체장애 학생들의 학습과 환경 적응에 이용할 수 있는 단어예견 프로그램과 환경제어장치에 대해 살펴보도록 한다.

1) 단어예견 프로그램

단어예견 프로그램(word prediction program)이란 사용자가 화면상에 나타난 단어 목록에서 원하는 단어를 선택하여 문장을 완성할 수 있게 하는 프로그램으로, 일반적으로 워드프로세서 프로그램에서 많이 채용하고 있다. 이와 같은 단어예견 프로그램은 인터넷 웹브라우저에서도 확인할 수 있는데, 인터넷 주소를 쓰는 부분에 웹 사이트 주소를 쓸 경우, 예전에 입력한 주소인 경우는 첫 자만

입력하면 그와 유사한 사이트 주소를 보여 준다. 뿐만 아니라 각 포털 사이트(portal site)에서 제공하고 있는 검색어 서제스트(search word suggest) 기능 역시 이에 해당한다.

기능과 형태상의 장애로 인해 지체장애 학생들이 겪는 쓰기의 어려움을 고려했을 때 단어예견 프로그램은 다음과 같은 장점을 제공한다.

- 쓰기 및 입력 시 생산성과 정확성을 증가시킬 수 있다.
- 단어 이해 증진을 통하여 어휘 사용 기능을 증가시킬 수 있다.
- 불필요한 키보드 사용 및 조작을 줄여 피로감을 감소시킬 수 있다.

2) 환경제어장치

환경제어장치(Environmental Control Units: ECU)는 전기기구, 전화 그리고 주로 코드에 꽂아 사용하는 기타 장비를 제어하기 위해 사용되는 장치를 말한다. 이러한 장치 중 일부는 기존의 원격제어장치를 모방함으로써 가능하며, 이 장치를 보통 일상생활 보조기구(Activity of Daily Living: ADL)라고도 부른다. 환경제어장치의 이점은 우리가 가정에서 사용하는 텔레비전 리모트 컨트롤러의 편리함을 고려해 보는 것만으로도 충분하다.

환경제어장치는 다음과 같은 기능을 제공한다.

- 도움 없이 컴퓨터 시스템 구동 가능
- 램프, 팬, 오디오 · 비디오 시스템 및 기타 장치 구동 가능
- 텔레비전, 오락 시스템, VCR을 휴대용 원격제어장치로 구동 가능
- 건물의 원격지에 연결된 비상 콜 버튼 작동 가능
- 문의 개폐 가능
- 특별한 도움 없이 병상의 높이조절 가능
- 보안체계 작동 가능

기출문제

【지체장애】

초등, 17   다음은 지체장애 특수학교에서 제작한 '학생 유형별 교육 지원 사례 자료집'에 수록된 Q & A의 일부이다. 물음에 답하시오.

> Q. 경직형 뇌성마비 학생 B 또는 높은 근 긴장도로 인해 ⓒ 근육, 인대, 관절막의 길이가 짧아지고 변형되어 첨족 및 내반족, 척추 측만 등이 나타나고 있습니다. 그래서 바른 자세를 유지하기 위해 몸통 및 상체 지지형 휠체어 등의 보조기기를 사용하고 있습니다. 이와 같은 보조기기를 사용하고 있습니다. 이와 같은 보조기기를 사용할 때 유의하여야 할 사항은 무엇인지 궁금합니다.
>
> A. ② 보조기기를 오랫동안 사용하게 되면 학생의 신체에 부정적인 영향을 줄 수 있습니다. 그래서 보조기기 사용에 대한 계획을 수립하는 것이 바람직합니다.

사례의 ⓒ을 보일 때 사용할 수 있는 ① 보조기기의 예와 ② ②의 예를 각각 한 가지씩 쓰시오.

초등, 08   뇌성마비 학생 진수에 대한 다음 물음에 답하시오.

(1) 아래 그림은 진수가 의자에 앉은 정면과 측면의 모습이다. 진수를 휠체어에 앉히고자 할 때, 올바른 학습자세를 갖추기 위한 수정방법을 세 가지 쓰시오.

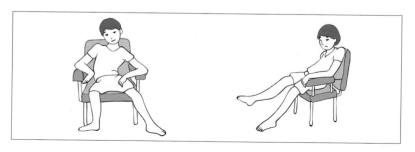

① _____
② _____
③ _____

(2) 진수는 구어능력과 손가락 사용능력이 부족하다. 진수의 수업참여를 지원
할 수 있는 특수교육공학적 도구를 한 가지씩 쓰시오.

① 구어능력: _____
② 손가락 사용능력: _____

중등, 14   다음은 지체장애 특수학교의 교사가 학생 A와 B의 컴퓨터 접근성
을 높이기 위해 사용하고 있는 방법을 교육 실습생에게 설명하고 있는 장면이다.
괄호 안의 ㉠과 ㉡에 해당하는 말을 각각 쓰시오.

실습생: 선생님, 학생 A가 컴퓨터를 사용할 때 선생님께서 어떤 도움을 주
고 계신지 알고 싶어요.

특수교사: 학생 A는 컴퓨터로 문서 작업을 할 때 어려움이 있어요. 예를 들
어, '학습'이라는 단어를 칠 때 'ㅎ'을 한 번 누르고 나서 손을 떼야 하
는데 바로 떼기가 어려워요. 그래서 'ㅎ'이 계속 입력되어 화면에 나타
나, 지우고 다시 치느라 시간이 오래 걸려요. 이럴 때는 윈도 프로그램
(Windows program)의 '내게 필요한 옵션' 중에서 반복된 키 입력을
자동으로 무시하는   (㉠) 기능을 활용하게 하고 있어요.

실습생: 그럼, 학생 B는 일반적인 키보드를 사용하지 못할 것 같은데 선생
님께서는 어떻게 도와주고 계세요?

특수교사: 학생 B에게는 훑기(scanning)를 통해 화상 키보드를 사용하도록
하였어요. 간접 선택 기법인 훑기에는 여러 가지 선택 기법이 있는데,
그중에서 학생 B에게는 스위치를 누르지 않아도 일정 시간 간격으로
커서가 움직이도록 미리 설정해 주고, 커서가 원하는 키에 왔을 때 스
위치를 눌러 그 키를 선택하게 하는 (㉡) 선택 기법을 사용하게 하고
있어요.

실습생: 네, 잘 알겠습니다.

중등, 13-1 비대칭 긴장성 경부반사(ATNR)를 보이는 뇌성마비 학생 A와 대칭 긴장성 경부반사(STNR)를 보이는 뇌성마비 학생 B를 위한 교사의 지원방법으로 옳은 것만을 〈보기〉에서 모두 고른 것은?

> ㄱ. 학생 A에게 학습 교재를 제공할 때는 교재를 책상 가운데에 놓아 주고 양손을 몸의 중앙으로 모을 수 있게 한다.
> ㄴ. 학생 A가 휠체어에 앉아 있을 때는 원시적 공동운동 패턴을 극대화시켜서 구축과 변형을 예방하고 천골과 미골에 욕창이 발생하지 않게 한다.
> ㄷ. 학생 A가 컴퓨터 작업을 할 때 반사가 활성화되면 고개가 돌아간 방향에 모니터를 놓고, 관절 운동범위(ROM)와 자발적 신체 움직임을 고려하여 스위치의 위치를 정한다.
> ㄹ. 학생 B를 휠체어에 앉힐 때에는 골반과 하지 그리고 체간의 위치를 바로잡은 후, 머리와 목의 위치를 바르게 한다.
> ㅁ. 학생 B의 컴퓨터 사용을 위해 직접선택능력을 평가할 때는 손의 조절, 발과 다리의 조절, 머리 및 구강과 안면의 조절 순으로 한다.

① ㄱ, ㄹ   ② ㄴ, ㄷ   ③ ㄱ, ㄷ, ㄹ
④ ㄴ, ㄷ, ㅁ   ⑤ ㄴ, ㄹ, ㅁ

중등, 13-2 지체장애 학생들이 사용하는 보조기기 (가)~(다)에 대한 설명으로 옳은 것만을 〈보기〉에서 모두 고른 것은?

(가)
진행 방향

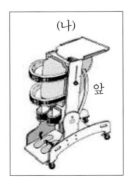

(나)
앞

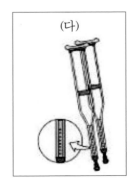

(다)

ㄱ. (가)는 체간의 힘이 부족하여 몸통이 앞으로 기우는 학생이 사용하는 보행 보조기기이다.

ㄴ. (가)는 양쪽 손잡이를 잡아 두 팔로 지지하고 서서 몸의 균형을 잡고 자세를 곧게 하여 안정적으로 걷는 동작을 향상시킨다.

ㄷ. (나)는 머리를 스스로 가누기 어려운 학생에게 사용하는 기립 보조기기이다.

ㄹ. (나)는 고관절 수술 후 관절의 근육을 형성하거나 원시반사를 경감시켜 주는 효과가 있고, 체중을 앞으로 실은 채 기댈 수 있으므로 두 손을 기능적으로 사용할 수 있다.

ㅁ. (다)를 이용하여 계단을 내려갈 때는 (다)와 불편하지 않은 발을 먼저 딛고, 올라갈 때는 (다)와 불편한 발을 먼저 내딛는다.

ㅂ. (다)의 길이는 (다)를 지지하고 섰을 때, 어깨와 팔의 각도를 약 45도로 하고 겨드랑이에 주먹 하나가 들어갈 정도로 하여 조절한다.

① ㄱ, ㄴ, ㄹ　　② ㄴ, ㄷ, ㅂ　　③ ㄴ, ㄹ, ㅁ
④ ㄱ, ㄷ, ㄹ, ㅂ　⑤ ㄴ, ㄷ, ㅁ, ㅂ

중등, 11　다음은 장애학생의 컴퓨터 접근에 대한 설명이다. (가)와 (나)에 들어갈 내용으로 옳은 것은?

컴퓨터 경고음을 듣는 데 어려움이 있는 청각장애학생을 위해서는 시각적인 경고를 활용할 수 있다. 글을 읽는 데 어려움이 있는 학습장애학생의 컴퓨터 접근을 위해서는 (가)을/를 활용할 수 있다. 키보드를 이용할 때 두 개 이상의 키를 동시에 누르는 데 어려움이 있는 지체장애학생을 위해서는 윈도 프로그램의 '내게 필요한 옵션'에 있는 (나) 기능을 활용할 수 있다.

	(가)	(나)
①	음성 합성기	고정키(sticky key)
②	음성 합성기	탄력키(filter key)
③	화면 읽기 프로그램	토글키(toggle key)

④ 화면 읽기 프로그램   탄력키(filter key)
⑤ 단어 예측 프로그램   고정키(sticky key)

중등, 10   지체장애 학생들이 사용하는 일반적인 수동 휠체어에 대한 설명으로 가장 적절한 것은?

① 기동성을 높이기 위해서 앞바퀴는 작을수록, 뒷바퀴는 클수록 좋다.
② 좌석 넓이는 몸이 차체에 직접 닿아 압력을 느끼지 않는 범위에서 가급적 좁아야 한다.
③ 요추의 지지와 기능적 운동을 위한 자세에 도움이 되도록 등받이 재질은 유연성이 클수록 좋다.
④ 랩 트레이(lap tray)는 양손을 기능적으로 사용하는 데 유용하지만 몸통과 머리의 안정성을 방해한다.
⑤ 팔걸이에 팔을 올려놓으면 척추에 작용하는 압력이 줄지만 상체 균형능력이 제한적인 경우에는 몸통의 안정성이 방해된다.

중등, 09   척수 손상으로 사지마비가 된 지체장애 학생 A는 현재 수의적인 머리 움직임과 눈동자 움직임만 가능하며, 듣기나 인지능력 및 시력은 정상이나 말은 할 수 없다. A가 사용하기에 적합한 보조공학 기기를 〈보기〉에서 모두 고른 것은?

ㄱ. 헤드포인터(head pointer)
ㄴ. 음성합성장치(speech synthesizer)
ㄷ. 의사소통판(communication board)
ㄹ. 전자지시기기(electronic pointing devices)
ㅁ. 음성인식장치(speech recognition devices)
ㅂ. 폐쇄 회로 텔레비전(closed-circuit television: CCTV)
ㅅ. 광학 문자 인식기(optical character recognition devices)

① ㄱ, ㄴ, ㄷ, ㄹ   ② ㄱ, ㄴ, ㄹ, ㅁ
③ ㄱ, ㄷ, ㅂ, ㅅ   ④ ㄴ, ㄹ, ㅁ, ㅅ
⑤ ㄷ, ㄹ, ㅁ, ㅂ

중등, 07-1 김 교사는 운동 기능에 제한이 있는 중복 · 지체부자유 학생이 컴퓨터를 이용하여 학습할 수 있도록 키보드나 마우스를 스위치(switch)로 대체하려고 한다. 이 학생에게 적합한 스위치의 특징으로 적절하지 않은 것은?

① 신체의 다양한 부분에 부착이 가능하다.
② 가벼운 터치(touch)에도 민감하게 반응한다.
③ 휠체어와 같은 이동 수단에 부착이 가능하다.
④ 신체부위를 이용하여 직접 터치할 때만 작동한다.

중등, 07-2 〈보기〉는 어느 지체부자유 특수학교에서 인근 중학교의 교직원들을 대상으로 장애이해 교육을 하기 위해 작성한 자료의 일부다.

진행성 근위축증 학생의 특성 및 지도 시의 유의사항
1) 일반적 특성
• 유아기의 남아에게 발병하여 근력이 점진적으로 저하되는 증상으로, 앉아 있는 상태에서 일어날 때 손을 무릎에 짚은 후 손을 조금씩 대퇴부 쪽으로 옮기면서 일어서는 가우어 징후(Gower sign)를 보인다(그림 참조).

• 대부분의 경우 경도 정신지체이며, 보통 10세 무렵에는 독립적인 보행이 어려워져 이동 보조수단이 필요하게 된다. 대개 20대 전반을 넘기기 어려운데 심부전과 호흡부전으로 인한 경우가 많다.

2) 지도 시의 유의사항
• ㉠ 반복되지 않는 자극으로 인해 근육이 지속적으로 수축되므로 이를 늦

> 추기 위해 근력을 향상시켜야 한다. 따라서 수영, 스트레칭 등의 활동적인 과제를 하도록 한다. 이때 보조기기를 착용하더라도 자전거 타기, 직립 활동 또는 직립 자세를 유지시키려는 활동은 제외하여야 한다.
> • 병허약, 손 기능 악화, 피로로 인한 퇴행, 의존성, 학습동기의 부족이 나타나 학업 수행에 어려움을 겪게 되는데 ⓛ 테크놀로지(technology)를 활용하여 학습활동을 지원할 수 있다.

임상적 분류에 따라 〈보기〉에서 설명하는 진행성 근위축증의 하위 유형 명칭을 쓰고, 밑줄 친 ㉠에 포함된 내용 중에 잘못된 점 두 가지를 찾아 바르게 고치시오. 그리고 밑줄 친 ㉡과 같이 교수–학습 장면에서 '쓰기' 과제수행을 지원하기 위해 적용할 수 있는 저급 테크놀로지와 고급 테크놀로지의 구체적인 예를 각각 한 가지씩 쓰시오.

(1) 하위 유형의 명칭: _____

(2) ㉠의 잘못된 내용 수정(두 가지)
① _____
② _____

(3) 테크놀로지의 예
① 저급 테크놀로지: _____
② 고급 테크놀로지: _____

정답 (초등, 17) 본문 참조 (초등, 08) 본문 참조 (중등, 14) 본문 참조 (중등, 13-1) ①
(중등, 13-2) ① (중등, 11) ① (중등, 10) ② (중등, 09) ① (중등, 07-1) ④
(중등, 07-2) 본문 참조

제10장

감각장애 학생을 위한 보조공학

    시각 혹은 청각의 결함으로 인한 정보에의 접근 기회 제한은 학생들의 학습과 직접적으로 관련될 뿐만 아니라, 이로 인해 부가적으로는 정서·행동상의 문제를 유발하기도 하는 중요한 문제다. 비록 그 발생률이 점차 낮아지고 있으나 기대수명의 연장 등으로 인해 인구의 고령화가 진행되고 있는 현재의 상황을 감안한다면 노년층에 있어 감각장애의 수는 점차 증가할 것으로 예상된다. 따라서 감각장애 학생들이 활용하는 보조공학 기기 및 환경에 대한 이해는 연령의 증가에 따라 자연스럽게 증가하는 감각적 문제의 해결을 위한 대비책이 되는 것이다. 이 장에서는 감각장애를 갖고 있는 학생들의 학교 생활을 지원해 줄 수 다양한 보조공학 기기 및 환경적응에 대해 살펴보도록 한다.

제1절 **청각장애 학생을 위한 보조공학**

청력손실의 가장 분명한 결과는 언어를 표현하고 이해하는 의사소통 기능과 유형의 발달에 부정적인 영향을 미친다는 점이다. 이 두 가지는 모두 인간발달과 교육에 중요한 요소가 되는데, 청력손실은 학습, 개인발달 그리고 사회적 상호작용에 많은 영향을 주기 때문이다. 어린 아동들의 청각손실은 그들의 언어수용 특성을 바꾸어 놓는데, 이것은 다시 그들의 발달과 성장에도 영향을 준다. 따라서 교수-학습 과정에서는 이들의 청력손실을 최대한 보상해 줄 수 있는 방법이 지원되어야 하는 바, 이를 위한 공학적 지원에는 청각적 입력을 증폭시키는 것과, 청각적 정보를 보충하거나 대체하기 위해 다른 종류의 수단을 추가하는 방법 등이 있다. 이 절에서는 청각장애 학생들의 교수-학습에 필요한 공학적 지원에 대해 살펴보도록 한다.

1. 보청기

1) 보청기의 종류

보청기는 소리를 증폭하여 이도에 전달함으로써 좀 더 잘 들을 수 있도록 돕는 장치로, 소형 맞춤식에서부터 귀 뒤에 착용하는 비교적 큰 장치에 이르기까지 유형과 크기가 매우 다양하다. 일반적으로 보청기는 착용형태(혹은 모양)와 신호처리 유형에 따라 구분하는데, 사용되는 착용형태에 따른 보청기의 종류를 구분하면 다음과 같다.

● 귀 뒤에 장착하는 것: 귀걸이형(behind-the-ear: BTE)

● 귀 안에 장착하는 것: 귓속형(in-the-ear: ITE)
● 외이도에 장착하는 것: 일반 귓속형(in-the-canal: ITC)
● 겉으로 드러나지 않는 것: 완전 귓속형(completely in-the-canal: CIC)

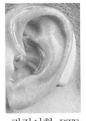
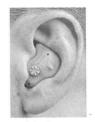
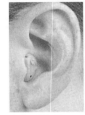
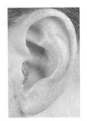

귀걸이형-BTE   귓속형-ITE   일반 귓속형-ITC   완전 귓속형-CIC

‖ 그림 10-1 ‖ **착용형태에 따른 보청기의 종류**

성능 면에서 가장 강력한 것으로 알려져 있는 BTE 보청기는 귀 뒤에 맞도록 되어 있으며, 증폭된 청각신호가 귀 옆의 꼭대기까지 뻗어 있는 작은 갈고리를 통해서 외이도로 공급된다. 이 갈고리는 보청기를 제자리에 있게 하며, 작은 관은 소리를 청각 연동장치(coupler)의 역할을 하는 귀 모양을 통해서 귀 쪽으로 유도한다. 이러한 귀 모양의 몰드(mold)는 개인의 귀를 본떠서 사용자에게 편안하도록 만들어지고, 귀로 들어가는 청각적 에너지를 최대화해 주며 청각적 피드백에 의해서 야기되는 삐익 하는 소리를 예방해 준다. 몰드가 만들어졌을 때 고막과 연동장치 사이에는 $2ml$의 공간이 있게 된다. 몰드 앞쪽에 구멍을 내서 청각적 피드백과 찌그러짐을 부가하고 귀가 막히는 것을 예방해 준다. 이 구멍은 소리가 고막으로 전달되게 해 준다. 외부의 스위치는 직접 전화를 수신하거나 끄기 위해 마이크로폰, 전자기유도장치인 텔레코일(telecoil)을 선택할 수 있도록 해 준다. BTE 보청기의 경우 MTO(M: on, T: 전화모드, O: off) 스위치와 음량조절

장치는 케이스 뒤에 위치해 있다.

ITE 보청기는 전적으로 소형화되어 외이도 내에 장착될 수 있도록 작은 케이스에 증폭기와 스피커를 담고 있다. ITE의 앞면은 외이도가 시작되는 곳에 위치하며, 귀에 정상적으로 들어오는 소리를 수신할 수 있도록 마이크로폰은 앞면에 있다. ITE의 외부제어에는 MTO 스위치와 음량조절이 포함되어 있다. ITC는 ITE의 작은 형태다. CIC 유형의 보청기는 가장 작은데, 고막 가까이 위치한 스피커와 함께 외이도 내로 1~2mm 삽입하여 돌출되지 않기 때문에 거의 보이지 않는다. 보청기의 조절부분은 ITE, ITC, CIC 등의 종류에 관계없이 모두 앞면에 장착되어 있다.

또한 보청기는 신호처리 방식에 따라 다음과 같이 구분할 수 있다.

● 아날로그(analog)형: 보청기 회로 내 증폭 및 조절기능이 아날로그 방식
● 프로그래머블(programable)형: 증폭은 아날로그이고 조절은 디지털 방식
● 디지털(digital)형: 증폭과 조절기능이 모두 디지털 방식

아날로그 보청기는 마이크로폰(microphone)과 음조절기(tone-control), 전치 증폭기(pre-amplifier), 최종 증폭기(final amplifier), 수신기(receiver)로 구성된다. 음향적 입력신호는 마이크로폰에 의해 전기적 신호로 바뀌고, 이 전기적 신호는 전치 증폭기에 의해 증폭되며, 주파수 응답은 음조절기에 의해 나뉜다. 이렇게 분해된 후 신호는 다시 증폭되고 수신기에 의해 음향신호로 다시 바뀐다. 이러한 일련의 과정에서 음향신호와 전기신호는 아날로그다.

아날로그 보청기는 기존 청각장인들에게는 청각적 기능을 보완해 주는 획기적인 기기였음에도 불구하고 다음과 같은 문제점으로 인해 사용상의 불편함을 초래한다.

● 보청기 자체의 시끄러운 소음
● 말소리의 울림현상이 있음

- 말소리가 선명하지 않음
- 작은 소리는 듣기 어려움
- 조용한 환경에 있는 경우 보청기 마이크의 잡음이 상대적으로 크게 들림
- 전화 대화가 어려움
- 집단 대화 시 잘 듣지 못함
- 소음이 많은 외부환경에서는 잘 듣지 못함

기존의 아날로그 보청기는 음조절, 출력 제한 등을 드라이버로 조립하도록 설계되어 있고 그 조절 범위도 한정되어 있다. 그러나 프로그래머블 보청기에서는 음조절이나 자동이득장치(automatic gain control: AGC)의 압축비 같은 처리 수단으로의 변수가 각기 다른 보청기 사용자들을 위해 수정될 수 있고 조정된다.

디지털 보청기는 아날로그-디지털 변환기(Analog-to-Digital Converter: ADC), 디지털-아날로그 변환기(Digital-to-Analog Converter: DAC), 디지털 신호처리기로 구성된다. 디지털 기술은 한마디로 입력된 신호를 분석하여 부호화한 다음 그 부호를 이용하여 증폭하거나 제어하는 기술이다. 즉, 전통적인 아날로그 보청기의 마이크가 음성 입력과 유사한 연속변화형 전압유형을 만들어 내는 반면, 디지털형 보청기는 입력신호를 받아들여 0과 1의 이진체계로 변환하고, 이들은 다시 휴대 장치에 들어 있는 컴퓨터에서 연산처리된다. 디지털형은 아날로그형보다 성능이 뛰어나서 청력손실 유형과 의사소통 요구도에 따라 쉽게 변형될 수 있을 뿐 아니라 청력손실이 큰 특정 주파수를 증폭하는 데도 도움이 된다. 아날로그형과 비교하면 디지털형은 큰 소음을 보다 효과적으로 감소시키며, 말소리를 배경 소음으로부터 분명하게 분리시킬 수 있고, 배경 소음을 상당히 감소시킬 수 있다(Alpiner & McCarthy, 1993).

디지털 보청기가 기존의 아날로그 보청기, 프로그래머블 보청기에 대해 갖는 장점을 정리하면 다음과 같다.

첫째, 디지털 소음처리 기술을 이용하여 불필요한 주파수대역의 소음 제거 및 어음주파수대역의 신호 증가를 통한 신호 대 소음 비율(Signal-to-Noise Ratio:

SNR)을 증가시킬 수 있다. 양수의 SNR은 교사의 음성이 소음보다 크다는 것을 그리고 음수의 SNR은 소음이 교사의 음성보다 크다는 것을 나타낸다.

둘째, 보다 선명한 소리를 제공한다.

셋째, 입력신호의 스펙트럼 특징에 근거하여 주파수 반응을 형성하기 위한 순응적인 여과장치를 사용할 수 있다.

넷째, 하나의 회로에서 다양한 신호로 변환할 수 있어 정확한 출력을 낼 수 있다.

다섯째, 보청기 자체의 회로잡음이 작다.

여섯째, 초기에는 크기와 전기 소모량의 문제가 있었으나 최근에는 과학기술의 발달로 이와 같은 문제점은 해결되었다.

그러나 아날로그 보청기, 프로그래머블 보청기, 디지털 보청기 등의 유형에 상관없이 모든 보청기는 기본적인 세 가지 요소로 구성되어 있다.

① 마이크(microphone)
② 증폭기(amplifier)
③ 수신기(receiver)

마이크는 외부환경에서 음향 에너지를 포착하여, 전기신호로 바꾼 다음 증폭기로 전달하는 역할을 한다. 증폭기는 전기신호의 압력을 증가시켜 수신기로 보내며 수신기는 이를 음향 에너지로 바꾸어 사용자의 외이도로 전달한다.

그러나 보청기는 많은 학생들에게 소리에 대한 인식을 할 수 있도록 지원해 줄 뿐, 청력을 정상적으로 되돌려 주는 기능을 하는 것은 아니라는 점과 소리를 크게는 해 주지만 반드시 명료하게 해 주는 것은 아니라는 점을 교사는 이해할 필요가 있다. 즉, 말에 대한 가청도를 개선해 주기는 하지만 증폭된 신호는 필연적으로 명료성을 회복해 주지는 않는다는 것이다. 따라서 교사는 증폭을 고려하는 학생들에게 비현실적인 기대를 하지 않도록 조언해 주어야 하며, 개인이 성공적인 보청기 사용자가 될 수 있으려면 시간과 경험이 필요하다는 것도 충분히 인식시켜야 한다.

2) FM 보청기

청각장애를 갖고 있는 학생은 물론 일반적인 보청기를 사용하고 있는 학생들도 교실의 소음으로 인해 의사소통에 많은 어려움을 경험하고 있는 것으로 나타났다. 보청기는 소음과 소리가 반사되는 교실 환경에서는 이득이 감소하기 때문이다. 일반적으로 말소리를 변별할 수 있는 가장 좋은 환경은 SNR이 적어도 15dB 이상일 때이며, 이러한 환경에서 보청기와 잔존 청력의 이득을 최대화할 수 있는 것으로 보고 있다(ASHA, 1995). 예를 들어, 수업이 이루어지는 교실의 SNR이 20dB이라고 가정한다면 교사는 35dB 이상 크게 신호음을 제시해야 한다는 것을 의미한다. 뿐만 아니라 소리가 교실 안의 벽에 반사되어 길게 늘어나는 반향(reverberation) 역시 소음 수준과 상호작용하여 청각장애 학생들이 말을 인식하는 데 어려움을 주는 요소로 작용한다. 이와 같은 일반적인 보청기의 소음과 거리 그리고 반향효과의 부작용을 최대한 줄여서 청취하기 위한 목적으로 제작된 것이 FM 보청기다.

주파수 변조(frequency modulation) 방식 라디오 송수신 원리를 이용하여 SNR

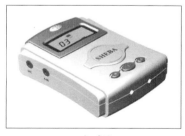
송신부

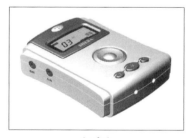
수신부

‖ 그림 10-2 ‖ **FM 보청기**

출처: 한국장애인고용촉진공단(2007), p. 117.

을 현저히 개선한 FM 보청기의 활용은 청각장애 학생의 청각손실 정도, 교실 환경, 나이, 교육방식 등에 상관없이 효과적인 것으로 나타났다. 특히, 교사가 앞에서 말을 하고 학생들이 줄을 맞추어 앉는 구조에서 FM 보청기는 더욱 효과적인 것으로 나타났는데(김영욱, 2007), FM 보청기의 장점을 소음과 거리 그리고 반향효과의 측면에서 살펴보면 다음과 같다(박미혜, 2005; 최성규, 1996: 194-196).

(1) 소음

소음이 조금만 존재하여도 보청기의 수신기로 전달되는 음을 인지하는 데는 상당한 방해를 받는다. 즉, 소음은 저주파수의 음을 이해하는 데 결정적인 방해 요소가 되며, 소음이 없어야 합리적인 음의 인지가 이루어진다고 할 수 있다. 교실은 보통 55dB 정도의 상당한 소음에 둘러싸여 있는데, 이와 같은 수준의 소음은 보청기를 통해 청각장애 학생의 귀로 전달되는 소리의 명료도에 많은 방해를 한다. 따라서 이러한 소음의 문제를 해결하기 위해서는 발화자와 청취자 간의 거리를 일정하게 유지해야 할 필요가 있었다. 그러나 FM 보청기는 발화자와 청취자가 심하게 움직이고 있다고 하더라도 항상 최적의 거리를 유지하는 효과를 가짐으로써 일정한 음압을 유지하게 한다. 따라서 소음의 문제를 최소화시킬 수 있다.

(2) 거리

FM 보청기의 또 다른 장점은 발화자와 청취자인 교사와 학생 간의 청취거리다. FM 보청기는 음을 전달하는 데 있어 거리와는 관계없이 최상의 상태를 유지시키는 역할을 한다. 즉, 교사와 학생과의 거리가 항상 일정하게 유지되기 어려울 뿐만 아니라 아동에게 전달되는 음압도 다른 보청기에 비해 뛰어나므로 거리에 관계없이 FM 보청기는 음을 전달하는 데 효율적이다.

(3) 반향효과

보청기로 전달되는 또 다른 원치 않는 소리는 반향효과, 즉 음의 반사에 의한 것이다. 반향효과는 울림이 없도록 설계한 방음실을 제외하고는 모든 교실이나 방에서 일어난다. 즉, 교실이나 방의 벽, 바닥, 천장, 가구 등을 통하여 소리가 반사되는 것이다. 반향효과가 일어나는 시간이 길면 길수록 건청인에게나 청각장애 학생의 단어인지 점수는 낮아지는데, 이는 곧 반향효과가 청각장애 학생이 음을 인지하는 데 있어 부정적인 작용을 하고 있음을 의미한다. 일반적으로 개인용 보청기는 소음이 심한 곳에서의 언어인지가 거의 불가능한데, 이는 소음 그 자체 외에도 소음이나 소리가 반사되는 반향효과와도 깊은 관련이 있다고 할 수 있다. 이에 반해 FM 보청기는 소음에서나 반향효과에서 다른 보청기에 비해 탁월하게 음성언어를 인지할 수 있다.

그러나 FM 보청기 역시 몇 가지 문제점을 갖고 있다. 주파수의 혼선, 즉 다른 전파의 방해로 인해 소음이 생길 수도 있다는 것이 가장 큰 단점이며, 이는 FM 라디오를 청취하는 과정에 다른 주파수와의 혼선으로 인해 잡음이 생기는 경우와 유사하다. 또 다른 문제점은 FM 신호체계는 차폐물에 매우 약하다는 것이다. 따라서 발화자와 청취자 사이에 신호를 가로막는 물건 혹은 환경이 존재하는 경우 FM 보청기의 성능에 많은 제약을 받을 수밖에 없다.

3) 보청기 신청 및 구매

표준형 보청기는 개인의 청력 특성에 맞추어서 장기간 사용해야 하는 개인 소유 기기의 성격이 강한 만큼 특수교육지원센터를 통한 지원이 이루어지지 않고 있으며, 현실적으로는 FM 보청기에 대한 지원 서비스만 이루어지고 있다. 보청기 착용을 필요로 하는 학생은 특수교육지원센터의 보조공학 기기 지원 서비스를 이용하거나 개인적으로 구매하는 방법이 있다. 단, 특수교육지원센터의 서비스는 특수교육대상자로 선정되어 있는 학생에 한해서 그리고 개인적 구매의 경우 정부의 보조금 지원은 청각장애인으로 등록되어 있는 경우로 제한된다.

(1) 특수교육지원센터에의 신청

특수교육지원센터를 통한 FM 보청기 신청은 지역 내 특수교육지원센터가 청각장애학교에 설치된 경우와 그렇지 못한 경우에 따라 차이가 있을 수 있다. 즉, 청각장애학교에서 특수교육지원센터를 운영하는 경우 청력검사는 물론 몰드 제작 및 피팅 등을 학교에서 처리하거나 관련 회사의 학교 방문을 통해 가능하지만, 특수교육지원센터가 없는 경우는 의료기관을 이용해야 한다. 지원에 대한 가능성 역시 관할 교육청의 예산 정도에 따라 다르다. 특수교육지원센터를 통한 FM 보청기 지원 서비스는 다음과 같은 일련의 절차에 의해 이루어진다.

① 해당 특수교육지원센터에 FM 보청기 신청
② 특수교육지원센터에서 교육청에 구입 요청
③ 관할 교육청은 필요한 기기에 관해 검토
④ 검토 후 예산이 결정되면 FM 보청기를 구입(각종 검사 및 제작, 피팅 등의 구체적인 절차는 지역 내 특수교육지원센터 운영 여건에 따라 각기 다르게 처리됨)
⑤ FM 보청기 수령 및 사용

(2) 개인에 의한 구매

개인에 의한 보청기 구매는 일반적으로 [그림 10-3]과 같은 과정을 거쳐 이루어진다. 다만 청각장애인으로 등록된 경우는 장애인카드를 가지고 병원에서 진료 후 보장구 처방전에 담당의사의 서명날인을 받고 보청기 전문점으로 가면 되며, 1997년 1월 1일부터 청각장애인에 한해 보청기 구입에 의료보험이 적용되고 있다.

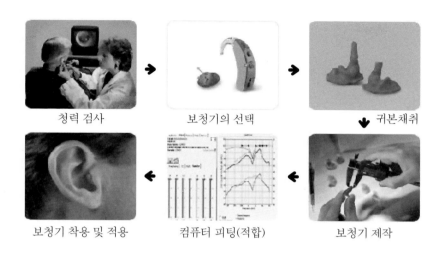

청력 검사   보청기의 선택   귀본채취

보청기 착용 및 적용   컴퓨터 피팅(적합)   보청기 제작

‖ 그림 10-3 ‖ **보청기 구매 절차**

4) 보청기 착용 학생을 위한 교사의 지원

보청기를 착용한 학생들의 보호자는 물론 이들을 지도하는 교사들은 다음의
사항을 숙지하고 있어야 한다(Billeaud, 2003: 291-292).

- 보청기의 부품
- 정확한 배터리 삽입방법, 배터리 수명, 배터리 전압 체크 방법, 안전한 사
  용을 위해 취해야 하는 예방 조치
- 정확한 귀본 삽입방법 및 청결유지 방법
- 음량 조절 장치의 정확한 위치
- 음향 피드백의 발생원인 및 음향 피드백 발생 시 해야 할 일
- 보청기를 훼손시킬 수 있는 요인

뿐만 아니라 보청기는 정기적인 점검을 필요로 하는데, 이를 위해서는 배터리

검사기, 보청기, 청진기, 소리를 들을 때 사용하는 몰드, 귀본에서 귀지를 제거할 때 사용하는 브러시 및 와이어루프, 이어 몰드의 관을 청소할 때 사용하는 수동 세척기 등 여러 장비가 필요하다. 보청기를 점검하는 전체 과정은 다음과 같다.

- 보청기, 귀본, 튜브에 대한 육안 검사
  - 보청기 스위치를 점검한다.
  - 관이 딱딱해지지는 않았는지, 구멍이나 금이 생기지는 않았는지 점검한다.
- 배터리 점검
  - 배터리 전압을 점검한다.
  - 배터리 접촉 부위가 부식되지는 않았는지 점검한다.
  - 배터리 덮개가 안전하게 닫혀 있는지 점검한다.
- 듣기 점검
  - 증폭된 소리의 질을 점검한다.
  - 보청기의 덮개를 두드리고 음량 조절 장치를 돌려 보면서 잡음이 지나치게 많지 않은지, 신호가 때때로 중단되지 않는지, 음향 피드백이 발생하지 않는지 점검한다.
  - 음량 조절 장치를 돌리면서 증폭이 원활하게 시행되는지 점검한다.

2. 인공와우

1) 인공와우의 정의

인공와우(cochlear implant)란 최고도의 청각장애인과 보청기로는 말소리를 이해할 수 없는 사람들의 듣기 기능을 향상시키기 위해 설계된 전기적 장치(한국 특수교육연구회, 2009)로, 말과 그 이외의 환경으로부터의 소리와 관련된 전기적으로 유발된 생리적 신호를 제공하는 데 목적이 있다.

최근에는 청력손실 정도가 70dB 이하인 경우는 주로 보청기를 이용하고, 70~90dB 이상인 경우에는 인공와우 수술을 하는 경향이 있다. 이식 전에 진단 및 평가 그리고 보청기 착용의 유효성 등을 종합적으로 판단하기 위해서 아동의 연령은 최소 12개월 이상이어야 하는데, 일반적으로 성인과 언어 습득 후 청각장애가 발생한 아동에게 가장 효과적인 것으로 나타났다. 또한 성공적인 이식은 청각장애가 발생한 연령, 이식 전 청각장애의 지속 기간, 와우에 남아 있는 신경 정도, 어음처리기의 부호화 전략, 아동에 대한 재활교육, 부모의 지원과 교육적 지원의 수준과 관련이 높다. 우리나라의 경우 2009년 6월 현재 청각장애인 중 인공와우 수술을 받아야 하는 18세 미만은 4만여 명(메디파나뉴스, 2009년 9월 30일 기사)에 달하는 것으로 알려져 있다.

인공와우에 대한 철학적 그리고 효과성의 문제가 꾸준히 제기되고는 있지만 인공와우 수술을 받지 않은 학생보다 인공와우 수술을 받은 학생이 말 지각, 말 산출, 언어 기술의 영역에서 유의한 향상이 있다고 보는 것이 일반적이다. 그럼에도 불구하고 인공와우가 개인의 청력을 정상적인 수준까지 회복시켜 주는 것은 아니라는 점과 인공와우를 통해 도움을 얻는 정도 역시 개인차가 있다는 점을 유의해야 한다.

2) 인공와우의 구성

인공와우는 [그림 10-4]와 같이 네 개의 기본적인 장치로 구성되는데, 집음과 정서부터 뇌까지의 전달경로를 정리하면 다음과 같다.

① 마이크로폰: 외부의 소리를 수집
② 어음처리기: 마이크로폰에 집음된 소리를 선택하고 배열
③ 송신기와 수신기: 어음처리기에서 신호를 받아 전기신호로 변환
④ 전극: 수신기의 전기신호를 모아서 청신경을 통해 뇌로 전달

또한 인공와우 이식장치는 외부장치와 내부장치로 구분하기도 한다. 외부장치는 귀걸이형 송화기, 어음처리기, 외부 안테나로 구성된다. 귀걸이형 송화기는 외부의 소리를 받아들여 음성신호를 전기신호로 변환하는 장치와, 에너지가 매우 약한 외부의 소리를 인공와우가 처리할 수 있을 정도로 증폭하는 전치 증폭기 등으로 구성된다. 어음처리기에서는 와우관 내부로 이식된 전극으로 출력되는 전류의 특성 및 두피를 사이에 두고 진행되는 FM 방식의 라디오 주파수 통신 특성 등의 결정과 전원 공급 등이 이루어진다. 외부 안테나는 어음처리기에서 결정한 여러 가지 전류 특성을 담은 통신 정보를 체내 이식된 내부 안테나로 전달하기 위한 전달 코일과 고정용 자석 등으로 구성된다. 내부장치는 외부 안테나의 고정을 돕기 위한 연결 자석, 통신 정보를 수신하는 안테나 코일, 자극부, 와우관 외부 전극, 와우관 내부 전극 등으로 구성된다(허승덕, 최익현, 강명구, 2006: 33-34).

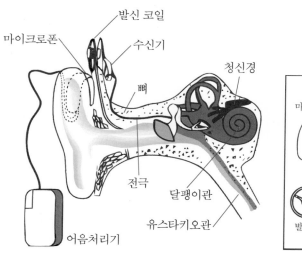
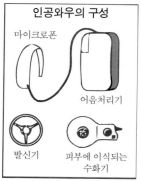

‖ 그림 10-4 ‖ **인공와우**

출처: Heward(2007), p. 286 수정 후 인용

3. 청각보조장치

1) 청각보조장치의 정의

보청기나 인공와우 등은 개인의 청력을 향상시키고자 하는 목적에서 설계된 것들이다. 그러나 교실, 식당, 회의실, 강당 등의 집단 환경은 보청기나 인공와우를 사용하고 있는 청각장애인은 물론 많은 사람들이 청각적 기능에 어려움을 경험할 수 있다. 왜냐하면 앞서 살펴본 표준형 보청기나 FM 보청기는 가까운 범위의 일대일 대화 상황에서는 사용할 수 있지만 집단 간 대화 상황에서는 이를 활용한 의사소통이 어렵기 때문이다. 이와 같이 집단 환경에서 겪을 수 있는 청각적인 문제를 해결하기 위해 사용하는 증폭기기 유형을 청각보조장치(Assistive Listening Devices: ALDs)라고 한다.

대부분의 청각보조장치의 원리는 음원 가까이에 해당 장치의 마이크로폰을 설치함으로써 주위 소음보다 원하는 신호의 강도를 증가시키는 데 있다. 가장 간단한 예로, 음원에 해당하는 말하는 사람이 마이크로폰을 이용하여 말하면, 주변 소음보다 큰 소리를 전달할 수 있으며 이를 여러 가지 공학기기를 이용하여 청취자에게 직접적으로 소리를 전달하는 방식이다.

2) 청각보조장치의 종류

청각보조장치는 소규모 집단용 장치, 대규모 집단용 장치로 구분할 수 있는데, 이에 대해 간략히 살펴보도록 하자.

(1) 소규모 집단용 장치
교육현장에서 유용한 소규모 집단용 장치에는 개인용 FM체계와 사운드 필드(sound field) FM체계라고도 불리는 음장증폭이 있다.

개인용 FM체계는 송신자가 마이크로폰을 이용해 말을 하면, 지정된 주파수나 채널을 통해 전달된다. 이때 보청기 사용자나 인공와우 사용자는 자신의 FM 수신기를 장치의 FM 주파수 수신기의 잭에 꽂아 개별적으로 청취하면 된다. 이에 반해, 음장증폭은 신호가 개별 수신기로 전파되는 것이 아니라 교실 혹은 회의실 주위에 고루 배치된 오디오 스피커를 통해 전달된다.

(2) 대규모 집단용 장치

콘서트홀, 강의용 대강당, 교회와 같은 대규모 실내에서도 청각장애인들은 듣기에 상당한 어려움을 경험한다. 미국 「장애인법」에 의하면, 이러한 장소는 듣기를 위한 보조적 설비를 갖추어야 한다.

가능한 여러 방식을 공공기관 시설에 직접 갖출 수 있다. 이러한 것에는 ① 이어폰에 꽂을 수 있는 배선잭, ② 소규모 집단용 장치와 비슷한 FM 발신기-수신기, ③ 전자기 유도 장치가 있는 보청기로 전달하기 위한 오디오 감응 고리형 회로가 있다. 배선 시스템은 비밀을 지킬 수 있게 사적이며 기술이 단순하다는 장점이 있다. 그러나 이 접근법에는 두 가지 제한점이 있다. 시설을 만들 때 미리 배선을 깔지 않으면 다시 배선을 하는 데 비용이 많이 들고 보통은 실현 가능하지 않다는 점과 청취보조기가 필요한 사람은 이어폰 잭이 있는 미리 지정된 곳에만 앉게 해야 한다는 점이다(Cook & Hussey, 2002).

4. 기타 공학기기

주로 시각적 영상과 음성을 통해 정보를 전달하는 수단인 텔레비전과 영화에 음성을 대신하여 문자 정보를 제공하는 것을 자막(caption)이라고 하는데, 누구나 볼 수 있게 하는 오픈자막(open caption)과 자막을 수신하는 장치인 디코더(decoder)를 통해서만 볼 수 있는 폐쇄자막(closed caption)으로 나눌 수 있다. 일반적인 텔레비전 자막방송은 제한적으로 접할 수밖에 없는데, 이는 대부분의 자막이 폐쇄자막 형식이기 때문이다. 또한 두 방식은 뉴스 혹은 생방송에서 실시간으로 자막을 속기하고 이를 실시간으로 송출하는 온라인(on-line) 서비스와 드라마, 다큐멘터리 등과 같이 방송 시간 이전에 대본을 바탕으로 내용을 입력하였다가 이를 송출하는 사전제작 방식의 오프라인(off-line) 서비스로 나뉜다.

폐쇄자막방송은 일반적으로 [그림 10-5]와 같이 '방송 수신, 속기, 전송, 엔코더, 방송 송출, 디코더, TV화면'의 7단계 과정을 거쳐 제공된다. 즉, 자막방송 속기사가 TV를 시청하고(1단계), 속기사들이 조(보통 4명)를 이뤄 음성신호를 보며 속기하여 송출하면(2단계), 속기한 자막 데이터는 전용선을 타고 방송국의 엔코더(encoder)로 실시간 전송된다(3단계). 엔코더에서 방송화면과 자막이 만나면 (4단계), 화면과 함께 주사선을 통해 방송으로 송출되고(5단계), 자막이 담긴 폐쇄전파가 각 가정의 자막방송수신기 디코더(decoder)로 들어오게 되면(6단계), 시청자는 TV화면을 통해 보게 된다(7단계)([그림 10-5] 참조).

우리나라의 자막방송은 1999년에 시작되었으며 실시 원년에 KBS 1TV, MBC, SBS가 서비스를 시작하였고 2000년에는 EBS, 2003년에는 KBS 2TV가 자막방송

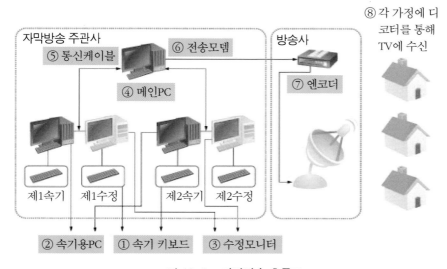

‖ 그림 10-5 ‖ **자막방송 흐름도**

출처: www.dt.co.kr/contents.htm?article_no=2008093002011731716001. 수정 후 인용

서비스를 제공하기 시작하여 현재 주요 5대 공중파 방송 모두가 자막방송을 실시하고 있고, 자막방송 시간도 계속적으로 늘고 있는 추세다. 즉, 1999년 자막방송 실시 첫해 평균 11.3%이었던 자막방송은 2012년까지 100% 실시를 계획하였다. 수화방송 역시 청각장애인들의 청각적 문제를 해결할 수 있는 공학적 접근으로 2012년까지 5%(KBS1과 EBS는 10%)로 증대할 계획을 수립하였다. 계획했던 바와 같이 2015년 현재 주요 지상파 방송의 자막방송 비율은 100%를 달성하였으며, 수화통역방송 역시 목표치인 5%를 넘는 수준인 것으로 나타났다.

‖ 표 10-1 ‖ **지상파 4사의 장애인 방송편성 비율(2015년 기준)**　　　　　　(단위: %)

구분	KBS	MBC	SBS	EBS
자막	100	100	100	100
수화	5.7	5.5	6.4	6.0

출처: 방송통신위원회(2016).

　　이외에도 청각장애인들의 생활을 지원할 수 있는 보조공학 기기에는 가장 쉽게 이용할 수 있는 휴대전화의 문자기능에서부터 골도 전화기, 듀얼 진동 디지털 알람시계, 오디오포트, 비주폰, 골도 헤드셋 등이 있다. 골도 전화기는 뼈에 울리는 진동을 사람의 청신경에 전달하여 청각장애인이 소리를 들을 수 있도록 한 전화기로, 고막 이상으로 인한 청각장애인은 이용 가능한 데 반해 청신경 손상으로 소리를 듣지 못하는 청각장애인이나 언어에 대한 식별 능력이 없는 청각장애인에게는 효과가 없다. 오디오포트는 소리를 잘 듣지 못하는 청각장애인이 여러 사람과 대화 시 소리를 확대해 주는 휴대용 음성 증폭장치로 거치대와 본체 어댑터를 연결하여 충전 후 사용 본체의 스피커 부분을 양쪽 귀에 밀착하는 방식으로 사용한다. 근거리에서 회의 등을 할 때 사용하기 편리한 장점을 갖고 있으나 외국산 제품으로 특수 어댑터 사용을 위한 별도의 변압기가 필요하다는 단점을 갖고 있다.

　　골도 헤드셋은 고막에 이상이 생겨 청각 기능이 떨어진 청각장애인의 얼굴

골도 전화기

오디오포트

골도 헤드셋

‖ 그림 10-6 ‖ **청각장애인을 위한 보조공학 기기**

출처: 한국장애인고용촉진공단(2007), pp. 113, 118-119.

측면부에 진동으로 소리를 전달해 주는 기기로 고막을 통해 소리를 듣는 것을 대신해 두개골을 이용해 소리를 전달한다. 라디오 기능이 있어 라디오를 청취할 수 있을 뿐만 아니라 휴대전화와 연결하여 통화가 가능하다. 그러나 청신경이 모두 손상된 청각장애인의 경우는 사용해도 효과를 보기 어렵다. 비주폰은 화상을 통하여 수화 등의 방식으로 의사소통이 가능한 전화기이며, 듀얼 진동 디지털 알람시계는 청각장애인에게 특정 시간 알람을 진동으로 변환하여 울려 주는 시계다.

5. 교사를 위한 지침

통합환경에 학생을 배치하기로 결정하는 것은 일반 학급의 풍부한 청각적 환경에 접근할 수 있다는 가정을 하는 것이다. 이러한 환경에서 이득을 얻도록 하기 위해 교사는 다음과 같은 점을 지원해야 한다(김영욱, 2007: 215-216).

● 학생이 교사와 동료의 말에 청각적, 시각적으로 접근하도록 보장해 주어야 한다.

- 교실 구성, 일상 수업 및 발표 수업 이전에 활동에 대한 자료를 학생에게 제공한다.
- 소음원에서 떨어진 위치에 배치하고 교사의 얼굴이 섬광의 영향 없이 잘 인식될 수 있는 장소에 학생을 앉게 한다.
- 학생의 이름을 부르기 전에 학생의 청각적, 시각적 주의를 얻음으로써 학생이 준비하게 한다.

● 교사는 자료를 제시할 때 여러 방법을 동시에 사용하지 말아야 한다. 예를 들면, 칠판에 적으면서 동시에 말을 할 때는 시각적 정보와 청각적 정보가 둘 다 감소한다. 놓친 정보는 칠판에 쓰인 단어에 의존해야 한다.

● 가정, 가사, 체육 시간같이 소음이 기본적으로 생기는 수업에서는 시각적 지원을 중심으로 한다.
- 소음이 많은 환경에서 학생들은 말 읽기, 제스처, 자료 제시 같은 시각적 입력에 주로 의존해 말을 인식한다.
- 수업 전에 칠판에 중요 단어를 적고, 내용에 대한 전체 개요를 준비하며, 쓰인 단서를 통해 주제의 변화를 따라간다.

● 학급토의를 할 때 교사는 다음 화자의 이름을 지명하여 청각장애 학생이 화자를 쳐다볼 수 있는 충분한 시간을 준다.
- 학생들은 토의수업에 특히 어려움을 느낀다.
- 고학년에서는 종종 책상 배열을 'U'자나 원으로 하여 모든 토론자들이 최대한 서로 볼 수 있게 한다.
- 저학년에서는 청각장애 학생이 제일 오른쪽이나 왼쪽에 앉아 의자를 살짝 돌려 전체 학급을 볼 수 있도록 좌석을 배치한다.
- 소그룹 토의의 경우 다음 화자에게 FM 마이크를 넘길 수 있으므로 토의의 속도를 천천히 진행해야만 화자를 시각적, 청각적으로 따라갈 수 있다.
- 교사가 청각장애 학생 가까이에 서 있거나 FM 마이크로 이야기함으로써 토의 중 중요한 내용을 반복해 줄 수 있다.

● 중간 정도의 속도로 분명하게 말한다.

- 간단명료하게 지시한다.
- 익숙한 어휘와 간단한 문장구조를 사용한다.
- 발화는 좀 더 작은 분절단위로 나누어 한다.
- 이해를 돕기 위해 상대방에게 중요한 정보를 반복해 준다.

또한 교사는 기억 및 조직기술을 포함하는 보완전략을 통해 청각장애 학생들의 고차원적인 능력을 강화시킬 수도 있는데, 구체적으로는 다음과 같다.

- 정보단위의 조직화(chunking)
- 구어 반복(reauditorization)
- 기억술(mnemonics)
- 시각화(visualization)
- 글 단서 제공(written reminders)

제2절   시각장애 학생을 위한 보조공학

공학은 시각장애 학생들에게 의사소통을 위한 도구, 다양한 학습자료 제공자, 무한한 정보에 대한 접근자로서의 역할과 기능 발달을 위한 도구의 역할(Corn, 2000)을 하고 있다. 그리고 최근의 보조공학은 시각장애인이 묵자 정보를 습득하고 문식성 기술을 개발하며, 독립성과 완전고용을 위한 핵심적 요소로서의 위치를 차지하고 있다. 이하에서는 시각장애 학생의 교수-학습을 위한 공학의 활용에 대해 살펴보도록 한다.

1. 컴퓨터의 활용

시각장애 학생은 컴퓨터의 환경 수정을 통해서 많은 이점을 얻을 수 있는데, Kleiman(1984)은 시각장애 학생의 독특한 요구를 충족시켜 줄 수 있는 컴퓨터의 기능을 다음과 같이 일곱 가지로 제시하였다.

① 음성합성: 해당 줄이나 단어에 커서를 놓으면 그 문장을 읽어 주거나 해당 메뉴를 읽어 주는 기능
② 확대문자 제시: 대비가 잘된 확대문자를 프린트하거나 모니터에 나타내는 기능
③ 촉각자료: 묵자를 읽을 수 없는 시각장애 학생을 위해서 묵자를 촉각자료로 만들거나 점자로 제시하는 기능
④ 점자 워드프로세싱: 워드프로세서를 통해 입력한 내용을 점자프린터로 출력하는 기능
⑤ 문자인식: 문자인식 프로그램과 음성합성을 이용해 해당 문서를 음성이나 확대문자 혹은 점자, 촉각자료로 변환시킬 수 있는 기능
⑥ 음성전환: 스캐너 및 관련 공학을 이용하여 인쇄물을 음성으로 변환시킬 수 있는 기능
⑦ 음성인식: 음성인식 프로그램을 이용하여 관련 명령어를 실행시키는 기능

그러나 이와 같은 컴퓨터의 기능을 시각장애 학생이 이용하기 위해서는 해당 프로그램을 추가적으로 설치하는 것 외에도 컴퓨터의 제어판이나 해당 프로그램에서 환경을 수정할 필요가 있다. 이들 중 몇몇 사항은 맹과 저시력 학생 모두에 그리고 특정 사항은 저시력 학생에만 해당되지만 이를 구분하지 않고 기술한다.

1) 제어판을 통한 환경 수정

(1) 포인터 속도와 스크롤 양

'마우스'를 이용해 몇 가지를 수정하면 시각장애 학생이 컴퓨터를 이용하는데 도움이 될 수 있다. 마우스 등록 정보의 포인터 옵션 중 포인터 속도선택을 보통보다 느리게 해 주면 시각장애 학생이 쉽게 마우스의 움직임을 추적할 수 있다. 또한 휠 기능의 조절을 통해 휠의 1회 회전 시 스크롤할 양을 줄여 주는 것도 정보의 추적을 보다 수월하게 해 준다.

(2) 고대비와 마우스키

'내게 필요한 옵션'을 통해서는 '고대비'와 '마우스' 기능을 설정할 수 있다. 고대비에서는 고대비와 커서 옵션의 설정이 가능한데, 읽기 쉽도록 구성된 색상 및 글꼴을 사용하기 위해서는 고대비 옵션을 선택하는 것이 좋다. 또한 커서 옵션은 커서가 깜빡이는 속도 및 커서의 너비를 변경할 수 있는데, 일반적으로 깜빡이는 속도는 평균보다 조금 느리게 그리고 너비는 넓게 하는 것이 저시력 학생이 커서를 쉽게 확인할 수 있도록 하는 데 유리하다. 다음으로 마우스에서는 마우스의 움직임을 확인할 수 없는 시각장애 학생을 위해 마우스의 기능을 키보드가 대신할 수 있게 조정해야 한다. 즉, 키보드의 숫자 키보드로 마우스 포인터를 움직이게 할 수 있는 마우스키 사용도 활성화시켜 주는 과정이 요구된다.

(3) 텍스트 음성 변환

'음성' 메뉴를 통해서는 텍스트 음성 변환(text to speech: TTS), 즉 음성합성(speech synthesis)에 적용할 음성, 속도 및 기타 옵션을 조정할 수 있다. 마이크로소프트(Microsoft)에서 기본적으로 제공하고 있는 텍스트 음성 변환 프로그램은 PDF 파일로 저장된 문서에서 영문과 숫자는 음성으로 변환할 수 있으나 한글 파일의 음성 변환은 불가능하다.

(4) 디스플레이

'디스플레이' 중 설정 메뉴를 통해 화면 해상도를 낮춰 주면 인터넷을 통해 제시되는 글자와 그래픽을 보다 확대된 상태로 볼 수 있다.

2) 기타 하드웨어 및 프로그램

컴퓨터에 추가적으로 설치하고 이용함으로써 시각장애 학생들의 접근성을 보장하고 이를 통해 학습을 지원하는 데 유용한 하드웨어 및 소프트웨어로는 다음과 같은 것들이 있다.

(1) 음성합성장치

음성합성장치(speech synthesizer)란 문자, 숫자, 구두점 형태의 텍스트 정보를 음성으로 들려주는 기기를 말한다. 시각장애 학생은 컴퓨터에 저장된 자료나 모니터에 나타나는 텍스트 정보를 읽을 수 없기 때문에 이를 읽을 수 있도록 해 주는 하드웨어와 소프트웨어가 필요한데, 이와 같이 텍스트 자료를 소리 내어 읽는 하드웨어와 소프트웨어의 결합 중 하드웨어에 해당하는 부분이 음성합성장치다.

음성합성장치의 특징은 다음과 같다.

① 텍스트를 음성으로 전환할 수 있는 소프트웨어와 함께 작동
② 합성된 음성의 질은 기기마다 차이가 있음
③ 볼륨 조절이 용이
④ 스피커나 헤드폰 등을 이용할 수 있도록 외부 연결장치가 있음
⑤ 제품에 따라 음조나 음색의 조절이 가능
⑥ 제품에 따라 특수한 발음 규칙을 규정하고 합성기의 사전에 단어를 추가할 수 있음

음성합성장치에 있어 중요한 요소들은 사운드 카드와 스피커다. 스피커와 사운드 카드는 부가적인 비용 없이 PC에 딸려 오는 흔한 주변기기다. 사운드 카드는 디지털 형식의 정보를 아날로그 형태로 변환하는 역할을 하는데, 사운드 카드가 좋을수록 언어가 깨끗하게 들린다. 음성합성장치를 매일 이용하는 사람들은 품질이 높지 않은 소리임에도 인공적인 소리에 금방 적응하지만, 가끔 음성합성장치를 이용하는 사람들의 경우는 좋은 사운드 카드를 필요로 한다. 이는 저가의 합성장치를 이용할 경우 그것이 내는 소리에 익숙해지는 데에 며칠 또는 몇 주가 소요되기 때문이다(Bowe, 2000).

(2) 스크린 리더

시각장애 학생은 컴퓨터에 저장된 자료나 화면에 제시된 정보를 읽는 데 어려움이 있기 때문에 이것을 읽어 주는 프로그램인 화면 읽기 프로그램, 즉 스크린 리더(screen reader)가 추가적으로 필요하다. 스크린 리더란 음성합성장치와 연계하여 제어 버튼, 메뉴, 텍스트, 구두점 등 화면의 모든 것을 음성으로 표현해 주는 소프트웨어를 말한다. 따라서 스크린 리더는 화면을 검색한 후 정보를 변환하여 음성합성장치를 통해 소리가 나오게 하는 소프트웨어 프로그램이라고 할 수 있다.

드림보이스

센스리더

출처: http://www.silwel.or.kr

‖ 그림 10-7 ‖ **스크린 리더의 종류**

우리나라의 경우 초기에는 '가라사대'를 많이 이용했으나 현재는 무상 보급되고 있는 '드림보이스(Dream Voice)'와 유료로 판매되는 '센스리더(Sense Reader)' 2종이 가장 널리 사용되고 있다. 드림보이스는 실로암시각장애인복지관 웹 사이트(www.silwel.or.kr)에서 무상으로 프로그램을 다운로드할 수 있다. 스크린 리더 프로그램을 처음으로 사용하는 이용자는 드림보이스에 익숙해진 후에 빠른 반응속도를 보이는 센스리더를 활용하는 것이 여러 면에서 유익하다.

(3) 화면 확대 프로그램

화면 확대 프로그램은 모니터의 특정 부분이나 전체를 확대해서 볼 수 있도록 만든 프로그램이다. 앞서 살펴본 바와 같이 윈도에서 기본적으로 제공하는

∥그림 10-8∥ **줌텍스트**

기능을 이용할 수도 있으나 별도의 프로그램을 이용하면 다양한 기능을 지원받을 수 있다. 특히 우리나라에서 가장 많이 사용되고 있는 화면 확대 프로그램인 줌텍스트(ZoomText)는 현재 무상으로 지원되고 있는데 모니터상의 화면을 1배에서 최대 36배까지 확대할 수 있으며 화면 전체 확대 기능과 분할 확대 기능 그리고 렌즈 및 라인 형태 확대 기능을 갖고 있다.

2. 맹

1) 전자점자기

전자점자기(electronic brailler)는 종이를 사용하지 않고 금속이나 나일론으로 된 점자알 크기의 핀이 표면으로 올라와 점자를 구성하는데, 사용자가 이 핀을 다 읽은 후 스페이스 바를 누르면 점자는 사라지고 다음 줄에 해당하는 점자가

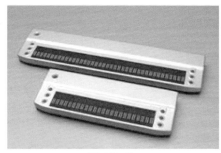
Mini Braille

Alva Braille Terminal

출처: http://www.hksb.org.hk

‖ 그림 10-9 ‖ **전자점자기**

나타나도록 하는 원리가 적용되었다. 따라서 전자점자기를 무지점자기(paperless brailler) 또는 재생가능한 점자기(refreshable brailler)라고도 한다. 초기에는 전자점 자기가 제공하는 정확성과 정숙성 그리고 간단한 음성출력 지원 기능 등으로 인 해 많이 사용되었으나 점자정보단말기가 개발되면서부터는 노트 필기용 기기로 대치되어 가고 있다. Alva Braille Terminal, Mini Braille, Navigator 80 등이 여기 에 속한다.

2) 점자정보단말기

점자정보단말기(braille note taker)란 점자용지 위에 점자판이나 아연판을 덧대 거나 점자 프린터기 등을 이용해, 양각에 의한 전통적 입력방식이 아닌 6점 또 는 8점의 점자 키보드를 이용한 입력과 점자 표시장치 또는 음성을 통한 출력이 이루어지도록 고안된 컴퓨터 시스템이 내장된 휴대용 정보통신 장비로, 최근에 는 다양한 유형의 점자기를 포함하는 용어로 확대 사용되고 있다. 대표적인 점 자정보단말기로는 미국에서 개발된 브레일 라이트(Braille Lite)와 국내에서 개발 된 한소네를 들 수 있다.

브레일 라이트는 가볍고 부피가 적어 사용하기 편리하며, 18칸 점자와 40칸

한소네2   브레일 라이트
출처: 한국장애인고용촉진공단(2007), p. 11.   출처: http://www.uofaweb.ualberta.ca/SSDS/braille.cf

‖ 그림 10-10 ‖ **점자정보단말기**

점자의 두 종류가 있다. 주요 기능으로는 점자로 출력이 가능하여 읽으면서 교정할 수 있고, 역점역 즉 점자로 입력한 내용을 묵자로 전환할 수 있다는 점을 들 수 있다. 현재 입력한 내용을 한글로 읽어 주고, 점자를 묵자로 변환시킬 수 있기 때문에 우리나라에서도 많이 이용되었다.

그러나 최근에는 한소네를 더욱 많이 이용하는 추세다. 특히 2003년 전국의 맹학교와 시각장애 정보화 교육장 등에 무료로 보급되면서 한소네의 이용은 급속도로 확산되었다. 뿐만 아니라 한소네2의 경우 브레일 라이트보다 가벼울 뿐만 아니라 정안인의 도움을 필요로 하는 초보자를 위한 LCD창과 mp3파일이나 wav파일을 녹음·재생할 수 있는 기능을 추가하면서 더욱 많은 시각장애 학생들이 이용하고 있다. 한소네 브레일의 주요 기능으로는 책 읽기 기능, 워드프로세서 기능, 인터넷 기능, 전자수첩 기능, 유틸리티 기능, 점자학습 기능 등이 있다.

한소네를 사용하는 학생을 지도하기 위해서 교사는 반드시 점자체계를 숙지할 필요가 있다. 같은 회사에서 만들어지는 제품들 중에 한소네 QX는 QWERTY 키보드 입력방식을 채택하고 있어, 점자체계를 모르는 교사들의 부담이 줄어들기는 했으나 그럼에도 불구하고 학생 지도를 위해서는 한글 및 영문 점자체계에 대해 알고 있어야 한다. 또한 한소네의 다양한 기능을 알고 이를 학생의 교수-학습에 적극적으로 이용해야 한다. 한소네의 하위 메뉴와 기능은 〈표 10-2〉와 같다.

‖표 10-2‖ **한소네 브레일의 주요 메뉴 및 기능**

메뉴	하위 메뉴	주요 기능
워드프로세서	• 문서생성 • 문서열기 • 문서점자출력 • 문서일반출력	워드 문서를 입력하거나 저장된 문서를 열어 편집할 수 있으며, 점자 및 묵자로 출력이 가능
북리더	없음	묵자 또는 점자로 저장된 문서를 음성과 점자로 출력시킴
일정관리	• 일정 추가 • 일정 검색	정해진 날짜와 시간에 자신의 일정을 점자와 알람 소리로 확인할 수 있음
계산기	없음	대부분의 전자계산기와 동일한 기능을 수행
유틸리티	• 발음 사전 • 날짜, 시간 설정	발음과 날짜, 시간을 설정
일반기능	• 날짜, 시간 확인 • 스톱워치 • 점자출력 설정 • 음성출력 설정 • TTS 설정 • 전원 체크 • 인터넷 설정	한소네의 보조기능
주소록 관리	• 주소 추가 • 주소 검색	원하는 이들의 신상 정보를 데이터베이스화하여 언제든지 검색 가능
키보드 학습	없음	점 키보드를 통한 자판 입력 기술 학습 가능
인포메이션	없음	
기 타	• mp3, wav 파일 재생 • 녹음 • 초보자를 위한 LCD창 • 적외선 통신	한소네2의 기능

출처: 문성준(2002), p. 21 수정 후 인용

3) 옵타콘

옵타콘(OPTACON)은 맹학생이 일반 묵자를 읽을 수 있도록 소형 촉지판에 있는 핀이 문자 모양대로 도출되어 읽을 수 있게 해 주는 장치다. 이것은 묵자를 점자로 바꿔 주는 것이 아니라 카메라에 비친 글자 모양을 읽도록 해 주는 것이다(박순희, 2005).

옵타콘은 작은 렌즈를 통해 인쇄되어 있는 묵자를 받아들이고, 이는 다시 눈의 망막역할을 하는 이미지 모듈에서 이미지로 전환되어 케이블을 통해 촉지부와 이미지 표시장치로 전달되는 것이다. 즉, 종이에 'ㄱ'이라고 쓰여 있는 묵자를 카메라의 렌즈가 찍으면 이것은 이미지 모듈에서 이미지로 전달되고 다시 촉지부와 이미지 표시부에 전달되는 것이다. 이때 옵타콘 사용자는 촉지부에서 손가락의 감각을 통해 가로로 그어진 한 획과 세로로 그어진 한 획이 서로 접하는 것을 느끼게 되며, 동시에 이미지 표시부에는 빨간색의 조그만 램프들에 불이 켜지면서 'ㄱ'의 형상을 보여 준다. 이와 같은 일련의 과정을 통해 제시되는 묵자를 능숙하게 읽기 위해서는 많은 훈련과 연습을 필요로 하며, 아직까지 옵타콘의 분당 단어처리 속도는 20~60단어로 느린 편이다. 그럼에도 불구하고 많은 맹학생들이 옵타콘을 이용함으로써 일반 인쇄물이나 비디오 디스플레이에도 자유자재로 접근할 수 있게 된 것은 공학의 발전이 제공해 준 편의라고 할 수 있다.

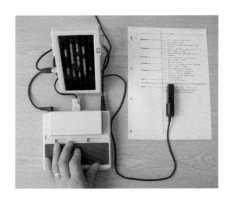

‖ 그림 10-11 ‖ **옵타콘**

출처: http://www.tyflokabinet-cb.cz/gallery.htm

4) 음성출력장치

맹학생들에게 묵자로 되어 있는 정보를 음성으로 변환하여 전달하면 맹학생들은 쉽게 많은 정보를 접할 수 있다. 앞서 살펴본 한소네 브레일 역시 이와 같은 음성출력을 지원하는 장치들 중의 하나다. 여기서는 보이스아이와 녹음도서에 대해 간략히 살펴보도록 하자.

(1) 보이스아이

보이스아이(VOICEYE)는 2차원 바코드 심벌로 저장된 디지털 문자정보를 자연인에 가까운 음성으로 변환하여 들려주는 기기로, 이 장치를 사용하기 위해서는 반드시 사전에 제작된 보이스아이 심벌이 있어야 한다. 보이스아이 심벌은 가로와 세로 모두 1.5cm 크기의 정사각형 모양으로 하나의 심벌에는 책 두 페이지 분량의 정보가 저장되어 있다. 따라서 녹음도서를 따로 만들 필요 없이, 모든 인쇄 및 출판물 그리고 문서작업 시 보이스아이 심벌을 만들면 이 심벌에 기기의 스캔장치를 대어 음성 출력이 가능하다(한국장애인고용촉진공단, 2007). 보이스아이는 [그림 10-12]에서 보는 바와 같이 스캔장치를 보이스아이 전용 음성출력 하드웨어에 연결해서 사용할 수도 있고 컴퓨터에 연결하면 모니터에 글자가 표시되고 동시에 스피커를 통해 음성이 출력되기도 한다.

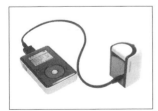

보이스아이   보이스아이 심벌

‖ 그림 10-12 ‖ **음성출력 장치-보이스아이**

출처: 한국장애인고용촉진공단(2007), pp. 23-24.

(2) 녹음도서

녹음도서는 인쇄물의 내용을 카세트 테이프나 CD에 미리 녹음해 놓은 것으로 지역의 시각장애인복지관 혹은 대학 도서관(점자도서관)에서 대출이 가능하다. 최근에는 인터넷으로 음성전자도서를 다운로드 받아 이를 음성으로 듣거나 점자로 출력할 수 있다. 음성전자도서를 다운로드 받을 수 있는 웹 사이트로는 한국시각장애인복지재단 음성전자도서관 소리책(www.sori.or.kr), 경북점자도서관 웰북(http://welbook.or.kr) 등이 있다.

5) 기타 공학기기

이상에서 살펴본 학습을 공학기기 외에도 맹학생들의 다양한 요구를 충족시켜 줄 수 있는 공학기기로는 점자타이머, 점자시계, 레이저 지팡이, 점자프린터 등이 있다.

3. 저시력

교육적으로 저시력은 두 눈의 교정시력이 0.05 이상 0.3 미만인 자 또는 저시력 기구나 시각적 환경, 방법의 수정 및 개선을 통하여 시각적 과제를 학습할 수 있는 자로 정의되지만, 보유 시력은 물론 보는 방식에 있어 매우 다양한 유형을 나타낸다. 따라서 저시력 학생에게는 학생 개개인의 특성에 적합한 보조공학 기기를 선택하는 것이 무엇보다 중요하다. 저시력 학생의 질환이나 사용목적, 생활패턴에 따라 보조공학 기기의 사용방법은 다양해질 수 있으나 공통적으로 저시력 기구를 선택·사용함에 있어 교사와 학생 그리고 부모는 다음과 같은 사항을 충분히 고려해야 한다(안효숙, 2000).

● 우선 질환에 대한 정확한 검사와 진단을 통해 충분한 치료가 이루어졌는지

를 확인해야 한다.
- 해당 학생에게 저시력 기구의 가능성과 한계점을 이해시켜야 한다.
- 환자 개개인의 생활패턴과 동기, 전신상태 등을 참고해야 한다.
- 기구 처방에 있어서는 확대율뿐만 아니라, 시야, 조명, 작업거리, 가동성 등을 고려해야 한다.
- 일단 기구를 사용하게 되며 이에 익숙해지도록 학생 본인도 충분히 연습해야 한다.
- 저시력 학생의 진료는 의사나 해당 학생의 노력 외에도 가족이나 주위의 격려와 관심이 필요하다.

저시력 학생들이 가장 많이 사용하고 있는 보조공학의 유형은 확대보조기로, 우선 렌즈의 유무에 따라 ① 광학보조기와 ② 비광학보조기로 구분하고 여기에 ③ 전자보조기를 더해 세 가지 유형(Cook & Hussey, 2002)으로 구분하는 것이 일반적이다(〈표 10-3〉 참조).

광학보조기는 훈련이 거의 필요 없고 가격이 저렴하며 동시에 휴대가 간편하다는 특징을 갖는데, 대표적으로는 돋보기, 독서용 안경 등을 들 수 있다. 비광학보조기는 시 기능을 향상시키기 위한 특별한 기기를 이용하는 것이 아니라 실제 크기 및 대비를 변화시키는 것에 바탕을 두고 있다. 따라서 여기에는 보통의 묵자보다 크게 인쇄된 자료, 조명장치, 독서대 등이 속한다. 전자보조기는 광학보조기, 비광학보조기를 통해서는 제한적일 수밖에 없는 확대 및 대비의 정도를 극복하기 위해 전자기기를 사용하는 것으로 확대독서기로 대표되는 폐쇄회로 TV, 즉 CCTV가 여기에 속한다.

‖ 표 10-3 ‖ **저시력용 보조기의 분류와 예**

광학보조기	비광학보조기	전자보조기
• 돋보기	• 확대 인쇄	• 폐쇄회로 TV(CCTV)
• 확대경	• 대비	• 프로젝터
• 망원경	• 조명장치	• 확대독서기

또한 저시력 학생을 위한 자료를 확대하는 방법은 확대 접근법, 렌즈, 큰 인쇄(Corn & Ryser, 1989)로 나누기도 하지만 다음의 네 가지로 구분하는 것이 보다 일반적이다.

- 상대적 거리 확대법(relative distance magnification)
- 상대적 크기 확대법(relative size magnification)
- 각도 확대법(angular magnification)
- 투사 확대법(projection magnification)

상대적 거리 확대법은 물체와 눈의 거리를 가깝게 함으로써 망막의 상을 크게 하고 이를 통해 상을 크게 확대해서 보는 것으로 가장 고전적인 방법에 해당된다. 상대적 크기 확대법은 비광학보조기와 같이 물체의 실제 크기를 확대하는 것으로 저시력 학생들의 독서매체 제작방법으로 효과적이다(이해균, 1995). 각도 확대법은 광학보조기를 이용하여 물체의 크기를 확대하는 것이다. 마지막으로 투사 확대법은 전자보조기를 통해 필름이나 슬라이드 등을 스크린 등에 투영하는 확대법이다. 이하에서는 저시력 학생들이 많이 사용하고 있는 광학보조기(또는 상대적 크기 확대법)와 전자보조기(혹은 투사확대법)를 중심으로 살펴보도록 한다.

1) 광학보조기

광학보조기의 전형으로는 확대경과 프리즘 그리고 망원경이 있으며, 각각에 사용되는 렌즈는 굴절력을 갖고 있다. 굴절력은 디옵터(diopter: D)라는 단위를 써서 나타내는데 배율표시는 X로 표현할 수도 있다(1X=4D). 1디옵터란 평행광선을 굴절시켜 1m 거리에 초점을 맺히게 하는 구면렌즈의 굴절력으로, 구면렌즈에서 초점까지의 거리가 1m임을 의미한다. 디옵터는 다음과 같은 공식에 의해 계산되는데 굴절력이 클수록 빛의 굴절은 커지고 초점거리는 짧아진다는 것

을 알 수 있다. 다만, 렌즈의 종류를 구분하기 위해 볼록렌즈는 양수(+), 오목렌
즈는 음수(-)를 붙이도록 되어 있다.

$$디옵터(D) = \frac{100(cm)}{초점거리(cm)}$$

예를 들어, 학생의 시력 측정 결과 +10D라는 결과가 나왔다면 이 학생의 초
점거리는 10cm(10D = $\frac{100(cm)}{초점거리(cm)}$)라는 것이며 또한 2.5배율($10D$)의 렌즈가
효과적이다. 마찬가지로 초점거리가 20㎝인 학생은 5디옵터($\frac{100}{20}$), 즉 1.25배
율의 교정을 필요로 한다.

확대경(magnifier)은 원거리 시력을 사용하는 저시력 학생과 중심 암점이 있는
학생에게 도움이 된다. 반대로 주변시야를 상실한 학생이 확대경을 사용하면 학
생의 시야보다 더 좁은 시야를 갖게 되며, 중심 시력을 상실하지 않았을 경우에
는 확대경을 사용할 필요가 없다(임안수, 2006).

손잡이형 확대경은 배율이 낮을 경우 물체가 확대되어 시야가 좁아지는 단점
이 있기는 하지만 눈에서 확대경까지의 거리를 자유롭게 움직일 수 있다는 장점
으로 인해 저시력 학생이 가장 많이 사용하는 확대경 종류다. 따라서 장점을 극
대화하여 사용하기 위해서는 눈과 확대경의 거리를 일정하게 유지하는 것이 중
요한데 다음과 같은 공식을 통해 산출한다. 혹 학생이 안경을 착용하고 있는 경
우라면 우선은 눈과 확대경과의 거리를 일정하게 유지하고, 물체와의 초점이 맞
을 때까지 학습자료와의 거리를 조절하도록 한다.

$$배율(M) = \frac{초점거리(cm)}{4} + 1$$

예를 들어, 제조사에서 제시한 확대경의 8D(2X)라면 눈과 확대경과의 거리는 $4cm(2 \times = \frac{초점거리(cm)}{4(cm)} + 1)$를 유지해야 한다.

이외에도 스탠드 확대경, 플랫베드 확대경, 막대 확대경, 안경 장착형 확대경 등이 있는데 각각의 특징은 다음과 같다.

〈스탠드 확대경〉
- 장점
  - 확대경과 자료와의 거리가 일정하게 유지됨
  - 굴절률이 높음
  - 수전증이나 근육운동이 제한적인 학생에게 유리
  - 독서용 안경과 동시에 사용 가능
- 단점
  - 시야가 좁은 학생에게 부적절

〈플랫베드 확대경〉
- 장점
  - 빛을 모아 줌
  - 상이 일그러지지 않음
- 단점
  - 시야가 좁음
  - 손잡이형, 스탠드 확대경보다 무거움

〈막대 확대경〉
- 장점
  - 편리함

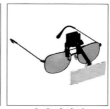

| 손잡이형 | 스탠드형 | 플랫베드형 | 안경 장착형 |

‖ 그림 10-13 ‖ **저시력 학생을 위한 광학보조기**

출처: http://www.114tool.com

〈안경 장착형 확대경〉

• 장점

 - 플라스틱 재질로 가벼움

 - 읽기와 쓰기를 동시에 할 수 있음

 - 이중 초점 렌즈와 함께 유지할 수 있음

 - 자료와의 거리를 일정하게 유지할 수 있음

2) 전자보조기

 저시력 학생들이 가장 널리 사용하고 있는 전자보조기들 중 하나는 확대독서기다. 확대독서기는 폐쇄회로 TV(CCTV)의 원리를 이용한 것으로, 더 선명한 대비로 많은 과제를 수행해야 하고 오랜 시간 동안 쓰거나 읽어야 할 경우라면 확대독서기를 이용하는 것이 좋다.

 확대독서기는 비디오 카메라를 통해 화면의 상을 100배까지 확대할 수 있고, 컬러, 흑백, 역상모드를 지원하며 자동 및 수동 초점 조절 장치가 있어 사용자가 작동하기 쉽고, 컴퓨터 모니터 및 TV에 연결하여 사용할 수 있다. 그리고 비율을 5배 이상 확대하여 사용할 때 확대경을 사용하는 것보다 눈의 피로가 덜하며, 시각장애가 심한 경우에도 읽기, 쓰기, 일상생활 및 직업생활을 수행하는 데 도움이 된다. 또한 밝기를 조절하여 대비를 높일 수 있다는 장점도 있다. 그러나

‖ 그림 10-14 ‖ **확대독서기**

휴대하기 어렵고 가격이 비싸다는 단점이 있는데, 이와 같은 문제점들은 과학기술이 발전하면서 소형화되고 있어 휴대가 가능할 뿐만 아니라 가격도 저렴해지고 있는 추세다(임안수, 2006).

4. 교사를 위한 지침

교수-학습을 위한 환경은 모든 시각장애 학생에게 공통적으로 적용되는 사항과 시각장애 정도에 따라 각기 다른 환경 조성을 필요로 하는 경우가 있다. 우선 모든 시각장애 학생들을 위해 공통적으로 고려해야 될 사항에는 이동권의 확보 및 물건의 제자리 배치를 들 수 있다. 즉, 학생의 이동권을 고려하는 동시에 안전성을 염두에 두어야 하며, 물건을 항상 제자리에 비치함으로써 학생들이 이를 쉽게 찾을 수 있게 해야 한다. 또한 시각장애 학생들은 시각의 손실을 보상하기 위한 방법으로 청각에 많이 의존할 수밖에 없으므로 소음을 최소화해야 하며, 수업내용은 대체물로 제공되어야 한다. 대체물을 제공하는 경우에는 수업 전에 녹음해서 제공해 주는 것이 가장 좋지만 여러 가지 이유로 불가능하거나 어려운 경우는 수업시간에 녹음할 수 있도록 허용해 준다. 교사가 준비해서 수업시간에 이용하는 게시물에 대해서는 모두 읽어 주고, 구체물을 수업자료로 이용하는 경우는 이를 시각장애 학생이 직접적으로 만져 볼 수 있는 기회를 제공하는 것이 중요하다.

1) 맹

맹학생의 교수-학습을 위해서는 다음과 같은 사항에 대한 점검이 이루어져야 한다.

● 학생의 책상은 가급적이면 출입문과 교사의 책상 그리고 칠판 등과 가까운 곳에 배치한다.
● 이미지 자료는 텍스트 혹은 촉각물로 제공해 준다.
● TV나 동영상 매체 등을 시청할 때는 화면해설 방송이 되는 것을 선택하거나 학생에게 화면 해설을 해 준다.

2) 저시력

저시력 학생들을 위한 교수-학습환경의 수정은 보조공학 기기의 사용, 좌석 배치, 자료의 확대, 색상 대비, 조명 등과 같은 사항을 우선적으로 고려하여 이루어져야 한다.

● 가급적이면 자연광을 이용하되 빛의 영향을 최소화할 수 있는 곳에 좌석 배치
● 인쇄자료를 제공할 경우 활자크기는 최소 16포인트 이상, 1.5배 정도의 줄 간격 사용
● 대비가 뚜렷한 색상의 사용
● 저시력 학생의 특성에 맞는 조도 유지 및 보조 조명의 활용
● 광택이 있는 자재는 사용을 자제하고, 사용 시에는 조명이 좋은 곳에서 전등과 거리를 두고 설치

첫째, 많은 경우 교사와 가장 가까운 곳 혹은 칠판과 가장 가까운 곳에 배치하

는 것이 유리하다고 생각할 수 있으나 반드시 그런 것은 아님을 유의할 필요가
있다. 왜냐하면 교실로 들어오는 빛의 양과 방향 그리고 주변 환경으로부터의
반사로 인해 눈이 부시는 수명(photophobia)현상이 발생할 수 있기 때문이다. 따
라서 저시력 학생의 좌석을 배치할 경우 교사는 이와 같은 요인을 종합적으로
고려해야 하는데, 가장 좋은 해결책은 가운뎃줄을 기준으로 창이 있는 방향으로
한 줄 정도 건너 앉히면 상당한 도움이 된다(한국특수교육연구회, 2009).

둘째, 저시력 학생에게는 잔존 시력을 최대한 활용할 수 있도록 하는 것이 중
요한데, 이를 위해서는 확대된 자료를 제공하는 것이 좋다. 뿐만 아니라 개인에
게 적합한 보조공학 기기를 활용하면 잔존 시력의 활용과 함께 학습의 효율성도
높일 수 있는 장점이 있으므로 확대독서기나 타이포스코프(typoscope) 같은 보
조공학 기기의 사용을 권장하도록 해야 한다. 특히 텍스트를 확대해서 제공하는
경우 활자의 크기는 18포인트가 가장 적절한데, 최소 16포인트 이상은 되도록
하고 줄 간격은 1.5배로 하여 글줄을 잃는 경우와 같은 읽기에 따른 불편함을 최
소화시켜 줘야 한다.

셋째, 색대비는 저시력 학생의 시 기능을 활성화시키는 데 있어 매우 중요한
요소다. 따라서 학습자료를 제작하거나 기성 학습자료를 사용할 경우 혹은 물리
적인 환경을 조성할 때는 사용된 색상의 대비가 분명하도록 함으로써 대상 구별
을 용이하게 해 주어야 한다. 예를 들면, 흰색 바탕에 검정색 글씨의 인쇄자료를
만들거나 녹색 계열의 칠판에는 노랑색이나 흰색 분필을, 그리고 흰색 바탕의 화
이트보드에는 검정색 펜을 이용하는 것이 저시력 학생들의 읽기에 효과적이다.

넷째, 자연광과는 별도로 많은 교실에서는 조명을 이용하여 밝기를 조절하고
있다. 그러나 지나친 조도는 오히려 눈부심, 즉 수명을 유발하는 역효과를 가져
올 수 있는데, 특히 백내장, 백색증, 홍채결손, 전색맹과 같은 안질환을 갖고 있
는 학생들은 수명을 느끼는 경우가 많으므로 조도를 낮추거나 차광용 안경을 쓰
게 해서 수명을 일으키지 않도록 배려해야 한다(한국통합교육학회, 2009). 따라서
적절한 수준의 조도를 유지해야 하는 것은 물론이며 이를 보완하기 위한 방법으
로 교실의 주조명과 함께 스탠드와 같은 보조조명을 이용할 수 있는데, 전체를

어둡게 한 상태에서 부분조명을 사용하는 것은 피해야 한다. 이외에도 커튼이나 블라인드를 설치해 채광을 조절할 수 있도록 하는 것도 좋은 방법이다.

마지막으로 광택이 나는 자재는 시각적인 혼란과 피로를 주므로 사용을 줄이고 전등과는 거리를 두나 조명이 좋은 장소에 설치해야 한다. 특히 학습내용을 전달하는 매체로서의 칠판이나 화이트보드는 학생이 판서한 내용을 보다 잘 볼 수 있게 광택이 나지 않고 반사를 적게 하는 것을 이용하도록 한다.

기출문제

【청각장애】

초등, 05 다음 설명과 그림을 보고 준이의 말소리 청취력 개선을 위해 필요한 조치(인공달팽이관 수술은 제외) 다섯 가지를 쓰시오.

다음 그림은 7세 아동인 준이의 기도순음 청력검사 결과로, '보청기 조정 전(a)'과 '보청기 조정 후(b)'로 구분하여 청력도에 표시한 것이다.

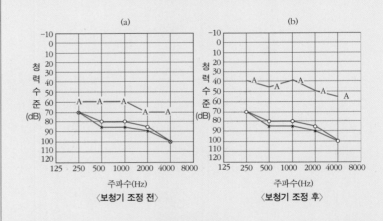

※ 참고: 일상적인 회화음의 주파수 범위는 약 200Hz부터 6,000Hz까지이며, 강도 범위는 약 30dBHL부터 60dBHL까지 분포되어 있다는 것을 준거로 한다.

초등, 03 영호는 초등학교의 일반학급에 통합된 청각장애 학생이다. 담임교사가 영호의 학습을 돕기 위하여 학습환경적인 측면에서 고려해야 할 점 네 가지를 쓰시오.

중등, 11 보청기와 인공와우에 관한 설명으로 옳은 것만을 〈보기〉에서 모두 고른 것은?

ㄱ. 보청기는 서늘하고 습기가 없는 곳에 보관한다.

ㄴ. 보청기의 기본 구조는 마이크로폰, 증폭기, 이어폰으로 이루어져 있다.

ㄷ. 인공와우는 소리를 전기에너지로 변환하여 청신경을 직접 자극하는 전자 보조장치이다.

ㄹ. 인공와우 이식은 양쪽 귀 모두 중등도(moderate) 감각신경성 청각장애인을 대상으로 한다.

ㅁ. 인공와우의 체내부 기기는 전극과 마이크로폰이며, 인공와우 수술 후 기계의 점검, 맵핑, 청능훈련 등의 재활 프로그램이 필요하다.

① ㄱ, ㄴ ② ㄱ, ㄷ ③ ㄷ, ㄹ
④ ㄱ, ㄴ, ㄷ ⑤ ㄴ, ㄷ, ㄹ

중등, 08-1 경수는 일반 중학교에 다니는 청각장애 학생으로 보청기를 착용하고 구화와 독화를 사용한다. 토론식 수업이나 시청각자료를 제시할 때, 경수가 겪을 어려움과 관련하여 교사가 고려할 점을 (예시)와 같이 두 가지씩 1줄로 쓰시오.

(예시)
• 강의(설명)식 수업
① 독화와 필기는 동시에 하기 어려우므로 다른 친구가 필기한 공책을 보여 주도록 한다.
② 청각을 통한 정보 입수가 제한적이므로 중요한 내용은 써 주거나 반복해서 말해 준다.

중등, 08-2 통합학급의 청각장애 학생인 영지는 FM보청기를 착용하고 있다. FM보청기란 무엇인지 설명하고, 영지가 실내 체육관에서 체육 수업에 참여할 때 FM보청기를 착용하는 것의 장점과 단점을 두 가지씩 쓰시오.

중등, 07-1 인공와우 기기, 이식 및 재활에 관련된 진술로 적절하지 않은 것은?

① 수술 후 기계의 체크, 맵핑, 청능훈련 등의 재활 프로그램이 필요하다.
② 체외부 기기는 마이크로폰, 스피치 프로세서, 리시버로 이루어져 있다.
③ 소리를 전기 에너지로 변환하여 청신경을 직접 자극하는 전자 보조장치이다.
④ 두 귀 모두 고도의 청각장애이며, 보청기를 통한 청각재활 훈련의 효과가 없는 경우에 시술한다.

중등, 07-2 다음의 특성을 지닌 장애학생이 일반학급에서 학습할 때, 특수교사가 학생의 장애 특성을 고려하여 일반교사에게 조언할 수 있는 사항으로 가장 적절한 것은?

숙희는 A중학교에 다니는 청각장애 학생이다. 숙희는 6세에 청각이 손상되어 양쪽 귀에 보청기를 착용하고 청각재활훈련을 받았다. 보청기를 착용하고 최근에 실시한 청력검사에서 평균 청력이 양쪽 귀 모두 40dB이었다. 그 외의 다른 장애는 없다.

① 완전한 문장이 아닌 한두 개의 단어로 말한다.
② 한 음절씩 끊어서 입 모양을 크게 하여 말한다.
③ 토론 활동 참여는 어려워하므로 다른 과제로 대체한다.
④ 중요하거나 새로운 어휘는 학습자료를 만들어 미리 제공한다.

중등, 04 고등부 2학년에 재학 중인 철수는 7세경에 앓았던 뇌막염으로 인하여 소리를 전혀 들을 수 없으며, 청력 외에는 인지적, 사회적, 정서적으로 별다른 결함을 보이지 않는다. 철수가 소리를 들을 수 있도록 소리 증폭을 가능하게 하는 방법을 제시하고, 이 방법을 사용하였을 때 철수의 청각 관리를 위하여 학급 생활 시 교사가 배려해야 할 사항 네 가지만 쓰시오.

중등, 00-1 청각장애는 전음성 청각장애와 감음성 청각장애로 나눌 수 있다. 감음성 청각장애와 전음성 청각장애의 차이를 장애부위, 순음청력검사, 보청기 착용효과, 어음변별력에 따라 간단하게 쓰시오.

중등, 00-2 아날로그 보청기와 디지털 보청기의 특성 차이에 관한 설명 중 적당한 것은?

① 아날로그 보청기의 문제점인 소음 증폭 현상은 디지털 보청기에도 동일하게 나타난다.
② 디지털 보청기는 전음성 난청보다는 90dB 이상의 청력손실을 가진 신경 감음성 난청을 위해 개발되었다.
③ 아날로그 보청기는 하나의 채널로 되어 있는 반면, 디지털 보청기는 여러 개의 채널로 구성되어 있다.
④ 디지털 보청기에서 사용하는 입력음의 압축과 압축역치의 결정 방법은 아날로그 보청기의 방법과 유사하다.

【시각장애】

초등, 12 다음은 시각장애 특수학교의 초임교사가 저시력 학생의 시기능 향상을 위한 저시력 기구 사용과 지도 방법에 대해 경력교사와 나눈 대화이다. 경력교사의 설명 중 옳지 않은 것은?

저시력 기구 중에 확대경은 어떤 학생에게 좋은가요?

㉠ 중심시력이 좋고 시야가 좁을수록 더 효과적이에요.

손잡이형 확대경이 많이 사용된다는데, 어떻게 사용하나요?

㉡ 자료 위에 확대경을 대었다가 천천히 들어 올리면서 초점을 맞추면 되죠.
㉢ 이 때 눈이 확대경에서 멀어지면 시야가 좁아지는 현상이 있으니 유의하세요.

① ㉠   ② ㉡   ③ ㉢   ④ ㉣   ⑤ ㉤

초등, 09 다음 (가)는 초등학교 4학년 사회과 '우리 시‧도의 자연과 생산 활동' 단원의 수업 계획이고, (나)는 일반학급에 통합된 시각장애 학생 정호의 특성이다. 정호의 특성을 고려할 때, 가장 적절한 지도사항은?

(가)

단계	교수-학습활동
탐구 문제 파악	여러 지역의 특산물에 대한 영상물 상영 및 탐구 문제 제시
가설 설정	지역의 자연환경과 특산물 간의 관계를 가설로 설정
탐색	주요 지역의 특산물에 대한 모둠별 조사계획
정보 수집 및 처리	자료 조사 및 조사 결과를 모둠별로 정리
결과 제시	모둠별로 발표 개요를 칠판에 적고, 조사 결과를 발표

(나)

> 정호의 특성
> • 대비감도가 낮다.
> • 좋은 쪽 눈의 교정시력이 0.08이다.
> • 학업성취도 수준은 학급 내에서 보통이다.
> • 가까이 있는 사물은 볼 수 있지만 멀리 있는 사물은 거의 보지 못한다.

① 색깔 단서가 적은 자료를 제공한다.

② 모둠 활동에 참여시키지 않고 개별과제를 하도록 한다.

③ 사회 교과서를 읽을 때 오목렌즈 안경을 사용하도록 지도한다.

④ 주요 특산물을 표시한 우리나라 지도를 점자지도로 제작해 준다.

⑤ 정호가 자리에 앉아서 칠판에 적힌 모둠별 발표 개요를 읽을 수 있게 확대경을 제공한다.

중등, 15   다음은 저시력 학생의 보조공학 기기에 대한 설명이다. 괄호 안의 ㉠, ㉡에 들어갈 말을 순서대로 쓰시오.

저시력 학생의 보조공학 기기는 크게 나누어 광학기구와 비광학기구, 그리고 전자보조기구 등이 있다. 광학기구에는 확대경과 망원경, 안경 등이 있으며, 각각에 사용되는 렌즈는 굴절력을 갖고 있다. 렌즈의 도수는 디옵터 (Diopter: D)로 표시한다. 오목렌즈를 사용하는 학생이 초점거리가 5cm인 렌즈를 사용한다면 이 학생의 렌즈 도수는 (㉠) D가 된다.

확대경은 중심 시야에 (㉡)이/가 있는 학생에게 도움이 되며, 중심시력을 상실하지 않았을 경우에는 크게 도움이 되지 않는다.

중등, 10   다음의 (가)와 (나)에 들어갈 명칭으로 옳은 것은?

일반적으로 전경과 배경의 대비가 높을수록 시감도는 증가된다. 따라서 저시력학생에게 굵은 선을 그은 종이를 제공하면 대비가 증가되어 읽고 쓰기가 쉬워진다. 특히 책 지면 위에 (가) 를 올려 놓으면 대비가 증가되어 컬러 인쇄물이나 묵자(墨字)가 더 잘 보이는 효과가 있다. (나) 는 반사로 인한 눈부심을 막아 주고 읽는 글줄을 제시해 주기 때문에 저시력 학생의 읽기에 도움을 준다.

(가)	(나)
① 노란색 아세테이트지	타이포스코프

② 타이포스코프　　　　　　　노란색 아세테이트지
③ 노란색 아세테이트지　　　　마이크로스코프
④ 마이크로스코프　　　　　　초록색 아세테이트지
⑤ 초록색 아세테이트지　　　　타이포스코프

중등, 09-1 　(가)와 (나)에 들어갈 보조공학 기기의 명칭으로 적절한 것은?

• 선천성 맹학생 A는 　(가)　 을(를) 사용하여 맹학교 초등부 졸업 후, 일반 중학교로 진학할 예정이다. 이 기기는 일반학생의 노트북과 같이 워드프로세서 기능과 음성출력, 점역 및 역점역, 인터넷, 한글파일의 점역 및 텍스트 파일로의 생성이 가능한 것으로서 종이가 필요 없는 점자기기(paperless brailler)다.
• 후천성 저시력 학생 B는 　(나)　 를 사용하여 맹학교 중학부 졸업 후, 일반 고등학교에 진학할 예정이다. 이 기기는 글자의 크기, 색상, 밝기, 명암을 조절할 수 있어 책을 읽을 때 도움이 된다.

　　　　　　(가)　　　　　　　　　(나)
① 점자정보단말기　　　　　　확대독서기
② 점자정보단말기　　　　　　전동확대경
③ 점자전자출력기　　　　　　확대독서기
④ 점자전자출력기　　　　　　전동확대경
⑤ 옵타콘(OPTACON)　　　　　확대독서기

중등, 09-2 　저시력 학생을 위한 적절한 교육환경 및 처치로 가장 거리가 먼 것은?

① 약시학급의 경우, 교실환경을 전체적으로 더 밝게 해 준다.
② 망막색소변성의 경우, 대부분 진행성이므로 점자를 배우게 한다.
③ 백내장이 수정체 가장자리에 있는 경우, 고도 조명을 제공한다.
④ 독서할 때에 글줄을 자주 잃는 경우, 타이포스코프를 제공한다.
⑤ 황반변성의 경우, 글자와 종이의 대비가 선명한 자료를 제공한다.

중등, 08   통합학급에서 점자를 사용하는 맹학생이 활용할 수 있는 보조기기를 <보기>에서 모두 고른 것은?

ㄱ. CD독서기   ㄴ. 단안 망원경
ㄷ. 프리즘(prism)   ㄹ. 옵타콘(optacon)
ㅁ. 스크린 리더(screen reader)   ㅂ. 폐쇄회로 TV(closed-circuit television)

① ㄱ, ㄴ, ㅂ   ② ㄱ, ㄹ, ㅁ   ③ ㄴ, ㄷ, ㄹ   ④ ㄷ, ㅁ, ㅂ

중등, 07-1   다음은 Y중학교에 입학할 저시력 학생인 희준이가 안과에서 받은 진단 결과다.

K초등학교 6학년 2반 이름: 박희준

- 장애 원인: 미숙아망막증
- 장애 종별 및 등급: 시각장애 3급
- 한천석 검사: 왼쪽(0.06), 오른쪽(HM)
- 탄젠트 스크린(Tangent Screen) 검사: 왼쪽(정상), 오른쪽(주시점에서 약 1/5 상실)
- 빛 민감성: 없음(적정 조도 유지 요망)

위의 내용을 읽고 희준이의 시각장애 정도를 두 가지 측면에서 쓰고, 교수-학습 상황에서 고려해야 할 사항을 보조공학과 좌석배치 측면에서 쓰시오.

중등, 07-2   올해 대학수학능력시험을 치른 진영이는 점자를 통해 학습하는 시각장애 학생(양안 시력: LP)이다. 수능의 언어 영역을 치르는 동안 진영이에게는 점역 자료 이외에도 보조공학도구를 활용한 음성지원이 허용되었다. 진영이가 사용할 수 있는 보조공학도구의 예를 두 가지 쓰시오.

중등, 05-1   〈보기〉는 최근 정부의 시책으로 전국 맹학교에 보급된 기기에 대한 설명이다. 〈보기〉에서 설명하고 있는 기기는?

> • 점자 키보드로 자료를 입력할 수 있다.
> • 점자 번역과 역번역이 가능하다.
> • 점자 디스플레이에 점자로 나타낼 수 있다.
> • 스피커로 음성을 출력할 수 있다.

① 옵타콘-Ⅱ   ② 전자점자기   ③ 퍼킨스타자기   ④ 점자정보단말기

중등, 05-2   저시력 학생을 위한 자료 확대 방법 네 가지를 제시하고, 각각에 대해 간략히 설명하시오.

중등, 03   약시 학생의 학습환경에 대한 설명으로 가장 적절한 것은?

① 책상은 가능한 한 표면이 화려하고 광택이 나는 것으로 제공한다.
② 흑판과 분필은 가능한 한 색상의 명도 차가 큰 것을 사용한다.
③ 교실의 조명은 시각장애의 원인에 관계없이 가능한 한 밝게 한다.
④ 자리배치는 가능한 한 직사광선이 잘 드는 창문 가까운 곳으로 한다.

정답   【청각장애】(초등, 05) 본문 참조   (초등, 03) 본문 참조   (중등, 11) ④
(중등, 08-1) 본문 참조   (중등, 08-2) 본문 참조   (중등, 07-1) ②
(중등, 07-2) ④   (중등, 04) 본문 참조   (중등, 00-1) 본문 참조   (중등, 00-2) ③
【시각장애】(초등, 12) ①   (초등, 09) ③   (중등, 15) 본문 참조   (중등, 10) ①
(중등, 09-1) ①   (중등, 09-2) ①   (중등, 08) ②   (중등, 07-1) 본문 참조
(중등, 07-2) 본문 참조   (중등, 05-1) ④   (중등, 05-2) 본문 참조   (중등, 03) ②

제11장 의사소통장애 학생을 위한 보조공학

의사소통장애란 자신의 사고나 느낌, 사상 그리고 의견 등을 말과 언어의 사용을 통해 전달함에 있어 장애를 보임을 의미한다. 이러한 의사소통장애는 일반적으로 말장애와 언어장애의 두 가지로 대별되는데, 시각장애아를 제외한 특수교육 수혜대상 아동의 약 80% 이상이 의사소통장애를 가지고 있으며, 그 유형 또한 매우 다양하다. 결국 많은 장애인들이 주장애이든 수반장애이든 의사소통의 문제를 갖고 있다고 볼 수 있는 바, 이 장에서는 의사소통장애 학생의 말, 언어적 문제를 보완해 주거나 대체해 줄 수 있는 보조공학 기기에 대해 살펴보도록 한다.

보완대체 의사소통의 기초

1. 정의

누군가에게 자신의 의사를 분명하게 표현하고 또한 다른 사람의 의견을 명확히 이해하는 능력은 더불어 살아가는 사회에서 기본적인 요소다. 사람들은 말하기, 듣기, 읽기, 쓰기 등과 같은 영역에서 기능적 의사소통을 위한 기술은 물론 보다 복잡한 문법 체계 등을 점차적으로 학습해 감으로써 자신의 복잡한 감정을 표현하고 다양한 사회현상 및 상대방의 표현을 이해하려고 한다. 이와 같은 과정을 통해 사람들은 자신이 속해 있는 사회의 구성원으로 사회화되는 것인데, 의사소통 능력의 상실은 사회에의 완전한 참여를 어렵게 하는 요소로 작용할 수도 있음을 의미한다.

의사소통의 중요성에도 불구하고 여러 가지 이유로 자신의 의사를 구어 혹은 쓰기를 통해 독립적으로 표현할 수 없는 경우가 있을 수 있는데, 이들을 지원해 줌으로써 해당 기능을 향상시켜 줄 수 있는 방법이 필요하다. 보완대체 의사소통(Augmentative and Alternative Communication: AAC)이란 이와 같이 독립적인 의사표현에 어려움이 있는 혹은 수월하지 못한 이들에 대한 지원 방법으로, 미국 말·언어·청각협회(American Speech-Language-Hearing Association: ASHA, 1991)의 정의는 다음과 같다.

> 의사소통, 즉 말하기와 쓰기에 심한 장애를 보이는 사람들의 장애를 일시적 혹은 영구적으로 보완해 주는 임상치료 행위의 한 영역

즉, 보완대체 의사소통이란 말하기와 쓰기 등의 장애로 인하여 원활한 의사

소통이 어려운 사람들을 일시적 혹은 영구적으로 보완 혹은 대체함으로써 이들의 의사소통을 원활하게 해 주는 방법이라고 정리할 수 있다. 그리고 보완대체 의사소통의 정의는 보완(augmentation)과 대체(alternation)의 의미를 이해함으로써 더욱 명확해진다. 즉, 보완이란 어떤 것을 증가시키거나 첨가하는 것으로 보완의사소통(augmentative communication)은 소리를 낼 수 있지만 발음이 정확하지는 않기 때문에 원활한 의사소통이 어려운 경우 몸짓, 얼굴 표정, 컴퓨터나 보조도구 등을 추가적으로 이용함으로써 의사소통이 원활하게 이루어질 수 있도록 하는 것을 의미한다. 그리고 대체란 기존의 사람이나 사물을 다른 사람이나 사물로 대신하여 바꾼다는 것으로 대체의사소통(alternative communication)이란 보완의사소통과는 달리 의사표현을 전혀 할 수 없는 경우 그림이나 글자 혹은 컴퓨터 등의 대체물을 통해 의사소통하는 것을 뜻한다.

보완대체 의사소통을 위해서는 보완대체 의사소통 체계(augmentative and alternative communication system)가 필요한데, 이에 대한 미국 말·언어·청각협회(1991)의 정의는 다음과 같다.

개인의 의사소통에 사용되는 상징(symbol), 보조도구(aids), 전략(strategies), 기법(techniques) 등을 총체적으로 통합한 것

상징이란 몸짓이나 손짓 기호, 그림, 낱말 등을 말하는 것으로 도구를 이용하지 않는 상징(unaided symbol)과 도구를 이용하는 상징(aided symbol)으로 나눌 수 있다. 보조도구란 메시지를 주고받는 데 사용되는 물리적 도구를 의미하며 의사소통판이나 음성산출 도구가 포함된다. 전략이란 의사소통을 강화하는 상징이나 효과적인 기술을 사용하는 특별한 방법으로 역할 놀이, 점진적인 촉구 방법 등이 있다. 그리고 기법이란 메시지를 전하는 방법으로 여기에는 직접 선택과 훑기(scanning)로 대표되는 간접 선택의 방법이 있다.

2. 목적

보완대체 의사소통의 사용은 크게 두 가지 측면에서 이로움을 제공하는데, 우선 사용자의 환경에 속해 있는 사람들이 보완대체 의사소통을 사용할 경우, 이들은 말보다 더 느린 속도로 상징을 제시하거나, 상징과 문법 구조의 수를 줄이고 또는 말을 동반한 많은 부적절하거나 장황한 언급들을 없앰으로써 사용자의 이해를 증가시킨다. 또한 사용자의 입장에서 보면 신체적 요구의 감소, 말하기에 대한 압박감 해소, 손을 잡아 도와주거나 모델링 사용, 두뇌의 우반구 처리 증가 등의 이유로 인해 말보다 보완대체 의사소통 산출이 더 쉬울 것이다. 보완대체 의사소통의 이점을 구체적으로 정리하면 다음과 같다(Owen, Metz, & Haas, 2007).

- 입력의 단순화
  - 부적절하거나 장황한 언급을 하지 않음
  - 느린 산출속도로 인해 더 많은 처리시간이 허용됨
- 반응 산출의 이점
  - 말에 대한 압박감이 없음
  - 말에 비해 신체적 요구가 적음
  - 훈련자가 환자의 손이나 몸의 일부를 신체적으로 조작할 수 있음
  - 환자가 촉진된 신체적 조작을 관찰함
- 중도 인지장애인들이 갖는 이점
  - 제한적이며 기능적인 어휘
  - 개인의 주의집중 유지가 더 용이함
- 수용 언어/청각적 처리의 이점
  - 언어의 구조가 단순함
  - 청각적 단기기억과 청각적 처리의 문제가 최소화됨

● 동시적 처리/자극 결합의 이점
 - 시각적 특성이 상징을 더 명확히 해 줌
 - 시각적 상징의 일관성이 더 큼
 - 말로 표현되는 낱말에 비해 상징의 지속시간이 더 김
 - 시각적 상징이 시각적 지시대상과 더 쉽게 연결됨
● 상징 표상의 이점
 - 말의 상징을 보완함
 - 지시 대상을 시각적으로 나타냄

이와 같은 보완대체 의사소통의 이점을 통해 또래의 비장애학생과 일반교사는 중도장애 학생을 이해하고 긍정적으로 상호작용할 수 있을 뿐만 아니라 궁극적으로 학생은 지역사회 속에서 기능적이며 독립적인 생활을 할 수 있게 되는 것이다. Blackstone(1986)이 언급한 바와 같이 보완대체 의사소통은 말하기, 쓰기 장애를 지닌 사람이 사회의 일원으로 참여하거나 재활할 수 있도록 의사소통 활동을 돕는 데 그 목적이 있는 것이다. 물론 보완대체 의사소통의 목적에 있어, 개인차는 있으나 일반적으로 다음과 같은 목적을 위해 적용된다(교육과학기술부, 2009).

① 사회성 향상 및 일상 활동에의 참여도 증진
② 말과 언어 발달 촉진
③ 학습활동에의 참여도 향상
④ 정서적으로 바람직한 성장 지원
⑤ 취업기회 확대

첫째, 의사소통에 어려움을 겪고 있는 사람들에게 다른 사람이 이해하기 쉬운 보완대체 의사소통 방법을 사용하여 의사소통을 하게 함으로써, 다양한 상호작용을 촉진시켜 사회성을 향상시키고 일반 활동에의 참여도를 높이는 것이다.

둘째, 의사표현의 기회를 제공함으로써 말과 언어 발달을 촉진시키는 것이다. 부모나 일부 전문가들은 조기에 보완대체 의사소통 교육을 시작하면 구어발달이 지체될 것이라는 우려를 했으나, Silverman(1989)이 실어증, 지적장애, 자폐아동들을 대상으로 연구한 결과 비구어적 의사소통 교육은 자발적인 구어 사용 발달에 아무런 영향을 미치지 않았으며, 오히려 구어를 사용하려는 시도가 늘어난 것으로 나타났다(국립특수교육원, 1999 재인용).

셋째, 의견을 표시하며 질문하고 대답하는 등과 같은 학습활동에의 참여도를 높이는 것이다. 의사소통 보조도구와 기법을 성공적으로 사용함으로써 의사소통장애 학생들도 교육활동에 능동적으로 참여함은 물론 일반아동들과의 상호작용 기회도 높일 수 있다(국립특수교육원, 1999).

넷째, 의사소통의 기회를 질적, 양적으로 확대시켜 줌으로써 의사소통 실패로 오는 좌절, 분노, 감정 폭발, 자아 학대 등의 문제 행동을 줄여 정서적으로 바람직한 성장을 돕는다.

다섯째, 의사소통을 함으로써 독립적인 생활을 촉진하여 취업기회의 확대에도 도움을 준다.

보완대체 의사소통의 사용을 통해 기대할 수 있는 효과 혹은 추구하고자 하는 목적은 단순히 이를 사용하는 데 따른 결과물이 아니며 다음과 같은 사항을 유의해야 한다.

보완대체 의사소통 이용 시 유의사항

• 학교나 가정에서 학습활동에 참여하기, 또래들과 대화하기, 식사하기, 옷 입기, 용변 보기 등의 대상자가 일상생활 맥락에서 자주 하는 활동을 중심으로 구성하여야 한다.

• 사용자가 다양한 대화 경험을 하게 하여 의사소통 보조도구의 어휘를 자기 언

어의 일부로 만들도록 하여야 한다.

- 교사는 사용자 요구에 적절한 생각, 감정, 의문, 대답을 표현할 수 있는 어휘들을 준비하고 이러한 의사소통적 요구에 맞는 의사소통판이나 음성출력기 등의 보조도구를 제공해 주어야 한다.
- 사용자가 보완대체 의사소통 체계를 사용하여 다른 사람들과 대화할 수 있는 환경을 만들어 주어야 한다. 이를 위해서는 가족과 이웃의 협조가 절대적으로 필요하다.

또한 [그림 11-1]과 같이 정해진 절차에 따라 지도했을 때, 보완대체 의사소통 본연의 효과와 목적을 얻을 수 있음을 알아야 한다(교육과학기술부, 2009).

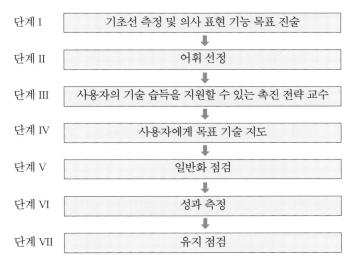

단계 I	기초선 측정 및 의사 표현 기능 목표 진술
단계 II	어휘 선정
단계 III	사용자의 기술 습득을 지원할 수 있는 촉진 전략 교수
단계 IV	사용자에게 목표 기술 지도
단계 V	일반화 점검
단계 VI	성과 측정
단계 VII	유지 점검

‖ 그림 11-1 ‖ **보완대체 의사소통 적용 단계**

첫째, 의사소통 지도를 시작하기 전에 우선 아동의 의사소통 능력에 대한 기초선을 측정하고 그에 맞는 목표를 결정한다. 가르치고자 하는 목표 기술을 알기 위해서는 일상생활 장면에서의 상황을 관찰하여 학생의 의사소통 행동 특성과 수행능력에 대한 자료를 수집한다. 필요한 자료는 부모, 담임 교사, 교과 교사 등과 같은 학생의 대화 상대방에게 얻으며, 다음과 같은 항목을 점검하여 중재 목표를 결정해야 한다.

- 실생활에서 개인의 기능을 증진시킬 수 있는 목표인가?
- 실생활에서 사용할 수 있는 기회가 주어지는 목표인가?
- 개인이 성공적으로 습득할 수 있는 목표인가?
- 좀 더 넓은 지역사회에서 개인의 지위를 향상시키는 목표인가?
- 개인이 가지는 어려움이나 요구를 보상할 수 있는 목표인가?
- 생활 연령 기준에 적합한 목표인가?

둘째, 의사소통지도에 사용될 어휘는 보완대체 의사소통 사용자가 대화 상대방과의 만남을 통해 일상생활 중에서 사용될 어휘 목록을 수집한다. 가장 중요한 어휘 목록을 선정하되, 어휘 확장이 가능하도록 수집하며 생활 경험이나 교과학습과 관련된 어휘 목록을 선정한다. 최선의 지침은 사용자의 요구, 바람, 좋아하는 것들과 선호도 등을 반영하면서도 사용자와 의사소통 환경들을 관찰하여 기능적이고 유용한 어휘를 선택하는 것이다(Owens et al., 2007). 의사소통 수단은 아동의 특성에 따라 음성 제스처, 손짓 기호, 의사소통판, 의사소통 책, 컴퓨터 공학기구 등 다양한 양식을 사용하되, 메시지를 전달하는 데 효과적이며 가능한 한 빠르게 전달할 수 있고 수용 가능하여야 한다. 보다 구체적인 내용에 대해서는 다음의 제2절 보완대체 의사소통 체계의 의사소통판 제작 시 고려해야 할 사항에서 제시하도록 한다.

셋째, 보완대체 의사소통을 할 수 있도록 적절한 자세를 갖게 해 주고, 도구와 의사소통의 동기를 부여할 수 있는 활동을 제공하는 것으로 환경을 구조화하여야 한다. 교사가 사용할 수 있는 촉진전략은 다음과 같다.

- 학생이 표현한 것에 대해 반응해 주기

- 그림을 지적하거나 몸짓으로 의사를 표현한 것에 대해 정확한 문장으로 확인해 주기
- 표현할 수 있는 충분한 시간을 제공하고 인내를 가지고 기다려 주기
- 다양하고 의미 있게 의사소통을 할 수 있도록 기회 제공하기
- 생활 연령에 맞고 실생활에서 사용할 수 있는 적절한 어휘 제공하기
- 도구 사용을 모델링해 주기, 과다한 자극과 촉진을 지양하고 필요한 경우에만 촉진하기

넷째, 교사는 먼저 학생과 학부모에게 왜 의사표현을 해야 하며, 배워야 하는 이유가 무엇인지에 대해 설명한다. 의사표현을 지도할 때에는 자연적인 환경에서 실제의 상호작용이나 역할놀이 중의 기술을 사용해 보도록 다양한 기회를 제공하여 연습하게 하며, 능숙하게 사용할 수 있을 때까지 지속적인 연습 기회를 제공한다. 의사소통 능력을 향상시키는 교수 프로그램의 공통된 요소는 다음과 같다.

- 먼저 학습자에게 기술을 설명하고, 모델링할 수 있도록 보여 준다.
- 각 상황에서 기술을 잘 사용하였는지 설명해 준 다음, 기술을 사용하는 것을 연습하게 한다. 이때 수행 정도에 대한 피드백을 제공하며 능숙하게 사용할 수 있을 때까지 충분한 연습 기회를 제공한다.
- 기술 지도는 단순한 상황이나 과제부터 시작하여 점차 어려운 상황에서 할 수 있도록 지도한다.

다섯째, 학교와 교실 안팎 및 가정 그리고 그 밖의 지역사회 환경 내의 다양한 실제 상황에서 보완대체 의사소통을 지도한 교사가 아닌 다른 사람과도 의사소통 방법을 이용하여 하고 싶은 말을 표현하고 있는지 관찰해야 한다. 이는 곧 일반화 정도를 점검하는 것으로 다음과 같은 절차를 따른다.

- 자연적인 환경 내의 다양한 상황(다른 대상과 환경)에서 관찰하기
- 실생활에서 효과적으로 사용하고 있는지 자료 수집 및 점검하기
- 개인의 수행능력에 대한 피드백 제공하기
- 실생활의 새로운 상황에서도 같은 기술을 성공적으로 사용한 것을 축하해 주고, 사용한 기술의 효과에 대해 논의하기
- 배운 기술을 일반화하지 못한다면, 그 원인을 분석하고 교수 수정하기
- 의사소통 기술을 실생활에서 사용하는 것이 효과적이지 못하다면, 의사소통 방법이나 메시지 등을 수정하여 효과를 높일 수 있도록 고려하기

여섯째, 의사소통 방법을 사용하고 있는 학생의 기술 습득 정도, 학생의 만족도, 사회성이나 또래와의 관계 등에 미치는 영향, 그 밖의 기대 효과 등을 측정하여야 한다. 교수 프로그램의 효율성은 보완대체 의사소통 사용자의 기술 습득 정도와 사용자 만족도 등의 두 가지 측면에서 평가되어야 하며, 평가 결과는 교수 프로그램을 향상시키고 앞으로의 교수 계획에 반영될 수 있어야 한다.

일곱째, 학습된 의사소통 능력이 유지되고 있는지를 점검하기 위하여 가르친 후 2주, 4주, 8주 후에 정기적으로 관찰한다. 의사소통 능력을 유지, 향상시키기 위해서는 매일매일의 일상생활 안에서 자연적인 상황과 자연적 단서를 제시하여 지도하고, 대화 상대방에 대한 훈련도 함께 이루어져야 한다. 학생 주변의 모든 사람은 적극적으로 의사표현을 촉진하는 방법을 배우고 모델링하여야 한다. 교사는 학생이 성공적으로 기술을 사용하고 유지하게 하기 위해서 정기적으로 모니터링을 하고 변화되는 목표에 대처하는 촉진자로서의 역할을 하여야 한다.

제2절 # 보완대체 의사소통 체계

1. 상징

Beukelman과 Mirenda(1992)가 구분한 바와 같이 상징은 도구를 이용하지 않는 상징과 도구를 이용하는 상징으로 나눌 수 있다.

	PCS	리버스상징	다이나심	픽토그램	블리스상징
주다					
먹다					
생각하다					
어디					
친구					
휠체어					
텔레비전					
어제					
슬픈					

‖ 그림 11-2 ‖ **상징의 종류**

출처: Beukdman & Mirenda(2008). 재인용

도구를 이용하지 않는 상징은 어떠한 외부 기기도 필요로 하지 않는 얼굴 표정, 손짓 기호, 일반적인 구어와 발성을 포함하며, 도구를 이용하는 상징은 어떤 형태의 외부 원조를 요구하는 것으로 실제 사물, 흑백의 선 그림(line drawing), 사진, 그림 의사소통상징(picture communication symbol: PCS), 픽토그램 표의문자 의사소통상징(pictogram ideogram communication: PIC), 리버스상징(Rebus symbol), 블리스상징(blissymbolics) 등의 표상적인 상징과 여키스 기호문자(Yerkish Lexigrams)로 대표되는 추상적인 상징 그리고 전통적인 철자(알파벳, 한자, 한글 등)와 철자 상징(점자, 지문자 등)이 있다(한경임, 1998; Beukelman & Mirenda, 2005).

2. 기법

기법 혹은 선택 기법(selection techniques)이란 보완대체 의사소통 체계 사용자가 전하고자 하는 메시지를 선택하거나 판별하는 방식으로 직접선택(direct selection)과 간접선택(indirect selection)이라는 두 가지 주요한 항목 선택 접근법을 사용할 수 있다. 직접선택의 방법은 사용자가 손가락, 머리, 손, 팔꿈치 등과 같은 신체의 일부분을 이용하여 직접 의사소통 보조도구의 상징을 지적하는 방법이다. 신체적 움직임을 보조하기 위한 방법으로 헤드 스틱(head sticks)이나 마우스 스틱(mouse sticks), 광선 포인터(light beam pointer) 등의 보조도구가 이용되기도 한다. 이에 반해 간접선택은 보조도구가 지적해 가는 대로 사용자가 추적해 가면서 원하는 상징인지 아니면 다음 상징으로 진행해야 하는지에 대해 반응하는 형식이다.

사용자의 선택 기법은 [그림 11-3]과 같은 일련의 과정을 통해 결정된다.

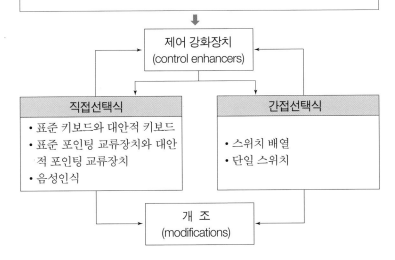

요구파악의 결과

1. 수행하려는 활동은 무엇인가?
2. 그 활동을 위해서 얼마나 많은 입력신호들이 요구되는가?
3. 수행해야 하는 활동/목적이 하나 이상 있는가?
4. 만약 하나 이상의 활동을 수행해야 한다면, 두 가지 활동을 위해 동일한 제어 교류장치가 적합한가, 아니면 하나 이상의 제어 교류장치가 고려되어야 하는가?

신체–감각적 평가의 결과들

1. 특정한 감각기능(시각, 청각, 촉각)의 요구 서술
2. 가능성 있는 해부학적 신체 조작부위의 확인
3. 제어영역의 기능적인 운동범위를 판단
4. 제어영역을 사용하기 위한 변별능력을 판단
5. 제어 강화장치의 사용을 통해 얻을 가능성이 있는 유익을 판단

제어 강화장치
(control enhancers)

직접선택식

• 표준 키보드와 대안적 키보드
• 표준 포인팅 교류장치와 대안적 포인팅 교류장치
• 음성인식

간접선택식

• 스위치 배열
• 단일 스위치

개 조
(modifications)

‖ 그림 11-3 ‖ 제어 교류장치 선택 결정을 위한 개관

출처: Cook & Hussey(2009), p. 302.

1) 직접선택

직접선택에서는 신체적인 압력 또는 떼는 힘이 요구되기도 하고 또 의사소통판에 신체적 접촉이 이루어짐으로써 직접선택이 가능해진다. 그러나 신체적 접촉이 반드시 요구된다고는 할 수 없는데, 눈 지시, 눈 응시, 광선 발산 장치, 음성인식 등은 신체의 접촉 없이도 원하는 항목을 선택할 수 있기 때문이다. 직접선택은 사용자의 표현력이 향상되고 무엇보다도 빠르다는 장점은 있으나 사용자가 피로를 빨리 그리고 많이 느끼며 잘되지 않을 때에는 스트레스를 받게 되고, 자신감을 상실할 수도 있다는 단점이 있다.

직접선택을 활성화하기 위한 방법으로는 시간 활성화(timed activation) 전략, 해제 활성화(release activation) 전략, 평균 활성화(averaged activation) 전략 등 세 가지가 있다(Beukelman & Mirenda, 2005).

첫째, 시간 활성화 전략은 사용자가 어떠한 방법으로든 화면의 항목을 확인하는 것이 필요하고, 장치에 의한 선택이 인식되기 위해서는 일정한 시간 동안 접촉을 유지시키는 것이 필요한 방법으로 '시간이 설정된 활성화'라고 할 수 있다. 직접선택을 가능하게 하는 대부분의 전자 보완대체 의사소통 도구들은 이와 같은 방식을 제공한다. 예를 들어, 시간활성화 전략이 내재된 도구는 사용자의 손가락, 헤드 스틱, 광선을 장치의 표면에 마주치더라도 그 항목을 활성화시키지 않고 지나칠 수 있다. 왜냐하면 활성화시키기 위해서는 일정한 시간 동안 접촉을 유지시켜 줘야 하기 때문이다.

둘째, 해제 활성화 전략은 신체의 한 부분 또는 어떠한 형태의 보조도구를 사용하는 것으로 직접적인 접촉을 요구하는 화면에만 적용된다. 즉, 화면에 직접적인 접촉이 유지되는 동안은 선택이 이루어지지 않는다. 다만 어느 항목에서 접촉을 중단하면 그 항목이 선택되는 기능을 말한다.

셋째, 평균 활성화 전략은 특별한 항목에서 잠깐 동안의 움직임은 무시하되, 전체적인 영역에서 각 항목마다 소요된 포인터의 시간을 감지하는 것으로 '여과 활성화(filtered activation) 전략'이라고도 한다. 즉, 시간 활성화 전략 혹은 해제 활성화 전략이 어려운 이들을 대상으로 하는 방법으로, 일반적인 영역은 선택할 수 있으나 특정 항목을 선택하기 위해 요구되는 접촉을 안정적으로 유지하는 데 어려움을 있는 최중도 장애인들을 위한 전략으로 활용될 수 있다. 이 장치는 단시간 내에 축적된 정보를 평균화해서 광학장치로 포인터가 가장 길게 가리킨 항목을 작동시키는 방법이다.

2) 간접선택

개인의 신체 조절을 통해 직접선택을 하기 어려운 경우 간접선택 방법이 고려된다. 간접선택 방법은 단일 스위치나 스위치 배열판이 사용되고, 사용자가 일정한 기술을 수행할 수 있어야 한다. 간접선택은 미세한 근육활동만으로도 조작이 가능하다는 장점이 있는 반면, 근육활동 자체의 제약으로 인해 정보 입력이 제한되고, 많은 시간이 소요된다는 단점이 있다. 이하에서는 대표적인 간접선택 방법인 훑기(scanning)를 중심으로 살펴보도록 한다.

(1) 훑기 형태

사용자는 일정한 기술을 이용해서 자신이 원하는 항목이 나타났을 때, 제시된 항목이 자신이 원하는 항목임을 알릴 필요가 있는데, 이와 같은 유형의 항목 선택을 훑기라고 한다. 훑기는 상징이 제시되는 디스플레이 형태에 따라 원형 훑기(circular scanning)와 선형 훑기(linear scanning) 그리고 집단-항목 훑기(group-item scanning)로 구분한다.

원형 훑기는 가장 단순한 형태의 디스플레이 형태로 사용자가 훑기를 멈추고 원하는 항목을 선택할 때까지 도구 자체가 원형 안에 있는 개별 항목을 제시해 주며 자동으로 한 번에 한 항목씩 훑어 준다. 선형 훑기는 항목이 선택될 때까지 첫째 줄의 각 항목, 둘째 줄의 각 항목 그리고 다음 줄의 각 항목으로 커서나 화살표가 이동하게 된다. 집단-항목 훑기는 마지막 선택이 이루어질 때까지 항목

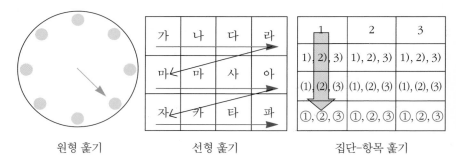

| 원형 훑기 | 선형 훑기 | 집단-항목 훑기 |

‖ 그림 11-4 ‖ **훑기 디스플레이 형태**

들로 이루어진 집단을 판별한 다음 점차적으로 옵션을 제거하는 것으로, 예를 들면 다음과 같다. 대항목의 음식 선택, 중항목의 한식, 일식, 중식, 양식 중 한식 선택, 선택된 중항목 즉 한식의 다양한 메뉴(소항목) 중 한 가지를 선택하는 방식이다.

(2) 선택 기법

훑기를 하는 사람들은 도구 자체가 디스플레이 항목을 체계적으로 훑는 동안 원하는 항목을 선택할 수 있어야 하는데, 일반적으로 사용되는 선택 기법은 다음과 같다(Beukelman & Mirenda, 2005; Cook & Hussey, 2009).

- 자동 훑기(automatic scanning)
- 단계적 훑기(step scanning)
- 반전 훑기(inverse scanning)

자동 훑기에서는 사전에 설정된 원형, 선형, 집단-항목 형태에 따라 포인터나 커서가 자동적으로 계속 움직인다. 선택을 하려면 원하는 집단이나 항목에 포인터를 멈출 수 있도록 스위치를 활성화해야 한다. 즉, 보완대체 의사소통 기기가 훑기를 계속해 가는 도중, 사용자가 원하는 상징에 도달하였을 때 스위치를 누르는 것을 말한다. 이와 같은 선택 기법은 스위치를 정확하게 활성화할 수 있으나 활성화를 유지하거나 스위치 누르기를 멈추는 데 어려움이 있는 사람들에게 유용하고, 디스플레이의 제시가 청각적일 때 사용된다. 예를 들어, 사용자가 먹고 싶어 하는 음식 메뉴를 선택할 때까지 촉진자가 음식 이름을 계속 말해 주는 경우가 해당된다.

단계적 훑기는 스위치의 활성화를 위해 포인터나 커서가 사전에 설정된 선택 형태에 따라 한 번에 한 단계씩 움직인다. 특정 항목을 선택하기 위해 사용자는 일정 시간 동안 스위치의 활성화를 멈추거나 제시된 항목의 선택을 나타내는 두 번째 스위치를 활성화하면 된다. 즉, 단계적 훑기는 사용자가 반복적으로 커서를 이동시키기 위하여 스위치를 눌러야 하고, 원하는 상징에 도달했을 때 시간을 기다리거나 제2의 스위치를 누르면 선택된 상징이 작동하는 방식이다. 이와 같이 단계적 훑기는 반복적이고 빈번한 스위치 활성화를 필요로 하기 때문에 복잡한 보완대체 의사소통 체계에 활용될 경우 사용자는 자주 피로감을 느끼게 된다. 단계적 훑기는 운동 조절이나 인지능력의 제한이 심한 사람들 혹은 전자적인 훑기 조작을 처음 배우는 사람들이 종종 사용한다.

반전 훑기 혹은 유도된 훑기는 스위치를 활성화할 때 포인터나 커서가 움직이기 시작한다. 스위치가 활성화되는 한 포인터는 미리 설정된 훑기 형태에 따라 움직이다가 스위치의 활성화를 해제하면 선택이 이루어진다. 정확성을 위해 반전 훑기는 스위치를 누르고 적당한 시간에 놓는 높은 수준의 능력을 필요로 한다. 반전 훑기는 주로 스위치 활성화에 어려움을 보이지만, 일단 활성화가 이루어지면 이를 유지하고 스위치를 정확하게 해제시킬 수 있는 사람들에게 특히 유용하다.

〈표 11-1〉은 앞서 살펴본 훑기의 세 가지 선택 기법과 각각의 작동 동작을 위한 기술에 요구되는 기능을 목록화한 것이다. 대기란 자신이 원하는 상징이 나타날 때까지 기다리는 동작을, 누르기는 스위치를 오랫동안 누른 상태로 유지하는 능력에 해당한다. 이와 같은 선택 기법을 결정함에 있어서는 운동요소별로 요구되는 근 긴장도 및 주의력 등이 각기 다르기 때문에 장애학생의 인지적·신

‖표 11-1‖ **훑기와 간접 훑기를 위한 선택기술**

운동요소	선택기법		
	자동 훑기	단계별 훑기	반전 훑기
대기	고	저	중
작동	고	중	저
누르기	저	저	고
해제	저	중	고
운동 피로	저	고	저
감각적/인지적 주의력	고	저	고

출처: Cook & Hussey(2009), p. 331.

체적 특성을 충분히 고려해야 한다. 예를 들어, 의사소통장애(언어장애)를 수반한 뇌성마비 학생의 신체적 특성을 염두에 둔다면 경직형 뇌성마비 학생은 자동 훑기에 어려움을 보일 수 있으며, 단계적 훑기는 무정위형 뇌성마비 학생에게는 다소 부적절할 수 있는 기법에 해당된다.

3. 보조도구

보완대체 의사소통의 유형은 [그림 11-5]와 같이 보조도구를 사용하지 않는 유형과 보조도구를 사용하는 유형으로 나눌 수 있는데, 보조도구에는 그림판, 글자판, 블리스상징판 등의 의사소통판을 비롯하여 각종 컴퓨터 테크놀로지를 이용한 음성출력장치가 장착된 보조도구 등이 포함된다. 따라서 보조도구를 사용하지 않는 유형은 손짓, 기호, 몸짓, 눈 응시, 머리 끄덕임 등을 이용하여 의사소통을 하는 것이고 보조도구를 사용하는 유형은 기초공학 및 첨단공학 기술이 포함된 각종 공학기기를 이용한 의사소통 유형이라고 할 수 있다. 이와 같은 두 가지 유형은 경우에 따라 한 가지만 사용할 때도 있고, 두 가지 모두를 사용할 때도 있다. 보조도구를 사용하면 서로 이해할 수 있는 가능성이 높아 쉽게 의사

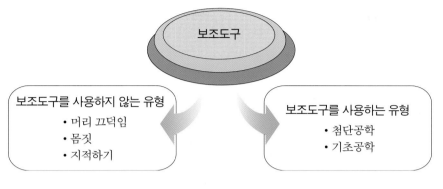

‖ 그림 11-5 ‖ **보조도구의 사용 여부에 따른 보완대체 의사소통 유형**

소통할 수 있으나, 가지고 다녀야 하는 번거로움이 따른다. 그 반대로 보조도구를 사용하지 않는 유형은 보조도구를 휴대하는 불편을 덜 수는 있으나 의사소통이 잘되지 않는 어려움이 따른다. 따라서 사용자의 능력과 요구에 따라 보완대체 의사소통 유형을 신중히 선택할 필요가 있다(국립특수교육원, 1999). 이하에서는 보조도구를 사용하는 유형을 중심으로 살펴보도록 한다.

보조도구를 사용하는 보완대체 의사소통 유형은 집적회로(Integrated Circuit: IC)의 내장 유무에 따라 구별되는데 집적회로가 내장된 첨단공학이 적용된 보조도구를 사용하는 유형과 집적회로가 내장되어 있지 않은 기초공학이 적용된 보조도구를 사용하는 유형으로 구분할 수 있다.

1) 첨단공학

국내에서 의사소통 방법을 지도하기 위해 과거에 사용해 온 주된 보조도구는 알파토커(Alpha Talker), 테크톡(Tech Talk), 칩톡(Cheap Talk) 등이었는데, 수입을 위한 절차의 번거로움, 높은 구입 가격, A/S의 불편함 등과 같은 문제점으로 인해 교육현장에서의 사용이 제한적이었다. 특히 첨단공학의 경우는 녹음이 아닌 음성 합성에 의한 음성출력 방식을 이용하고 있었기 때문에 모국어로 한국어를 사용하고 있는 우리나라 현실에서는 한국어를 지원해 줄 수 있는 음성합성 도구의 확보 역시 결코 쉬운 것이 아니었던 만큼 많은 어려움이 있었다. 이에 앞서 살펴본 알파토커, 테크톡, 칩톡 등과 같이 교사가 음성을 녹음하여 사용하는 단순한 기능의 보조도구를 많이 사용할 수밖에 없었으나 여전히 수입에 따른 문제점은 남아 있었다. 이와 같은 문제점을 해결한 것이 키즈보이스(KidsVoice)로, 고순복(2005)에 의하면 키즈보이스를 뇌성마비 아동에게 적용한 결과 어휘 확장 표현, 어휘표현의 적절성, 어휘 확장 표현과 적절성의 일반화 및 유지에 효과가 있는 것으로 보고되었다.

키즈보이스는 다음과 같은 기능을 제공한다.

● 문장입력 대화하기, 음성 녹음/재생 기능
● 외부 소리파일 링크 기능
● 면분할(4/12/24분할) 지원

‖ 그림 11-6 ‖ 키즈보이스와 소프트웨어의 예

출처: 유비큐(2008).

- 콤팩트 플래시 메모리 카드(Compact Flash Memory Card) 지원
- 키즈보이스 그림상징(K-PCS) 체계 탑재
- 스위치 연결 및 스캐닝 기능
- 가정/학교/지역사회 등 12개 분야의 3,200개 어휘 탑재
- 터치 스크린 지원을 통한 손쉬운 사용방법 지원
- 어휘/그림상징 편집기능으로 어휘 추가 기능 제공
- 문자를 음성으로 읽어 주는 음성합성엔진(TTS) 탑재

키즈보이스는 다음과 같은 일련의 순서에 의해 사용하는데 교사가 이를 알고 있으면 학생에게 먼저 의사소통을 시도할 수 있을 뿐만 아니라 원활한 의사소통에도 도움이 된다.

① 파워(오른쪽 상단)를 누른 후 그림상징 의사소통을 사용하려면 [시작]을, 문장으로 의사소통을 하려면 [대화하기]를 선택
② 의사소통이 필요한 상황에 해당하는 그림 선택(화면을 터치)
③ 어휘를 누른 후 하단의 관련 동사를 눌러 의사소통 시작(터치와 동시에 음성이 출력됨)
④ [대화하기]를 눌러 문장을 입력하여 [소리 듣기]로 음성 출력

이상의 사용법과 함께 장애학생과 교사, 학부모 등은 키즈보이스의 배터리 관리에 특별히 주의를 기울임으로써 휴대 사용 시 불편함이 없도록 해야 한다. 즉, 최초 사용 시에는 배터리를 최대한 충전하여 사용하도록 하고, 7일 이상 사용하지 않을 경우에는 배터리를 반드시 분리하여 보관해야 한다.

2) 기초공학

기초공학이 적용된 보완대체 의사소통 보조도구는 초기에 이용되는 형태로 첨단공학이 적용된 보완대체 의사소통 보조도구와 비교해서 다음과 같은 장점이 있다.

- 비용이 저렴하다.
- 사용자의 강점과 요구가 파악되면 기초공학의 계획과 개발은 효과적으로 진행될 수 있다.
- 쉽게 주문받을 수 있다.
- 제작이 수월하다.
- 어휘의 수정 및 보완이 수월하다.
- 다른 의사소통 도구와 쉽게 병행해서 사용할 수 있다.
- 여러 가지 상황에서 사용자의 다양한 능력에 따라 사용될 수 있다.

이상과 같은 장점이 있는 기초공학이 적용된 보완대체 의사소통 보조도구는 다음과 같은 단점 또한 지니고 있다.

- 어휘 저장이 제한적이다.
- 현장성이 떨어진다.
- 의사소통 상대방에의 의존도가 높아진다.
- 수동적인 의사소통자가 될 수 있다.
- 의사소통 상대방이 사용자의 능력을 과소평가할 수 있다.

기초공학이 적용된 보조도구로는 의사소통판과 스위치, 조이스틱 등이 대표적이다.

(1) 의사소통판

① 의사소통판의 종류

의사소통판의 종류에는 단면 의사소통판, 의사소통책, 홀더(holder), 다면 의사소통판 등이 있다. 단면 의사소통판은 의사소통 훈련을 처음 시작하는 경우 그리고 제한된 어휘를 사용할 경우 사용되는 형태로 만들기가 쉽고 휴대하기도 편하기 때문에 가장 널리 이용되고 있다.

‖ 그림 11-7 ‖ **다양한 형태의 의사소통판**

② 의사소통판의 상징 형태

의사소통판에는 글자, 낱말, 숫자 그림, 사진 등은 물론 PCS, PIC, 블리스상징 등 다양한 형태의 상징과 부호를 이용할 수 있다. 다만 사용할 상징의 수는 사용자의 능력과 필요에 따라 각기 다르게 하며, 상징의 크기는 사용자가 효율적이고 정확하게 선택할 수 있을 정도로 충분히 크게 하되 사용자의 시력 및 운동 능력 그리고 상징의 유형과 필요한 상징의 수 등을 고려해야 한다.

③ 의사소통판 제작 시 고려사항

의사소통판은 다음과 같은 사항을 고려하여 제작하여야 한다(국립특수교육원, 1999).

첫째, 신체적으로 활용할 수 있도록 만들어야 한다. 사용자의 운동 기능과 지각 능력 등을 고려하여 사용자들이 앞에 놓인 의사소통판의 여러 영역을 잘 가리키고 상징들을 배열할 수 있게 크기 및 기울기 등을 결정해야 한다.

둘째, 사용자의 능력과 요구에 따라 의사소통판에 들어갈 상징의 형태를 고려해야 한다.

셋째, 사용자에게 어떤 의사소통이 필요한지 알아보고 사용자에게 알맞은 어휘를 선택해야 한다. 어휘 선택에 있어서 기본적으로 포함되어야 할 내용은 다음과 같다.

- 예/아니요
- 안녕하세요, 안녕히 가세요, 고맙습니다, 부탁 등
- 질문(누가, 언제, 어디서, 무엇을, 왜, 어떻게)
- 사람에 관한 것(나, 어머니, 아버지, 친구, 선생님)
- 동사(가다, 주다, 먹다)
- 감정(좋다, 나쁘다, 아프다)
- 형용사(빨갛다, 예쁘다)
- 사물 혹은 물건(전화, 책, 물, 빵)

넷째, 신체적 장애 정도에 따른 의사소통의 방법을 고려하여 제작한다. 즉, 평평한 의사소통판은 물론 눈으로 지적하기 위해 세위 놓는 의사소통판, 눈길을 이용하여 직접 선택하기 위한 수직 유리판 등 사용자가 접근하기 쉽도록 의사소통판을 만들어야 한다.

(2) 스위치

　개인의 신체 조절이 직접 선택을 하기 어려운 경우라면 간접 선택의 방법(훑기)을 고려해야 한다. 간접 선택의 방법으로는 주로 스위치가 사용되는데, 기본적으로 사용자는 이를 조작하는 데 필요한 기술을 수행할 수 있어야 하며 사용자의 공간적인 문제와 감각적인 특성도 고려해야 한다.

‖ 그림 11-8 ‖ **다양한 형태의 스위치**

　일반적으로 스위치 평가는 스위치 조절을 위한 신체부위 중 사회적으로 가장 적절한 것으로 고려되는 부위인 손부터 시작한다. 만일 스위치에 대한 손이나 손가락 조절이 충분히 정확하고 효율적이며 피로하지 않다면 다른 신체부위를 더 이상 평가하지 않는다. 그러나 손 조절이 불충분한 것으로 확인되면 주로 머리, 발, 다리 및 무릎 순으로 평가하며(Beukelman & Mirenda, 2005), 다음과 같은 주요 사항에 대한 평가를 통해 이루어진다.

- 스위치를 작동(접속)시킬 수 있는가?
- 적절한 선택을 위해 기다릴 수 있는가?
- 알맞은 시간에 스위치를 작동시킬 수 있는가?
- 일정 시간 동안 활성화된 상태를 유지할 수 있는가?
- 정확하게 떼 놓을 수 있는가?
- 선택에 필요한 단계를 반복적으로 수행할 수 있는가?

4. 전략

전략이란 앞서 설명한 바와 같이 상징과 보조도구 그리고 선택 기법을 통해 의사표현을 원활하게 하기 위한 방법으로 교수자와 사용자 측면에서 보완대체 의사소통 전략을 정리하면 다음과 같다(국립특수교육원, 1999).

보완대체 의사소통을 지도하는 사람들은 다음과 같은 기본 지식을 갖추고 있어야 한다.

- 말 이외의 다른 의사표현 방법의 개발이 필요한 이유
- 보완대체 의사소통의 특성과 체계
- 보완대체 의사소통 사용자들과 의사소통을 촉진할 수 있는 방법

아울러 보완대체 의사소통 사용자들은 개인적 흥미, 환경, 능력에 기초를 둔 상호작용 범주에 메시지를 효과적이고 효율적으로 전달할 수 있어야 하는데, 보완대체 의사소통 사용자들은 다음과 같은 사항을 준수해야 한다.

- 의사소통 상대자에게 긍정적인 자기이미지를 심어 준다.
- 다른 사람들에게 흥미를 줄 수 있고 상호작용할 수 있어야 하며, 상대자와의 대화에 적극적으로 참여해야 한다.

- 의사소통 상대자와 대화할 때 시작과 끝을 맺는 연습을 하며, 질문하고 대답하는 대화기술을 익혀야 한다.
- 보완대체 의사소통 사용자는 상대자가 보완대체 의사소통 체계에 적극적으로 동참할 수 있게 해야 한다.

보완대체 의사소통을 이용한 원활한 의사소통이 되기 위해서는 이를 이용하는 사람과 대화하는 상대자 역시 다음과 같은 몇 가지 사항을 알아둘 필요가 있다(Heward, 2006).

- 자신을 소개하라.
- 의사소통체계를 어떻게 사용하는지 보여 줄 것을 요구하라.
- 메시지를 구성할 시간을 주고, 인내심을 가지고 기다려라.
- 긴장을 풀고 의사소통 리듬을 천천히 하도록 해라. 대화 도중 침묵의 시간을 말로 채워야 할 필요는 없다.
- 당신에게 질문을 하거나 논평할 기회를 새 친구에게 꼭 주어라.
- 다음에 어떤 말이 나올지 추측할 수 있을지라도, 상대방의 허락 없이 다른 사람의 말을 끝내지 마라.
- 가능한 한 눈을 맞추고 상호작용하라. 휠체어를 타고 있다면, 의자를 잡고 곁에 앉을 수도 있다.
- 구어로 의사소통을 하는 것처럼, 얼굴 표정과 몸짓에 집중하라.
- 이해하지 못했으니 반복해 달라는 말을 거리낌 없이 하라.
- 다른 사람을 통하지 말고 상대방에게 직접 얘기하라.

교수자, 보완대체 의사소통 사용자와 상대방에 대한 교육이 이루어진 후 일반 교실에 배치된 보완대체 의사소통 사용 학생을 지속적으로 지원하기 위해서는 교실 전반에 걸쳐 활용될 수 있는 전략에 관심을 가져야 한다. 즉, 보완대체 의사소통 사용 학생들의 교육 및 사회적 참여를 강화하는 자연스러운 교수적 배

‖표 11-2‖ **보완대체 의사소통 사용 학생들을 위해 필요한 조정**

자연스러운 교수적 배치	기대되는 학생의 상호작용·참여 방법	언어 이해를 위해 제공되는 자연스러운 지원	이용 가능한 자연스러운 어휘와 반응
① 더욱더 협력적인 학습 집단 ② 집단이나 짝지어서 하는 자습 늘리기 ③ 성인의 도움 제공 늘리기 ④ 또래 지원 늘리기 ⑤ 독립적인 자습의 완성방법 조정 ⑥ 시험이나 학습의 평가방식 조정 ⑦ 기타	① 반응을 청하는 스위치+버저·광선 제공 ② 답변을 위한 '예/아니요' 도구 제공 ③ 질문, 언급, 발상을 위한 핵심낱말을 지닌 어휘 디스플레이 제공 ④ 미리 녹음된 구두 보고서 ⑤ 구두 보고서, 이야기, 보여 주고 말하기를 위한 디스플레이 ⑥ 노트를 오디오테이프로 녹음하기 ⑦ 더 많은 역할 놀이 및 연기 ⑧ 기타	① 유형 사물들을 이용 가능하도록 하기 ② 사진, 그림, 지도, 삽화를 이용 가능하도록 하기 ③ 비디오테이프 사용 늘리기 ④ 슬라이드 사용 늘리기 ⑤ OHP 필름 위에 쓰기·그리기 ⑥ 플립차트, 칠판, 낱말 벽에 쓰기·그리기 ⑦ 더 많은 시각적 분류표 사용하기 ⑧ 더 많은 시각 스케줄 사용하기 ⑨ 컴퓨터 소프트웨어 ⑩ 인터넷 사용 늘리기 ⑪ 역할놀이 활용 늘리기 ⑫ 기타	① 유형 사물들을 이용 가능하도록 유지 ② 사진, 그림, 지도, 삽화를 이용 가능하도록 유지 ③ OHP 위에 쓰기·그리기를 이용 가능하도록 유지 ④ 플립차트, 칠판, 낱말 벽을 이용 가능하도록 유지 ⑤ 시각적 분류표를 이용 가능하도록 유지 ⑥ 시각 스케줄을 이용 가능하도록 유지 ⑦ 핵심낱말을 지닌 어휘 디스플레이 제공 ⑧ 교사의 질문 형태(선다형, '예/아니요' '참/거짓') 조정 ⑨ 비구어적 신호를 사용한 집단의 반응 늘리기 ⑩ 기타

출처: Beukelman & Mirenda(2008), pp. 547-548 수정 후 인용

치가 있는가, 참여를 방해하고 조정이나 대체가 필요한 교수적 배치가 있는가, 학생에 의해 이미 성취 가능한 상호작용과 참여의 기대에는 어떤 것들이 있으며, 조정이 필요한 부분은 있는가, 어떤 언어 이해 지원이 학생에게 적절한가, 강화해야 할 지원이 있는가, 어떤 어휘와 반응 지원들이 적절한가, 강화될 필요가 있는 것은 무엇인가 등과 같은 사항을 지속적으로 평가하고 이에 대한 적절한 전략을 수립해야 한다. 〈표 11-2〉는 일반 교실에 배치되어 있는 보완대체 의사소통 사용자들의 수업 참여를 촉진시킬 수 있는 교수적 배치, 상호작용·참여 방법, 언어 이해를 위한 지원방법, 이용 가능한 자연스러운 어휘 및 반응과 관련한 조정 방안을 정리한 것이다.

기출문제

초등, 17   (가)는 ○○특수학교 김 교사가 계획한 '2011 개정 특수교육 교육과정' 중 기본 교육과정 과학과 5~6학년군 '온도와 열' 단원의 수업 활동 개요이다. (나)는 은지의 특성이고, (다)는 교사가 은지에게 음성출력 의사소통 기기를 사용하도록 지도하는 장면이다. 물음에 답하시오.

(가) 수업 활동 개요(7~8차시): 생략

(나) 은지의 특성

> • 경직형 사지마비인 뇌성마비로 진단받았음.
> • 오른손으로 스위치를 이용함.
> • 스캐닝(scanning: 훑기) 기법으로 음성출력 의사소통 기기를 사용하여 의사소통함.
> • 휠체어에 앉아 있을 때의 모습은 다음과 같음.
>
>

(다) 음성출력 의사소통 기기 사용 지도 장면

> 김 교사: ⓛ (음성출력 의사소통 기기와 스위치를 은지의 휠체어용 책상에 배치한다.) 이 모둠에서는 은지가 한번 발표해 볼까요? (음성출력 의사소통 기기와 은지를 번갈아 보며 잠시 기다린다.)
> 은　　지: (자신의 음성출력 의사소통 기기를 본 후 교사를 바라본다.)

> 김 교사: 은지야. '양달은 따뜻해요.' 라고 말해 보자. (음성출력 의사소통 기기에서 양달 상징에 불빛이 들어왔을 때, 은지의 스위치를 눌러 '양달은 따뜻해요.' 라는 음성이 산출되도록 한다. 그런 다음 은지가 스위치를 누르는 것을 기다려 준다.)
> 김 교사: (음성출력 의사소통 기기에서 양달 상징에 불빛이 들어왔을 때, 스위치를 눌러 '양달은 따뜻해요.' 라는 음성이 산출되도록 한다.)
> 김 교사: (　　　　　　　　　　ⓒ　　　　　　　　　　)

(다)의 ⓒ에서 교사가 ①음성출력 의사소통 기기와 ②스위치를 적절하게 배치하는 방법을 (나)의 은지의 특성을 고려하여 각각 쓰시오.

초등 14 (가)는 중증 뇌성마비 학생 진수의 특성이고, (나)는 수학과 '공 모양 알아보기' 단원을 지도하기 위한 교수 · 학습 과정안이다. 물음에 답하시오.

(가) 진수의 특성

- 손과 팔의 운동조절 능력은 있으나 필기는 하지 못함
- 전동휠체어를 사용하여 스스로 이동이 가능함
- 구어 표현은 어려우나 인지적 손상이 적어 상징을 통한 의사소통이 가능함
- 음성 출력 의사소통 기기로 의사소통함

(나) 교수 · 학습 과정안: 생략

진수는 수업에 참여하기 위하여 AAC기기의 '직접 선택하기' 방법 중 해제 활성화 전략을 사용하고 있다. 이 전략을 설명하시오.

초등, 10 뇌성마비 학생 세희는 말 표현과 비언어적 의사소통에 어려움을 보이고 있다. 특수학교 최 교사는 2008년 개정 특수학교 기본교육과정 국어과에 기초하여, 보완대체 의사소통(augmentative and alternative communication: AAC)체계를 적용하고자 한다. 준비 단계에서 고려해야 할 사항으로 가장 적절

한 것은?

① AAC 체계 유형의 선택과 어휘 선정은 학생의 선호도를 고려하여 계획한다.
② 기능적 어휘보다는 장기적으로 성취 가능한 목표 어휘를 선정하여 준비한다.
③ 신체 기능보다는 학생의 언어 발달 수준을 고려하여 AAC 체계 중 한 가지를 준비한다.
④ AAC 체계에 적용하는 상징은 학생의 정신연령을 최우선으로 고려하여 준비한다.
⑤ 타인과의 상호작용 가능성보다는 학생 개인의 의도 표현에 중점을 두어 계획한다.

초등, 09 〈보기〉는 구어가 전혀 발달되지 않았을 뿐 아니라, 비언어적 의사소통에도 어려움을 보이는 동건이에게 유 교사가 그림교환 의사소통체계(picture exchange communication system: PECS)를 지도하는 방법의 예시다. 지도 절차가 순서대로 제시된 것은?

> ㄱ. 동건이가 그림카드를 사용하여 문장판에 문장을 만들고 그것을 교사에게 제시하도록 지도하였다.
> ㄴ. 동건이가 원하는 그림카드를 교사에게 주면 해당하는 사물을 주어 교환의 개념을 알도록 지도하였다.
> ㄷ. 동건이가 선호하는 사물의 그림카드와 선호하지 않는 사물의 그림카드 중 선호하는 것을 식별하도록 지도하였다.
> ㄹ. 동건이가 자신의 의사소통판으로 가서 그림카드를 가져와 교사에게 주면 해당하는 사물을 주어 자발적으로 교환하도록 지도하였다.

① ㄴ, ㄷ, ㄱ, ㄹ   ② ㄴ, ㄹ, ㄷ, ㄱ   ③ ㄷ, ㄴ, ㄹ, ㄱ
④ ㄷ, ㄹ, ㄱ, ㄴ   ⑤ ㄹ, ㄴ, ㄷ, ㄱ

초등, 04 영희는 뇌성마비로 인하여 구어로 의사소통이 곤란하다. 박 교사는 '의사소통판'을 제작하여 학습활동을 지원하려고 한다. 이때 박 교사가 활용할 수 있는 의사소통판의 종류와 상징 형태, 그리고 제작 시 고려해야 할 사항을 두 가지씩 쓰시오.

(1) 의사소통판의 종류

① _____

② _____

(2) 의사소통판의 상징 형태

① _____

② _____

(3) 제작 시 고려해야 할 사항

① _____

② _____

중등, 17 (가)는 2011 개정 특수교육 교육과정 중 기본 교육과정 미술과 5~6학년 '소통하고 이해하기' 단원 교수·학습 과정안이고, (나)는 자폐성장애 학생 지혜의 특성을 고려하여 보완·대체 의사소통 체계(AAC)를 활용한 의사소통 지도계획이다. 물음에 답하시오.

(나)

지혜의 특성	의사소통 지도 계획
• 시각적 자극을 선호함. • 소근육이 발달되어 있음. • 태블릿PC의 AAC 애플리케이션을 사용함. • 일상생활과 관련된 어휘를 제한적으로 이해하고 사용할 수 있음. • 질문에 대답은 하지만 자발적으로 의사소통을 시도하지 않음.	• 미술시간에 배운 [A]를 ⓒAAC 어휘목록에 추가하고, [A]로 의사소통할 수 있다는 것을 지도한다. • [A]를 사용하여 ②대화를 지도하고 대화 주제를 유지할 수 있도록 지도한다. • ⑩'[A]를 사용한 의사소통하기'를 습득한 후, 습득하기까지 필요했던 회기 수의 50%만큼 연습기회를

추가로 제공하여 [A]의 사용을 유지
할 수 있게 한다.

AAC 사용자가 갖추어야 할 4가지 의사소통 능력 중 (나)의 ⓒ과 ⓐ을 통해 향상시킬 수 있는 능력은 무엇인지 각각 쓰시오.

중등, 13 다음은 중학교 1학년인 민재와 영희를 대상으로 보완대체 의사소통 체계(AAC)를 적용한 사례이다. 각각의 적용 사례를 읽고 아래 〈조건〉에 따라 논하시오.

〈사례〉

(가) 민재는 뇌성마비로 인해 심한 마비말장애가 있어서 어머니를 제외하고는 민재의 말을 이해하지 못하는 경우가 많았다. 김 교사는 어휘가 쓰인 버튼을 누르면 말소리가 산출되는 음성출력장치를 사용해 민재가 학교 생활을 할 수 있도록 지도하고자 하였다. 처음에는 민재가 원하는 버튼을 누를 수 있도록 교사가 민재의 손을 잡아 버튼을 함께 눌러 주다가 점차 신체적 도움을 줄여 나갔다. 현재 민재는 쉬는 시간에는 음성출력장치를 사용해 친구들과 의사소통하는 데 큰 어려움이 없지만, 국어 시간에는 학습할 새로운 어휘가 음성출력장치에 제공되지 않아 여전히 수업 참여에 어려움이 있다.

(나) 자폐성장애가 있는 영희는 자발적으로 구어를 사용하지 않고 상대방의 말을 그대로 따라 하였다. 박 교사는 영희에게 의사소통판에 있는 그림상징을 사용하여 의사소통하는 방법을 가르쳤다. 영희가 물을 먹고 싶어 할 때, 박 교사는 영희에게 "무엇이 필요하니?"라고 물어본 후, 영희가 반응을 보이지 않으면 그림상징을 사용하여 자신의 의사를 표현하는 방법을 영희에게 보여 주었다. 또한 영희가 다른 학생들과 의사소통하는 데 필요하다고 생각되는 "좋아", "싫어", "몰라"를 표현하는 그림상징을 의사소통판에 붙여 사용할 수 있게 하였다. 그러나 또래의 질문에 반응하는 데 그림상징이 한정되어 있어 영희가 또래에게 먼저 의사소통을 시도하는 데 어려움이 있다.

<조건>
- 보완대체 의사소통 체계의 주요 구성 요소 4가지를 설명하고, (가)와 (나)에서 각각 이 4가지 구성 요소를 찾아 제시할 것.
- 보완대체 의사소통 체계 적용 시 필요한 어휘를 선정하는 구체적인 방법을 2가지만 제시하고 각각 설명할 것.

중등, 12 다음은 보완대체의사소통(AAC) 체계의 적용을 방해하는 '장벽(barrier)'에 대한 설명이다. (가)와 (나)에 들어갈 내용으로 알맞은 것은?

AAC는 구어 사용이 곤란한 특수학교(급) 학생들에게 효과적인 의사소통 체계가 될 수 있음에도 불구하고, 그 적용을 방해하는 여러 가지 장벽이 존재한다. 참여모델(particaipation model)에 따르면, ☐(가)☐ 은 AAC 도구가 어떤 활동에 필요한 어휘를 저장할 만큼 충분한 용량을 갖고 있지 않을 때 발생할 수 있다. 그리고 지식 장벽은 ☐(나)☐ 이/가 AAC 사용법에 대한 정보가 부족할 때 발생할 수 있다.

	(가)	(나)
①	기술 방벽	AAC를 이용하는 학생
②	기술 장벽	AAC를 이용하는 교사
③	기회 장벽	AAC를 이용하는 학생
④	접근 장벽	AAC를 이용하는 교사
⑤	접근 장벽	AAC를 이용하는 학생

중등, 11 다음은 김 교사가 중도(severe) 뇌성마비 중학생 A에게 음성산출도구를 적용하는 보완·대체 의사소통 중재 과정이다. 각 과정별 적용의 예로 적절한 것을 고른 것은?

과정	적용의 예
기회장벽 평가	(가) 학생 A가 음성산출도구의 터치스크린을 이용해서 자신이 원하는 상징을 정확하게 지적할 수 있는지 평가하였다.

접근장벽 평가	(나) 학생 A가 휠체어에 앉을 때 랩트레이(lap tray)나 머리 지지대 등이 필요한지 알아보기 위해 자세를 평가하였다.
핵심 어휘 선정	(다) 부모 면담을 통해 학생 A에게 특별한 장소나 사람, 취미와 관련된 어휘를 조사하여 선정하였다.
상징 지도	(라) 음성산출도구의 상징을 지도할 때는 실제 사물 – 실물의 축소 모형 – 컬러 사진 – 흑백 사진 – 선화 상징 순으로 지도하였다.
일상생활에서 음성산출도구 사용 유도	(마) 미술시간에 학생 A의 손이 닿지 않는 곳에 풀과 가위를 두고 기다리는 등 환경 조성 전략을 사용하여, 음성산출도구로 의사소통할 수 있도록 유도하였다.

① (가), (나), (다)   ② (가), (나), (라)

③ (가), (다), (마)   ④ (나), (라), (마)

⑤ (다), (라), (마)

중등, 10   구어로 의사소통이 어려운 자폐성장애 학생을 위해 교사가 의사소통판을 활용하고자 상징체계를 선택할 때 고려해야 할 점으로 가장 적절한 것은?

① 선화, 리버스상징과 같은 비도구적 상징체계를 활용한다.

② 리버스상징은 사진보다 추상적이므로 배우기가 더 어렵다.

③ 선화는 사진보다 사실적이므로 의사소통 초기 단계에서 활용한다.

④ 블리스상징은 선화보다 구체적이므로 인지능력이 높은 학생에게 적절하다.

⑤ 블리스상징은 리버스상징보다 도상성(iconicity)이 낮으므로 배우기가 더 쉽다.

중등, 09-1   김 교사는 구어적 의사소통이 어려운 중도·중복장애 학생 A를 위해 음성출력이 가능한 대체의사소통 기기를 적용하기로 하였다. 김교사가 그 기기에 미리 녹음할 구어적 표현을 알아보기 위하여 다음과 같이 사용한 접근법으로 가장 적절한 것은?

은행에서 입·출금하는 것을 가르치기 위하여, 김 교사는 A가 이용하고 싶어 하는 집 근처의 은행을 방문하였다. 김 교사는 은행의 창구에서 이루어지는 입·출금 과정에서 은행직원과 고객들이 주고받는 표현어휘와 수용어휘들을 모두 기록하였다. 기록한 어휘 중에서 A의 학습목표와 생활 연령을 고려하여 표현어휘들을 선정하고 A의 대체의사소통 기기에 녹음하였다.

① 스크립트 일과법(scripted routines)
② 어휘 점검표법(vocabulary checklist)
③ 언어 경험 접근법(language experience)
④ 생태학적 목록법(ecological inventory)
⑤ 일반사례 교수법(general case instruction)

중등, 09-2 보완대체 의사소통 기기의 전자 디스플레이에서 원하는 항목을 선택하는 '훑기(scanning)' 방법에 대한 적절한 설명을 〈보기〉에서 모두 고른 것은?

ㄱ. 손이나 도구를 이용하여 항목을 직접 선택하기 어렵거나 선택이 부정확할 때 또는 너무 느릴 때 훑기 방법을 고려한다.
ㄴ. 원형 훑기(circular scanning)는 원의 형태로 제작된 항목들을 기기 자체가 좌우로 하나씩 훑어 주며 제시하는 방법이다.
ㄷ. 항목이 순차적으로 자동 제시되고 사용자는 원하는 항목에 커서(cursor)가 머물러 있을 때 스위치를 활성화하여 선택한다.
ㄹ. 선형 훑기(linear scanning)를 하는 화면에는 항목들이 몇 개의 줄로 배열되어 있으며, 한 화면에 많은 항목을 담을 경우에는 비효율적일 수 있다.
ㅁ. 항목을 제시하는 속도와 타이밍은 기기 제작 시 설정되어 있어 조절이 어려우므로 사용자는 운동 반응 및 시각적 추적 능력을 충분히 갖추어야 한다.

① ㄱ, ㄴ, ㄷ   ② ㄱ, ㄷ, ㄹ   ③ ㄱ, ㄹ, ㅁ
④ ㄴ, ㄷ, ㅁ   ⑤ ㄷ, ㄹ, ㅁ

중등, 08   뇌성마비학생에게 보완대체 의사소통체계를 적용했을 때 기대할 수 있는 효과가 아닌 것은?

① 의사소통과 관련한 잔존 능력이 향상될 것이다.
② 비장애학생과 의사소통할 기회가 늘어날 것이다.
③ 무정위형 뇌성마비 학생의 조음기능이 향상될 것이다.
④ 마비성 조음장애 수반 학생의 언어 이해와 표현 능력의 차이가 줄어들 것이다.

중등, 06   보완대체 의사소통체계의 하나로 의사소통판을 구성 · 제작할 때, 고려해야 될 사항들에 대한 설명으로 옳지 않은 것은?

① 다양한 의사소통 환경에서의 활용을 감안하여 의사소통판의 휴대성과 내구성을 고려한다.
② 상징의 수 및 배열 등의 결정을 위해 사용자의 현재 시력 및 소근육운동 능력을 고려한다.
③ 블리스상징은 리버스상징에 비하여 상징이 지시하는 대상물 간의 관계를 나타내는 도상성(圖像性, iconicity)이 높다.
④ 상징체계의 선택 시 접촉이 빈번한 주요 대화 상대자를 우선적으로 고려하지만 주기적으로 접촉하지 않는 사람들도 고려하는 것이 좋다.

중등, 04   〈보기〉에 해당하는 보완대체 의사소통 수단은?

> • 구어를 이해할 수는 있지만 표현에 어려움이 있는 학생, 문자를 읽지 못하는 학생에게 적합하다.
> • 반아이콘적(semi-iconic)이고 추상적인 기호들의 조합으로 이루어져 있다.

① 리버스 체계(Rebus System)
② 블리스 기호 체계(Blissymbolics)
③ 음성합성장치(Synthesized Speech Device)

④ 음성출력시스템(Voice Output System)

'말'로써 의사소통이 곤란한 학생의 의사소통 지도에 사용할 수 있는 대체의사소통 보조도구가 아닌 것은?

① 옵타콘
② 컴퓨터
③ 글자판
④ 블리스상징판

제6부

최근 동향과 전망

제12장 특수교육공학의 최근 동향

제12장 특수교육공학의 최근 동향

제12장

급격한 테크놀로지의 발전은 새로운 사회 환경을 창출, 변화시키고 있으며, 교육 역시 변화를 거듭하고 있다. 즉, 변화의 정도가 느린 것으로 평가되던 교육 분야도 사회의 변화와 무관할 수 없는 만큼, 테크놀로지의 발전을 수용하고 이를 교육적으로 활용하기 위한 노력을 하고 있다. 이 장에서는 공학의 발전과 특수교육공학의 최근 동향을 고찰함으로써 특수교육에 있어 특수교육공학의 역할 제고에 대해 숙고할 수 있는 기회를 가져 보도록 한다.

제1절 **유비쿼터스 러닝**[*]

1. 유비쿼터스의 정의

유비쿼터스(ubiquitous)란 라틴어 ubique에서 유래한 것이며, '도처에 널려 있다.' '언제 어디서나 존재한다.' 라는 의미를 갖는 용어로 신개념의 컴퓨팅 환경을 의미하는 것이다. 일반적으로는 물, 공기처럼 주위에 무자각적으로 존재하는 자연자원이나, 신은 언제 어디서나 시공을 초월하여 우리 곁에 존재한다는 종교적 이상을 상징할 때 사용되는 용어다.

정보통신 환경에서 이야기하는 유비쿼터스가 갖는 의미는 시·공간과 기기에 상관없이 자유롭게 네트워크에 접속할 수 있는 정보통신 환경을 지칭하는 것으로 미국 제록스사(XEROX)의 Mark Weiser가 1991년 Scientific American에 「The Computer for the 21st Century」란 논문을 게재하면서 본격적으로 사용되었다. 이 논문에서 Weiser는 미래의 컴퓨터는 우리들이 컴퓨터의 존재를 의식하지 않는 형태로 생활 속에 파고들게 되며, 하나의 방에 수백 개의 컴퓨터가 유선 네트워크와 양방향 무선 네트워크를 통해 상호 접속될 것으로 예견하였다. 또한 유비쿼터스 시대의 특징으로는 컴퓨터 및 관련 기기들이 네트워크에 연결되어 있어야 하며, 그런 컴퓨팅 기기들이 눈에 보이지 않는 상태로 존재하고, 가상공간이 아닌 현실세계의 어디서나 컴퓨터 사용이 가능해야 할 뿐만 아니라 사용자의 상황에 따라 서비스가 변해야 한다고 밝히고 있다.

그러나 유비쿼터스 기술 기반의 사회에 대해서는 '생활 속의 컴퓨팅(pervasive computing)' '눈에 보이지 않는 컴퓨팅(invisible computing)' '끊임없는 컴퓨팅(seamless computing)' 등 여러 가지 다양한 개념이 혼재된 채 사용되고 있는데(조

---

* 이 내용은 김남진(2006)에서 발췌하여 수정·보완한 것임.

‖ 표 12-1 ‖ **행동주의와 인지주의의 비교**

구분	유비쿼터스 컴퓨팅	유비쿼터스 네트워크
개념	모든 사물에 초소형 컴퓨터칩을 내장하여 사물 자체의 지능화를 통해 가상 세계를 현실 속에 구현시키는 것	사물 간-인간 간 연결측면을 강조
핵심 기술	주변의 모든 사물에 컴퓨터가 내장되고, 사물에 초점	휴대용 기기나 정보 가전 등에 컴퓨팅 하며, 기존 전자기기에 초점
현실화	먼 미래에 실현 가능	수년 내 실현 가능
포괄성	유비쿼터스 네트워크를 포괄하는 넓은 개념	좁은 개념

출처: 류영달(2004b), p. 3; 삼성경제연구소(2003), p. 5 수정 후 인용

선일보, 2004년 8월 4일 기사), 특히 유비쿼터스 컴퓨팅(ubiquitous computing)과 유비쿼터스 네트워크(ubiquitous network)에 대한 개념적 혼용이 대표적이라 할 것이다. 국내에서는 유비쿼터스 네트워크와 유비쿼터스 컴퓨팅이 지향하는 바가 같으므로 이를 유사한 개념으로 보고 혼용하여 사용하거나(류영달, 2004b), 약간 다르게 해석하는 두 가지를 통합하여 '유비쿼터스 컴퓨팅과 네트워크'라고 부르기도(윤훈주, 2004) 한다. 그러나 유비쿼터스 컴퓨팅과 유비쿼터스 네트워크는 대조적인 개념이 아니라 서로 강조점이 다른 개념으로 유비쿼터스 컴퓨팅이 사물의 컴퓨터화에 좀 더 무게를 두었다면, 유비쿼터스 네트워크는 네트워크를 기반으로 하여 무선 인터넷과 휴대폰의 활용에 그 중심을 두는 개념이라고 할 수 있다(〈표 12-1〉 참조).

2. 국가정보화 정책의 변화

국가정보화 전략에는 정보기술의 발달과 인간의 본질적인 욕구가 결합되어 있다. 즉, 정보기술의 발달과 정보기술 활용의 욕구단계는 Anyone 욕구단계,

Anytime 욕구단계, Anywhere 욕구단계, Anything 욕구단계를 거치면서 상승해 왔으며, 국가정보화 정책은 이러한 욕구를 충족시켜 주기 위하여 발전해 왔다. 또한 앞으로도 여기에 따라 발전해 나가야 한다(하원규, 2003).

우리나라는 1999년 'CYBER Korea 21'이라는 국가정보화 정책을 수립하여 정보화 추진체계를 정비하고 정보화의 청사진을 제시했었다. 이를 발전시킨 'e-Korea 2006' 정책이 2002년에 제시되어 국민 정보활용능력 제고, 산업 및 공공부분의 정보화촉진, 차세대 정보통신 인프라 확충 등을 목표로 정책을 추진함으로써 세계적인 정보통신 강국으로서의 위상을 확보했다고 평가할 수 있다. 그러나 유비쿼터스 정보기술이 등장하고 있는 상황에서 지금까지의 정보화는 성숙된 여건일 뿐 완성을 의미하지는 않으므로 유비쿼터스 사회에 적합한 국가정보화 전략이 요구되는 바, 2004년 정부는 'IT 분야 신성장동력, u-Korea 추진전략'을 발표하였다(〈표 12-2〉 참조).

우리나라에서는 2002년부터 유비쿼터스에 대한 논의가 연구기관 및 언론을 중심으로 본격적으로 시작되어, 유비쿼터스 IT코리아 포럼(2003년 4월 발족) 등 관련 단체가 창립되어 활동하고 있다. 기술 및 산업경쟁력 확보차원에서 현재까지 가시화되고 있는 국내의 추진 현황으로는 산업자원부의 지능형 홈 산업 발전전략, 과학기술부의 유비쿼터스 컴퓨팅 및 네트워킹 원천기술 개발사업, 그리고 정보통신부의 BcN(Broadband convergence Network, 광대역통신망), u-센서 네

‖ 표 12-2 ‖ 패러다임의 변천과정

자동화사회	정보화사회 (Cyber Korea)	지식기반사회 (Broadband IT Korea)	지능기반사회 (u-Korea)
전산화 단계	온라인화 단계	통합화 단계	유비쿼터스화 단계
1980년대~1994	1995~2002	2003~2007	2008~
DB 구축	인터넷 확산	채널·서비스 통합	인간·사물·컴퓨터 융합
DB 중심	컴퓨터 중심	사람 중심	사물 대 사물의 통신
개별적 서비스	온라인 서비스	seamless 서비스	자율적 서비스
정보축적	정보확산	정보공유/지식확산	사물지능화
자동화	네트워크화	융합화	내재화(Invisible)

출처: 류영달(2004a), p. 2; 정보통신부(2004), p. 1 수정 후 인용

트워크 구축, 홈 네트워크 구축, 그리고 9대 IT 신성장동력 개발 등을 들 수 있다. 특히 정부는 무한 경쟁으로 치닫고 있는 IT 산업에서 제2의 성장 추진력을 국가발전으로 연결하기 위해 세계 최초의 서비스 도입과 상품개발이 가능한 IT 산업 마스터플랜인 'IT839 전략'을 마련했다(장주병, 2004).

정부가 발표한 'IT 분야 신성장동력, u-Korea 추진전략'(정보통신부, 2004)에 의하면 함께하는 디지털 세상 구현을 위해 100만 중소기업의 정보화를 촉진하며, 향후 5년간 장애인을 포함한 500만 소외계층의 정보화교육 실시, 초고속망 미보급지역의 완전 해소를 언급하고 있다. 이러한 일련의 과정을 통해 완성된 u-Korea의 사회·문화적 측면의 모습은 모든 사물에 지능이 내제되고 이들이 네트워크에 의해 서로 연결됨에 따라 언제, 어디서나 아무런 제약 없이 디지털 혜택(서비스)을 누릴 수 있는 환경이 구현되어 국민의 삶의 질이 획기적으로 제고될 것으로 그리고 있다.

이와 같은 e-패러다임에서 u-패러다임으로의 변화에 대응하기 위해 미국은 이미 1991년부터 주요 대학과 첨단 IT기업들을 중심으로 발 빠른 행보를 시작하였다. 그리고 일본과 유럽 역시 우리나라와 시기적으로 비슷한 때에 매우 적극적으로 u-시대를 대비하고 있다. 각국이 추진하고 있는 유비쿼터스는 미래 사회를 대비하고 국가 경쟁력을 확보한다는 공동의 목표를 갖고 있지만 〈표 12-3〉과 같이 추진 방향에 있어서는 서로 차이를 보이고 있다. 즉, 미국은 내재성과 이동성을 동시에 추구하고 있으며, 유럽은 내재성에, 일본은 네트워크 중심의 연구에 초점을 맞추어 진행 중이다.

‖표 12-3‖ 각국의 유비쿼터스 추진방향

구분	미국	일본	유럽
시작 시기	1991년	2001년	2001년
	• 미국 연방정부의 고성능 컴퓨팅 계정	• 일본 총무성 주도 '유비쿼터스 네트워크 기술의 미래 전망에 관한 조사 연구회' 발족	• EUFET의 '사라지는 컴퓨팅 계획' 시작

추진 주체	• 정부기관과 대기업 자금 지원에 의한 민간 주도(주요 대학과 첨단 IT 기업들)	• 정부 주도에 의한 산·학·관 연합체	• EU 주도에 의한 전문기관 주도
추진 방향	• 유비쿼터스 컴퓨팅 기술과 응용개발(특히 HCI기술과 표준개발을 핵심요소로 인식) • 컴퓨팅, S/W기술(일상 활동과 컴퓨팅의 통합)	• 마이크로 기술에 의한 유비쿼터스 네트워크 기술개발 • 네트워크, 단말(어디서나 컴퓨팅 환경)	• 유비쿼터스 컴퓨팅 기술과 응용 개발 • 단말(정보인공툴)(일상 활동 지원 컴퓨팅 환경)
주요 목표	• 세계적인 IT 기술과 리더십 확보 • 기술적 비전 제시와 조기 응용 개발(실용주의 전략)	• 미래 신기술 체계 확립 • 국가적 차원의 정책적 추진(조기 확산 전략)	• 미래의 응용과 기술도출 • 차세대 기술 대응 모색

출처: 이성국(2003); 박용우(2004) 수정 후 인용

뿐만 아니라 유비쿼터스 사회로의 발전단계에 따른 변화 모습과 유비쿼터스 사회가 성숙기에 접어드는 시기에 있어서도 서로 간에 차이를 보이고 있다. u-Korea 발전단계에 따른 사회 · 문화 · 제도적 변화의 모습과 일본이 계획하고 있는 '유비쿼터스 네트워크 사회'로의 단계적 발전 계획에 따른 발전모습을 비교, 정리하면 〈표 12-4〉와 같다.

그렇다면 산업화 사회 이후 인간에게 많은 변화와 편리함 그리고 새로운 사회문제를 발생시켰던 양면성을 가진 정보화사회와 유비쿼터스 사회가 구별되는 점은 무엇인가? 정보화사회에서 개인은 네트워크를 통해 표준화된 서비스를 제공받았음에 반해 u-사회에서는 지능형 서비스를 통해 실시간으로 맞춤 서비스가 제공된다. 따라서 정보화사회에서 개인은 하드웨어적인 환경의 수정을 통해 네트워크에 접속해야 했으며 수많은 정보들 중에서 자신에게 필요한 서비스를 찾아 웹을 항해해야 했으나 유비쿼터스 사회에서는 센서가 개인의 환경을 실시간으로 파악하며 이에 적합한 최적의 서비스를 제공하게 되는 등 많은 변화가

‖표 12-4‖ **한·일 간 유비쿼터스 사회로의 발전단계 및 변화 모습**

국가	구분	기반형성단계	발전단계	성숙단계
한국*	시기	~2007년	2008년~2012년	2013년~
	사회·문화	• Telematics, 홈네트워크 등 부분적인 유비쿼터스 서비스 실현 • 개인의 권리 및 보호에 대한 사회적 인식 확산	• 개인 맞춤형 서비스 제공 • 재난, 재해에 대한 대비 체제 구축으로 안전한 사회 구현	• 국가 전체의 종합적 관리체제 구축 • 온전한 의미의 유비쿼터스 사회 실현 • 세계 최초 유비쿼터스 국가운영체제 구축
	제도	• 유비쿼터스 사회 촉진을 위한 제도 마련 • 기술개발에 대한 제도적 기반 마련 • 표준화 관련 제도적 기반 마련	• 사회적 역기능 및 정보격차 해소방안 마련 • 유비쿼터스 사회실현 및 확산을 위한 법제도 마련	• 서비스 만족도 향상을 위한 제도적 기반 마련 • 개인정보 보호 및 보안 등 안전하고 신뢰성 있는 사회를 위한 제도 마련
일본**	시기		2005년	2010년
	발전 모습		• 여타 시스템과의 무결정성을 유연하게 활용하여 네트워크, 단말, 콘텐츠를 스트레스 없이 이용	• 어느 곳에서도 아무런 제약 없이 네트워크, 단말, 콘텐츠를 자유롭게 의식하지 않고 스트레스 없이 안심하고 이용할 수 있는 통신 서비스 환경을 구축

출처: * 류영달(2004b), p. 13; ** 이성국(2003), p. 22 수정 후 인용

예상된다. 유비쿼터스 사회가 기존 정보화사회와 구별되는 점을 정리하면 〈표 12-5〉와 같다.

‖표 12-5‖ **정보화 사회와 유비쿼터스 사회의 구분**

구분	정보화사회(지식기반사회)	유비쿼터스 사회(지능기반사회)
핵심기술	• 인터넷 네트워크	• 센서, Mobile
산업	• IT 산업 중심	• 가전, 자동차 등 전 산업 분야에 적용
정부	• One-Stop, Seamless 서비스 • 통합 · 포털 서비스 • 백업 시스템에 의한 위험관리	• 보이지 않는 서비스 • 실시간 맞춤 서비스 • 상시 위험관리
기업	• 주로 거래(지불) 정보화	• 생산 · 유통 · 재고관리 전 분야 무인화
개인	• 표준화된 서비스	• 지능형 서비스

출처: 류영달(2004b), p. 4.

3. 유비쿼터스와 교육

1) 유비쿼터스 러닝(u-러닝)의 정의

지금까지 살펴본 유비쿼터스의 어원 및 국가정보화 전략의 맥락에서 u-러닝 (ubiquitous learning, u-learning)을 정의하면 "언제 어디서나 교육의 본질을 추구 하는 학습"(박정환, 김형준, 조정원, 2007)이라고 할 수 있다. u-러닝은 학생들이 언제 어디서나 어떤 내용이건 상관없이, 어떤 단말로도 학습할 수 있는 교육환 경을 조성함으로써 더욱 창의적이고 학습자 중심적인 교육과정을 실현하는 것 을 목표(전자신문, 2003년 8월 3일 기사)로 하고 있음을 고려할 때, 교육적 의미에 서의 u-러닝은 보다 구체적으로 정의될 필요가 있다. 이에 교육인적자원부 (2004)는 다음과 같이 정의하고 있다.

> 언제, 어디서나, 누구나, 편리한 방식으로 원하는 학습을 할 수 있는 이상적인 학 습체제, 즉 에듀토피아(education utopia)

2) 교육 분야에 미친 영향

유비쿼터스가 교육 분야에 미친 영향은 e-러닝(e-learning)의 u-러닝화 그리고 유비쿼터스 캠퍼스 구축 등의 모습으로 구체화되고 있는데, 국내에서는 2003년 9월 연세대학교를 시작으로 주요 대학들이 u-캠퍼스 구축에 나서고 있다. 특히 u-캠퍼스 구축사업은 2002년 교육인적자원부(현 교육과학기술부)가 '대학정보화 활성화 종합방안, e-캠퍼스 비전 2007'을 통해 구체화되기 시작하였다. 교육인적자원부는 2003년부터 2007년까지 5년간 추진될 이 사업을 통해 전국을 10개 권역으로 구분하여 권역 내 한 개 대학에 'e-러닝 지원센터'를 지정하고, 2007년까지 총 8,000억 원의 예산을 투자하여 대학 e-러닝 활성화를 유도하기로 하였다.

유비쿼터스 환경의 u-러닝 시스템은 학습자의 환경에 상관없이 동일한 콘텐츠와 학습이 진행되는 e-러닝의 단점을 학습자 주변의 다양한 센서기술을 이용하여 학습자의 주변상황 및 신체 상태에 맞추어서 학습하기에 가장 적합한 형태로 콘텐츠와 단말기의 환경이 자동으로 변하도록 한다.

또한 현재의 인터넷과 PC 위주의 학습환경에서는 학습 도중에 학습자가 이동을 하여야 할 경우 학습을 중단해야 하지만 u-환경에서 학습자는 학습 도중에 이동하면서도 계속 학습할 수 있다.

기존의 e-러닝 학습은 교실 강의처럼 교수자 중심의 학습형태를 그대로 웹 환경으로 옮겨 놓은 것에 지나지 않으며, 혼자서 학습을 해야 하는 단점으로 인해 많은 장점들에 대해서는 학습자들로부터 외면당하였다. 그러나 유비쿼터스 환경에서 학습자들은 실시간으로 협력학습을 할 수 있게 되어 학습자들이 주어진 역할에 따라서 자신의 생각과 콘텐츠를 교환함으로써 그룹 단위의 목표를 달성하는 과제를 수행할 수 있도록 도와준다. 이러한 u-러닝의 장점을 현실화시키기 위해 교육인적자원부는 초·중·고교 e-러닝 확산을 목적으로 유비쿼터스 컴퓨팅 기반 온라인교육(u-learning) 시범학교 사업에 본격 착수했다.

마지막으로 장소 및 특정기기에 대한 의존성이 완화되고, pull방식에서 push

방식으로의 전환, 다양한 미디어를 활용한 재미있는 교육의 가능, 맞춤형 교육의 일상화, 교육평가의 변화 등 교육방법에 있어서도 많은 변화가 예상된다(한국교육학술정보원, 2004a).

3) 유비쿼터스와 특수교육

(1) 특수교육에의 영향

살펴본 바와 같이 유비쿼터스 시대의 교육에 대해 점차적으로 현실화되고 있기는 하지만 유비쿼터스 교육 시대의 개막은 인프라의 구축과 콘텐츠의 제공에서 한계가 있는 만큼 해결해야 될 과제가 많은 것으로 평가되고 있음에도 불구하고 특수교육에 미칠 긍정적인 영향이 적지 않다.

특히 유비쿼터스 컴퓨팅의 특성은 ① 편재성, ② 지능성 혹은 자율성, ③ 상시성 등으로 요약할 수 있는데, 편재성은 사람–사물, 사물–사물 간의 커뮤니케이션을 위한 기본 조건으로 다양한 사물이나 장소에 컴퓨팅 디바이스가 상호 연결되어야 함을 의미한다. 그리고 자율성 혹은 지능성은 컴퓨팅 디바이스들이 외부의 환경이나 상황을 능동적으로 인지하고 반응하여야 한다는 것을, 상시성은 언제 어디서나 네트워크에 접속이 가능하다는 것으로 지금까지의 장소와 시간 의존적인 컴퓨팅 환경의 변화를 의미한다.

이러한 유비쿼터스 컴퓨팅의 특성 중 자율성, 지능성은 기존의 컴퓨터와 유비쿼터스 컴퓨팅을 구분하는 가장 중요한 요소이며(삼성경제연구소, 2003; 한국교육학술정보원, 2004a), 편재성, 상시성의 특징과 함께 특수교육대상자에게 다음과 같은 학습상의 이점을 제공할 것으로 예상된다.

- 특수교육대상자의 접근성 문제해결 가능성
- 맞춤형 교육의 가능성
- 특수교육대상자의 진보 가능성
- 장애인 평생교육의 활성화

첫째, 지능성과 자율성이 중시됨으로써 컴퓨터 혹은 정보통신기기에 대한 보편적 설계를 통해 완화시키고자 했던 과거의 접근성 문제가 해결된다. 보조공학기기, 보완대체 의사소통 기기(AAC) 등의 필요한 환경을 구성해야 정보에 접속할 수 있었던 과거의 학습형태가 유비쿼터스 컴퓨팅 환경에서는 컴퓨터가 환경을 인지하여 사용자에게 필요한 정보를 제공하거나 혹은 스스로의 판단에 의해 필요한 조치를 취하게 된다. 따라서 특수교육대상자들은 학습을 위한 PC의 구입과 이를 사용하기 위해 필수적으로 필요한 주변기기의 구입 등에 소요되었던 이중적 부담을 경감시킬 수 있게 될 것이다.

둘째, 유비쿼터스 컴퓨팅 환경은 학생들의 건강상태를 주기적으로 체크할 뿐만 아니라 감정의 변화 등도 자동으로 파악할 수 있게 해 준다. 이와 같이 학습과정에서 발생할 수 있는 학생들의 건강상태 및 감정변화와 함께 학습 속도, 학업성취도 등을 제공하여 줌으로써 맞춤형 교육이 가능해지게 된다. 정보화사회에서는 교사가 학생 개개인에 대한 개별화교육계획(IEP)을 통해 학생의 학습 속도와 학업성취도를 조절하고 향상시키고자 하였으나, 교사 1인에 의한 지도에는 많은 한계가 드러날 수밖에 없었다. 그러나 유비쿼터스 사회에서는 편재성, 지능성(혹은 자율성), 상시성이라는 컴퓨팅 환경의 특성을 통해 완벽한 맞춤형 교육, 개별화 교육이 가능해지게 된다.

셋째, 정보화 시대를 이끌었던 컴퓨터와 인터넷은 신체적·인지적인 장애를 갖고 있는 특수교육대상자들에게 새로운 환경과 접할 수 있게 하여, 특수교육대상자들의 진보 가능성을 열어 주었음에 분명하다. PC를 통해 인터넷에 접속하고 많은 정보를 취득할 수 있다는 장점에도 불구하고 PC는 설치장소가 고정되어 있으며, 유선방식에 의해 접속이 이루어져야 한다는 한계를 갖고 있다. 그러나 무선통신기기의 보급이 확대되고, 통신망의 개선으로 상시적인 접속이 가능한 환경으로 바뀌게 된다. 이와 더불어 PC 중심의 학습방식은 다양한 정보매체를 통한 학습 기회의 제공이 가능하게 될 것이다. 이와 같이 환경의 변화는 특수교육대상 학생들이 컴퓨터가 설치되어 있는 장소로 이동하는 것을 불필요하게 하며 자신의 신체적 특성에 맞는 정보통신기기를 선택, 사용하여 학습 기회를 갖는 것이다.

넷째, 유비쿼터스가 IT의 시대적 조류를 대표하는 핵심 기술로 떠오른 때를 같이하여, 1990년대 이후 세계적 추세는 평생학습(lifelong learning)이라는 구호 아래 '교육 중심'에서 '학습 중심'으로 전환하고, 그에 더하여 전 사회적이고 전 생애적인 차원에서의 학습을 총체적으로 사적 영역으로 이동시키는 일대 패러다임의 혁신을 가져오게 되었다(한숭희, 2003). 평생교육의 정의 및 목적과 관련된 이견에도 불구하고 대부분의 학자들은 다음의 몇 가지에 동의한다(한숭희, 2006).

- 평생교육은 일종의 전 생애와 전 사회의 교육활동을 통합하고 재구성하는 새로운 교육 네트워크다.
- 평생학습은 인간의 기본권 중 하나다.

장애인 평생교육에 대한 개념 역시 명확히 정립되지 않은 상황으로 '삶의 질 향상과 관련된 교육' '복지와 재활, 그리고 교육을 모두 포함하는 활동' 등과 같이 장애인 평생교육의 목적을 개념 그 자체로 사용하는 경우도 찾아볼 수 있으나, 장애인의 삶의 질 향상을 목적으로 전 생애와 전 사회에 걸쳐 이루어지는 의도적 · 조직적 교육행위라고 정리할 수 있다(김남진, 박재국, 2006).

유비쿼터스 사회에서 장애인들은 발달된 IT기술을 이용하여 학령기의 학교 수업장면은 물론 성인기의 학습에 있어서도 장애를 인식하지 않고 다양한 교육적 경험을 할 수 있게 되었다. 이와 같은 공학을 통한 교육환경의 변화는 신체적 · 인지적인 장애의 장벽을 제거해 줌으로써 장애인들의 평생교육을 가능하게 하고 있는 것이다. 이는 곧 특수교육대상 학생을 포함하는 장애인들이 전 생애에 걸쳐 평생학습사회의 자기주도적 학습자로서의 역할을 충실히 수행할 수 있도록 하기 위해서는 유비쿼터스 기술을 적극적으로 이용해야 함을 뜻한다. 그리고 반대로 유비쿼터스 기술의 활용은 역사적으로 소외되어 왔던 계층이 다시 소외되지 않도록 하는 복지적 측면이 강조되어야 할 것이다.

(2) 발전 과제

접근성의 완화, 맞춤형 교육의 실현, PC 중심의 학습으로부터의 탈피라는 유비쿼터스 시대의 특수교육을 위해서는 다음과 같은 문제점들이 우선적으로 해결되어야 한다.

● 직업교육과 장애인 고용의 강화
● 정보관리 능력의 중요성 강조
● 다학문적 접근을 통한 유비쿼터스 시대의 문제 대비
● 비용과 편익의 경제원칙 고려

첫째, 학교에서의 직업교육과 장애인 고용을 법적으로 강화해야 한다. u-사회의 일원으로 살아가기 위해서는 고도의 정보통신기기를 갖추어야 하고 다양한 서비스를 이용해야 하기 때문에 정보화 사회와는 비교할 수 없을 만큼의 경제적 비용이 소요된다(장주병, 2004). 그러나 장애인들은 대부분 경제적 저소득층이기 때문에 정보화의 혜택조차 풍요롭게 향유하지 못한 단계에서 유비쿼터스 사회를 맞이하게 된 것이다. 따라서 이들에 대한 정책적 배려와 지원방안을 마련하고 실행해야 한다. 그러나 이러한 부담을 국가와 사회가 전적으로 책임지고 수행하는 데는 많은 어려움이 있는 만큼 학교에서는 특수교육대상자들에 대한 직업교육을 강화하고 사회적으로는 장애인 고용의 활성화를 통해 해결해 나가야 할 것이다.

가장 효과적인 교육은 학교 생활 중에 얻은 교육 경험을 졸업 후 자신의 사회생활 속에 삶으로 연결시키는 주체적인 역할을 할 수 있도록 교육하는 것(조인수, 2002)이라고 할 수 있다. 따라서 장애인의 직업교육 강화와 그에 따른 고용보장은 공동체 내의 이동과 자립을 가능하게 하는 유익함과 함께 장애인의 수입을 증가시켜 정보통신기기에 대한 접근성을 향상시킬 뿐만 아니라 제3공간으로의 실질적인 통합을 자연스럽게 유도하게 하는 근원적 대책에 해당한다.

둘째, 정보화 사회에서는 정보통신기기에 접근하여 이를 다루기 위한 정보 소양능력과 자신에게 필요한 정보를 수집하고 가공, 저장하는 정보 활용능력이 강조되었다. 그러나 개인정보의 침해 및 유출이 심각한 사회문제화되는 유비쿼터스 환경에서는 정보 관리능력의 중요성을 강조할 필요성이 대두된다.

언제나 네트워크에 접속해 있는 상황에서 개인의 정보가 수시로 생성되는 유비쿼터스 환경에서 인지적·신체적인 불편함을 갖고 있는 장애인들은 비장애인들에 비해 개인의 정보가 외부로 유출될 가능성이 높다고 할 수 있다. 또한 이들의 교육을 담당하고 있는 학교 단위에서는 IT 관련 투자도 적고, 인력도 한계가 있기 때문에 개인의 정보유출에 대한 대비가 미흡할 수도 있는 만큼 우선은 정보보호를 강화하기 위한 기술개발 투자를 강화하는 것이 필요하다(한국교육학술정보원, 2004a).

셋째, 다학문적 협력을 통해 유비쿼터스 환경에서 발생할 수 있는 다양한 문제들에 대비해야 한다. 유비쿼터스 환경은 컴퓨팅의 개념과 대상을 바꾸는 것이기 때문에 단지 정보통신 기술을 교육의 장에서 활용하는 차원을 넘어 교육방식과 공간의 변화를 야기할 것이다(한국교육학술정보원, 2004a). 따라서 유비쿼터스 사회에서 발생하는 특수교육대상 학생들의 문제를 특수교육의 범주 안에서 해결하는 데는 매우 많은 한계를 보이는 복잡성을 띠게 될 것이므로 다양한 학문적 접근이 필요하다. 다양한 영역의 전문가들로 구성된 다학문적 팀은 유비쿼터스 컴퓨팅을 교육적으로 활용하는 방안은 물론 장애학생의 진단에서 배치에 이르는 일련의 과정에서부터 교육과정과 방과 후 가정생활의 영역에까지도 장애학생들의 생활을 지원해야 한다.

넷째, 교육에서의 공학이 갖는 문제점은 공학이 교육 내의 모든 문제점을 해결해 줄 수 있을 것이라는 만능주의적 사고방식이다. 따라서 유비쿼터스의 장점을 특수교육에 활용하는 데 있어서는 비용과 편익의 경제 원칙이 우선적으로 고려될 필요가 있다. RFID가 내장되어 있는 시각장애인용 지팡이의 가격이 40만 원대로 고가일 뿐만 아니라, 이를 활용하기 위해서는 사회적인 인프라도 동시에 구축되어야 한다. 이에 특수교육 관계자들은 학생의 장애 영역별 유비쿼터스 기술개발 정도는 물론 사회 인프라 구축 현황을 동시에 파악해야 하며 기술의 진보 속도 역시 고려하여 이를 교육에 활용해야 할 것이다.

제2절 **블렌디드 러닝**

1. 블렌디드 러닝의 정의

블렌디드 러닝(blended learning)은 테크놀로지 기반 교육 혹은 훈련의 긴 역사 중 가장 마지막 단계에 속하는 것으로(Bersin, 2006), 보편적으로는 학습목표 달성을 위한 전통적인 학습방법과 교수 테크놀로지의 혼합을 의미한다. Mantyla (2001)는 블렌디드 러닝을 학습자들의 학습 성과를 향상시키기 위하여 두 가지 이상의 제시 방식 혹은 전달 방식을 결합하는 것이라고 정의하였다. 또한, Driscoll(2002)은 교육목적 달성을 위한 다양한 웹 테크놀로지(동시 · 비동시적 기술, 비디오, 오디오, 텍스트 등) 간의 결합, 테크놀로지와는 별개의 다양한 교육학적 접근방법론(구성주의, 인지주의, 행동주의), 웹 기반 학습과 면대면 학습 간의 결합, 학습과 업무의 조화로운 효과를 창출하기 위한 교육공학과 업무과제 간의 조합 등과 같이 네 가지 정의를 제시하였다. 테크놀로지와 전통적 교육의 결합(Smith, 2001), 전통적인 교실 또는 실험실 상황, 읽기 숙제, CD-ROM, 수행 지원 도구, 원격 훈련, 비실시간 웹 기반 교육, 실시간 웹 기반 교육 등의 혼합 등과 같은 블렌디드 러닝에 대한 정의는 Driscoll의 세 번째 정의와 같은 맥락에 있다고 할 수 있다. 그리고 Singh와 Reed(2001)의 경우는 학습이라는 개념을 중심으로 보다 포괄적으로 블렌디드 러닝을 정의하고 있는데, 혼합의 형태에 따라 학습공간의 통합, 학습형태의 통합, 학습유형의 통합, 학습내용의 통합, 학습과 일의 통합(박수홍, 황영미, 2006 재인용) 등과 같이 다섯 가지로 나누고 있다. 이와 같이 블렌디드 러닝의 정의는 단순히 온라인과 오프라인의 연계 전략이라는 의미를 넘어 점차 확장되고 있는 상황이다.

2. 블렌디드 러닝의 특징

1) 유형

교육장면에서 블렌디드 러닝을 구성하고 있는 일반적인 유형은 크게 세 가지로 다음과 같다(이정환, 2006).

① 자기주도학습
② 집합교육
③ 학습공동체

첫째, 자기주도학습에는 개별 과제수행과 지식 습득 및 참여자 간 상호작용을 전제로 운영되는 e-러닝이 있다. 개별 과제수행과 e-러닝은 과제를 해결하는 데 필요한 지식과 문제해결 능력 향상을 목표로 진행된다.

둘째, 집합교육에서는 강의, 토론, 실습 등 다양한 교육방법을 통해 학습자 간, 교수자와 학습자 간 대면 접촉을 강화하고, e-러닝에서 습득한 정보를 내면화시킴으로써 실질적인 활용도를 강화시킨다.

셋째, 학습공동체 활동을 통해서는 동료 학습자 간 상호작용을 통해 명시적 지식과 더불어 암시적 지식 창출을 돕는다. 이렇게 공유되고 창출된 지식은 실제에 적용되어 학습문제를 해결할 뿐만 아니라 실생활의 문제까지도 해결하는 가시적 효과까지 가져올 수 있다.

이상의 일반적인 유형들은 독립적으로 운영되기도 하지만 e-러닝과 집합교육의 연계, e-러닝, 집합교육과 학습공동체의 연계, e-러닝, 집합교육과 개별 테마연구의 연계 등과 같이 다양한 방식으로 통합되어 운영되기도 한다.

2) 블렌디드 러닝 도입 시 유의사항

앞서 살펴본 바와 같은 블렌디드 러닝의 장점에도 불구하고 이를 도입하고자 할 경우 주의해야 할 사항들이 있다(Thorne, 2005).

첫째, 온라인과 오프라인을 함께 활용해야 한다.

둘째, 지원 네트워크를 확인해야 한다. 기술적인 지원과 코칭을 동시에 활용해야 한다.

셋째, 온라인 학습 시 학습자들이 학습을 방해받지 않도록 해야 한다.

넷째, 학습자들이 자신에게 가장 적합한 학습방법을 찾을 수 있도록 도와주고, 가정을 비롯한 여타의 장소에서 최상의 학습환경을 만들어 낼 수 있도록 고무해야 한다.

다섯째, 학습자들이 자신의 성공적인 학습경험을 공유하고, 다른 사람들을 지원할 수 있도록 동기를 부여해야 한다.

여섯째, 서로 다른 학습양식을 인식하고, 각각의 학습양식에 맞도록 학습자극을 제공할 수 있어야 한다.

일곱째, 다양한 형태의 학습과 온라인 학습을 통합한다.

3) 장점과 문제점

점차 그 개념이 확장되고 있는 블렌디드 러닝이 학교교육에 대해 갖는 장점은 다음과 같다(서인순, 2006).

첫째, 학습요구뿐만 아니라 학습자의 다양한 학습양식에 적합한 맞춤식 학습의 완벽한 해결책이 되며 학습자 중심의 접근이 가능하다.

둘째, 사람마다 학습의 형태가 다르므로 어떤 미디어도 모두를 충족시킬 수 없으나 미디어를 섞음으로써 보다 많은 사람들을 충족시킬 수 있다.

셋째, 집합교육에 따르는 폐쇄성을 극복하여 학습자의 편이성을 제공하고, 다양한 상호작용과 정보에 대한 접근이 용이하여 교육의 질을 향상시킬 수 있고 교실 교육의 장점과 전자교육의 장점을 취합하여 효율적으로 활용할 수 있는 이점이 있다.

넷째, 한꺼번에 많은 투자를 해야 하는 전자교육에 비해 단계적인 투자가 가능하므로 훨씬 적은 비용으로 운영이 가능하고 학습자들의 요구에 보다 더 부합되어 높은 효과를 얻게 된다.

다섯째, 자기주도적 개별학습뿐만 아니라 학습 동료자 간 다양한 커뮤니케이션 매체를 활용하여 시간과 공간을 초월한 역동적인 토론수업활동 전개가 가능하며 자신의 의견을 동시적 · 비동시적으로 자유롭게 온라인에서 표현함으로써 의사소통의 즉시성 · 자율성이 극대화될 수 있다.

여섯째, 교수–학습의 평가를 효과적으로 모니터링할 수 있는 학습관리시스템을 전자교육 과정에서 병행 운영하여 온라인 교육과정과 학습관리, 학습자원관리, 평가와 수행분석, 콘텐츠 저작, 이메일 활용 등을 지원할 수 있고, 집합교육과 관련된 총괄적인 자원들을 제공받을 수 있어 교수자와 학습자 간 상호작용과 피드백을 보다 원활히 할 수 있다.

이와 같이 블렌디드 러닝은 이론적인 단점을 찾을 수가 없음에도 불구하고 이에 대한 정보의 부족에서 많은 어려움을 경험하고 있다(김성길, 양유정, 임의수, 편은진, 2005).

3. 블렌디드 러닝과 특수교육

블렌디드 러닝의 특성은 특수교육대상자 중에서도 학습부진 학생 및 건강장애 학생을 대상으로 적극적으로 활용될 필요가 있는데, 건강장애 학생의 경우를 예를 들어 살펴보면 다음과 같다.

정부는 2005년 3월 24일 「특수교육진흥법」 일부 개정을 통해 '심장장애·신장장애·간장애 등 만성질환으로 인하여 3개월 이상의 장기입원 또는 통원치료 등 계속적인 의료적 지원이 필요하여 학교 생활 학업수행 등에 있어서 교육적 지원을 지속적으로 받아야 하는 자' 를 건강장애를 지닌 특수교육대상자로 규정하였다. 건강장애가 특수교육대상자로 규정된 이후 실시된 특수교육실태조사에 의하면 2005년에는 209명으로 장애 영역별 학생 수의 0.4%였으나 2006년 1,024명(1.6%), 2007년 6월 1,142명(1.7%), 그리고 2008년 1,531명(2.3%)으로 점차 증가하고 있는 것으로 나타났다(교육인적자원부, 2007a; 국립특수교육원, 2008).

블렌디드 러닝이 건강장애 학생의 교육에 있어 필요한 이유는 다음과 같다.

첫째, 여러 가지 이유에서 병원을 옮겨 다녀야 하는 건강장애 학생의 경우, 수업결손으로 인한 학업 곤란은 물론 학교로의 복귀 이후에도 화상강의 시스템과 학교 간 교육과정의 불일치로 인해 학습의 효율성을 보장받고 있지 못하다. 그러나 블렌디드 러닝을 통해 온라인과 오프라인을 통합하는 경우 교육과정의 연속성을 보장할 수 있으므로 학생 및 교사들의 곤란을 방지할 수 있다.

둘째, 원격화상강의를 운영하는 목적은 가정이나 병원에서 인터넷을 이용한

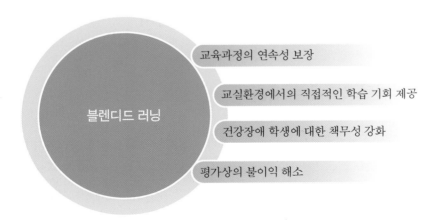

‖ 그림 12-1 ‖ **건강장애 학생을 위한 블렌디드 러닝의 필요성**

화상강의를 받음으로써 학업을 지속하고 학습결손을 해소함으로써 궁극적으로 학교 복귀에 대비하는 것이다. 그러나 화상강의 시스템에의 전적인 의존은 학업의 지속, 학습결손의 문제를 일정 부분 해소할 수는 있으나 학교 복귀 후 동료들 간의 원만한 학교 생활에 대해서는 최상의 대책이 될 수 없다. 뿐만 아니라 교실환경 역시 부적응의 문제를 가져올 수 있는 요소로 작용할 가능성을 갖고 있는 바 이에 대비하여 (유사)교실환경에서의 학습 기회를 제공할 필요가 있다.

셋째, 건강장애 학생에 대한 책무성의 문제를 해결하기 위해서도 필요하다. 현재 화상강의 시스템을 통한 학습에 많은 비중을 의존할 수밖에 없는 중증 건강장애 학생들은 소속은 원적학급에 두면서 학습은 전적으로 화상강의에 의존하고 있기 때문에 이들은 학생지도의 사각지대에 위치해 있다. 따라서 건강장애 학생에 대한 책무성을 명확히 할 수 있는 방안이 강구될 필요가 있으며, 그 방법 중 하나가 블렌디드 러닝이다.

넷째, 화상강의 시스템의 학습내용은 물론 진도에 있어서 원적학교(급)와의 차이에서 발생하는 평가상의 불이익을 최소화시키기 위한 방법이 될 수 있다.

제3절 **디지털교과서**[*]

1. 디지털교과서의 개념

2007년 교육인적자원부가 디지털교과서 사업계획을 발표하기 이전까지 대부분의 연구들은 주로 '전자교과서(electronic textbook)'란 용어를 사용하였다. 2000년 교육인적자원부에 의하면 전자교과서란 '기존의 인쇄물로 된 교과서,

* 이 내용은 김용욱, 김남진(2007)에서 발췌하여 수정·보완한 것임.

컴퓨터 보조학습(CAI), 교육용 데이터베이스, 멀티미디어 자료, 평가문항, 학습자관리 프로그램(CMI) 등의 모든 기능을 포함하는 총체적인 교수-학습도구'를 지칭하였다. 그리고 한국교육학술정보원(2004b)은 '시 · 공간에 구애받지 않고 교육 서비스를 제공하기 위해 학교 또는 가정에서 모두 사용될 수 있는 멀티미디어 형태의 학습교재로서, 기존의 교과서에 비해 다양하고 풍부한 자원과 기술을 동원하여 학습자와의 상호작용이 가능하며 학습자의 특성과 능력 수준에 맞추어 학습할 수 있도록 만들어진 전자도서'로 정의하였다.

그러나 디지털교과서 상용화 추진 원년이라 할 수 있는 2007년 3월, 교육인적자원부가 기존의 전자교과서라는 용어를 디지털교과서로 대체하면서부터는 전자교과서보다는 디지털교과서라는 용어의 사용이 점차 확산되고 있는 추세다. 교육인적자원부(2007b)가 제시한 디지털교과서(digital textbook)의 정의는 다음과 같다.

> 학교와 가정에서 시간과 공간의 제약 없이, 기존의 교과서, 참고서, 문제집, 용어사전 등의 내용을 포함하고, 이를 동영상, 애니메이션, 가상현실 등의 멀티미디어와 통합 제공하며, 다양한 상호작용 기능과 학습자의 특성과 능력 수준에 맞추어 학습할 수 있도록 구현된 학생용의 주된 교재

‖ 그림 12-2 ‖ 디지털교과서 화면 및 수업장면

출처: 부산맹학교(2009), pp. 4, 21.

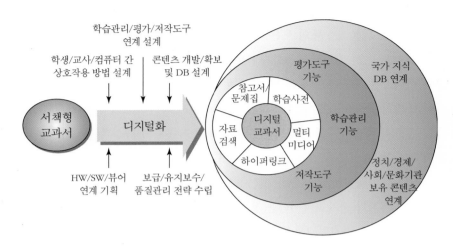

‖ 그림 12-3 ‖ **디지털교과서의 개념**

출처: 교육인적자원부(2007b).

　교육인적자원부가 밝힌 디지털교과서의 정의를 구체적으로 살펴보면, [그림 12-3]에 나타난 바와 같이 교과서 내용을 디지털화하여 전자매체에 수록한 뒤 유·무선 정보통신망을 이용하여 그 내용을 읽고, 보고, 들을 수 있도록 한 교과서를 말하는 것으로 기존 서책형 교과서의 내용은 물론 참고서, 문제집, 학습사전 등 방대한 학습자료를 포함하는 것이다. 또한 문서자료뿐만 아니라 동영상, 애니메이션, 가상현실, 하이퍼링크 등 첨단 멀티미디어 기능을 통합 제공할 수 있으며, 더 나아가 사회 각 기관의 학습자료 DB와 연계하여 폭넓은 학습자료를 제공받아 활용할 수 있다. 아울러, 기존 서책용 교과서와 흡사한 필기, 밑줄, 노트 기능도 갖고 있고, 학습자의 능력에 맞춘 진도관리, 평가 기능을 갖고 있어 학생들은 교과서만으로도 자신의 적성과 수준에 맞춘 개별학습을 할 수 있다. 이에 디지털교과서의 구체적인 기능은 〈표 12-6〉과 같다(정광훈, 2009).

‖ 표 12-6 ‖ **디지털교과서의 기능**

기능구분	세부기능	기술 및 활용 환경
학습 주자료 기능	교과서 기능	기존 교과서가 제공하는 역할과 기능 수행 → 기존 교과서와 같은 교육적 목표 달성(필기, 메모, 책갈피, 페이지 넘기기 등)
학습 지원 · 촉진 기능	멀티미디어 기능	멀티미디어 자료가 하이퍼링크로 연계 (이미지, 사진, 동영상, 음성 · 음향, 애니메이션 등)
	참고자료 기능	자기주도적 학습에 필요한 참고서, 문제집 제공
	학습사전 기능	각종 학습, 용어사전 기능 제공(국어사전, 영어사전, 한문사전, 백과사전 등)
	자료검색 기능	학습자가 필요로 하는 내용의 용이한 검색
	하이퍼링크 기능	• 자기주도적 학습에 필요한 다양한 자원의 부가 연계(개인교수형, 시뮬레이션형, 게임형, 반복학습형 등) • 웹을 통한 전문가, 외부 기관과의 상호 교류(전자메일, 웹 전자게시판, 웹 사이트 연계 등)
학습 관리 · 도구 기능	학습관리 시스템 기능	• 학습자의 학습진도 및 수준 관리 • 학습자 포트폴리오 관리
	평가도구 기능	• 디지털교과서 체제 내 · 외부 평가도구 연계 → 학습목표 성취 여부에 대한 평가 자료 활용 • 수준별 보충, 심화학습 자료 제공
	저작도구 기능	학습자가 원하는 내용을 제작, 편집, 출력 → 텍스트, 그림, 음악, 동영상 편집 등
	다양한 정보자원과의 연계 기능	• 엄선된 국가 지식 DB 연계 • 정치, 경제, 사회, 문화 기관이 소유한 학습용 콘텐츠 연계

출처: 정광훈(2009).

2. 특수교육과 디지털교과서

　앞선 언급한 바와 같이 교육과학기술부가 2007년 발표한 디지털교과서 상용화 계획을 기반으로 추진되고 있는 디지털교과서 개발 사업은 디지털교과서 콘텐츠 개발, 교사 연수 및 지원인력 양성, 교육환경 구축, 디지털교과서 유통 및 품질관리체제 구축, 법 제도 개선 및 홍보, 디지털교과서 영향 및 효과성 분석 등 6대 영역을 설정하고 이에 맞는 세부 사업에 대한 계획을 수립하여 추진되고 있다.

　이와 같은 기본 계획을 근거로 하여 2013년 본격적인 상용화를 대비한 일반교육용 디지털 교과서의 연도별 개발 및 시범적용 계획은 〈표 12-7〉과 같다.

　한편, 우리나라 정부는 장애학생의 특성과 접근성을 고려한 특수교육용 디지털교과서 개발을 위하여 2008년부터 국립특수교육원의 주관하에 한국교육학술정보원의 협력과 한국정보문화진흥원의 자문을 얻는 체제를 구축하였다. 이러한 노력으로 2008년 장애 유형별 디지털교과서 개발을 위한 기초연구에 이어 2009년 8월 특수학교용 디지털교과서 개발 설계 가이드라인과 평가지침이 개발

‖ 표 12-7 ‖ **디지털교과서 개발 및 시범적용 계획**

구분	초4 (국어, 수학)	초4 (사회, 과학)	초5 (국어, 수학, 사회, 과학)	초5 (영어, 음악)	초6 (국어, 수학, 사회, 과학)	초3~6 (영어)	중1 (영어, 과학)
2008			개발	개발	개발	개발	
2009			적용	적용	적용	개발	개발
2010		개발	보완	검증	보완	적용	적용
2011	개발	적용	적용		적용	검증	검증
2012	적용	검증	검증		검증		
2013	적용						

출처: 정광훈(2009).

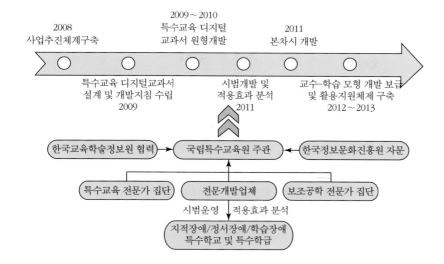

‖ 그림 12-4 ‖ **특수교육용 디지털교과서 개발사업**

출처: 부산맹학교(2009), p. 6 수정 후 인용

되었다. 이 가이드라인은 시각, 청각, 지체 등에 결함이 있는 감각장애 학생과 지적장애를 포함한 발달장애 학생이 비장애학생과 동등하게 디지털교과서에 접근·활용할 수 있도록 디지털교과서 설계자 및 콘텐츠 개발자들이 각 장애 유형별로 접근성을 준수하여 제작할 수 있도록 도움을 주기 위하여 기획되었다. 이어서 2010년에 일반교육 디지털교과서 접근성 지침을 적용하고, 2011년에 장애학생들에 대한 적용 효과 분석, 2012~2013년 디지털교과서 보급 활용 및 지원체제를 구축할 계획이다.

3. 특수교육에서의 활용을 위한 고려사항

특수교육 분야에서의 디지털교과서 개발과 활용을 위해서는 하드웨어 인프라, 교수자 그리고 학습자의 측면에서 우선적으로 고려해야 될 사항들이 있다.

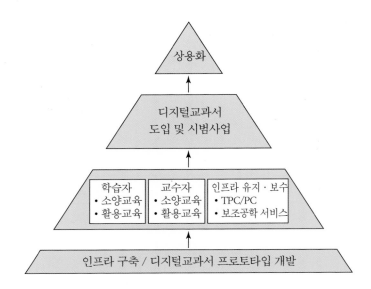

‖ 그림 12-5 ‖ 특수교육 디지털교과서의 개발과 활용을 위한 고려사항

특수교육 디지털교과서의 개발 및 상용화를 위해서는 다음과 같은 점들이 사전에 충분히 고려되어야 한다.

1) 하드웨어 인프라

교육인적자원부는 태블릿 PC(TPC) 혹은 데스크톱 PC를 기반으로 하는 디지털교과서를 고려하고 있으며, 이에 적절한 학습단말기를 개발할 계획이다. 그러나 특수학교의 경우 컴퓨터 실습실을 제외한 대부분의 교실은 교사용 컴퓨터와 프로젝션 TV 혹은 빔 프로젝터를 연결하여 사용하도록 되어 있는 단일 컴퓨터 설치 교실(one-computer classroom)이 대부분인 것이 현실이다. 따라서 특수교육 디지털교과서를 개발하고 상용화하기 위해서는 DB와 TPC 혹은 PC를 네트워크시켜 줄 수 있도록 하는 하드웨어적인 인프라 구축이 우선시된다.

보조공학 서비스의 지원 정도 역시 반드시 검토되어야 할 사항이다. 비록 정부가 디지털교과서를 위한 새로운 단말기 개발에 노력하고는 있으나, 장애학생들도 사용하기에 적절하게 설계, 개발될지 여부는 정확히 알 수 없다. 그리고 국내·외의 전자교과서 사례를 조사(한국교육학술정보원, 2004b)한 바를 검토하더라도, 전자교과서를 시범적으로 운영했던 그 어떤 나라도 장애인들을 위해 단말기를 보편적으로 설계했다거나 문제점을 보완하기 위한 보조공학 기기를 추가적으로 개발했던 사례는 찾아볼 수 없었다.

다음으로 특수교육 디지털교과서를 위한 TPC가 개발될 경우 장애학생들은 새로운 단말기를 다루는 데 있어 여러 가지 이유로 일반학생들에 비해 숙련의 정도가 느릴 수밖에 없다. 그리고 단말기를 분실하거나 파손할 가능성이 상대적으로 높다는 점도 고려해야 한다. 따라서 전달매체의 수용은 특수교육대상 학생의 특성을 토대로 기존 데스크톱 PC와의 상호 비교를 통해 신중히 검토되어야 될 사항이다.

2) 교수자

특수교육 디지털교과서가 상용화되면 교사를 대상으로 교과서의 내용, 전달매체에 대한 소양, 특수교육 디지털교과서를 활용한 교과목표의 달성 방법 등에 대한 교육을 추가적으로 실시해야 한다. 이는 결국 ICT 소양교육과 ICT 교과활용교육의 강화를 의미한다.

소양교육을 통해서는 특수교육 디지털교과서를 활용하는 데 필요한 각종 소양능력을 증진시킬 수 있도록 해야 한다. 그리고 교과활용교육을 통해서는 특수교육 디지털교과서를 활용한 교수-학습 지도안 작성 및 IEP 수립 방법, 교수-학습 과정에서의 문제해결 방법, 효과적인 학습자료 제시 방법, 장애 영역별 활용방법, 통합교육장면에서의 활용 방법 등에 대한 교육이 이루어져야 한다.

특수교육 디지털교과서의 활용을 통한 효과의 극대화를 위해서 소양교육과 활용교육은 전달 연수의 형태가 아닌 직접 참여에 의한 연수를 통해 이루어져야 하며, 반드시 특수교육 디지털교과서의 보급 전에 실시되어야 할 사항이다. 그리고 예비교사들에 대해서는 특수교육 디지털교과서의 효율적인 활용을 위한 교과를 신설하고, 각 학교별로 교육과정 내에 포함시키는 과정이 필요하다.

3) 학습자

학습의 주체인 특수교육대상 학생들 역시 특수교육 디지털교과서에 대한 소양교육과 활용교육이 필수적으로 이루어져야 한다. 중증의 장애학생들에 대해서는 자주 활용되는 기능을 중심으로 하는 소양교육을 중점적으로, 반복 교육할 필요가 있다. 그리고 경증의 장애학생들에 대해서는 소양교육과 더불어 활용교육도 충분히 이루어져야 한다.

뿐만 아니라 데스크톱 PC 방식의 특수교육 디지털교과서가 아닌 TPC 혹은 이동 가능한 단말기를 전달매체로 선택할 경우는 특수교육 디지털교과서의 이동에 따른 주의점 등에 대해 사전 교육을 실시함으로써 분실 가능성을 최소화시켜야 할 것이다.

● 참고문헌 ●

강이철(2009). 교육방법 및 교육공학의 이론과 적용. 서울: 학지사.

강인애(2001). 왜 구성주의인가-정보화시대와 학습자중심의 교육환경-. 서울: 문음사.

강혜경, 박은혜(2002). 장애아동을 위한 특수교육공학의 활용 및 지원방안. 특수교육연구, 9(2), 3-25.

고진복(2005). KIDS VOICE를 활용한 AAC 중재가 뇌성마비아동의 어휘표현에 미치는 효과. 석사학위논문, 공주대학교 특수교육대학원.

곽승철(2010). 보편적 교수ㆍ학습설계가 장애학생의 교육적 통합에 주는 함의. 한국지체부자유아교육학회지, 53(4), 1-29.

교육과학기술부(2009). 특수학교 교육과정 해설(II). 서울: 교육과학기술부.

교육과학기술부(2008). 장애인 등에 대한 특수교육법령 설명회 자료집. 서울: 교육과학기술부.

교육인적자원부(2004). 인적자원개발 혁신을 위한 유비쿼터스 학습체제 구축방안. 서울: 교육인적자원부.

교육인적자원부(2007a). 특수교육실태조사서. 서울: 교육인적자원부.

교육인적자원부(2007b). 디지털교과서 상용화 개발 본격 착수, 유비쿼터스 시대의 미래 학교 교육 현실로 다가와. 교육인적자원부, 보도자료(2007. 3. 7).

구본권(2007). 지체장애아동교육-치료교육 접근-(개정판). 서울: 시그마프레스.

구현모, 정동훈, 공진용, 채수영(2005). 지체부자유인의 휠체어 사용 실태 및 요구 조사. 특수교육저널: 이론과 실천, 6(3), 229-245.

국립특수교육원(1999). 장애학생을 위한 보완ㆍ대체의사소통지도. 경기: 국립특수교육원.

국립특수교육원(2002). 한국 장애학생의 학업성취도 분석 연구. 경기: 국립특수교육원.

국립특수교육원(2008). 특수교육실태조사서. 경기: 국립특수교육원.

권성호(1990). 교육공학원론. 서울: 양서원.

권성호(2006). 교육공학의 탐구(개정판). 경기: 양서원.

권효진 (2012). 보편적 학습설계를 적용한 과학 수업이 중학교 장애학생과 비장애학생의 과학학업성취도, 수업참여도 및 교수·학습활동에 미치는 영향. 박사학위 논문, 이화여자대학교 대학원.

김경, 김동식(2004). 웹기반 학습에서 학습자료 유형과 학습내용 제시 시기가 인지부하, 효과성 및 효율성에 미치는 효과. 교육공학연구, 20(4), 117-145.

김남진(2002). 제주지역 장애인의 복지정보통신 환경 연구. 석사학위논문, 제주대학교 대학원.

김남진(2005). 특수학급교사의 ICT활용능력 인식수준과 교사효능감. 대구대학교 대학원 박사학위논문.

김남진(2006). 유비쿼터스 환경에서의 특수교육의 발전 과제. 중복·지체부자유아교육, 47, 89-105.

김남진(2007). 국내 장애인의 정보접근권 현황과 개선 방안 연구. 중복·지체부자유아교육, 50(1), 143-161.

김남진, 김자경(2006). 매체속성이론을 통한 특수교육 분야 매체연구방법의 비판적 검토와 향후 연구 방향. 특수아동교육, 8(4), 113-132.

김남진, 도성화(2007). 파워포인트를 이용한 멀티미디어 학습자료 제시 유형이 정신지체아의 학업성취에 미치는 영향. 특수교육저널: 이론과 실천, 8(4), 293-312.

김남진, 박재국(2006). 평생학습사회 구현을 위한 유비쿼터스와 (장애인) 평생교육과의 관계 및 과제. 특수교육저널: 이론과 실천, 7(3), 287-304.

김남진, 안성우(2007). 기본교육과정 사회과 교수용 S/W의 멀티미디어 구성요소 제시양식 분석. 특수교육학연구, 42(3), 259-278.

김동식, 권숙진(2007). 인지부하이론에 기초한 PDA 기반 학습 프로그램 설계 연구. 한국컴퓨터교육학회지 논문지, 10(1), 67-75.

김동일, 이대식, 신종호(2009). 학습장애아동의 이해와 교육(제2판). 서울: 학지사.

김동조(2000). K-ABC를 통한 정신지체아의 부호화 과정 특성. 대구대학교 교육대학원 석사학위논문.

김미연(2003). 초등학교 교사의 교수매체 활용 실태와 인식수준. 공주교육대학교 교육대학원 석사학위논문.

김복자, 김자경(2002). 정신지체 특수학교에서의 ICT 활용 교육에 관한 조사. 특수교육학연구, 37(3), 195-219.

김영걸 (2006). 특수학교 보조공학 전달체계 모형 연구. 대구대학교 대학원 박사학위 논문.

김영욱(2007). 청각장애아동 교육의 이해. 서울: 학지사.

김용욱(2002). 특수교육 현장에서의 ICT 활용교육. ICT활용교육 연수회, 경남은광학교.

김용욱(2005). 장애학생을 위한 특수교육공학의 활용. 경기: 집문당.

김용욱(2009). 장애아동과 공학. 한국특수교육연구회. 최신 특수아동의 이해(pp. 97-100). 경기: 양서원.

김용욱, 김남진(2002). 통합교육에서의 교육공학적 수업설계 방안. 특수교육저널: 이론과 실천, 3(4), 135-154.

김용욱, 김남진(2003a). 특수교육대상 아동의 학습동기 유발을 위한 ICT 활용의 적절한 시기와 방법에 대한 연구. 특수교육저널: 이론과 실천, 4(2), 21-43.

김용욱, 김남진(2003b). 효율적인 장애인 정보화교육의 방향. 2003년 한국정보사회학회 전기학술대회 자료집(pp. 41-60).

김용욱, 김남진(2007). 특수교육 디지털 교과서 개발을 위한 이론적 고찰. 특수교육연구, 14(2), 259-285.

김용욱, 김남진, 오세웅(2003). 장애인 정보화를 위한 동기화 방략. 한국교육학연구, 9(2), 117-141.

김용욱, 우이구, 김영걸(2001). ICT의 효율적 적용을 위한 지원 방안. 특수교육저널: 이론과 실천, 2(3), 183-201.

김용욱, 우정한, 진주은(2008). 장애학생 교육용 소프트웨어 평가지침 개발 연구. 특수교육저널: 이론과 실천, 9(3), 83-108.

김용욱, 윤광보(2000). 구성주의 관점에서 본 장애인교육을 위한 테크놀로지의 활용: 발달장애학생을 중심으로. 특수교육학연구, 35(1), 53-81.

김원경 외(2009). 최신특수교육학(2판). 서울: 학지사.

김윤옥(2005). 통합교육을 위한 직접교수의 원리와 실제. 서울: 학지사.

김지원(1998). 정신지체아를 위한 수세기 CAI 프로그램 적용 효과. 대구대학교 대학원 석사학위논문.

김현진(2004). 학습부진아의 곱셈 · 나눗셈 문제 해결력 향상을 위한 ICT 활용 수업과 전통적 수업의 효과 비교. 인제대학교 교육대학원 석사학위논문.

김희배(2002). ICT기반교육에 대한 몇 가지 유감. 한국교육공학회, 제37호, 뉴스레터.

나일주(1995). 교수매체 연구의 현대적 과제: 교수매체의 효과성 논쟁을 중심으로. 교육공학연구, 11(1), 47-71.

노석준(2006). 보편적 설계 원리의 교수-학습에의 적용: 보편적 학습 설계(UDL). 제11회 이화특수교육 학술대회 자료집(pp. 15-27).

노석준(2012). 접근 가능한 WBI 설계 · 개발을 위한 교수설계원리로서의 보편적 학습 설계(UDL)의 적용가능성 탐색. 한국교육논단, 11(1), 97-125.

류영달(2004a). u-Korea 추진의 필요성과 전략. NCA CIO REPORT, 04-04, 1-14. 서울: 한국전산원.

류영달(2004b). 유비쿼터스 사회의 발전단계와 특성. NCA CIO REPORT, 04-16, 1-13. 서울: 한국전산원.

문성준(2002). 시각장애 학생의 전자점자기 활용 사례. 특수교육사례연구, 3, 17-27.

박미리(1987). 서울시내 특수학교에서의 교수매체활용에 관한 실태조사연구. 이화여자대학교 교육대학원 석사학위논문.

박미혜(2005). FM 시스템의 사용이 청각장애 아동의 말소리 수용에 미치는 효과. 언어치료연구, 14(1), 43-54.

박성익, 임철일, 이재경, 최정임(2009). 교육방법의 교육공학적 이해. 경주: 교육과학사.

방송통신위원회 이용자네트워크국(2009). 방송 소외계층 지원 종합계획(안).

박수홍, 황영미(2006). 초등학교 미디어교육을 위한 블렌디드 프로젝트 학습 프로그램 개발. 교육정보미디어연구, 12(3), 361-394.

박순희(2005). 시각장애아동의 이해와 교육. 서울: 학지사.

박영삼(1998). 패러다임 전환을 통한 현장 교수 매체 활용 방안. 전남대학교 교육대학원 석사학위논문.

박온자(2003). 학교도서관 미디어전문가를 위한 교수 매체 선정기준 연구. 한국문헌정보학회지, 37(2), 27-56.

박용우(2004). 유비쿼터스의 중요성과 그 흐름. 아름다운 e세상, vol. 83, 14-17.

박은혜(1997). 통합된 장애아동을 위한 효과적인 교수전략. 인간발달연구, 25(1), 93-113.

박은혜(2002). 장애아동을 위한 테크놀로지. 장애아동과 테크놀로지, 1, 8-10.

박은혜(2005). 특수교육현장에서의 보조공학 활용: 개관 및 동향. 특수교육 정보화 세미나 자료집 (pp. 3-12).

박재국, 손상희, 신인수, 김주홍(2004). K-ABC를 이용한 장애아동의 교수-학습 방법 적용방안. 특수아동교육연구, 6(2), 181-213.

박정환, 김형준, 조정원(2007). 알기 쉬운 유러닝. 서울: 학지사.

박주연(2009). 통합교육현장에서 적용 가능한 보편적 학습 설계의 개념과 원리 탐색. 지적장애연구, 11(1), 237-253.

박혜영, 신윤식, 유인환, 고대곤(2001). ICT 활용 교수-학습 효과. 정보교육학회 논문지, 6(1), 131-139.

방송통신위원회(2016). 2015년도 장애인방송 제공실적 평가결과. 보도자료(2016. 7. 15.).

백영균(2002). ICT활용교육론. 서울: 문음사.

백영균, 박주성, 한승록, 김정겸, 최명숙, 변호승, 박정환, 강신천(2006). 유비쿼터스 시대의 교육방법 및 교육공학(2판). 서울: 교육과학사.

부산맹학교(2009). 시각장애 학생을 위한 디지털교과서 효과성 연구 및 발전방안 탐색. 부산광역시교육청 지정 연구학교 운영보고서. 부산: 부산맹학교.

삼성경제연구소(2003). 유비쿼터스 컴퓨팅: 비즈니스 모델과 전망. Issue Paper, 2003. 12. 16.

서울대학교 교육연구소(1994). 교육학 용어사전(전정판). 서울: 하우동설.

서인순(2006). 블렌디드 학습의 효과성에 관한 연구. 아주대학교 교육대학원 석사학위논문.

소경희(2001). 제7차 교육과정에서의 ICT 활용의 문제와 활성화 방안 탐색. 교육학연구, 39(1), 197-215.

손미, 김영수(1987). 교수설계와 교수매체의 이론적 배경. 연구논집, 15, 263-276.

손연기(2001). 정보격차 해소를 위한 대책. 행정과 전산, 23(1), 52-57.

손지영, 김동일, 이기정(2008). 장애학생을 위한 온라인 학습에서 보편적 설계 원리의 적용 효과 탐색. 한국특수교육학회 추계학술대회 자료집, 109-133, 10월 25일. 전남: 전남대학교 여수 캠퍼스.

신현기, 한경진(2006). 보조공학용품 소개 수업이 장애학생에 대한 일반학생의 태도변화에 미치는 효과. 특수교육저널: 이론과 실천, 7(1), 277-309.

안효숙(2000). 저시력의 개념과 시기능의 재활. 실로암시각장애인복지관, 저시력 보조기구 사용교육 자료집(pp. 4-13). 서울: 실로암시각장애인복지관. http://cafd.daum. net/0952529/LAFu

오도영 (2008). 한국의 보조공학 서비스 활성화 방안 연구. 대구대학교 대학원 박사학위논문.

오선아, 김희수(2003). 멀티미디어 보조학습에서 정보

제시유형이 작동기억 부하에 미치는 효과. 교육정보방송연구, 9(2), 71-99.

오인경(2004). Blended Learning의 실시 현황 분석: 국내 현황 및 외국과의 비교. 기업교육연구, 6(1), 41-62.

우정진, 김남진(2002). Web 사이트를 활용한 수학 프로그램이 정신지체아의 수학 문제 해결 능력과 문제 해결 소요시간에 미치는 영향. 특수교육공학: 연구와 실천, 2, 105-121.

유비큐(2008). 키즈보이스(KidsVoice) 소개. 내부자료.

유인환(2000). ICT와 문제 해결 과정의 통합에 기반한 정보 교육과정 모형 개발. 한국교원대학교 대학원 박사학위논문.

유지열(2002). 우리나라의 정보격차에 관한 지수(index)접근 연구. 한국사회학, 36(1), 223-246.

윤광보 (2010). 특수교육 교과 교재연구 및 지도법. 경기: 양서원.

윤광보, 김용욱, 최병옥(2008). 교육방법과 교육공학의 이해(2판). 경기: 양서원.

윤광보, 김용욱, 권혁철(2002). 장애학생의 학습을 위한 보편적 설계의 실행 방안. 특수교육학연구, 37(3), 263-282.

윤훈주(2004). 생활 속의 유비쿼터스. 아름다운 e세상, vol. 83, 18-21.

이경희(2002). 지식정보화사회에 있어서 ICT활용을 위한 교수전략에 대한 고찰. 한국컴퓨터교육학회논문지, 5(1), 1-16.

이경혜(2011). 한국어판 보조공학기기 사용 적합성 평가도구 개발. 대구대학교 대학원 박사학위논문.

이관희(2005). 시각 · 청각 · 지체장애학교 영어과 교수매체 활용 실태 및 개선 방안. 공주대학교 특수교육대학원 석사학위논문.

이기우(1993). 적응적 수업의 적용을 위한 적성-처치 상호작용이론. 교육심리연구, 7(2), 88-105.

이명숙(2000). 초등학교 교사의 교수매체 활용 실태와 요구 분석. 아주대학교 교육대학원 석사학위논문.

이성국(2003). 미국 · 일본 · 유럽의 유비쿼터스 컴퓨팅 전략의 비교적 고찰. Telecommunications Review, 13(1), 16-26.

이성흠, 이준(2009). 교육방법 및 교육공학(제2판). 경기: 교육과학사.

이영재(2000). 정신지체아의 PASS 인지과정과 읽기 능력의 관계. 대구대학교 대학원 박사학위논문.

이정환(2006). 블렌디드 러닝의 운영유형과 학습 성과간의 상관성 연구. 연세대학교 교육대학원 석사학위논문.

이종화(2000). 컴퓨터보조학습이 정신지체아동의 수학학습성취도 향상에 미치는 효과. 대구대학교 교육대학원 석사학위논문.

이태욱, 유인환, 이철현(2001). ICT교육론. 서울: 형설출판사.

이해균(1995). 약시 학생의 확대 독서매체에 따른 읽기 효율성 연구. 대구대학교 대학원 박사학위논문.

이현정(2005). 멀티미디어 학습 환경에서 학습자의 특성별 인지부하 효과. 교육공학연구, 21(2), 79-102.

이혜경(2011). 한국어판 보조공학기기 사용 적합성 평가도구 개발. 대구대학교 대학원 박사학위논문.

임안수(2006). 시각장애아 교육. 대구: 도서출판 해동.

장주병(2004). 모두가 함께하는 유비쿼터스 사회 구현을 위한 대응과제. 정보격차 이슈리포트, 1(5),

1-44.

전동휠체어나눔연대(2004). 전동휠체어 이용 실태에 관한 조사. 전동휠체어 나눔 운동 3주년 기념 자료집. http://cowali.or.kr/g4/bbs/board.php?bo_table=pds&wr_id=115

정경렬(2002). CAI 시지각훈련프로그램이 정신지체아의 주의력과 학업성취도에 미치는 효과. 대구대학교 대학원 석사학위논문.

정경숙(1983). 교수매체 활용에 있어서 학습자 적성과 교수매체 속성에 관한 문헌연구. 이화여자대학교 대학원 석사학위논문.

정광윤, 서인환 역(2000). 특수교육공학. 서울: 한국맹인복지연합회.

정광훈(2009). 디지털교과서와 교육의 미래. 현장특수교육, 16(3). http://field.knise.kr/oldpaper/index.html.

정주영(2012). 통합교육 환경에서 보편적 학습 설계에 근거한 보편적 교육과정 설계의 가능성 탐색. 지적장애연구, 14(2), 249-281.

정진형(2002). 교수매체의 선택 및 활용 방안과 설계 구현-실과 기술영역을 중심으로. 한국실과교육학회지, 15(1), 43-63.

정찬기오, 백영균, 한승록(2005). 교육방법 및 교육공학. 서울: 양서원.

정해진(2004). 학습에 있어서의 보편적 설계. 장애아동과 테크놀로지, 4, 16-18.

조규락, 김선연(2006). 교육방법 및 교육공학-교육공학의 3차원적 이해. 서울: 학지사.

조영숙(1996). Keller의 학습동기화 모형을 적용한 교수자료의 학습효과 분석. 서울대학교 대학원 석사학위논문.

조인수(2002). 장애인의 삶의 질 향상을 위한 전환교육과

서비스. 경북: 대구대학교 출판부.

최성규(1996). FM 보청기를 장용한 편측성 난청 아동과 건청 아동의 어음 변별력 비교. 언어치료연구, 5(1), 187-203.

최정임(1997). 상황학습이론에 따른 학습 내용의 구성: 교사의 역할, 평가 원리에 대한 고찰. 교육학연구, 35(3), 213-239.

하원규(2003). u-Korea구축전략과 행동계획: 비전, 이슈, 과제, 체계. *Telecommuni-cations Review, 13*(1), 4-15.

한경근, 장수진(2005). 국내 특수교육공학 관련 연구의 동향과 과제. 특수교육학연구, 40(2), 131-150.

한경임(1998). 중증 뇌성마비 아동의 보완·대체의사소통 중재의 효과. 대구대학교 대학원 박사학위논문.

한국교육공학회(2005). 교육공학 용어사전. 서울: 교육과학사.

한국교육학술정보원(2001). ICT 활용교육 장학지원 요원 연수교재, 교육자료 TM 2001-4. 서울: 한국교육학술정보원.

한국교육학술정보원(2004a). 유비쿼터스 컴퓨팅 환경에서의 교육의 미래 모습. 연구보고서 KR 2004-27. 서울: 한국교육학술정보원.

한국교육학술정보원(2004b). 국내외 전자교과서 사례 조사 연구. 연구보고서 RR 2004-5. 서울: 한국교육학술정보원.

한국장애인고용촉진공단(2007). 장애인 보조공학기기 지원안내서. 서울: 한국장애인고용촉진공단 고용개발원 보조공학센터.

한국통합교육학회(2009). 최신 특수아동의 이해. 경기: 양서원.

한숭희(2003). 시장인가 공적 영역인가: 참여정부의 평생교육정책의 핵심 논제. 평생교육학연구, 9(3), 1-26.

한숭희(2006). 평생교육론-평생학습사회의 교육학-. 서울: 학지사.

한옥진(2014). 통합교육 현장에서 보편적 학습설계(UDL)를 적용한 중학교 정보·컴퓨터 수업이 학업성취도와 수업참여태도에 미치는 영향. 용인대학교 교육대학원 석사학위논문.

함영기(2002). 바람직한 ICT 활용교육 이론과 실제. 서울: 즐거운 학교.

허승덕, 최아현, 강명구(2006). 재활청각학: 인공와우, 보청기, 양이 청취. 서울: 시그마프레스.

현준호(2006). 웹 접근성의 이해. 제4회 전국특수교육정보화대회 특수교육 정보화 세미나 자료집(pp. 27-46). 경기: 국립특수교육원.

홍기칠(2004). 교수매체 효과성 연구의 쟁점과 방향. 초등교육연구, 17(1), 47-77.

황리리(2015). 보편적 학습설계에 기반한 읽기교수가 학습장애 학생에게 미치는 효과: 학업성취, 학업기대, 수업태도를 중심으로. 단국대학교 대학원 박사학위논문.

황지현(2011). 로우테크 보조공학 활용을 위한 협력적 팀워크 중재가 지적장애 중학생의 글쓰기 명료도와 시간에 미치는 영향. 이화여자대학교 대학원 석사학위논문.

강남구전자도서관 http://ebook.gangnam.go.kr
경기도사이버도서관 http://www.golibrary.go.kr
뉴시스 http://www.newsis.com
디지털타임스 http://www.dt.co.kr
메디파나뉴스 http://www.medipana.com

북토비 전자도서관 http://lib.booktobi.com
서울특별시 장애인종합홈페이지 http://friend.seoul.go.kr
실로암시각장애인복지관 http://www.silwel.or.kr
연합뉴스 http://www.yonhapnews.co.kr
전자신문 http://www.etnews.co.kr
조선일보 http://www.chosun.com
지멘스 http://www.bestear.co.kr
충청일보 http://www.ccdailynews.com
한국일보 http://www.hankooki.com
함께걸음 http://www.cowalknews.co.kr
Daum 백과 http://100.daum.net/encyclopedia
http://www.uofaweb.ualberta.ca
http://www.freedomscientific.com
http://www.tyflokabinet-cb.cz
http://www.114tool.com
http://www.edu.uni-klu.ac.at
http://www.hksb.org.hk
http://udlguidelines.wordpress.com
http://blog.daum.net/sevgi

AECT Definition and Technology Committee(2004). *The meanings of educational technology.* http://www.indiana.edu/~molpage/publications.html

Alpiner, J. G., & McCarthy, P. A. (1993). *Rehabilitative audiology: Children and adults.* Baltimore: Williams and Wilkins.

American Speech-Language-Hearing Association (1991). Augmentative and alternative communication. *American Speech-Language-Hearing Association, 33,* 8-12.

American Speech-Language-Hearing Association (1995). Position paper and guidelines for acoustics in educational settings. *ASHA, 37* (Suppl. 14), 15-19.

Anderson-Inman, L., & Knox-Quinn, C. (1996). Spell checking strategies for successful students. *Journal of Adolescence and Adult Litercy, 39*(6), 500-503.

Angelo, J. (2004). 임상 적용을 위한 재활보조공학(권혁철, 정동훈, 공진용 역). 서울: 영문출판사. (원전은 1997년 출간)

Bailey, R. W. (1989). *Human performance engineering.* Englewood Cliffs: Prentice Hall.

Bausch, M. E., & Hasselbring, T. S. (2004). Assistive technology: Are the necessary skills and knowledge being developed at the preservice and inservice levels? *Teacher Education and Special Education, 27,* 97-104.

Bednar, A. K., Conningham, D., Duff, T. M., & Perry, J. D. (1992). *Theory into practice: How we think?. Constructivism and the Technology of Instruction.* Hillsdale, NJ: LEA.

Beirne-Smith, M., Patton, J. R., & Kim, S. H. (2008). 정신지체(제7판, 신종호, 김동일, 신현기, 이대식 역). 서울: 시그마프레스. (원전은 2006년 출간)

Belson, S. I. (2003). *Technology for exceptional learners.* Boston, MA: Houghton Mifflin.

Bersin, J. (2006). 블렌디드 러닝: 이론과 실제(박병호 역). 서울: 아카데미프레스. (원전은 2003년 출간)

Beukelman, D. R., & Mirenda, P. (1998). *Augmentative and alternative communication: Management of severe communication disorder in children and adults* (2nd ed.). Baltimore: Brookes.

Beukelman, D. R., & Mirenda, P. (2008). 보완대체 의사소통(박현주 역). 서울: 학지사. (원전은 2005년 출간)

Billeaud, F. P. (2009). 영아의 의사소통장애: 진단ㆍ평가 및 중재(임영옥, 전병운, 조광순 역). 서울: 박학사. (원전은 2003년 출간)

Blackhurst, A. E. (1997). Perspectives on technology in special education. *Teaching Exceptional Children, 29*(5), 41-48.

Blackhurst, A. E., & Cross, D. P. (1993). *Technology in special education.* In A. E. Blackhurst, & W. H. Berdine (Eds). *An introduction to special education* (3rd ed.). New York: HaperCollins.

Blackhurst, A. E., & Lahm, E. A. (2000). Technology and exceptionality foundation. In J. D. Lindsey (Eds). *Technology and exceptional individuals* (3rd ed.). Austin, Texas: PRO-ED.

Blackstone, S. (1986). *Augmentative communication: An introduction.* Rockville, Md.: American Speech-Language-Hearing Association.

Bowe. F. G. (2000). *Universal design in education: teaching nontraditional students.* CT: Bergin and Garvey.

Bowe. F. G. (2010). 교육에서의 보편적 설계. (김남진, 김용욱 역). 서울: 시그마프레스. (원전은 2000년에 출판)

British Education Communications and Technology

Agency. (2004). *A review of the research literature on barriers to the uptake of ICT by teachers.* Becta ICT Research. http://www.becta.org.uk.

Bromley, B. E. (2001). *Assistive technology assessment: A comparative analysis of five models.* Technology and Persons with Disabilities Conference, 2001.

Brown, S. (2016). Universal design for learning: A workshop for educators. 32nd Pacific Rim International Conference on Disability and Diversity. April 25 & 26, 2016. Citation from CAST (2011) Universal design for learning guidelines version 2.0. Wakefield, MA: Author.

Bryant, D. P., & Bryant, B. R. (1998). Using assistive technology adaptations to include students with learning disabilities in cooperative learning activities. *Journal of Learning Disabilities, 31,* 41-54.

Bryant, D. P., & Bryant, B. R. (2003). *Assistive technology for people with disabilities.* Boston: Allyn and Bacon.

Caine, R. N., & Caine, G. (1991). *Making connections: Teaching and the human brain.* Alexandria, VA: ASCD.

Caine, R. N., & Caine, G. (1994). *Making connections: Teaching and the human brain.* Menlo Park, Calif: Addison-Wesley.

Carlson, S. A., & Silverman, R. (1986). Microcomputers and computer-assisted instruction in special classroom: Do we need the teacher? *Learning Disability Quarterly, 9*(B), 105-110.

Cartwright, G. P., Cartwright, C. A., & Ward, M. E. (1995). *Educating special learners.* Washington, D.C.: Wadsworth Publishing Company.

CAST (2004). *Planning for all learners(PAL) toolkit.* Wakefield, MA: Author.

CAST (2008). *Universal design for learning guidelines version 1.0.* Wakefield, MA: Author.

Castellani, J., Reed, P., Zabala, J., Dwyer, J., McPherson, S., & Rein, J. (2005). *Considering the Need for Assistive Technology within the Individualized Education Program.* Center for Technology in Education and Technology and Media Devision, Council for Exceptional Children, Arlington, VA.

Cathy, B. (2003). What is Assistive Technology? *Except Parent, 33*(6), 32-34.

Chandler, P., & Sweller, J. (1991). Cognitive load theory and the format of instruction. *Cognition and Instruction, 8,* 293-332.

Clark, R. E., & Sugrue, B. (1995). Research on instructional media, 1978-1988. In G. Anglin(Ed.). *Instructional technology: past, present, and future.* Englewood, CO: Libraries Unlimited, Inc.

Cook, A. M., & Hussey, S. M. (2002). *Assistive technologies: principle and practice* (2nd Ed). St.Louis, MO: Mosby.

Cook, A. M., & Hussey, S. M. (2009). 보조테크놀로지의 원리와 실제(오길승, 남용현, 오도영, 남세현 역). 서울: 학지사. (원전은 2002년 출간)

Corn, A. L. (2000). Technology and assistive devices. In *Lighthouse handbook on visual impairment and vision rehabilitation*. NY: Oxford University.

Corn, A., & Ryser, G. (1989). Access to print for students with low vision. *Journal of Visual Impairment and Blindness, 83*, 340-349.

Council for Exceptional Children(2005). *Universal design for learning: A guide for teachers and education professional*. Upper Saddle River, NJ: Pearson Merrill/Prentice Hall.

Commission on Instructional Technology(1970). *To improve learning: A report to the Present and the Congress of the United States*. Washington, DC: U.S. Government Printing Office.

Cuban, L. (1999). The technology puzzle. *Education Week, 18* (43). http://www.edweek.org/ew/ vol-8/ 43cuban.h18.

De Jonge, D., Scherer, M. J., & Rodger, S. (2007). *Assistive technology in the workplace*. St. Louis, MO: Mosby.

Doty, M., Seiler, R., & Rhoads, L. (2001). *Assistive technology in the school: A guide for idaho educator*. Idaho State Dept of Education.

Driscoll, M. (2002). Blended learning. *e-Learning, 3* (3), 54-56.

Edyburn, D. L. (1991). Fact retrieval by students with and without learning handicaps using print

and electronic encyclopedias. *Journal of Special Education Technology, 11*, 75-90.

Evan, C., Williams J. B., King, L., & Metcalf, D. (2010). Modeling, guided instruction, and application of UDL in a rural special education teacher preparation program. *Rural Special Education Quarterly, 29*(4), 41-48.

Fixen, D. L., Naoom, S. F., Blase, K. A., Friedman, R. M., & Wallace, F. (2005). Implementation research: A synthesis of the literature. Tampa, FL: University of South Florida, Louis de la Parte Florida Health Institute, National Implementation Research Network. Publication.

Galbraith, J. K. (1967). *The new industrial state*. Boston, MA: Haughton Mifflin.

Ganley, P., & Ralabate, P. (2013). UDL implementation: A tale of four districts. National Center on Universal Design for Learning. Retrieved [3/8/2016] from http://www.udlcenter.org/implementation/fourdistricts.

Gardner, H. (1993). *Multiple intelligences: The theory in practice*. NY: Basic Books.

Gardner, J. E., & Edyburn, D. L. (2000). *Integrating technology to support effective instruction, Technology and Exceptional Individuals*(3rd ed.). Edited by Jimmy D. Lindsey.

Ginsberg, H. P. (1997). Mathematical learning disabilities: A view from developmental psychology. *Journal of Learning Disabilities*,

30, 20-33.

Hall, T., Vue, G., Strangman, N., & Meyer, A. (2003). Differentiated instruction and implications for UDL implementation. Wakefield, MA: National Center on Accessing the General Curriculum. (Links updated 2014). Retrieved [3/15/2016] from http://aem.cast.org/about/publications/2003/ncac-differentiated-instruction-udl.html

Hammill, D. D., & Bryant, B. R. (1998). *Learning disability diagnostic inventory.* Austin, TX: Pro-Ed.

Haring, N. G. (1970). The new curriculum design in special education. *Educational Technology, 10*, 24-31.

Haugland, S. W., & Shade, D. D. (1988). Develop mentally appropriate software for young children. *Young Children, 43*(4), 37-43.

Hegde, M. N. (2007). 의사소통장애(김선희 외 역). 서울: 학지사. (원전은 1995년 출간)

Heinich, R., Molenda, M., Russell, J. D., & Smaldino, S. E. (2002). 교육공학과 교수매체(설양환, 권혁일, 박인우, 손미, 송상호, 이미자, 최욱, 홍기칠 역). 서울: (주)피어슨 에듀케이션 코리아. (원전은 1999년 출간)

Heward, W. L. (2002). 특수교육학개론(제6판, 김진호, 박재국, 방명애, 안성우, 유은정, 윤치연, 이효신 역). 서울: 시그마프레스. (원전은 2000년 출간)

Heward, W. L. (2007). 최신 특수교육(제8판, 김진호, 박재국, 방명애, 안성우, 유은정, 윤치연, 이효신 역). 서울: 시그마프레스. (원전은 2006년

출간)

Hong, H. (2015). Universal design for learning: Achieving successful inclusion strategies of students with disabilities in STEM classes. 국립특수교육원 제22회 국제학술세미나 자료집, 53-71, 10월 28일. 충남: 국립특수교육원 2층 대강당.

Inge, K. J., & Shepherd, J. (1995). Assistive technology applications and strategies for school system personnel. In Flippo, Inge, and Barcus (Eds.), *Assistive Technology: a resource for school, work, and community.* Baltimore MD: Paul H. Brooks.

Janassen, D. H., & Grabowski, B. L. (1993). *Handbook of Individual differences, learning, and instruction.* Hilsdale, NJ: Lawrence Erlbaum

Jenkins, J. R., Antil, L. R., & Vadasy, P. F. (2003). How Cooperative Learning Works for Special Education and Remedial Students. *Exceptional Children, 69*(3), 279-292

Jenson, E. (1988). *Teaching with the brain in mind.* Alexandria, VA: ASCD.

Johnston, L., Beard, L. A., & Carpenter, L. B. (2007). *Assistive technology: Access for all students.* Merrill Prentice Hall.

Jonassen, D. H., Campbell, J. P., & Davidson, M. E. (1994). Learning with media: Restructuring the debate. *Educational Technology Research and Development, 42*(2), 32-39.

Katz, J. (2012). Teaching to diversity: The three-block model of universal design for learning. Winnipeg, MB: P & M Press.

Kemp, J. E., & Smellie, D. C. (1989). *Planning, producing and using instructional media.* New York: Harper and Row.

King, T. W. (1999). Assistive technology: Essential human factors. Boston: Allyn & Bacon, 67–86.

Kleiman, G. M. (1984). Aids for the blind. *Computer, September,* 122–124.

Knapp, L. R. (1984). Finding the best typing tutorials. *Classroom Computer Learning, 5* (4), 70–71.

Krendle, K., Ware., Reid, K., & Warren, R. (1999). Learning by any other name: Communication research traditions in learning and media. In D. H. Jonassen (Ed.). *Handbook of research for educational communication and technology.* New York: Macmillan.

Kroesbergen, E. H., & Luit, J. E. H. (2003). Mathematics Interventions for Children with Special Educational Needs: A Meta-Analysis. *Remedial and Special Education, 24* (2), 97–114.

Lapinski, S., Gravel, J. W., & Rose, D. H. (2012). Tools for practice: The universal design for learning guidelines. In Hall, Meyer & Rose (Eds), *Universal design for learning in the classroom.* New York, NY: The Guilford Press.

Lee, D. (1997). Factors influencing the success of computer skills learning among in-service teachers. *British Journal of Educational Technology, 28* (2), 139–141.

Lesar, S. (1998). Use of assistive technology with young children with disabilities: Current status and training needs. *Journal of Early Intervention, 21* (2), 146–159.

Lewis, R. (1993). *Special education technology: Classroom applications.* Belmont, CA: Wadsworth Publishing Co.

MacArthur, C. A., Graham, S., haynes, J. B., & De La Paz, S. (1996). Spelling checkers and students with learning disabilities: Performance Comparisons and impact on spelling. *Journal of Special Education, 30,* 35–57.

Mary, M. (2003). *Technology for inclusion: meeting the special needs of all students* (4th ed.). Boston, MA: Allyn & Bacon.

Matthew, K. I. (1996). Using CD-ROMs in the language arts classroom. *Computers in the Schools, 12* (4), 73–81.

Mayer, R. E. (1997). Multimedia learning: Are we asking the right questions. *Educational Psychologist, 32* (1), 1–19.

Mayer, R. E. (2001). *Multimedia Learning.* New York: Cambridge University Press.

Mayer, R. E. (2005). Instruction to multimedia learning. In R. E. Mayer (Ed.). *The Cambridge handbook of multimedia learning.* New York: Cambridge University Press.

Mayer, R. E. (2006). *Multimedia learning.* New York: Cambridge University Press.

Mayer, R. E., & Anderson, R. B. (1991). Animations

need narrations: An experimental test of a dual-coding hypothesis. *Journal of Educational Psychology, 83*(4), 484–490.

Mayer, R. E., & Moreno, R. (1998). A split-attention effect in multimedia learning: Evidence for dual-processing systems in working memory. *Journal of Educational Psychology, 90*(2), 312–320.

McClean, G. (1987). Criteria for selecting computer software for keyboarding instruction. *Business Education Forum, 41*(5), 10–11.

Melichar, J. F., & Blackhurst, A. E. (1993). Introduction to a functional approach to assistive technology [Training Module]. Department of Special Education and Rehabilitation Counseling, University of Kentucky, Lexington.

Meo, G. (2008). Curriculum Planning for All Learners: Applying Universal Design for Learning(UDL) to a high school reading comprehension program. *Preventing School Failure, 52*(2), 21–30.

Meyer, A., & O'Neill, L. M. (2000a). Beyond access: Universal design for learning. *Exceptional Parent, 30*(3), 59–61.

Meyer, A., & O'Neill, L. M. (2000b). Tools and materials that support the learning brain. *Exceptional Parent, 30*(5), 60–62.

Meyer, A., & Rose, D. (2000). *The future is in the margins: The role of technology and disability in educational reform.* http://www.cast.org.

Meyer, A., Rose, D. H., & Gordon, D. (2014). *Universal design for learning: Theory and practice.* Wakefield, MA: CAST Professional Publishing.

Miller, S. P., & Mercer, C. D. (1997). Educational aspects of mathematics disabilities. *Journal of Learning Disabilities, 30*, 57–68.

Moreno, R., & Mayer, R. E. (1999). Cognitive principles of multimedia learning: The role of modality and contiguity. *Journal of Educational Psychology, 91*(2), 358–368.

Mulphy, V., & Thuente, K. (1995). Using technology in early learning classrooms. *Learning and Leading with Technology, 22*(8), 8–10.

National Assistive Technology Research Institute(2003). http://natri.uky.org

National Center on Universal Design for Learning (2012). UDL implementation: A process of change [Online seminar presentation]. UDL series, No. 3. Retrieved [3/9/2016] from http://udlseries.udlcenter.org/presentations/udl_implementation.html.

Negroponte, N. (1995). *Being digital.* New York : Knopf.

Neuman, S. B., & Morocco, C. (1987). Two hands is hard for me: Keyboarding and learning disabled children. *Educational Technology, 27*(12), 36–38.

Newby, T. J., Stepich, D. A., Lehman, J. D., & Russell, J. D. (2008). 교수-학습을 위한 교육공학 (제3판, 노석준, 오선아, 오정은, 이순덕 역). 서울: 학지사. (원전은 2006년 출간)

Novak, K. (2014). *UDL Now*. Wakefield, MA: CAST Professional Publishing.

Ogle, D. M. (1986). A teaching model that develops active reading of expository text. *The Reading Teacher, 39*, 564-570.

Olson, M. H., & Hergenhahn, B. R. (2009). 학습심리학(김효창, 이지연 역). 서울: 학지사. (원전은 2008년 출간)

Orkwis, R. (1999). *Curriculum access and universal design for learning*. ERIC Clearinghouse on Disabilities and Gifted Education. ERIC/OSEP #E586.

Orkwis, R., & McLane, K. (1998). A curriculum every student can use: Design principles for student access. *ERIC/OSEP Topical Brief*, Fall, 1998.

Owen, R. E., Metz, D. E., & Haas, A. (2007). 의사소통장애: 전 생애적 조망(김화수, 김성수, 박현주, 성수진, 표화영, 한진순 역). 서울: 시그마프레스. (원전은 2006년 출간)

Parette, H. P., Brotherson, M. J., Hourcade, J. J., & Bradley, R. H. (1996). Family-centered assistive technology assessment. *Intervention in School & Clinic, 32*, 104-112.

Paivio, A. (1986). *Mental representations: A dual coding approach. Oxford*. England: Oxford University Press.

Pina, A., & Harris, B. (1993). Increasing teachers' confidence in using computers for education. In Annual Meeting of the Arizona Educational Research Organization.

Pollock, E., Chandler, J., & Sweller, J. (2002). Assimilating complex information. *Learning and Instruction, 12*, 61-86.

Raskind, M., & Bryant, B. R. (2002). *Functional evaluation for assistive technology*. Austin, TX: Psycho-Educational Service.

Renkl, A., & Atkinson, R. (2003). Structuring the transition from example study to problem solving in cognitive skill acquisition: A Cognitive load perspective. *Educational Psychologist, 38* (1), 15-22.

Rivera, D. M., & Bryant, B. R. (1992). Mathematics instruction for students with special needs. *Intervention in School and Clinic, 28*, 71-86.

Rose, D., & Meyer, A. (2000). Universal design for learning. *Journal of Special Education Technology, 15* (1), 67-70.

Rose, D., & Meyer, A. (2001). *Universal design for learning associate editors' column*. http://jset.edu/15.1/ seds/rose.html.

Rose, D. H., Meyer, A., & Hitchcock, C. (2010). 보편적 학습 설계: 접근 가능한 교육과정과 디지털 테크놀로지. (안미리, 노석준, 김성남 역). 서울: 한양대학교 출판부. (원전은 2005년에 출판)

Rosenshine, B. (1978). The third cycle of research on teachers effects: Content covered, academic engaged time, quality of instruction. In C. D. Mercer (1987). *Students with learning disabilities*. Columbus, Ohio: Merrill Publishing Company.

Rosenshine, B. (2002). *Convergent findings on classroom instruction. Presented at the Pattan Conference: Research-Based*

Effective Teaching Principles. Harrisburg, Pennsylvania: Feb, 27, 2002.

Rowland, C. (2006). *Assistive Technology Practice in the United States : Lessons Learned from Implementation*. 제13회 국제세미나 자료집(pp. 101-122). 경기: 국립특수교육원.

Scherer, M. J. (1998). *The Matching Person & Technology (MPT) Model Manual*. Webster, NY.

Scott, S. S., McGuire, J. M., & Shaw, S. F. (2003). Universal design for instruction: A new paradigm for adult instruction in postsecondary education. *Remedial and Special Education, 24* (6), 369-379.

Seels, B. B., & Richey, R. C. (1994). *Instructional technology: The definition and domains of the field*. Washington, DC: Association for Educational Communications and Technology.

Smith, J. M. (2001). *Meeting extravaganza: Blended learning*. Executive Update.

Snoeyink, R., & Ertmer, P. (2001). Thrust into technology: How veteran teachers respond. *Journal of Educational Technology Systems, 30* (1), 85-111.

Stipek, D. (1999). 학습동기(전성연, 최병연 역). 서울: 학지사. (원전은 1998년 출간)

Stipek, D. (2002). *Motivation to Learn: Integrating Theory and Practice*. Boston, MA: Allyn and Bacon.

Sweller, J. (1988). Cognitive load during problem solving: Effects on learning. *Cognitive Science, 12* (2), 257-285.

Sweller, J. (1999). *Instructional design in technical area*. Melbourne: ACER Press.

Thorne, K. (2005). 블렌디드 러닝(김성길, 양유경, 임의수, 편은진 역). 서울: 학지사. (원전은 2003년 출간)

Toffler, A. (1980). *The third wave*. New York: Random House.

U.S. Congress, Office of Technology Assessment. (1988). *Power on! New tools for teaching and learning*. OTA-SET-379. Washington, DC: U.S. Government Printing Office.

Washington Assistive Technology Alliance(2003). http://wata.org/

Wehmeyer, M. L. (1998). National survey of the use of assistive technology by adults with mental retardation. *Mental Retardation, 36* (1), 44-51.

Wile, D. (1996). Why doers do. *Performance and Instruction, 35*(2), 30-35.

Wisconsin Assistive Technology Initiative(2003). http://www.wati.org

Zabala, J. (2002). Update of the SETT framework, 2002. Retrieved from http://www.joyzabala.com on 10/7/06

찾아보기

▌저자 소개

• 김남진(Kim, Nam-Jin)
대구대학교 대학원 특수교육학과(문학석사)
대구대학교 대학원 특수교육학과(문학박사)
前 가야대학교 초등특수교육과 교수
現 대구대학교 한국특수교육문제연구소 연구교수

〈저서 및 역서〉
특수교육학개론(공저, 학지사, 2015)
장애아 진단 및 평가(공저, 양서원, 2012)
교육에서의 보편적 설계(공역, 시그마프레스, 2010)
현장 중심의 학습장애아동 교육(공역, 시그마프레스, 2009)

• 김용욱(Kim, Yong-Wook)
미국 네바다주립대학교 대학원 특수교육학과(특수교육학석사)
미국 유타주립대학교 대학원 특수교육학과(철학박사)
前 국립특수교육원장
現 대구대학교 사범대학 특수교육과 교수
　　대구대학교 한국특수교육문제연구소 소장

〈저서 및 역서〉
교육에서의 보편적 설계(공역, 시그마프레스, 2010)
현장 중심의 학습장애아동 교육(공역, 시그마프레스, 2009)
교육방법과 교육공학의 이해(공저, 양서원, 2008)
장애학생을 위한 특수교육공학의 활용(집문당, 2005)
학습장애아교육의 이론과 실제(공저, 대구대학교출판부, 2002)

특수교육공학(2판)

Special Education Technology(2nd ed.)

2010년 3월 15일 1판 1쇄 발행
2016년 2월 25일 1판 7쇄 발행
2017년 3월 20일 2판 1쇄 발행
2021년 8월 20일 2판 5쇄 발행

지은이 • 김남진 · 김용욱

펴낸이 • 김 진 환

펴낸곳 • (주)**학지사**

　　　　04031 서울특별시 마포구 양화로 15길 20 마인드월드빌딩 5층

대표전화 • 02) 330-5114　　　팩스 • 02) 324-2345

등록번호 • 제313-2006-000265호

홈페이지 • http://www.hakjisa.co.kr
페이스북 • https://www.facebook.com/hakjisabook

ISBN 978-89-997-1185-5 93370

정가 20,000원

이 도서의 국립중앙도서관 출판시도서목록(CIP)은 서지정보유통지원시스템
홈페이지(http://seoji.nl.go.kr)와 국가자료공동목록시스템(http://www.nl.go.kr/kolisnet)
에서 이용하실 수 있습니다.
(CIP제어번호: CIP2017004492)

교육문화출판미디어그룹 **학지사**

학술논문서비스 **뉴논문** www.newnonmun.com
심리검사연구소 **인싸이트** www.inpsyt.co.kr
원격교육연수원 **카운피아** www.counpia.com
간호보건의학출판 **학지사메디컬** www.hakjisamd.co.kr